Joachim Merchel / Christian Schrapper (Hg.) · Neue Steuerung

D1718862

Joachim Merchel / Christian Schrapper (Hg.)

„Neue Steuerung"

Tendenzen der Organisationsentwicklung in der Sozialverwaltung

VOTUM Verlag 1996

Die Deutsche Bibliothek - CIP-Einheitsaufnahme

Neue Steuerung : Tendenzen der Organisationsentwicklung in der
Sozialverwaltung / Joachim Merchel (Hg.) ... - Münster : Votum-Verl., 1996
  ISBN 3-930405-26-1
NE: Merchel, Joachim [Hrsg.]

1996 © VOTUM Verlag GmbH
Grevener Straße 89-91, D-48159 Münster
Umschlag: Böwer Jauczius Manitzke, Münster
Druck: Fuldaer Verlagsanstalt, Fulda

Inhalt

Joachim Merchel / Christian Schrapper

Einleitung: „Neue Steuerung" in der Sozialverwaltung – Hoffnungen, Skepsis und Fragen gegenüber einem neuen Modernisierungskonzept

I.

Bürokratisches Behördenhandeln ist nicht mehr gefragt; ziel- und kostenbewußte Steuerung der Verwaltung als ein kundenorientiertes Dienstleistungsunternehmen heißt das Thema der Zukunft. Mit dieser Kurzformel könnte man die seit Anfang der 90er Jahre die Gemüter bewegenden Konzepte zur Modernisierung der Kommunalverwaltung in plakativer Weise kennzeichnen. Das Thema „Sozialmanagement", das zunächst im Kontext der Debatte um angemessene Organisationsstrukturen freier Träger entstand, hat unter dem Etikett „Neue Steuerung" nun auch die öffentliche Verwaltung erreicht. Die zunehmende Relevanz von Begriffen wie Effektivität, Effizienz, Kundenorientierung, Budgetierung, Zielvereinbarungen, Controlling etc. markiert die Bereitschaft, in stärkerem Maße betriebswirtschaftliche Denk- und Verfahrensweisen in der Kommunalverwaltung zur Geltung zu bringen.

Der Versuch, die Kommunalverwaltung auf stärker betriebswirtschaftliche Strukturen hin umzugestalten, speist sich vor allem aus drei Motivationsquellen:

– Die in den letzten Jahren immer deutlicher zutage tretenden Finanzrestriktionen in den kommunalen Haushalten zwingen zur Überprüfung bisheriger Formen der Aufgabenerledigung und zu Überlegungen im Hinblick auf eine Produktivitätssteigerung öffentlicher Dienstleistungen.

– Unzufriedenheit mit der Art und mit den Ergebnissen der Aufgabenerfüllung in der Kommunalverwaltung wird bereits seit längerer Zeit artikuliert und führt zu einer kritischen Debatte darüber, welche Leistungen von einer öffentlichen Verwaltung überhaupt in zufriedenstellender Weise erfüllt werden können und wie eine Verwaltung umstrukturiert werden muß, um Leistungen stärker auf die Bedürfnisse von Adressaten und auf die Einlösung fachlicher Standards hin ausrichten zu können.

– Im internationalen Vergleich wurde ein signifikanter Modernitätsrückstand der deutschen Kommunalverwaltung diagnostiziert, so daß auch unter diesem Aspekt eine gundlegende Überprüfung deutscher Verwaltungsstrukturen auf der Tagesordnung stand.

Es wäre also verkürzt, wollte man die aufgekommene Debatte um die Verankerung betriebswirtschaftlicher, leistungs- und qualitätsorientierter Strukturen in der Kommunalverwaltung ausschließlich als ein strategisches Manöver zum mehr oder weniger geschickten Einsparen von Geldbeträgen in den kommunalen Haushalten qualifizieren. Zwar ist auch das aktuelle finanzielle Steuerungsinteresse ein - sicherlich nicht unwichtiger - Bestandteil des Motivbündels, jedoch ist dies nur ein Segment innerhalb einer umfassenden Erörterung der Frage, welche spezifischen Aufgaben dem öffentlichen Sektor künftig zukommen sollen und mit welchen Organisationsprinzipien die Kommunalverwaltung künftig in der Lage sein wird, diese Aufgaben adäquat und qualifiziert zu erfüllen. Die Debatte um „Neue Steuerung" ist eingebunden in die umfassende Fragestellung nach den veränderten Funktionen der öffentlichen Verwaltung innerhalb sozialstaatlicher Strukturen. Welche Funktionen und Handlungsimpulse sind für den sozialstaatlichen Gewährleistungsauftrag, an dem sich öffentliche Verwaltung auszurichten hat, bestimmend: die Idee eines umfassenden fürsorglichen Tätigwerdens oder Konzeptionen zur Stärkung der Position der Dienstleistungsadressaten, der Festlegung und Kontrolle von Qualitätskriterien, der Qualitätssteigerung und der Forderung sozialer Phantasie durch geordneten und transparenten Wettbewerb? Solche Grundfragen der Gestaltung sozialstaatlicher Strukturen sind in den Konzepten der „Neuen Steuerung" gleichermaßen enthalten wie das Motiv eines möglichst rationalen Umgangs mit dem Problem der strukturellen kommunalen Finanzkrise.

II.

Bei der Diskussion um Verwaltungsmodernisierung und bei den von der Kommunalen Gemeinschaftsstelle für Verwaltungsvereinfachung (KGSt) formulierten pragmatischen Orientierungen zur „Neuen Steuerung" geht es um das Bestreben, Managementdenken und im Marktgeschehen erprobte Managementmodelle auf die öffentliche Verwaltung zu übertragen und die Kommunalverwaltung auf diese Weise einem Veränderungsprozeß in Richtung einer starker betriebswirtschaftlichen Ausrichtung zu unterziehen („New Public Management"). Dabei werden zwei Zielpunkte in den Mittelpunkt gestellt: Kundenorientierung und Wirtschaftlichkeit. Die Definition der Aufgaben und die Art der Aufgabenerledigung sollen stärker an den Adressaten dieser Leistung („Kunden") ausgerichtet sein. Weil die finanziellen, personellen und sachlichen Ressourcen für die Bewältigung der anstehenden Aufgaben begrenzt sind, müssen Verfahren entwickelt werden, durch die eine verbesserte Einlösung der beiden Rationalitätskriterien Effektivität (Zielbezogenheit und Qualität) und Effizienz (wirtschaftlicher Ressourceneinsatz) gewährleistet werden kann. Um diese Zielpunkte erreichen zu Können, soll als Ausgangspunkt, von dem aus die Institution sich organisieren und ihre Aufgaben erledigen soll, die Definition der Leistungen bzw. der „Produkte" genommen werden. Mit der Definition von „Produkten" als der zentralen Größe für die Organisationsgestaltung soll die Institution den nachhaltigen Impuls erhalten, ihre Leistungserstellung weniger an internen Vorgängen, sondern an der beabsichtigten Wirkungsweise für die Adressaten („Output") auszurichten. In dieser Outputorientierung sind gleichermaßen die Fragen nach der Qualität des „Produkts" und der Qualitätssicherung wie auch die Frage nach dem angemessenen Verhältnis von Kosten/ Aufwand einerseits und Nutzen/ Qualität andererseits enthalten. Die erforderliche Debatte um Qualität und Wirtschaftlichkeit vollzieht sich unter Einbezug politischer, fiskalischer und fachlicher Steuerungsinteressen.

Damit Kundenorientierung, Effektivität und Effizienz kontinuierlich den Prozeß der Leistungserstellung bestimmen, bedarf es wirksamer Steuerungsinstrumente, die die Informationen und vielfältigen Steuerungsvorgänge auf ein Ergebnis hin zu bündeln vermögen. Die entsprechenden Steuerungsinstrumente werden entwickkelt durch Verfahren der Zielvorgabe bzw. Zielvereinbarung sowie Verfahren der Bewertung und Steuerung durch Erfolgskontrolle (Controlling). Ein konsequentes Formulieren von möglichst operationalisierbaren Zielen soll Maßstäbe für kontinuierliche Vorgänge der Bewertung des Handelns liefern und als permanenter Impuls wirken, das Verwaltungshandeln nach dem Motto „Gestalten statt Verwalten" auf das angezielte Ergebnis hin zu strukturieren. Dazu bedarf es eines geregelten Informationssystems, das Informationen zum Stand der Zielformulierung in der Institution, zum erreichten Leistungsstand (Quantität und Qualität), zur Verfügbarkeit finanzieller und personeller Ressourcen für einzelne Aufgabenbündel, zu vorhandenen Organisationsregelungen (Zuständigkeit, Verantwortlichkeit, Kontext der Erstellung von „Produkten") zugänglich macht.

Eine wirkungsvolle Steuerung im Sinne von Kundenorientierung, Effektivität und Effizienz ist aber nur dann herstellbar, wenn auf der Ebene der Mitarbeiter Motivation, Mitwirkungsbereitschaft und Bewußtsein von Verantwortung gefordert werden. Weil für eine adressatenorientierte Gestaltung von Dienstleistungen, bei der auch auf Veränderungen in den Lebenssituationen und in den Bedürfnissen von Adressaten reagiert werden kann, eine hohe Flexibilität in der Leistungserbringung erforderlich ist und weil gleichzeitig Verantwortung und Mitwirkungsbereitschaft bei Mitarbeitern sich nicht in zentralisierten, hierarchisch strukturierten Organisationsformen entfalten können, ist das Herbeiführen von dezentralen Organisationsstrukturen ein wesentlicher Impuls zur Organisationsentwicklung, der mit den Konzepten zur „neuen Steuerung" verbunden ist. Innerhalb dezentral ausgerichteter Organisationsstrukturen sollen Vereinbarungen über zu erreichende Ziele („Kontrakte") als Instrumente der Mitarbeiterführung steuernde und motivierende Wirkung entfalten. Gleichzeitig sollen solche Kontrakte die Grundlage bilden für die Zuteilung von Finanzmitteln („Budget"), mit denen die jeweilige Organisationseinheit die vereinbarten Ziele erreichen soll; das „Budget", das von der jeweiligen Organisationseinheit verantwortet wird, kann zielbezogen und mit weitaus größerer Flexibilität als traditionelle Haushaltstitel gehandhabt werden. Die Verantwortung für ein Budget, wobei als der wesentliche Maßstab für Verantwortung der Grad der Zielerreichung heranzuziehen ist, kann nur dann von einer Organisationseinheit ausgeübt werden, wenn die Organisationsstruktur eine umfassende Verantwortlichkeit überhaupt ermöglicht, also wenn Fachverantwortung und Ressourcenverantwortung und wenn Entscheidungskompetenz und Verantwortung organisationsstrukturell zusammengeführt werden. Dezentrale Organisationsstruktur als Bestandteil einer „outputorientierten Steuerung" bedeutet also

- die Steuerung über Zielvereinbarungen („Kontrakte"),
- eine darauf aufbauende Budget-Gestaltung,
- die Zusammenführung von Fach- und Ressourcenverantwortung,
- die Verkoppelung von Entscheidungskompetenz und Verantwortung und
- die Einbindung der dezentralen Einheiten in die zielgerichtete Gestaltung der Gesamtorganisation auf dem Weg der Informations- und Berichtspflichten und des Controllings.

Angesichts der mit dieser Veränderung der Steuerung einhergehenden Anforderungen an die Mitarbeiter und des veränderten Mitarbeiterbildes in der Verwaltung (im Hinblick auf Verantwortung und Gestaltungsbereitschaft) wird im Rahmen der Konzepte zur „neuen Steuerung" der Intensivierung des Personalmanagements eine große Bedeutung zugesprochen.

III.

Die skizzierten Vorstellungen für eine Modernisierung der kommunalen Verwaltung haben erstaunlich schnell die Sozialadministration, und hier insbesondere das Jugendamt erreicht. Der prominente Stellenwert des Jugendamtes in der Strategie der KGSt, der darin zum Ausdruck kommt, daß die KGSt bei der Konzipierung der „outputorientierten Steuerung" das Jugendamt als Implementationsbereich besonders hervorgehoben hat, bedarf insofern der Interpretation, als sich die Jugendhilfe von der Komplexität ihrer Aufgaben her und angesichts ihrer bisherigen Randständigkeit in der kommunalen Politik auf den ersten Blick nicht gerade für ein „Pilotprojekt" zur „Neuen Steuerung" anbietet. In einigen Beiträgen dieses Bandes werden unterschiedliche Interpretationsmöglichkeiten für diesen Sachverhalt angeboten. Festzuhalten ist aber, da· mit den Konzepten zur „Neuen Steuerung" Begrifflichkeiten und Orientierungen Einzug halten, die im professionellen Code der sozialen Arbeit bisher kaum eine Rolle gespielt haben. Man kann sogar von einem traditionellen Graben zwischen professionellen Denktraditionen in der sozialen Arbeit auf der einen Seite und betriebswirtschaftlichem Denken aus profitorientierten Unternehmen auf der anderen Seite sprechen. Dieser Graben soll in den Konzepten zur „Neuen Steuerung" überwunden werden.

Dementsprechend kontrovers, heftig und emotional besetzt zeigen sich auch die aktuellen Diskussionsbeiträge zu dem Thema. Es ist zwar eine intensive Debatte zu beobachten, jedoch ist sie in ihren Verzweigungen noch schwer zu durchblicken. Aus verschiedenen Richtungen und Interessenpositionen werden kritische Fragen und Anmerkungen formuliert, deren Bezug zueinander noch nicht ausreichend deutlich erscheint. So wird z.B.

- *aus politischer Perspektive* gefragt: Ist „Neue Steuerung" zu werten als ein mehr oder weniger intelligent verpackter Angriff auf den erreichten Stand sozialer Leistungen?
- *aus fachlicher Perspektive:* In welchem Bezug stehen betriebswirtschaftliche Effizienz- und fachliche Qualitätskriterien zueinander und wie gestaltet sich die Dynamik bei der praktischen Konfrontation dieser unterschiedlichen Kriterienbündel?
- *aus organisationstheoretischer Perspektive:* Ist eine Übertragung von Konzepten, die aus einem andersartigen Organisationsbereich (profitorientierte Unternehmen) stammen, auf die öffentliche Verwaltung und insbesondere auf die Sozialadministration angemessen bzw. mit welchen Umformungen muß· eine Adaption dieser Konzepte einhergehen?
- *aus trägerpolitischer Perspektive:* Ob und in welcher Weise werden die bisherigen Funktionweisen freier Träger angegriffen? Handelt es sich bei den Konzepten der Verwaltungsmodernisierung ausschließlich um Vorgänge der betriebsinternen Organisationsentwicklung innerhalb der Verwaltung oder geht es hier um ein umfassendes Projekt der Reorganisation, in das die gesamten Trägerbezüge involviert sind?
- *aus rechtspolitischer Sicht:* Verträgt sich die ïffentlich-rechtlich legitimierte Funktion der Verwaltung mit ihren Gewährleistungs- und Sicherungsverpflichtungen überhaupt mit dem Gedanken der Dienstleistungsorientierung, die als das maßgebliche Steuerungsinstrument eingeführt werden soll?

Neben der Erörterung solcher Fragen ist auch die Tatsache einzubeziehen, daß die Konzepte der „neuen Steuerung" Antworten auf Problemstellungen versuchen, die mit anderen Betonungen und in anderer Zuspitzung in der sozialen Arbeit bereits seit längerer Zeit zum Gegenstand fachlicher und fachpolitischer Erörterungen und entsprechender Gestaltungsvorschläge gemacht worden sind. So sind z.B. bereits zu Beginn der 60er Jahre kritische Fragen zur Angemessenheit der damals vorherrschenden Organisationsstrukturen im Jugendamt gestellt worden (M.R. Vogel), und in den 70er Jahren sind unter dem Etikett „Neuorganisation sozialer Dienste" verschiedene Modelle zur Reform der Sozialverwaltung erarbeitet und umgesetzt worden. Wird heute über „Kundenorientierung" gesprochen, so ergeben sich Assoziationen zu Forschungsaktivitäten, die auf die Erarbeitung von theoretischen und praxisbezogenen Konzepten zur Bewertung und Herstellung von „Bürgernähe" der Verwaltung ausgerichtet waren. Angesichts solcher fachlicher Traditionen wäre also der Bezug zwischen den aktuell eingebrachten Modernisierungskonzepten zu den bisherigen Diskussionssträngen der Reformierung von Sozialverwaltung auszuloten.

IV.

Überlegungen im Hinblick auf eine Intensivierung von Markt- und Kundenorientierung bei öffentlichen und öffentlich zugänglichen Dienstleistungen sind bereits seit einiger Zeit in der Diskussion. Dieser Trend ist nicht auf die Kommunalverwaltung beschrankt. Man muß· in diesem Zusammenhang nicht nur an die Umstrukturierung von Bahn und Post denken. Auch Krankenkassen und Arbeitsverwaltung prüfen ihre Strukturen und Handlungsvollzüge unter der Leitlinie der Dienstleistung. Spätestens im Zuge der Sozialmanagement-Diskussion ist auch die soziale Arbeit in diesen Strom einbezogen. Herbert Effinger hat in einem Beitrag in der Zeitschrift „Widersprüche" (Heft 52, 1994) Auswirkungen dieser Entwicklung für die soziale Arbeit auf drei Ebenen identifiziert:

- auf der zwischenmenschlichen Ebene: Hier geht es um eine Veränderung ehemals hierarchisch, obrigkeitsstaatlich strukturierter Beziehungen zu Beziehungen mit Aushandlungscharakter, in denen die Beteiligten als Subjekte mit eigenständigen Interessen („Kunden"), als Experten ihrer eigenen Lebensgestaltung anerkannt werden.
- auf der professionellen Ebene: „Kundenorientierte" Handlungsbezüge erlauben die Aktualisierung einer deutlicheren professionellen Distanz.
- auf der institutionellen Ebene: Die Einrichtungen erhalten durch eine Intensivierung betriebswirtschaftlicher Steuerungsaspekte einen Entwicklungsimpuls zur Herausbildung von Betriebsstrukturen.

In dem vorliegenden Sammelband soll vornehmlich der dritte Aspekt in den Mittelpunkt gestellt werden. Zwar werden an einigen Stellen Bezüge zu den beiden anderen Aspekten, insbesondere zum erstgenannten, sichtbar, jedoch liegt der Schwerpunkt auf der institutionellen, organisationsbezogenen und sozialpolitischen Ebene.

Die Debatte um „Neue Steuerungsmodelle" in der Sozialverwaltung schwankt zwischen großer Euphorie einerseits sowie tiefer Skepsis und nachdrücklichem politischem Mißtrauen andererseits. Die einen sind überzeugt, mit der Einführung betriebswirtschaftlichen Denkens nun endlich den Schlüssel zur Herbeiführung einer grundlegenden Strukturreform der öffentlichen Verwaltung und zum adäquaten Umgang mit knappen Ressourcen gefunden zu haben. Die anderen sind skeptisch gegenüber allzu unkritischen Versuchen der Übertragung von Handlungsmustern von einem privatwirtschaftlich auf einen öffentlich organisierten Bereich. Bei Fachleuten in der sozialen Arbeit wird kritisch gefragt, ob es sich bei „neuer Steuerung" möglicherweise um ein „trojanisches Pferd der fachlichen Enteignung und damit der Dequalifikation sozialer Arbeit" handele (so Hans Thiersch in: Neue Praxis 3/1995, S. 319).

Die Herausgabe dieses Sammelbandes folgt der Einschätzung, daß soziale Arbeit um eine intensive Auseinandersetzung mit den im Zuge der „neue Steuerung"-Diskussion hervorgebrachten Themen nicht herumkommt. Die Definition von Qualitätsstandards, die Implementation von Verfahren der Qualitätssicherung, die Einbeziehung von Ressourcensteuerung in Aushandlungsvorgänge, die praktische Klärung des Verhältnisses von fachlichen und ressourcenbezogenen Steuerungskriterien, die stärkere Beachtung von Adressateninteressen als Legitimationsgrundlage - diese und weitere Themen bedürfen dringend der sorgfältigen Bearbeitung aus dem fachlichen Kontext der sozialen Arbeit selbst. Insofern ist Burkhard Müller (Socialmanagement 5/1995) zuzustimmen, wenn er kritisch anmerkt, daß z.B. die Jugendhilfe ihre „Hausaufgaben" noch nicht gemacht hat und noch kaum Kriterien für Effektivität und Effizienz aus fachlichen Zusammenhängen herausgearbeitet hat. Mit dem vorliegenden Sammelband soll ein Beitrag zur Behebung dieses Defizits geleistet werden. Vielleicht gelingt es mit den Beiträgen dieses Buches, Grundlagen für eine reflektierte und differenzierte Verwendung ökonomisch ausgerichteter Konzepte und Begriffe in der sozialen Arbeit zu formulieren und damit der bisweilen zu Recht kritisierten Unsicherheit und Unsolidität in der Diskussion entgegenzuwirken.

Angesichts der Tatsache, daß sich die Diskussion um „Neue Steuerung" noch in den Anfängen befindet, scheint es sinnvoll, mit einem die Konzeptionen und die Praxisversuche reflektierenden, stärker sozialwissenschaftlich ausgerichteten Sammelband die aktuelle Debatte um die Weiterentwicklung der Organisationsweise sozialer Arbeit anzureichern. Ohne einen Anspruch auf Vollständigkeit und ohne einen Anspruch, vom Schreibtisch aus tragfähige Konzepte für die Praxis entwickeln zu können, sollen in dem vorliegenden Sammelband

– eine Einordnung der Konzeptdiskussionen zur „neuen Steuerung" in den Kontext bisheriger Debatten zur Gestaltung von Sozialverwaltung vorgenommen werden,
– eine Reflexion der „Neuen Steuerung", der Hindernisse bei ihrer Einführung, der politischen Interessen intensiviert werden,
– einzelne Bestandteile der „Neuen Steuerung" auf ihren Gehalt und auf die Hindernisse bei ihrer Implementation analysiert werden,
– Zusammenhänge zwischen einer Veränderung administrativer Strukturen und den Folgen für freie Träger herausgearbeitet werden.

V.

In einem ersten Block wird in drei Beiträgen eine Einordnung der Konzepte zur „Neuen Steuerung" in den Kontext bisheriger Erörterungen zur Gestaltung der Sozialverwaltung vorgenommen. Das Konzept der „Neuen Steuerung" wird drei Bezugspunkten gegenübergestellt: der Debatte um die Neuorganisation sozialer Dienste in den 70er Jahren und zu Anfang der 80er Jahre (*Gaby Flösser*), den Forschungen und Vorschlägen unter den Stichwort „Bürgernahe Sozialverwaltung" (*Dieter Grunow*) und den fachlichen Traditionen in der Diskussion um Konzeption und Organisationsgestaltung des Jugendamtes *(Christian Schrapper)*. In den drei Beiträgen wird deutlich, in welcher Weise die aktuell diskutierte Verwaltungsmodernisierung mit bereits vorgenommenen Versuchen verknüpft ist, Antworten auf die Frage nach Organisationsformen, die eine angemessene Erledigung der spezifischen Aufgaben der Sozialverwaltung ermöglichen, zu finden. Die Analyse der Mängel bisheriger Strukturierungskonzepte liefert Ansatzpunkte zur Reflexion des neuen Modernisierungsprojekts, das durch die stärkere Verankerung von betriebswirtschaftlichen Denkweisen und in der Nutzung von Managementkonzepten die entscheidenden neuen Perspektiven gewinnen will, um die Frage nach einer adressatenorientierten und gleichzeitig effizienten Strukturierung der Sozialverwaltung praktisch zu beantworten.

Der politische und der rechtliche Kontext, in dem sich die Konzeptionierung von Modellen zur „Neuen Steuerung" vollzieht, steht im Mittelpunkt des zweiten Blocks von Beiträgen. *Norbert Wohlfahrt* kennzeichnet zunächst die politischen Zusammenhänge mit den dort wirkenden politischen Interessen und die politischen Probleme im kommunalen Bereich, auf deren Lösung die beabsichtigte grundlegende Verwaltungsmodernisierung ausgerichtet ist. *Rainer Pitschas* und *Eberhard Laux* akzentuieren in ihren Beiträgen eine verwaltungswissenschaftliche Perspektive. Sie fragen kritisch nach dem Verhältnis und den Spannungen zwischen den rechtlich kodifizierten Aufgaben und der darauf ausgerichteten Funktion von Verwaltung im deutschen Staatsgebilde einerseits und den durch ökonomische Rationalitätskriterien geprägten Konzepten zur Neustrukturierung andererseits. Angesichts des hervorgehobenen Stellenwerts des Jugendamtes in der Strategie der Umstrukturierung der Kommunalverwaltung spiegelt *Joachim Merchel* in seinem Beitrag die Annahmen und den Kontext der „neuen Steuerung" mit den fachlichen Anforderungen, die durch das Kinder- und Jugendhilfegesetz (KJHG) an das Jugendamt gerichtet werden.

Nachdem in den ersten beiden Themenblöcken eine Einordnung von „neuer Steuerung" in das fachliche, kommunalpolitische und rechtspolitische Umfeld vorgenommen wurde, beziehen sich die Beiträge des dritten Blocks auf einzelne Bestandteile der „Neuen Steuerung" und Probleme ihrer Implementierung. Nachdem *Ottilie Scholz* in ihrem einleitenden Beitrag die Grundpositionen der KGSt skizziert und Ansätze ihrer Umsetzung exemplarisch an einem Jugendamt geschildert hat, werden in den drei folgenden Aufsätzen Aspekte diskutiert, die für die Implementierung des Gesamtkonzepts der „neuen Steuerung" einen zentralen Stellenwert einnehmen: Budgetierung (*Dieter Selige*), Zieldefinition und Produktbeschreibung (*Andreas Strunk*) und Qualitätsmanagement (*Maja Heiner*). Der thematische Block wird abgeschlossen durch einen Beitrag von *Ilona Heuchel* und *Christian Schrapper*, die den Zusammenhang von Jugendhilfeplanung und „neuer Steuerung" aufnehmen und an einem praktischen Beispiel Möglichkeiten der Zusammenführung beider Stränge aufzeigen.

Im letzen Themenblock des Sammelbandes wird herausgestellt, daß es sich bei der anstehenden Verwaltungsmodernisierung nicht um ein betriebsinternes Projekt der Organisationsentwicklung in der Sozialverwaltung handelt, sondern daß „neue Steuerung" einhergeht mit einer umfassenden Neustrukturierung von Trägerbeziehungen im kommunalen Bereich, die in ihren Wirkungen bis in die internen Strukturen von Verbänden hineinreicht. Im Mittelpunkt stehen diejenigen Trägerkonstellationen, die im bisherigen Gefüge kommunaler Sozialpolitik einen hervorgehobenen Stellenwert haben, sowohl im Hinblick auf den Umfang ihrer Aktivitäten als auch hinsichtlich ihrer politischen Einflußpositionen: Wohlfahrtsverbände und Jugendverbände. *Norbert Struck* diskutiert „Neue Steuerung" aus der Position von Wohlfahrtsverbänden. *Ronald Berthelmann* und *Josef Niehaus* nehmen aus der Perspektive der Jugendverbände und der regionalen Jugendringe eine Bewertung vor. Veränderungen in der Funktionsweise von Wohlfahrtsverbänden und nachdrückliche Verschiebungen in den internen Organisations- und Kooperationsstrukturen der Wohlfahrtsverbände im Gefolge von „neuer Steuerung" werden im letzten Beitrag von *Joachim Merchel* herausgearbeitet.

Mit der Herausgabe des Buches verbinden sich die Hoffnung, die fachlichen Aspekte sozialer Arbeit in der Diskussion um „Neue Steuerung" stärker zur Entfaltung bringen zu können, und damit das Bestreben, zu einem Überwinden der vielfach sehr kurzsichtigen und auf technische Aspekte beschränkten Übertragung ausländischer und/ oder betriebswirtschaftlicher Konzepte beizutragen. Der Sammelband ist zu verstehen als Ausdruck des Bemühens, einen Einbezug von Verfahrensweisen des Managements in soziale Einrichtungen und Dienste - und hier besonders in Sozialverwaltungen - auf einer sozialwissenschaftlich fundierteren Grundlage zu fördern.

Kapitel 1

Gaby Flösser

Von der Neuorganisation der sozialen Dienste der 70er Jahre zum Kontraktmanagement in den 90er Jahren – Lehren aus vergangenen Verwaltungsreformen

Die sozialen Dienste stehen gegenwärtig wieder einmal auf dem Prüfstand. Obwohl Erprobungen von Abwehrstrategien gegenüber rezessiv bedingten Ab- und Umbauplänen organisierter Sozialer Arbeit in den letzten Jahren schon Fortschritte erkennen ließen, sprengt nun die Radikalität der aktuell eingeläuteten Reformvorhaben den Rahmen der bewährten Denk- und Handlungsmuster der sozialpolitischen Akteure. Die Diskussionen um neue Steuerungsmodelle *für* und *in* den Kommunalverwaltungen entfalten dabei Sogwirkungen und von diesen Strudeln erfaßt, geraten die Fundamente behördlich verfaßter Sozialer Arbeit ins Wanken. Eine politische, organisatorische und fachliche Neujustierung ihrer Ziele, Aufgaben und Instrumente ist die umfassende Herausforderung, deren Bewältigung zudem auf ungewohntem Terrain stattfinden soll: Betriebswirtschaftliche Organisationsmodelle und Techniken verheißen die Wiederaneignung verlorengegangener politischer und administrativer Entscheidungsspielräume. Daneben sind jedoch Konsolidierungserfordernisse der kommunalen Haushalte und der bedrohliche Legitimitätsverlust auf seiten der Öffentlichkeit Auslöser für die weitgreifenden Modernisierungsvorhaben (vgl. KGSt 1993, S. 9ff.). Hier durchmischen sich mehr oder weniger bekannte Argumente der Wohlfahrts- und Sozialstaatskritik mit den offen zutage geförderten Schwächen des Bürokratiemodells, dessen Wesen die Routinen öffentlich erbrachter Dienstleistungen nachhaltig prägt. Es ist dann wohl auch dieser Januskopf, der Hoffnungen und Ängste bei den Akteuren der Reformvorhaben gleichermaßen schürt und sie in gegnerische Lager als Betroffene bzw. Beteiligte spaltet.

1. Anlässe und Ziele der Verwaltungsreformen

In einem rückblickenden Vergleich zwischen den Anlässen und Zielen, die im Zentrum von Verwaltungsreformen in den letzten 20 Jahren standen, ist der verhängnisvolle Nexus zwischen finanzpolitischen Restriktionen auf der einen und der Suche nach alternativen Handlungsmodellen für die sozialen Dienste auf der anderen Seite augenfällig. Die viel zitierte Krise des Wohlfahrtsstaates zu Beginn der 80er Jahre (vgl. Olk/Otto 1985) hat ebenso wie die zur Handlungsunfähigkeit führende Verschuldung vieler Kommunen zehn Jahre später diesen Zusammenhang deutlich betont: Sinkende Wachstumsraten, steigende Arbeitslosenzahlen und unübersehbare Finanzierungsprobleme der öffentlichen Sozialleistungsträger lassen die positiven Bilanzen geglückter Problembewältigung durch den Wohlfahrtsstaat hinter problematische Folgewirkungen zurücktreten, die das wohlfahrtsstaatliche Modell als Erzeuger politischer, wirtschaftlicher und sozialer Mißstände verantwortlich machen (vgl. Schmidt 1988, S. 187). Kurzfristige finanztechnische Haushaltskonsolidierungsprogramme beherrschen unter diesen Vorzeichen die politischen Handlungsvollzüge, Sozialpolitik und soziale Arbeit werden zu Instrumenten des „Krisenmanagements" und verlieren ihre gesellschaftspolitischen Bezugspunkte (vgl. Olk 1986).

Besonders drastisch spiegelt sich diese Instrumentalisierung von Sozialer Arbeit und Sozialpolitik auf der kommunalen Ebene wider. Die kommunale Ausgabenentwicklung, steigende gemeindliche Verschuldung, wachsende Sozialaufgaben etc. begrenzen die Handlungsfähigkeit lokaler Politik auf die alleinige Option der Reduktion kommunaler Aufgaben (vgl. Fichtner 1982; 1993). Insbesondere in den dienstleistungsproduzierenden Sektoren werden dabei Kürzungen vorgenommen, wenn Umschichtungsprozesse der investiven hin zu den konsumtiven Ausgaben die dominierende Reaktion darstellen (vgl. Feser 1985, S. 85ff.). Leistungsabbau und die Reduktion sozialer Dienste erscheinen vor diesem Hintergrund dann als Zwangsläufigkeiten und nicht als Folge politischer Prioritätensetzung. Eine weitgehende Politikabstinenz ist mithin ein zentraler Indikator für Verwaltungsreformen, die wesentlich Rationalisierungsbestrebungen folgen. Darüber hinaus kann als gemeinsames Merkmal der Neuorganisation der sozialen Dienste und den Diskussionen um neue Steuerungsmodelle der Kommunalverwaltungen festgehalten werden, daß externe, d.h. nicht in der Sache selbst liegende Ursachen häufig die Initiierung von flächendeckenden und umfassenden Neuorganisationen zur Folge haben. Vor diesem Hintergrund scheint die Skepsis gegenüber den neuerlich offensiv proklamierten Reformvorhaben berechtigt.

Dies ist allerdings nur die eine Hälfte der Medaille. Ganz offensichtlich treffen die extern motivierten Anlässe von Verwaltungsreformen im Feld der Sozialen Arbeit und insbesondere der Jugendhilfe auf einen fruchtbaren Boden: Organisations- bzw. verwaltungstheoretische Argumente werden pragmatisch durch fachliche Überlegungen konterkariert und/oder produktiv weiterentwickelt. Gründe hierfür liegen zum einen in den operativen Zielen der Modernisierungsvorhaben, die mit Begriffen der „Entbürokratisierung", „Verwaltungsvereinfachung", „Dezentralisierung", „Bürgernähe" oder „Kundenorientierung" positive Effekte für die individuelle Arbeitsplatzorganisation verheißen.

Zum anderen versprechen Innovation und Flexibilisierung der organisatorischen Rahmenbedingungen die Chance der Aufwertungen der Fachlichkeit. Die

Möglichkeit, den die Berufsgeschichte der Sozialen Arbeit charakterisierenden Konflikt zwischen einem solidarischen, emanzipatorischen, aufklärerischen Handlungsverständnis der Professionellen und der organisierten, spezialisierten und von Verwaltungsroutinen gekennzeichneten Abarbeitung sozialer Probleme beizulegen, indem inhaltlich-fachliche Entscheidungen die administrativen Strukturbildungen begründen, inspiriert zu Beteiligung an den Planspielen. Um die Reichweite und Grenzen von Verwaltungsreformen für die sozialen Dienste abschätzen zu können, ist eine Bilanz der Neuorganisationen der sozialen Dienste im Vorfeld neuerlicher Anstrengungen jedoch hilfreich.

2. Die Neuorganisation der Sozialen Dienste in den 70er Jahren – Theoretische Annahmen und empirische Befunde

Die kommunale Gebietsreform zu Beginn der 70er Jahre, die territoriale Neugliederung in den Bundesländern und die damit intendierte Optimierung der personellen, technischen und finanziellen Leistungsfähigkeit der kommunalen Verwaltungen infolge der Vergrößerung der Gemeindegebiete (vgl. Brohm 1988, S. 7) eröffnete ungeahnte Chancen, die Ämter und Einrichtungen der Sozialen Arbeit unter fachlichen Gesichtspunkten neu zu organisieren. Mit der Gebietsreform wurde nämlich eine interne Verwaltungsreform verbunden, deren Gegenstand ein organisatorisch-institutioneller Umbau der Verfahrenstrukturen, Aufgaben und Kompetenzen sowie die Personalstruktur und die finanzielle Ausstattung auch der sozialen Dienste bildeten. Die in diesen allgemeinen Reformprozeß integrierte Neuorganisation der Sozialpolitik auf kommunaler Ebene bildete damit eine fruchtbare Basis für Vorschläge, die eine Neustrukturierung der vielfältigen Formen institutionalisierter Sozialer Arbeit anstrebten: „Wenn sich die kommunale Sozialpolitik als ein umfassendes und integratives Konzept neben einer zentralisierten nationalen Sozialversicherungspolitik profilieren will und wenn dabei auf Verwaltungsstrukturen zurückgegriffen werden soll, die die Kommunalverwaltung prägen, wenn also schon die sozialen Dienste aus den Strukturen der bürokratischen Verfassungen der Kommunalverwaltungen nicht entlassen werden können, dann bleiben Veränderungen der Organisation und des institutionellen Gefüges der Verwaltung im kommunalen Bereich nicht aus, es sei denn, die Verwaltung ist in ihrem Beharrungsbestreben so groß, daß ein effektiver sozialer Dienst im Sinne einer integrativen kommunalen Sozialpolitik nicht realisierbar ist" (Baum 1987, S. 451).

Der inszenierte Organistionsentwicklungsprozeß in dieser Zeit bezog sich in seinem Kern auf fünf Elemente:

– Dekonzentration der sozialen Dienste,
– Neuordnung der Arbeitsteilung,
– Enthierarchisierung der Arbeitsvollzüge,
– Umstellung der Konditional- auf eine Final-Programmierung,
– Einbeziehung und Aufwertung der professionellen Handlungskompetenz
  (vgl. hierzu auch Japp/Olk 1981; Kühn 1980; 1985).

Die Diskussionen, die sich auf diesen Strukturwandel sozialer Dienste beziehen, konzentrierten sich dabei vor allem auf die innerorganisatorischen Effekte, indem sie das prekäre Verhältnis von „Bürokratie" und „Profession" zum Ausgangspunkt ihrer Überlegungen machten. Diese Focussierung auf das interne Spannungsfeld organisierter Sozialer Arbeit entspricht einer vorherrschenden theoretischen Sichtweise, die wirkungsvolle Veränderungen als quasi-automatische Effekte infolge von Reformprozessen und organisatorischem Wandel prognostiziert, ohne sie selbst zum Gegenstand wissenschaftlichen Interesses zu erheben (vgl. zur Kritik an dieser theoretischen Perspektive: Achter Jugendbericht 1990). In diesem Zusammenhang bildete die kommunale Verwaltungsreform Ende der 70er und zu Beginn der 80er Jahre einen idealen Nährboden für mannigfaltige Experimente administrativer Neustrukturierung. Die in dem Kontext einer generellen Neuordnung der Kommunalverwaltungen stattfindende Neuorganisation sozialer Dienste schließt dabei programmatisch an die Modernisierungsherausforderungen an: Gewandelten sozialen Bedürfnissen und einem veränderten Bedarf an sozialer Unterstützung soll durch bürgernahe, generalistische und aktivierende Organisationseinheiten entsprochen werden. Sowohl großbürokratischer Ineffizienz als auch geringer Effektivität des sozialen Leistungssystems - so die These - kann und soll durch Organisationsreformen begegnet werden. Im Mittelpunkt des festgestellten Reformbedarfs der Sozialen Arbeit steht dabei die Abkehr von einer personenzentrierten Defizitorientierung hin zu einer problembezogenen und bedarfsgerechten Arbeitsweise, die im Zuge der organisatorischen Neukonzeption und inhaltlichen Reformulierung der Funktionsbestimmung Sozialer Arbeit beabsichtigt wurde.

Der Schwerpunkt der insgesamt sehr heterogenen Bemühungen richtete sich dabei darauf, funktionale Defizite, die aus einer tradierten verwaltungsrationalen Problembearbeitung resultieren, durch die verstärkte Einbeziehung fachlicher Kompetenzen zu kompensieren. Besondere Beachtung findet in diesem Zusammenhang die Interaktion zwischen der Organisation und ihrer Klientel: „Mit der Expansion personenbezogener Dienstleistungen in der Sozialarbeit kommt es auf der interaktiven Ebene zu einer *Verschmelzung* von Organisation und Klientel: SozialarbeiterInnen sind auf eine *produktive Interaktion* mit ihren Adressaten angewiesen: Beratung und Therapie, aber auch eine an den Interessen der Betroffen orientierte Jugendpflege, Stadtteilarbeit, Altenarbeit etc. sind in ihrem Erfolg davon abhängig, inwieweit es ihnen gelingt, die alltagsweltlichen Deutungsmuster der Adressaten zu erfassen (...). Dabei erweisen sich bürokratische Strukturen als eine Barriere einer situationsnahen und problembezogenen Arbeit (...). Je situationsnäher die soziale Arbeit wird, desto problematischer werden die bürokratischen Handlungs- und Entscheidungsprämissen. Umgekehrt ermöglicht erst eine Auflösung dieser Prämissen die vollständige Etablierung situationsnaher Arbeitsformen: eine situationsnahe Sozialarbeit ist immer weniger in der Lage, die Probleme der Adressaten ihres Handelns und ihre Interventionsstrategien sozusagen vom grünen Tisch aus zu definieren und zu konzipieren" (Müller/ Otto 1980, S. 22).

Bei einer generellen Akzeptanz der institutionalisierten Verfaßtheit sozialarbeiterischen Handelns strebten die Reformvorschläge eine Organisationsentwicklung von einer sozialbürokratischen hin zu einer situativen Verwaltungsform an. Die Hoffnungen auf eine problemgerechtere, effektivere Sozialarbeit begründen sich dabei aus der zentralen Prämisse, daß kompetent handelndes Fachpersonal diese *neue* Sozialarbeit gewährleisten würde, stünden ihnen nicht organisationelle, d.h. hier bürokratische Zwänge entgegen. Entsprechen sollten die Rahmenbedingungen des professionellen Handelns, die Organisationsstrukturen, revidiert werden. „Mit dieser Organisationsreform wird ansatzweise nachvollzogen, was sich im sozialpädagogischen Handlungsprozeß - zumindest idealtypisch - schon längst vollzogen hat: Der Übergang von primär eingreifenden und kontrollierenden Handlungen zu solchen, die auf Hilfe, Unterstützung, Aktivierung, Prävention etc. ausgerichtet sind. Organisatorisch kann und soll nunmehr der Übergang von einer staatlichen Kontroll- und Eingriffsbehörde zu einer an Leistung und Leistungserbringung ausgerichteten Sozialverwaltung nachvollzogen werden" (Jordan/Sengling 1988, S. 197).

Nach Abschluß der ersten Welle von Reformvorhaben im Bereich der sozialen Dienste kann jedoch den Forschungsarbeiten von Otto u.a. (1991) zufolge ein nur bedingt positives Resümee gezogen werden. Als Kernelemente des organisatorischen Wandels sind insbesondere die Neuordnung der Arbeitsteilung durch die Zusammenführung von Innen- und Außendienst sowie die Etablierung generalistisch orientierter Arbeitsbereiche hervorzuheben. Die mit diesen Reorganisationen verbundenen Prinzipien der *„Generalisierung"* (Aufbau von Arbeitseinheiten in Form des „Allgemeinen Sozialen Dienstes") bzw. der *„Spezialisierung"* (Einrichtung von speziellen Diensten für spezifische Problemlagen) und der *„Dekonzentration"* müssen damit als flächendeckend implementiert angesehen werden. Auch in der Dimension der Entscheidungsstruktur ist eine radikale Veränderung im Hinblick auf die Entscheidungsbefugnisse der zuständigen SozialarbeiterInnen festzustellen. Einzelfallbezogene Entscheidungen obliegen damit in der Regel der jeweils zuständigen Fachkraft. Darüber hinaus ist eine geänderte personelle Zusammensetzung durch den drastischen Rückgang von Verwaltungspersonal in der öffentlichen Erziehung zu konstatieren. Aus dieser Entwicklung heraus kann von einer hohen Verfachlichung des Jugendamtes ausgegangen werden.

Trotz dieser formalen Aufwertung der professionellen Handlungskompetenz infolge einer Neuschneidung der Zuständigkeitsbereiche bei einer gleichzeitigen Bereitstellung von weitreichenden Entscheidungsbefugnissen zeichnen sich allerdings nur in geringem Ausmaß qualitativ veränderte Lösungsmuster bezogen auf die sozialen Problemlagen ab. Eine Erweiterung des Tätigkeitsspektrums im Hinblick auf den angestrebten Sozialraumbezug und die mit ihm verbundene adäquatere Wahrnehmung und Bearbeitung psycho-sozialer Probleme an ihrem Entstehungsort ist bis dato in dem bisher erreichten Stand der Organisationsreform nicht erkennbar. Ein umfassendes, die vielfältigen sozialarbeiterischen Handlungselemente konstruktiv aufeinander beziehendes professionelles Tätigkeitsprofil konnte nicht ausgebildet werden. Demgegenüber ist eine latente Spannungslinie innerhalb der Profession immer noch zu erkennen, die auch ohne die arbeitsteilige Positionierung der Handlungsvollzüge Dominanzen entweder administrativer oder interaktiver Tätigkeitsanteile festschreibt. Eine integrative Perspektive, die im Zuge der Zusammenführung von Verwaltungs- und Interaktionskomponenten auch die Ausbildung einer neuen Identität sozialarbeiterischen Handelns hätte beinhalten können, ist nach den vorliegenden Ergebnissen noch nicht erkennbar. Brülle und Altschiller (1992) resümieren entsprechend die vergessenen Aspekte in der Neuorganisationsdiskussion: „Organisationspolitik, MitarbeiterInnen-Motivation, Führen und Leiten im Sozialbereich, Ressourcenbedarf für lebenslagen-bezogene Handlungsformen der Dienste, erforderliche Handlungskompetenzen, Team- und Arbeitsgruppe sowie Arbeitsvorbereitungen und Organisationsentwicklungen, Veränderungen der Hilfesysteme selbst (...)" (Brülle/Altschiller 1992, S. 57) sind diejenigen Bereiche, die in den organisationsreformerischen Debatten für die sozialen Dienste nicht ausreichend operationalisiert wurden.

Danach konzentrierte sich der institutionelle Wandel in erster Linie auf eine Ausweitung der professionellen Handlungs- und Entscheidungsspielräume, ohne die vorfindbaren Strukturen einer grundsätzlichen Kritik zu unterziehen; eingeschlagene Entwicklungsrichtungen blieben deshalb relativ eng an dem Rahmen des vermeintlich „Möglichen" orientiert. Die klassische Konfliktlinie zwischen Profession und Organisation scheint danach allerdings zu verschwimmen. Die Profession produziert nicht länger innerhalb des organisatorischen Gefüges eine Art „Gegenmacht", die verwaltungsrationale Prinzipien durch fachliche Standards zu Konzessionen zwingt bzw. herausfordert. Als Quintessenz der Organisationsreformen - zumindest im Feld der Jugendhilfe - kann vorläufig eine gewisse Befriedung festgehalten werden. Dieses Ergebnis erfordert für eine Beschreibung professionellen Handelns in Sozialadministrationen eine Revision zentraler Annahmen: Nach den vorliegenden Erkenntnissen ist es kaum mehr gerechtfertigt, von „der Organisation" und „der Profession" bzw. dem Problem der Relationierung ausschließlich dieser beiden Strukturelemente zu sprechen, der Blick richtet sich vielmehr auf individuelle Arbeitsplatzorganisationen und die hier stattfindenden Arrangements. In diesem Kontext wird der Status der SozialarbeiterInnen wohl am treffendsten durch das Konstrukt der „individualisierten Profession" beschrieben. Die ambivalenten Effekte der Vereinzelung, eines Quasi-Zugewinns an subjektiven Freiheiten, neue Formen der institutionellen Einbindung etc. konnten durch die Untersuchung nachgezeichnet werden. Die erfolgte Auflösung konfligierender Orientierungsmuster, die ehedem in hierarchischen Positionierungen verfestigt waren, unterstreicht diese Tendenz: Nicht die Veränderung administrativer Routinen, sondern die Verlagerung dieser Aufgabenbereiche in die Handlungsvollzüge der SozialarbeiterInnen ist die pointiert formulierte Bilanz dieses organisatorischen Wandels. Der Interrollenkonflikt zwischen Profession und Verwaltung, wie vor allem noch durch das „semi-professions"-Konzept beschrieben, ist damit durch ein intrapersonales Spannungspotential substituiert worden, das sich deutlich in der lediglich formalen Addition dieser Tätigkeiten zu dem „eigentlichen" - auf Interaktion mit den Adressaten gerichteten - Kompetenzprofil der SozialarbeiterInnen zeigt. Die Exklusion der Verwaltungstätigkeiten aus dem beruflichen Selbstverständnis spaltet auf diesem Weg die professionelle Identität in fremddefinierte Abarbeitungsroutinen und disziplinäre Kompetenzen, deren Focus die Problembearbeitung bildet. Administrative Routinen können allerdings auf dieser Basis eine Eigendynamik entfalten, indem sie nicht weiter hinterfragt, je nach Fallage situativ und temporär instrumentalisiert werden und sich so „hinter dem Rücken der Professionellen" durchsetzen.

3. Ursachen für Mißerfolge von Verwaltungsreformen

Zwei zentrale Gründe können insgesamt für diese nur bedingt positive Bilanzierung des Reformprozesses in der öffentlichen Jugendhilfe benannt werden:

a) *Die Abkoppelung des Organisationsentwicklungsprozesses von Konzepten und Strategien der Personalentwicklung - wie im Fall der Neuorganisation geschehen - kann als ein Grund für das Scheitern der Modellvorhaben im Hinblick auf qualitativ veränderte Handlungsmuster in der Jugendhilfe angesehen werden.*

In diesem Kontext ist das Hauptargument, daß es sich bei der Neuorganisation der sozialen Dienste in den 70er und 80er Jahren im Kern um eine extern initiierte - aus der kommunalen Gebietsreform resultierende - Verwaltungsreform handelte. Wirft man einen Blick beispielsweise in die Schriften der KGSt (Kommunale Gemeinschaftsstelle für Verwaltungsvereinfachung 1974; 1975; 1976; 1978) oder die Empfehlungen des Deutschen Vereins (1983), dann waren etwa die Zusammenlegung von Innen- und Außendienst, Organisationsschemata wie das Bezirksprinzip oder auch Entscheidungsdelegationen immer auch unter Rationalisierungsaspekten interessant. Auf die treibende Kraft von Ratio-

nalisierungsgesichtspunkten bei der Neuorganisation der Jugendämter weist
darüber hinaus auch die nicht geglückte Verankerung kollegialer Ab-
stimmungs- und Kontrollgremien, wie sie etwa durch das Teamprinzip inten-
diert waren, hin: Unter dem *Teamprinzip* ist dabei nicht alleine eine kollegiale
Form der Zusammenarbeit zu verstehen, wie sie z.B. innerhalb der bestehenden Abteilungsgliederungen ausgebildet wird. Das Team in dem hier
gemeinten Sinne ist vielmehr „eine *institutionalisierte Arbeitsgruppe auf Zeit* mit
einem *eigenen Arbeitsstil*. Der *Zweck* ist die Klärung bestimmter Probleme
und/oder die Erfüllung bestimmter Aufgaben in einem kooperativen geistigen
und menschlichen Prozeß, der sich auf diese Aufgabe konzentriert. Die darauf
abgestimmte *Zusammensetzung* des Teams soll ermöglichen, was einzelnen
Fachabteilungen, Stabsabteilungen oder Fachkräften nicht möglich ist: Die
Berücksichtigung möglichst vieler Fakten, Erfahrungen, Ideen und Folgen bei
einem komplexen Problem oder einer komplexen Aufgabe" (Neumann 1974, S.
13). Dieses ausschließlich auf die Steigerung der Fachlichkeit abzielende Instrument ist in nur wenigen Organisationsmodellen berücksichtigt worden. Die
geringe Durchsetzungsfähigkeit fachlicher Standards ist dabei nicht zuletzt
auch auf nur geringe Beteiligungs- und Mitsprachemöglichkeiten der MitarbeiterInnen zurückzuführen. Eine in diesem Sinne extern initiierte und hierarchisch durchgesetzte Organisationsreform ist jedoch prinzipiell zum Scheitern vorverurteilt, da die Motivlage für Innovationsstrategien von den einzelnen
Betroffenen nicht mehr durchschaubar ist. Wenn dennoch nicht alle Wirkungen der Neuorganisation negativ zu beurteilen sind, dann liegt dies eher in
den Folgen für die individuelle Arbeitsplatzorganisation, die deutliche Entla-
stungen von bürokratischen Sachzwängen erhalten hat. Die hiermit verbundene Steigerung der subjektiven Arbeitszufriedenheit, die trotz einer Ausweitung
des Arbeitsaufkommens zu verzeichnen ist, führt jedoch aus den nicht eingeführten Rückkoppelungsmechanismen, die vor allem in Partizipationschancen
an der organisationellen Entscheidungsfindung liegen könnten, zu einem
Rückzug auf das eigene Handlungsfeld und zu bewährten Methoden der Fall-
bearbeitung. Den Imperativen organisatorischer Reformen stand mithin keine
professionelle disziplinäre Identität entgegen, die Verwaltungsanforderungen
mit fachlichen Ansprüchen konfrontierte und in entsprechenden Gremien die
Vereinbarkeit administrativer und professioneller Verfahrensweisen geltend
machte. Die Eindimensionalität der Neuorganisation, die allein auf die Optimierung von Verwaltungsstrukturen zielte und es verabsäumt hat, komplemen-
tär Personalentwicklungsmodelle zu initiieren, hat damit letztendlich dazu beigetragen, daß die in den Reformphasen mögliche Implementation neuer Arbeitsformen administrativen Routinen zum Opfer gefallen ist.

b) *Der erreichte Stand der Qualifizierung von MitarbeiterInnen kann immer noch nicht als hinreichend im Hinblick auf die Initiierung von Innovationen in der organisierten Sozialen Arbeit angesehen werden. Dies liegt vor allem an der Externalisierung aller Formen administrativer Tätigkeiten aus der eigenen beruflichen und disziplinären Identität.*

Der Akademisierungsschub der MitarbeiterInnen in der Sozialen Arbeit steht in keiner unmittelbaren Beziehung zu den durch den Organisationsentwicklungsprozeß gesteigerten Anforderungen in den alltäglichen Arbeitsvollzügen. Notwendige Kenntnisse administrativer Routinen, die es vielleicht ermöglicht hätten, auf die Umstrukturierungen im Rahmen der Neuorganisation aktiven Einfluß auszuüben, sind weder an den Fachhochschulen noch den Universitäten ausreichend curricular verankert. Die traditionellen Lehr- und Lerngebiete der Verwaltungskunde und des Rechtes sind in diesem Zusammenhang als nicht hinreichend zu bewerten, weil sie für die SozialarbeiterInnen lediglich das Handlungsfeld formal strukturieren, jedoch kein Pendent in der eigenen beruflichen Identität finden, die nach wie vor auf die Interaktion mit der Klientel gerichtet ist. Die überaus eindeutige Fixierung des eigentlichen beruflichen Handelns auf die Interaktion mit der Klientel führt in der Konsequenz aber oftmals dazu, daß administrative Verfahren als fachfremde Instrumente aus der Logik der Dienstleistungsproduktion ausgeblendet und lediglich als Beeinträchtigung der individuellen Handlungsspielräume angesehen werden. Einblicke in die Herstellung administrativer Verfahrensweisen und eine aktive Beeinflussungsmöglichkeit könnten vielleicht verhindern, daß verwaltungstechnische Anforderungen länger als eine Form „höherer Gewalt" aus den Berufsprofilen der Sozialen Arbeit ausgeschlossen bleiben. Transparenz in und Mitwirkung an der organisationellen Entscheidungsbildung sind danach eventuelle Lösungsmuster gegen „burn outs" und die hohe Personalfluktuation.

Für eine Bilanz des erreichten Standes der Organisationsentwicklung in der behördlich organisierten Sozialen Arbeit, kann damit festgehalten werden, daß weder der erreichte Stand der Neuorganisation noch der Akademisierungsschub des Personals zu qualitativ neuen Handlungsformen geführt hat. Die beiden Prozesse scheinen zwar notwendige Voraussetzungen, keinesfalls aber hinreichende Bedingungen für eine prinzipiell veränderte Praxis erbracht zu haben. Dieser Saldo widerspricht auch nicht der Studie von Kreft/Lukas (1990), die einen Perspektivenwandel im Bereich der Jugendhilfe daraus schlußfolgern, daß neue Handlungsfelder ausdifferenziert wurden. Auch in diesem, in der Studie festgestellten, erweiterten Handlungsspektrum der Jugendhilfe sind u.U. durchaus die bewährten Handlungsroutinen dominierend. Die angeführten neuen Handlungsfelder der Jugendhilfe in den Bereichen der Stadterneuerung, des Jugendschutzes, der Jugendsozialarbeit und der Hilfen zur Erziehung bürgen nämlich kaum dafür, daß die professionellen Strategien der Problembearbeitung einen anderen als den bewährten, klinisch-kurativen Zugang zu den Lebenslagen der Adressaten wählen (vgl. z.B. die Kritik an der Sozialpädagogischen Familienhilfe: Otto/Karsten 1987).

4. Konsequenzen aus der Neuorganisation der Sozialen Dienste für aktuelle Verwaltungsreformen

Bisher initiierte Verwaltungsreformen, die mit dem Ziel einer Effektivierung sozialarbeiterischen Handelns angetreten sind, blieben einem technisch-operativen - Steuerungsmodell verhaftet, das qualitative Veränderungen professioneller Interventionen für die Klientel aus der Beseitigung funktionaler Defizite der Organisation ableitet. Technologisch interpretiert, reduziert dieses Verständnis von Organisationsentwicklung sozialarbeiterische Praxis auf die Optimierung einer strategisch geplanten und formal-durchgeführten Problembearbeitung. Die eigenspezifische Rationalität sozialarbeiterischen Handelns bleibt dabei unberücksichtigt: Kommunikative Anteile, das reziproke Verhältnis zu den Adressaten der Dienstleistung, Aushandlungsprozesse und lebensweltliche Bezüge werden organisatorischen Imperativen und Optimierungsvorstellungen untergeordnet. Aber nicht nur die Klientel, auch die Professionellen werden in solchen Konzepten zu Funktionselementen von Organisationsstrukturen, indem unterstellt wird, daß spezifische Arrangements organisatorischer Strukturen die Ausformung professionellen Handelns maßgeblich beeinflussen. Die Resistenz aber, mit der die Profession dem Strukturwandel durch die Neuorganisation der sozialen Dienste begegnet ist, läßt die Suche nach alternativen Reformprozessen geboten sein.

Allerdings mehren sich schon jetzt die Anzeichen, daß aus den Fehlern früherer Verwaltungsreformen nicht gelernt wurde. Die Diskussionen um neue Steuerungsmodelle für die Kommunalverwaltungen, die derzeit auf dem Testgebiet der Jugendhilfe stattfinden, sind analog zu der Neuorganisation der sozialen Dienste durch vielfältige Kommunikations- und Kooperationslacks gekennzeichnet, die eine konstruktive Auseinandersetzung mit den Veränderungspotentialen erschweren. Dabei werden vor allem Partizipationschancen, die auf eine aktive Beteiligung der Mitarbeiterinnen und Mitarbeiter in den sozialen Diensten zielen, in den praktischen Umsetzungsversuchen vernachlässigt. „Zum Teil begründete, zum Teil irrationale Verständnis-, Sprach- und Denklücken" (Badelt 1992, S.31), die mit der Einführung des ökonomischen Paradigmas in die soziale Arbeit unausweichlich verbunden sind, belegen aber symptomatisch den aktuellen Interpretationsbedarf, der wohl kaum allein durch Fort- und Weiterbildungsveranstaltungen zu decken ist. Die extrem heterogene Ausgangslage der einzelnen Kommunen, die sich gerade noch in der Bilanzierung der vollzogenen Neuorganisationen gezeigt hat, stellt darüber hinaus Sinn und Erfolge von unspezifischen

Modellüberlegungen radikal in Frage. Entsprechend wirken die Ausbuchstabierungen, die die KGSt für den Bereich der Jugendhilfe vorgelegt hat, nur vordergründig plausibel und müssen in ihren flächendeckenden Implikationen skeptisch eingeschätzt werden. Beispielhaft läßt sich dieses am Begriff der „Output-Orientierung" (vgl. KGSt 1994) illustrieren: Suggeriert der Begriff der „Output-orientierten Steuerung", daß der Bezugspunkt, auf den Verwaltungshandeln zukünftig justiert werden soll, die *Ergebnisse* des Produktionsprozesses öffentlich erbrachter Dienstleistungen sein sollen und folgt man dann den Vorschlägen der KGST, so wird als Ergebnis einer Dienstleistung im Feld der Jugendhilfe z.B. die Bereitstellung einer gewissen Anzahl von Kindergarten- oder Heimplätzen, offerierte Beratungsstunden usw. definiert, wodurch terminologische Unschärfen, die der Begriff der Dienstleistungsproduktion beinhaltet, überdeutlich hervortreten. Die dilemmatische Grundstruktur sozialer Arbeit, das ihr auferlegte „doppelte Mandat" (Boehnisch/Lösch), das den prekären Zusammenhang von Emanzipation und Hilfe und den organisierten, spezialisierten und von Verwaltungsroutinen gekennzeichneten Abarbeitungen sozialer Probleme als feldimmanente Konstitutionsprinzipien thematisierte, wird hier einseitig zugunsten organisationstheoretischer Überlegungen aufgelöst. Es ist denn auch die verwaltungsrationale Perspektive, die den Output bzw. Ergebnisse sozialer Dienste und sozialer Arbeit als identisch behandelt, da sich die fachlich-inhaltlichen Anteile professionellen Handelns tendenziell ihren Instrumenten, den administrativen Steuerungsimperativen, entziehen. Während Produkte danach als Ergebnisse einer gewählten Kombinationsmöglichkeit von Inputfaktoren (z.B. Personal, Räume, Zeit, Finanzen, Technik) erscheinen und somit auf die Angebotsseite der sozialen Dienste bezogen bleiben, sind die Ergebnisse sozialarbeiterischen und sozialpädagogischen Handelns konstitutiv an die Beteiligung bzw. Mitwirkung der Adressaten geknüpft. Beschreibungen von Leistungen der sozialen Arbeit unterscheiden sich deshalb grundlegend von einer Kategorisierung der Angebotspalette der sozialen Dienste; sie können lediglich fall- bzw. problemorientiert dargestellt werden (vgl. Brülle 1995, S. 20ff). Eine ausschließlich legalistisch-administrative Beschreibung der Leistungen der Jugendhilfe impliziert demgegenüber genau jenes technologisch-instrumentelle Verständnis von Organisationsentwicklung, das schon die Grundlage für die Neuorganisation der sozialen Dienste bildete und begrenzt in diesem Zusammenhang prognostizierte Gewinne einer effektiveren Problembearbeitung durch die Profession. Ohne den professionellen Handlungsorientierungen und den ihnen zugrundeliegenden fachlichen Standards genügend Beachtung zu schenken, hieße einmal mehr, die Rechnung ohne den Wirt zu machen. Die Professionalität der Dienstleistungserbringung, das hat die Neuorganisationsdebatte deutlich gezeigt, läßt sich dabei nicht aus den Folgen administrativer Steuerungsstrategien bemessen, sie ist vielmehr zwischen allen Beteiligten intersubjektiv auszuhandeln. Wenn also die Innovationen, die durch ein neues Steuerungsmodell für die Sozialverwaltungen avisiert sind und in plakativen Be griffen der Kunden-, Produkt- und Outputorientierung ihren Ausdruck finden, nicht alleine unter Effizienz-, sondern auch unter Effektivitätsgesichtspunkten zu bewerten sein sollen, sind beteiligungsorientierte Konzepte der Organisationsentwicklung ein notwendiges Pendant zu einer allgemeinen Verwaltungsreform. Gerade in den Fällen, die Veränderungen im Hinblick auf erweiterte Anforderungen für die einzelnen Arbeitsplätze beinhalten, - wie es derzeit so gut wie alle Reorganisationsmodelle für Sozialorganisationen vorsehen -, ist die Beteiligung des Personals eine unabdingbare Voraussetzung. Damit wird eine Schlüsseldimension von Organisationsentwicklungskonzepten angesprochen, die die Organisationsentwicklung als 'Lernprozeß' auffaßt: „Der durch 'turbulente Umweltbedingungen' entstandene Komplexitätsdruck macht nebst verbesserter Ausbildung die Mitglieder der Verwaltungen heute mehr denn je geneigt, die Bedingungen ihres Handelns neu und selbst zu überdenken. Damit steigt auch die Chance für das eigentliche Anliegen jeder Reorganisation, die *Innovation durch Lernen*" (Jaeger/Pitschas 1981, S. 202).

Aber nicht nur aus organisatorischen Erfordernissen gewinnen beteiligungsorientierte Konzepte der Organisationsentwicklung eine besondere Bedeutung, auch die Mitarbeiterinnen und Mitarbeiter erwarten eine Steigerung ihrer Handlungsfähigkeiten und -sicherheiten von organisationsinternen Initiativen, indem sie hoffen, dort Fragen nach den Konsequenzen des organisatorischen Wandels im Hinblick auf den eigenen Arbeitsplatz präziser beantwortet zu bekommen. Der gegenwärtige Run auf Fort- und Weiterbildungsangebote zu allen Facetten der Organisationsentwicklung kann deshalb auch als Reaktion auf eine gestiegene Unsicherheit gegenüber den Folgen organisatorischer Erneuerung, insbesondere der potentiellen Gefährdung der Arbeitsplatzsicherheit, der möglichen Beeinträchtigung des sozialen Status in der Organisation, der Antizipation gesteigerter Stellenanforderungen, erwarteten Einschränkungen der individuellen Entscheidungsfreiheiten und Autonomie sowie Begrenzung der Mitsprachemöglichkeiten gedeutet werden.

Sollen Quantität und Qualität der Dienstleistungsproduktion durch die soziale Arbeit zukünftig optimaler dem gesellschaftlichen Bedarf angepaßt und Modernisierungsfolgen flexibler bewältigt werden können, bildet den entscheidenden Bezugspunkt von Verwaltungsreformen, die mit dieser strategischen Zielsetzung antreten, die Kompetenz der Mitarbeiterinnen und Mitarbeiter. Der eingeschlagene Weg der kommunalen Verwaltungsreform und der sozialen Dienste muß unter diesen Prämissen allerdings noch einmal kritisch überprüft werden.

Literatur

Badelt, Ch., 1992: Sozialmanagement. Die Gratwanderung zwischen Notwendigkeit und Mißbrauch. In: Evangelische Jugendhilfe 1/1992, 29-32

Baum, D., 1987: Die Bedeutung von Organisationsentwicklung für eine integrative kommunale Sozialpolitik. In: Zeitschrift für Sozialreform, 33Jg., H.8, 449-471

Brohm, W., 1988: Funktionsbedingungen für Verwaltungsreformen. In: Die Verwaltung 1/88, 1-22

Brülle, H., 1995: Sozialplanung und Verwaltungssteuerung - Dienstleistungsproduktion in der kommunalen Sozialverwaltung. In: ÖTV-Materialien: Kommunale Soziale Arbeit und Jugendhilfe. 1/1995, 9-32

Brülle, H./Altschiller, C., 1992: Sozialmanagement - Dienstleistungsproduktion in der kommunalen Sozialverwaltung. In: Flösser, G./Otto, H.-U. (Hg.), Sozialmanagement oder Management des Sozialen? Bielefeld, 49-72

Bundesministerium für Familie, Frauen, Jugend und Gesundheit (Hg.), 1990: Achter Jugendbericht. Bericht über Bestrebungen und Leistungen der Jugendhilfe. Bonn

Feser, H.-D.,1985: Zu den ökonomisch-fiskalischen Handlungsprämissen in der Kommune. In: Krüger, J./Pankoke, E. (Hg.), Kommunale Sozialpolitik. München, 77-91

Fichtner, O., 1982: Kommunalfinanzen und kommunale Sozialpolitik. In: Theorie und Praxis der Sozialen Arbeit. 33.Jg., H.6, 221-226

Fichtner, O., 1993: Sozialarbeit im Wohlfahrtsstaat. In: Pfaffenberger, H./Schenk, H. (Hg.), Sozialarbeit zwischen Berufung und Beruf. Münster/Hamburg, 65-71

Jaeger, M./Pitschas, R., 1981:Funktionale Verwaltungsreform durch fortbildungsvermittelte Organisationsentwicklung. In: Treude, B. (Hg.), Organisationsentwicklung. Praxismodelle aus der Bundesrepublik Deutschland. Hamburg, 195-236

Japp, K.-P./Olk, Th., 1981: Zur Neuorganisation sozialer Dienste. In: Projektgruppe Soziale Berufe (Hg.): Sozialarbeit - Problemwandel und Institutionen. Expertisen II. München, 82-115

Jordan, E./Sengling, D., 1988: Jugendhilfe. Einführung in Geschichte und Handlungsfelder, Organisationsformen und gesellschaftliche Problemlagen. Weinheim/München

Kommunale Gemeinschaftsstelle für Verwaltungsvereinfachung, 1971: Delegation von Entscheidungsbefugnissen. Bericht Nr. 3/1971. Köln

Kommunale Gemeinschaftsstelle für Verwaltungsvereinfachung, 1974: Organisation des Jugendamtes. Bericht Nr. 22/1974. Köln

Kommunale Gemeinschaftsstelle für Verwaltungsvereinfachung, 1975: Organisation des Jugendamtes: (a) Allgemeiner Sozialer Dienst, (b) Erziehungsbeistand. Köln

Kommunale Gemeinschaftsstelle für Verwaltungsvereinfachung, 1976: Jugendgerichtshilfe. Bericht Nr. 9/1976. Köln

Kommunale Gemeinschaftsstelle für Verwaltungsvereinfachung, 1978: Organisation der Sozialhilfe. Bericht Nr. 17/1978. Köln

Kommunale Gemeinschaftsstelle für Verwaltungsvereinfachung, 1978: Ziele der Sozial- und Jugendhilfe. Bericht Nr. 18/1978. Köln

Kommunale Gemeinschaftsstelle für Verwaltungsvereinfachung, 1993: Das neue Steuerungsmodell. Begründung, Konturen, Umsetzung. Bericht Nr. 5/1993. Köln

Kommunale Gemeinschaftsstelle für Verwaltungsvereinfachung, 1994: Outputorientierte Steuerung der Jugendhilfe. Bericht Nr. 9/1994. Köln

Kreft, D./Lukas, H., 1990: Perspektivwandel der Jugendhilfe? Aktuelle Forschungsergebnisse zur Entwicklung von Standards zeitgemäßer Jugendhilfe und ihre Realisation im Handlungsalltag bundesdeutscher Jugendämter. In: neue praxis, 21.Jg., H.1, 68-77

Kühn, D., 1980: Historisch-systematische Darstellung von Neuorganisationsmodellen der kommunalen Sozialverwaltung. In: Müller, S./Otto, H.-U. (Hg.), Sozialarbeit als Sozialbürokratie. Sonderheft 5 der neuen praxis. Neuwied, 90-106

Kühn, D., 1985: Kommunale Sozialverwaltung. Eine organisationswissenschaftliche Studie. Bielefeld

Müller, S./Otto, H.-U., 1980: Gesellschaftliche Bedingungen und Funktionsprobleme der Organisation sozialer Arbeit im Kontext staatlichen Handelns. In: Müller, S./Otto, H.-U. (Hg.), Sozialarbeit als Sozialbürokratie? Sonderheft 5 der neuen praxis. Neuwied, 5-29

Neumann, K.H., 1974: Taschenbuch der Teamarbeit. Heidelberg

Olk, Th., 1986: „Neue Subsidiaritätspolitik" - Abschied vom Sozialstaat oder Entfaltung autonomer Lebensstile? In: Heinze, R.G. (Hg.), Neue Subsidiarität: Leitidee für eine zukünftige Sozialpolitik? Opladen, 283-302

Olk, Th./Otto, H.-U. (Hg.), 1985: Der Wohlfahrtsstaat in der Wende. Umrisse einer zukünftigen Sozialarbeit. Weinheim/München

Otto, H.-U., 1991: Sozialarbeit zwischen Routine und Innovation. Professionelles Handeln in Sozialadministrationen. Berlin/New York

Otto, H.-U./Karsten, M.-E., 1987: Sozialpädagogische Familienhilfe. Jugendhilfe auf dem Irrweg. In: neue praxis, 17.Jg., H.5, 475f

Schmidt, M.G., 1988: Sozialpolitik: historische Entwicklung und internationaler Vergleich. Opladen

31

Dieter Grunow

Auf dem Weg zur „neuen Fehlsteuerung"? Bürgernähe und Kundenorientierung in der Sozialverwaltung

1. Fallstricke „aktueller Modernisierungskonzepte"

Die Kommunalverwaltung ist in einem Maße in Bewegung geraten, die das bisherige Spektrum und die übliche Geschwindigkeit an Änderungs- und Anpassungsleistungen sowie an Perspektivplanungen für das Jahr 2000 ff. deutlich übersteigt. Dies ist insofern eine begrüßenswerte Entwicklung, als sie Chancen eröffnen kann, die öffentliche Verwaltung mit neuen Handlungsmöglichkeiten für alte Probleme auszustatten und/oder auf neue Herausforderungen vorzubereiten. Die Wahrscheinlichkeit, daß diese Chancen angemessen genutzt werden, sind allerdings eher gering. Es steht zu befürchten, daß die Entwicklung „vorwärts in die Vergangenheit" führt. Was sind die Ursachen dafür?

Wie an anderer Stelle ausführlicher dargelegt (Grunow 1995; 1995a) entwickeln sich Änderungskonzepte und -strategien in einer zunehmend „unübersichtlichen" Gemengelage:

– Die primäre Ursache der „Mobilisierung" besteht in der Krise der öffentlichen Haushalte - insbesondere auch der Kommunalhaushalte; sie ist zunächst die Folge der wirtschaftlichen Rezession der neunziger Jahre und stellt sich nun zunehmend als Auswirkung der Lastenverteilung hinsichtlich der Vereinigungskosten dar.

– Es besteht eine Koinzidenz mit der aus dem angelsächsischen Raum (in der die Finanzkrise früher deutlich wurde) stammenden Diskussion eines „new public management" (Reichard 1994); dieser vor allem betriebswirtschaftlich ausgerichtete Modellplatonismus (ohne großen Neuigkeitswert) hätte wie viele vergleichbare Konzepte nur „mäßiges Interesse" gefunden, wenn nicht durch die Betonung der Kostendimension eine *direkte* Verknüpfung mit den Erfordernissen der Haushaltskonsolidierung möglich gewesen wäre. So werden nun Maßnahmen der Haushaltssanierung als Modernisierungs-"Therapie" (im wahrsten Sinne des Wortes) teuer verkauft.

– Der dadurch zustandekommende „Verschnitt" von energischen Änderungs-bemühungen, Diktat der leeren Kassen und einer „Steuerungs-Rhetorik" birgt die Gefahr in sich, in zwei wichtigen Hinsichten zu versagen: zum einen durch die Mobilisierung des Personals für die „falschen" Änderungsaufgaben (En-gagement für „heiße Luft"), was in kurzer Zeit zu erheblicher Frustation und abnehmender Mitwirkungsbereitschaft führen wird; zum anderen tritt die Aus-einandersetzung mit zentralen *inhaltlichen* Zukunftsaufgaben der Kommu-nalverwaltung immer mehr in den Hintergrund: z.B. die demographische Entwicklung und ihre gravierenden Veränderungseffekte für die Kommunal-verwaltung; die Erfordernisse einer ökologisch orientierten Stadtentwicklung; die Entwicklung europafähiger Regionen u.v.a.m.

Die kritische Erörterung der diskutierten Änderungsvorschläge ist schwierig, weil Konzepte und praktische Initiativen z.T. eng verwoben, aber gleichwohl sehr unterschiedlich sind. Die vorgeschlagenen Konzepte sind i.d.R. altbekannte „Rezepte" für die Organisationsgestaltung, die meisten haben ihre - allerdings nur partielle - Berechtigung und sind daher nur begrenzt erfolgversprechend. Ander-erseits besteht das Verwaltungshandeln durch den Druck der finanziellen Eng-pässe zunehmend aus ad hoc - Entscheidungen, die nicht einmal bestimmten „Mindestanforderungen" der Konzeptvorschläge entsprechen. Insofern schwankt die kritische Kommentierung zwischen der Mängelanalyse hinsichtlich der Kon-zepte und der oft noch stärker kritisierbaren ad hoc - Entscheidungen in der Praxis (vgl.Laux 1994).

Da es im folgenden aber weniger um die wissenschaftliche „Richtigkeit" von Konzepten geht als um die Entwicklungsrichtung der Kommunalpolitik und - verwaltung sollen vor allem diejenigen Überlegungen und Diskussionsbeiträge berücksichtigt werden, die Einfluß auf die praktische Entwicklung in den Kom-munalverwaltungen haben (können).[1]

Beiträge an anderer Stelle zusammenfassend können folgende kritische An-merkungen und Anfragen hervorgehoben werden:

a) Der erste Bezugspunkt der kritischen Rückfragen bezieht sich auf die *„Dia-gnose"* des Problems: Welche Probleme oder Defizite sollen durch die Verwal-tungsänderungen verbessert werden? Die Antworten sind i.d.R. sehr diffus, in-dem sehr pauschale „Urteile" (oft eher Vorurteile) über „die" Verwaltung for-muliert werden; meist ist ein extremer Mangel an empirischen Belegqualitäten festzustellen. Bestenfalls haben solche pauschalen Typisierungen für die Praxis keinen Orientierungswert, in Einzelfällen können sie zu unzureichenden oder gar Fehldiagnosen führen, die alle Folgeschritte fragwürdig werden lassen.

Die erste wichtige, aber i.d.R. nicht hinreichend beachtete Differenzierung ergibt sich einerseits für die *finanzielle Mangelsituation* und andererseits hinsi-chtlich des aufgabenspezifischen Reformbedarfs. Beschrieben werden oft Fallbeispiele aus anderen Ländern (bis nach Neuseeland wird der Bogen gespannt), verzichtet wird aber selbst im Hinblick auf das Kernproblem (die prekäre Haushaltslage der Kommunen) auf substantielle Analysen. Allein aus einer sehr einfachen Vergleichsstatistik der größten Städte in Deutschland, lassen sich die Unterschiede in „dem" *Finanzproblem* der Gemeinden sichtbar machen; Dimensionen sind z.B.: Gemeindeanteil an der Einkommenssteuer, Personalkosten, Investitionen, Rücklagen, Schulden (alles je Einwohner). Schon hier zeigen sich unterschiedliche Erfordernisse im Hinblick auf die Bewältigung dieses Problems (vgl.Finanzausschuß 1994).

Sehr viel größer sind die Variationen im Hinblick auf die einzelnen *Aufgabenfelder* der Kommunalverwaltung, die zudem mit sehr unterschiedlichen Instrumentarien arbeiten, unterschiedliche Grade der Aufgabendelegation an Dritte aufweisen und ein breites Spektrum von Bürgern/Klienten in ihren Außenbeziehungen zu berücksichtigen haben. Müllentsorgung, Verkehrsregelung bei Großveranstaltungen, Sozialarbeit für psychisch Kranke, die Organisation eines Jugendzentrums, das Betreiben eines Schwimmbades, die Bekämpfung der Drogenabhängigkeit usw. sind Aufgaben der Kommunalverwaltung, für die sich auch der einfältigste Verwaltungskritiker nicht so recht vorstellen kann, daß sie die gleichen Defizite teilen und daß es eine einheitliche Antwort als Problemlösung gibt.

b) Dem Mangel an empirisch begründeten, differenzierten Diagnosen steht ein Überhang an „*Therapievorschlägen*" gegenüber. Der normativen Grundausrichtung der Betriebswirtschaftslehre entsprechend werden eine Vielzahl von Sollvorschlägen formuliert, deren praktische Relevanz aber kaum abzuschätzen ist. Die Überfülle ergibt sich aus einer unkritischen Auflistung von Bausteinen, die altbekannte Optionen der Organisationsgestaltung zusammenfassen, wobei ausländische Konzepte ebenso berücksichtigt werden wie Vorschläge aus der Privatwirtschaft.[2]

Bei der Diskussion der „Therapievorschläge" stellt sich die Frage, ob es sich um Einzelinterventionen handelt oder ob es ein Gesamtkonzept, ein *„therapeutisches Regime"* gibt. In der Diskussion wird ein solcher regimeartiger Zusammenhang postuliert, der i.d.R. mit dem Begriff „Neues Steuerungsmodell" überschrieben wird. Tatsächlich handelt es sich jedoch nicht um ein in sich geschlossenes Konzept, sondern um eine Auflistung älterer und neuer „Therapievorschläge", die teilweise nicht (gut) miteinander verträglich sind. Mit anderen Worten, die *Nebenwirkung* im Sinne der wechselseitigen Blockaden oder Verstärkungen sind nicht abgeklärt. Dies ist vor allem dort zu kritisieren, wo solche „Organisationsdilemmata" hinreichend bekannt und empirisch nachgewiesen sind. Die Therapien hätten also zumindest vorzuschlagen, wie sie mit ungewollten Folgen „umzugehen" beabsichtigen.[3]

c) Die Abkoppelung der Änderungs- und Modernisierungsvorschläge („Therapien") von einer substantiellen und differenzierten Problemdiagnose verweist auf ein weiteres konstitutives Merkmal: auf die unzureichende *Ursachenanalyse* und den Mangel an Theoriebezug. Diagnosen und Therapien lassen sich i.d.R. nur über gut begründete (wie universell oder partiell auch immer angelegte) Theorien verknüpfen. Dabei spielt wiederum die Frage eine Rolle, wie gut empirisch fundiert die jeweils benutzten Theorien sind. Die Debatte über die Verwaltungsmodernisierung und die dahinterstehenden sogenannten neuen Steuerungskonzepte wird weitgehend *theorielos* geführt - wenn man einmal von der Tatsache absieht, daß die zusammengetragenen Bausteine durchaus je für sich einen spezifischen Theoriebezug haben können. Es handelt sich bestenfalls um eine Praxeologie, die um die Begriffe Effizienz oder Produktivität (mehr oder weniger begründet) entwickelt ist.[4]

Dabei knüpft die Diskussion aber weder hinreichend bei makroökonomischen noch bei organisationsbezogenen Perspektiven an: Der betriebswirtschaftliche Kernpunkt ist ein deutlicher Rückschritt gegenüber früheren ökonomischen Analysen, die einer „Schönrechnerei" durch Externalisierung bestimmter Kosten *nicht* gefolgt sind und mit Hilfe *gestufter* Wirtschaftlichkeitsbegriffe zeigen können, ob und in welcher Weise die sogenannte Modernisierung nur ein Verschieben von Etatposten zwischen verschiedenen Verwaltungsbereichen oder verschiedenen Gebietskörperschaften beinhaltet (vgl. u.a. Picot/Reichwald 1984).

Aber selbst bei einer Beschränkung auf die Organisationsebene als Referenzrahmen ergeben sich weitergehende Möglichkeiten der Analyse organisatorischen Effizienz oder der Berücksichtigung organisationstheoretischer Perspektiven. So wird zwar der „bürokratische Zentralismus" kritisiert, ohne genau zu benennen, was man darunter versteht; es wird jedoch neben den Praxisbegriffen „Unternehmen" oder „Konzern" kein theoretisches Gegenmodell benutzt, um den Zusammenhang zwischen verschiedenen Änderungsbausteinen zu begründen.[5]

d) Unter den zuvor skizzierten Rahmenbedingungen ist das Verhältnis von Konzepten und praktischen Initiativen prekär: Die Konzepte als Leitlinie für praktische Änderungen zu empfehlen, wäre unangebracht; gleichwohl enthalten sie *Instrumente* des Verwaltungsumbaus, die zu besseren Lösungen führen *können* als die in manchen praktischen Strategien stattfindenden Anpassungen an die Haushaltslage. Die „Gefahren" der Konzeptverwendung liegen einerseits in der Beihilfe zum Etikettenschwindel, in der Entpolitisierung oder in der Umbenennung von grundlegenden Verteilungskonflikten zu Effizienzproblemen; „Gefahren" liegen auch in der breiten Übernahme von Konzeptbausteinen, die allenfalls unter sehr spezifischen Bedingungen sinnvoll sind: z.B. die z.Zt. mit hohem Aufwand betriebenen Produktbeschreibungen.

„Chancen" sind m.E. am ehesten dort zu sehen, wo „die Therapie auf die angemessenen Probleme trifft", wo die betriebswirtschaftliche Perspektive angemessen ist: bei der Frage der Planung des Mitteleinsatzes, der kontrollierten Mittelverwendung, der Buchführung und Rechnungslegung. Dies alles könnte dazu beitragen, zumindest in dem einen Punkt auf breiter Basis Fortschritte zu erzielen, der zudem schon immer ein kritischer Aspekt der Verwaltungsführung war: politische und administrative Kostentransparenz und Kostenkontrolle; größere sachliche und zeitliche Flexibilität in der Mittelverwendung.[6]

Wie sieht nun unter diesen Bedingungen das gegenwärtige Szenario praktischer Verwaltungsänderungen aus? Die erste Antwort ist naheliegend: Uneinheitlich. Ein detaillierter Überblick ist z.Zt. nicht zu gewinnen, doch sind die Variationen zwischen den Städten und Gemeinden sowie zwischen den verschiedenen Aufgabenfeldern der Kommunalverwaltung erheblich. Einige Kommunen haben sich dem „Visionsfestival" angeschlossen, andere eine „Stampede" ausgelöst, einige versuchen mit immer neuen ad hoc - Strategien die Haushaltslöcher zu stopfen. Weitere versuchen trotz der konkreten Schwierigkeiten eine wohlüberlegte und auf mittelfristige Zeitperspektive angelegte Organisations- und Personalentwicklung; andere wiederum tun gar nichts. Ein durchweg eher einheitlicher Trend scheint darin zu bestehen, daß die „Vordringlichkeit des Befristeten" (=Haushaltssanierung) zunehmend die Oberhand gegenüber anderen Änderungskomponenten gewinnt. Die „schönen Konzepte" (wie z.B. für die Stadt Hannover mit Millionenaufwand entwickelt) lassen sich zunehmend nicht mehr fortführen; auch das „Tafelsilber" kann nur einmal verkauft werden; die dezentrale Entscheidung über die Verwendung der zur Verfügung stehenden Mittel kann man den einzelnen Fachbereichen nur einmal als „Trostpflaster" für drastische Haushaltskürzungen „verkaufen"; ob als Insellösung oder als breit angelegte Strategie entwickelt, die „Modernisierer" halten zunehmend mit dem erzwungenen Ressourcenabbau und „Stellenklau" nicht mehr mit. Wo und soweit dies geschieht, werden selbst die „Modernisierungsrhetorik" oder „Produktivitätsdebatte" überholt: Städte und Gemeinden haben den Zeitpunkt verpaßt, durch eine differenzierte Diagnose die neuralgischen Punkte der Verwaltungsleistung zu bestimmen und dafür ggf. Verbesserungsmöglichkeiten zu entwickeln.

Aus diesem Problemzusammenhang wird nun im folgenden ein Teilaspekt herausgegriffen und einer näheren Beschreibung und Bewertung unterzogen: das Thema Kundenorientierung und Bürgernähe.

2. Produktqualität und Kundenorientierung oder „clients come last"?

Nicht zuletzt durch die zunehmende Überlagerung der Modernisierungsdebatte durch die Haushaltssanierungsdebatte entsteht schnell der Eindruck, daß die Sparsamkeit der öffentlichen Verwaltung, daß der schlanke Staat, daß die Produktivität der Dienstleistungserbringung ein Selbstzweck wäre, für dessen Erreichen bestimmte Instrumente zur Verfügung gestellt werden (müssen). Angesichts der oft recht willkürlichen oder linearen Haushaltskürzungen ist gegenwärtig dieser Eindruck für das Verwaltungspersonal nicht ungewöhnlich; dies wird mit der Feststellung verbunden, daß es an der Zeit wäre, sich weniger mit sich selbst zu beschäftigen, sondern sich wieder primär den inhaltlichen Aufgaben der Dienststelle oder Verwaltungsbehörde zu widmen. In der Konzeptdiskussion ist dieser Blickverengung insofern vorgebeugt, als mit dem Steuerungsbegriff - wie angemessen oder unangemessen er auch immer in die Diskussion eingeführt wird - zumindest abstrakt auf den instrumentellen Charakter aller Maßnahmenbeschreibungen verwiesen wird.[7]

Jeder Steuerungsversuch setzt die Vorgabe von Zielen (Sollstellung) voraus. Anders ausgedrückt, die Steuerbarkeit oder gar der Steuerungserfolges ist nur anhand der relativen Erfüllung des Solls, des Grades der Zielerreichung zu beurteilen. Angesichts der geringen kausalen Determiniertheit von Wirkungszusammenhängen kann man sich i.d.R. nicht allein auf sehr weitgesteckte (entfernte) Ziele festlegen. Entscheidend ist die Klärung von Zwischenetappen sowie die Prüfung, ob die „gesteuerten" Entwicklungen sich noch auf dem Weg zum Ziel befinden. Erschwerend kommt hinzu, daß sich häufig die Zielpositionen verändern, so daß auch eine zunächst „richtig justierte" Entwicklungssteuerung durch Veränderung der Aufgabe oder des Ziels am Ende nicht erfolgreich ist.

2.1 Verwaltungsprodukte als Zielvorgaben?

Bereits an diesen grob skizzierten Überlegungen wird deutlich, daß die Formulierung von Zielvorstellungen eine wesentliche Komponente der Modernisierungskonzepte unter dem Stichwort „Neues Steuerungsmodell" sein muß. Zugleich begründet es noch einmal die Kritik, die sich aus dem Mangel an inhaltlicher Spezifikation für eben diese Ziele ergibt. Da diese Ziele nicht identisch sind mit den Schlagworten „Entbürokratisierung", „schlanker Staat" u.ä. müssen andere Referenzpunkte formuliert werden. Im Mittelpunkt der diesbezüglichen Überlegung stehen die inhaltlichen Beschreibungen der *Verwaltungsprodukte*. Da dieser Begriff aber zunächst völlig inhaltsleer ist, wird die Hektik nachvollziehbar, mit der z.Zt. diese Lücke zu füllen versucht wird. Die Schwierigkeiten für dieses Vorhaben liegen auf der Hand, denn die Vielfalt der Aufgaben und zu bewältigenden Probleme der öffentlichen Verwaltung machen letztlich einen solchen Pauschalbegriff auch nach einer intensiven Beschreibungsarbeit nicht leistungsfähiger. Er ist schlicht zu schematisch, um als Referenzpunkt für Steuerungsüberlegungen von Interesse zu sein.[8]

Die Behauptung, daß mit der Einführung des Produktbegriffes nun stärker die Output-Orientierung (anstelle einer Input-Orientierung) zum Zuge käme, ist zumindest für die Kommunalverwaltung außerordentlich fragwürdig. Diese ist gerade als Implementationsagentur darauf programmiert, Leistungen nach außen hin zu übermitteln (was nicht unbedingt etwas über die Qualität dieser Leistungen aussagt). Zudem ist die übermäßige Betonung des Produkt-Begriffes insofern verwunderlich, als gleichzeitig - nicht zuletzt auch im Rahmen der diskutierten Modernisierungsprozeduren - das sogenannte „total quality management" (TQM) benutzt wird, was sehr viel stärker die Qualität von Prozeduren in den Mittelpunkt rückt und sich damit in guter Gesellschaft mit Luhmanns „Legitimation durch Verfahren" befindet (vgl. Hirschfelder/Lessel 1994). Bei näherem Betrachten der „neuen" Vorschläge bleibt also vor allem eine veränderte Etikettierung, ohne daß ein differentieller Vorteil erkennbar wäre. Die Betrachtung erster konkreter Produktbeschreibungen bestätigt den Eindruck: Überwiegend werden triviale Informationen über Aufgabenbestände reproduziert, die nach Stellenstreichungen ohnehin in einer neuen Konfiguration oder einer neuen Kombination von Aufgaben für einzelne Bedienstete „überarbeitet" werden müssen.

Im Hinblick auf die kommunale Sozial- und Gesundheitspolitik erscheint aus noch einem anderen Grund der Begriff „Produkt" keine besonders geeignete Wortwahl. Die *Leistung* der Verwaltung ist gerade in diesem Zusammenhang häufig *nicht* identisch mit den Produkten, die sie „herstellt" oder „übermittelt". Von Interesse ist vielmehr eine erfolgreiche und wirksame Aufgabenerledigung, d.h. ein Beitrag zur Problembewältigung. In der Sprache der Implementations- und Evaluationsanalyse wird hier von *Impact* und *Outcome* gesprochen. Es gibt genügend Beispiele einer als Erfolg gefeierten Implementation, die jedoch keinerlei Wirkung erzielt hat und insofern mit Blick auf die tatsächlichen Ziele als Mißerfolg gewertet werden müssen.[9] Insofern kommt dem Hinweis auf die *Kundenorientierung der Verwaltungsleistungen* eine größere Bedeutung zu als der Produktdefinition. Letztlich sind auch Produkte eher die Mittel um die Problemsituationen der Gesellschaft bzw. einzelner Bevölkerungsgruppen wirksam zu beeinflussen.

38

2.2 Kundenorientierung – ein wenig elaborierter Qualitätsmaßstab

Die diesbezüglichen Überlegungen fallen jedoch noch spärlicher aus als die Hinweise zur Gestaltung von Outputs (Produkte) der Verwaltung. Die Kundenorientierung ist ein besonders drastisches Beispiel für eine weitgehend uneingelöste Rhetorik der Modernisierungsdiskussion. Bei Reichard (1994a, S. 36) lautet die Erläuterung zum „kunden- bzw. bürgerorientierten Verwaltungshandeln" folgendermaßen: „Es richtet alle Handlungen und Strukturen strikt auf den Bürger und dessen Bedürfnisse aus und strebt eine hohe Leistungsqualität an."

Die enge Verzahnung von Produktbeschreibungen und Kundenorientierung wird in den Ausführungen der KGSt (1993, S. 21) betont: „Primäre Kriterien der Produktbildung sind die politisch-strategischen Ziele der Kommune, die Erwartung der Bürger/Abnehmer an ganzheitliche Leistungsangebote wie innerhalb der Verwaltung das Erfordernis einer möglichst eindeutigen Ergebnis- und Kostenverantwortung. Von nachrangiger Bedeutung sollten organisationsinterne Gesichtspunkte wie die bestehende Aufgabenzuordnung oder die Systematik von Rechtsvorschriften sein."

Ganz andere Aspekte, möglicherweise die Kernpunkte der empfohlenen „Kundenorientierung" werden jedoch unter dem Stichwort „Legitimationslücke" aufgeführt (vgl. ebd. S. 12): „Die Bürger möchten, daß die Kommunalverwaltung sie ernst nimmt und auf sie hört. Bis zu einem gewissen Grade sind sie bereit, auf gewohnte Leistungen zu verzichten, wenn sie die Notwendigkeit hierzu nachvollziehbar begründen kann. Häufig kann bei den Bürgern sogar die Bereitschaft geweckt werden, bisher von der Kommune erbrachte Leistungen in eigener Regie zu übernehmen. Voraussetzung ist allerdings, daß die Verwaltung im Bürger nicht mehr das betreute Verwaltungssubjekt sieht, sondern lernt, ihn als vollwertigen Partner zu akzeptieren." Eine m.E. fragwürdige Konzeption, die den Bürger erst dann als Partner akzeptiert, wenn er die Verwaltungsaufgaben selber durchführt. Die übliche Kennzeichnung dieses Sachverhaltes benutzt die Begriffe *Leistungs- und Bürokratieüberwälzung*.

Ein abschließendes Beispiel der eher *leerformelhaften Verweise* zur Kundenorientierung sei aus dem Arbeitsprogramm der Bertelsmann-Stiftung zitiert; hier wird (deutlich abweichend) Kundenorientierung und Marketing in einen engen Zusammenhang gebracht und dazu folgendes ausgeführt: „Die Bürgerfreundlichkeit von Verwaltungsdienstleistungen wird nicht nur durch angemessene Zielformulierung, vielmehr auch im höchsten Maße von der Organisationsform und ihrer Darbietung bestimmt. Produktion und Angebot von Verwaltungsdienstleistungen müssen daher in allen Phasen von den Bedürfnissen der Bürger her entwickelt werden" (S. 3).

Erwartungsgemäß sind diesbezügliche Überlegungen und vor allem bereichsspezifische Spezifikationen in den *praktischen* Änderungsstrategien noch seltener oder noch marginaler ausgeprägt. Entgegen der Rhetorik der Modernisierung ist die praktische Änderungsstrategie in den Kommunen zur Zeit weitgehend *inputorientiert*, d.h. daß durch Haushaltskürzungen Fakten geschaffen werden, die dann im Hinblick auf die konkrete Aufgabenerledigung „abgearbeitet" werden müssen. Spätestens an dieser Stelle werden alle Überlegungen oder Behauptungen einer outputorientierten Steuerung des kommunalen Handelns zur Makulatur. Dennoch wird damit der Referenzpunkt Kundenorientierung (oder wie immer bezeichnet) nicht außer Kraft gesetzt. Gerade das Gegenteil läßt sich gut begründen: In Zeiten der knappen Haushaltsmittel ist die Kundenorientierung bzw. Bürgernähe noch wichtiger als in Zeiten, in denen man Mängel in der Aufgabenerledigung durch mehr Geld oder mehr Personal „zuschütten" kann. Zu den Erfordernissen in der gegenwärtigen Diskussion gehört allerdings auch die besonders „undankbare" Aufgabe, die mit dem Ressourcenabbau nicht zu verhindernde Qualitätsverschlechterung und Leistungseinschränkung der Bevölkerung deutlich zu machen.

Angesichts der unzureichenden politik- und verwaltungswissenschaftlichen Kommentierung und vor der fehlenden empirischen Begleitung des Änderungsprozesses, der in den Kommunalverwaltungen in Gang gekommen ist, fehlen substantielle Überlegungen zu dem Thema Kundenorientierung und ihre Implikationen. *Zusammenfassend ausgedrückt: Es wird weder das konzeptuelle noch das empirische Diskussionsniveau der Bürgernähe-Debatte erreicht.* Dies belegen die wenigen verfügbaren Studien-Beispiele, von denen hier exemplarisch der neuere Beitrag von Bogumil und Kißler (1994) erwähnt werden soll. Es ist nicht zufällig, daß der Diskussionsbeitrag aus einer empirischen Forschungsarbeit stammt, die sich mit der bürgernahen Gestaltung bestimmter Verwaltungsbehörden - hier mit einem „Bürgerladen" - auseinandersetzt (vgl.auch Abele 1994). Die Autoren diskutieren Sinn und Zweckmäßigkeit der Verwendung des Begriffes „Kunden" im Zusammenhang mit der öffentlichen Verwaltung - vor allem im Kontrast zum Begriff Bürger. Das Rollenverständnis von BürgerInnen wird dabei auf die *Partizipationsdimension* eingeschränkt; der Bürger wird sogar als „Modernisierungsträger" typisiert.

Daß die Autoren in einem solch reduktionistischen Verständnis der Bürgernähe zu eher „ernüchternden" Einschätzungen kommen, ist m.E. gut begründet: Sie erwähnen die mangelnde Mitwirkungsbereitschaft bei der Einführung der IuK-Techniken in die Verwaltung (ProSoz-Projekte) oder auch die geringe Beteiligung bei Umgestaltungsprozessen in der Stadtverwaltung Unna. Diese Erfahrungen lassen sich aber auch dahingehend interpretieren, daß die (administrativ) *eröffneten* Partizipationsmöglichkeiten nur dann genutzt werden, wenn eine unmittelbare persönliche Betroffenheit vorliegt. Übersehen wird von den Autoren, daß sich Partizipationsinteressen aber auch *unabhängig* von den (administrativ) eröffneten Chancen entwickeln; Selbsthilfeinitiativen und -gruppen versuchen, an Gestaltungsprozessen mitzuwirken oder auf sie Einfluß zu nehmen, wo es der Verwaltung u.U. weniger „genehm" ist. Ein Beispiel sind Gesundheitskonferenzen (oder ähnliche themenspezifische Foren), die weitere Partizipationsprozesse auslösen (können). Nicht unwichtig erscheint auch der globale Rahmen, in dem diese Entwicklungen stattfinden: So sollte nicht unterschätzt werden, daß die zunehmende Verbreitung von bürgerschaftlichen Gestaltungsrechten (Bürgerbegehren, Bürgerentscheid) die Beteiligungsbereitschaft „ermutigen" kann. Mit diesen Hinweisen soll die Partizipationsbereitschaft der Bevölkerung insgesamt bzw. einzelner Klientengruppen der Verwaltung keineswegs überschätzt werden; es ist jedoch ebensowenig angemessen, diesen Aspekt der Bürgerrolle zu ignorieren. Für eine wirksame Modernisierung der öffentlichen Verwaltung vor allem auf kommunaler Ebene müssen die BürgerInnen als Mitträger der Entwicklung gewonnen werden - ohne ihnen die nichterledigten öffentlichen Aufgaben zuzuschieben bzw. die Bürokratieüberwälzung zu vergrößern.

Diesen Überlegungen stellen die Autoren das Konzept der *Kundenorientierung* gegenüber: „Der Adressat neuer Verwaltungsangebote, wie z.B. des Bürgerladens Hagen, ist nicht der Bürger im empathischen Sinne sondern der potentielle Abnehmer des Dienstleistungsangebotes: der Kunde. Der Kunde ist vorrangig Konsument von Dienstleistungen, eher passiv und auf Bedürfnisbefriedigung aus. Er tritt der Verwaltung als Anbieterin von Dienstleistungen mit einer Anspruchshaltung gegenüber. Kundenorientiertes Verwalten entfaltet somit eine Eigendynamik. Es weckt Kundenbedürfnisse und schafft dadurch weiteren Modernisierungsdruck" (S. 3).

Daß die Autoren bei den weiteren Ausführungen in die „Falle" zu kurz greifender, instrumenten- oder mittelbezogener Perspektiven der Kundenorientierung geraten, zeigen die folgenden Überlegungen: Von der Kundenorientierung kommen sie zu den folgenden Gestaltungsmerkmalen: Aufgabenzusammenfassung in den Ämtern, umfassende Auskunft und Beratung, Dezentralisierung, kurze Wartezeiten, weitgehende Öffnungszeiten und ein neues Raumkonzept (S. 5). Die Diskrepanz zu dem einleitend formulierten Konzept der Kundenorientierung wird dann vollends sichtbar, wenn man die Indikatoren betrachtet, die zur Bewertung der Dienstleistungsqualität von seiten der Bevölkerung benutzt werden. Es werden beginnend mit den freundlichen Mitarbeitern bis zu angenehmen Räumlichkeiten ausschließlich *Mittel* des Verwaltungshandelns thematisiert, allenfalls formale Aspekte der Outputproduktion (Schnelligkeit). Das zuvor beschriebene bzw. zugeschriebene Merkmal der Bedürfnisgerechtigkeit der Dienstleistungsproduktion und -übermittlung ist dabei kaum noch erkennbar.

Während die Autoren diese Limitation übersehen, beschreiben sie andere Grenzen des Konzeptes: „In der Dienstleistungsverwaltung soll ziel- statt regelorientiert, kooperativ statt hierarchiefixiert, auf die optimale Lösung des Problems statt auf die Einhaltung von Normen bezogen verwaltet werden - eine schöne Vorstellung. Eine umstandslose Gleichsetzung von Staatstätigkeiten als Dienstleistungen ist in Teilbereichen jedoch problematisch. So lassen sich bestimmte

Funktionen der Ordnungsverwaltung nicht einfach abschaffen, da sie zur Aufrechterhaltung der „öffentlichen Ordnung" notwendig sind. Es gibt dort Grenzen für eine Dienstleistungsverwaltung, wo Kernbereiche staatlicher Tätigkeit nicht als Dienstleistung betrieben werden können" (S. 3).

Aber damit sind m.E. die Vorbehalte gegenüber dem Kundenbegriff nicht hinreichend beschrieben. Die Grenzen bedürfnisorientierter Leistungsproduktion ergeben sich auch im Hinblick auf die klassischen Formen von finanziellen, materiellen und persönlichen Leistungen (Beratung, Betreuung, Vermittlung, Finanztransfers, Nutzung von Einrichtungen usw.). Ein quasi unbegrenzter bedürfnisorientierter Dienstleistungsanspruch läßt sich nur in einem Kontext (wie der Privatwirtschaft) realisieren, in dem (fast) alle Leistungen möglich sind, solange sie vom Kunden bezahlt werden (können): 400 Paar Schuhe sind ebensowenig ein Problem wie eine persönliche Dauerbetreuung oder eine vergoldete Badewanne. Für die öffentlichen Dienstleistungen gelten sowohl aus rechtlichen Gründen, aus Gründen der knappen Ressourcen aber auch mit Blick auf die Verteilungsgerechtigkeit Grenzen für eine solche *ausschließlich* bedürfnisorientierte Betrachtungsweise.

Zudem muß grundsätzlich beachtet werden, daß dem Verwaltungskunden in den allermeisten Fällen ein wesentliches Merkmal der Interessen- und/oder Bedürfnisdurchsetzung fehlt: die Gegenleistung in Form des bezahlten Preises. Insofern ist der Verwaltungskunde letztendlich auf seine Bürgerrolle zurückverwiesen, die ihm eine Anspruchsberechtigung einräumt.[10]

Auch der Vorschlag aus der Konzeptdiskussion, durch stärkere Konkurrenz zwischen Anbietern von Dienstleistungen eine kundenorientierte Alternative zum Verwaltungsmonopol zu schaffen, ist zurückhaltend aufzunehmen. Selbst die Beispiele aus der Privatwirtschaft zeigen, daß man trotz der (vermuteten) Konkurrenz und der gelobten Wahlmöglichkeit u.U. nur zwischen lauter schlechten Dienstleistungen (der örtlichen Banken oder der örtlichen Heizungstechniker usw.) auswählen kann.

2.3 Bürgernähe und Kundenorientierung

Zusammenfassend lassen sich die bisherigen Bemühungen um die Spezifikation der Kundenorientierung als *unzureichend* beschreiben. Wenn man die Tatsache hinzunimmt, daß die vorgeschlagenen Indikatoren für kundenorientierte Verwaltung (am Beispiel eines Bürgerladens) in keinem Punkt bisherige Überlegungen zur Bürgernähe der Verwaltung überschreiten (allenfalls etwas oberflächlicher damit umgehen!), so gibt es keine Veranlassung, den Begriff der Kundenorientierung grundsätzlich an die Stelle der Bürgernähe der Verwaltung zu rücken. Der Begriff birgt die Gefahr, mit einem Etikettenschwindel ein assoziatives Plus zu verbuchen, ohne daß substantielle Überlegungen oder gar praktische Verbesserungen damit einhergehen. Verläßt man - wie in diesem Beitrag empfohlen - die allzu pauschalen begrifflichen Typisierungen (wie bürokratischer Zentralismus, neue Steuerungsmodelle, Kundenorientierung), folgt man also der notwendigen bereichsspezifischen oder problemspezifischen Differenzierung, die in der Verwaltungsrealität schon längst vorhanden ist, so läßt sich zumindest wissenschaftlich eine differenzierte Begrifflichkeit für die Kennzeichnung der mit „ihrer" Kommunalverwaltung in Verbindung stehenden Bevölkerung einer Stadt oder einer Region gut begründen.[11]

Ein differenziertes begriffliches Instrumentarium bezogen auf das Verwaltungspublikum hätte auch Platz für den Kundenbegriff. Er sollte allerdings vor allem auf diejenigen Bereiche angewendet werden, die folgendem Grundmuster nahekommen: Kunden sind Wirtschaftssubjekte, die sich zwecks Bedürfnisbefriedigung bestimmte Produkte oder Dienstleistungen einkaufen, wobei sie i.d.R. zwischen qualitativ verschiedenen Angeboten auswählen und dafür einen jeweils spezifischen Preis entrichten müssen. Dabei spielt es keine wesentliche Rolle, ob die „Preise" im Verwaltungskontext als Gebühren, Eintrittsgelder oder ähnliches bezeichnet werden. Berücksichtigt man das breite Spektrum öffentlicher Aufgaben, die auf kommunaler Ebene durchgeführt werden, dann zeigen sich einige (wenige) Bereiche, die diesem Muster *ähneln*: Theater, Müllabfuhr, Personennahverkehr, Wasserversorgung, Schwimmbäder u.a.m. Im Mittelpunkt stehen also häufig die sogenannten „public utilities", die sich zu einem zunehmenden Anteil durch direkte Beiträge der Nutzer refinanzieren müssen - wobei allerdings oft das Element der Anbieterkonkurrenz bzw. des Wettbewerbes fehlt.[12]

3. Bürgernähe als „relationaler" Bezugspunkt für die Bewertung und Verbesserung der Qualität des Verwaltungshandelns

Als wesentlicher Mangel der Konzeptdiskussion wurde die fehlende Differenzierung der Ansatzpunkte und auch der Änderungsstrategien hervorgehoben. Nachdem sich in langwierigen Diskursen die Einsicht durchgesetzt hat, daß die Steuerung des Verwaltungshandelns durch Recht seine Grenzen hat, in vielen Bereichen sogar eher unwirksam ist, wäre ein neues Allheilmittel (z.B. der „betriebswirtschaftliche Taschenrechner") für die weitere Entwicklung fatal. Vor allem für die wissenschaftliche Analyse ist es wichtig, verschiedene Strategien der Politikentwicklung und -implementation sowie ihre Qualitäts- und Wirksamkeitsprüfung kritisch zu prüfen und zu bewerten. In Verbindung mit einer bereichs- oder problembezogenen „Diagnose" lassen sich angemessene oder bessere Formen der Aufgabenerledigung entwickeln. Aus der vorangegangenen Diskussion beginnt der Differenzierungsbedarf im Hinblick auf die Frage der Bürgernähe vor allem bei der näheren Kennzeichnung der Gruppen der Bevölkerung, mit denen die Verwaltung sporadisch oder regelmäßig zu tun hat. Auf dieser Grundlage kann relativ konkret (aber noch jenseits des Einzelfalls) aufgezeigt werden, mit welchen Anforderungen spezifische Verwaltungsbereiche zu rechnen haben.

3.1 BürgerInnen, Verwaltungspublikum und -klienten – eine notwendige Differenzierung

Betrachtet man den Bereich der Sozial- und Gesundheitsverwaltung i.e.S., kann/muß die Frage der Bürgernähe nicht unmittelbar und ausschließlich (z.B.) mit den Sozialhilfeempfängern als Verwaltungsklienten verbunden werden. Es sind mindestens drei Merkmale der zu berücksichtigenden Bevölkerung zu beachten: erstens die Einbindung in verschiedene Bevölkerungskreise und -gruppen; zweitens die typischen Rollenmuster, die für die betreffende Bevölkerung mit Blick auf die Verwaltung wichtig werden und drittens die konkreten Personenmerkmale der relevanten Bevölkerungsgruppe. Mit anderen Worten: soll die Bevölkerung/das Publikum als Referenzpunkt für die Qualität der Verwaltung berücksichtigt werden, so muß dies in mehreren Hinsichten geschehen. Um diese Referenzpunkte differenziert wahrnehmen zu können, benötigt man entsprechend differenzierte Begriffe und Konzepte, kann also die Sachverhalte weder durch einen Pauschalbegriff Bürger noch durch den Pauschalbegriff Kunden hinreichend erfassen. Ohne die diesbezüglichen Arbeiten hier im Detail wiedergeben zu können, sei auf einige Aspekte hingewiesen, die für die örtliche Sozialpolitik und -verwaltung von Bedeutung sind (vgl. Bürgernähe der Sozialhilfeverwaltung 1985; Grunow/Hegner 1980; Stumpfögger/Wiethoff 1989):

a) Im Hinblick auf den erstgenannten Gesichtspunkt ist zu beachten, daß es immer eine allgemeine Bevölkerung - *die BürgerInnen, die Bürgerschaft* - gibt (im englischen als „public at large" bezeichnet), die eine bestimmte Einschätzung der betrachteten Verwaltungsaktivitäten, -leistungen und -qualitäten formuliert. Diese meist diffuse Referenzgruppe wird häufig auch mit den Begriffen Öffentlichkeit (oder eingeschränkt: öffentliche Meinung) gleichgesetzt. Die Bürgerschaft als diffuse Referenzgruppe ist gleichwohl für die Arbeit der spezifischen Verwaltung von Bedeutung, weil sie die Images dieser Verwaltung und ihrer Klienten beeinflußt oder gar etabliert, in konkreten Einzelfällen als zumindest indirekt Betroffene Einfluß auf Entscheidungsmöglichkeiten der betreffenden Verwaltung nehmen (wenn eine Nachbarschaft sich dagegen wehrt, ein Altenheim in ihrem Wohngebiet anzusiedeln); schließlich rekrutiert sich aus der Bürgerschaft auch jede enger mit der Verwaltung in Kontakt tretende Teilgruppe: „public at large" beeinflußt die Schwierigkeiten für ihre „Mitglieder", zu einem potentiellen oder faktischen Publikum der Verwaltung

44

zu werden. Dabei verbinden sich mit der allgemeinen Beschreibung der Bevölkerung die typischen Bürgerrollen im Sinne der allgemeinen Pflichte und Rechte der BewohnerInnen einer Gemeinde, eines Kreises, einer kreisfreien Stadt.[13]

b) Die schon erwähnte Unterscheidung von *potentiellem Publikum und faktischem Publikum*, ggf. zugespitzt auf Publikum in Kontakt, ist gerade für Verwaltungen eine wichtige Unterscheidung, deren Publikum mit verschiedenen Barrieren beim Zugang zu den öffentlichen Leistungen zu rechnen hat. Dabei spielt es zunächst keine Rolle, wer für diese Zugangsbarrieren verantwortlich ist. Da ein Großteil der von der Sozialverwaltung abzugebenden Leistung mit vergleichsweise klaren Anspruchsberechtigungen arbeitet, läßt sich auch ein relativ präziser Begriff des potentiellen Publikums formulieren: Es sind all diejenigen Personen und die indirekt dazu gehörigen Angehörigen, die aufgrund ihrer Lebenssituation Ansprüche auf bestimmte Finanztransfers oder Dienstleistungen der kommunalen Sozialverwaltung haben.[14]

Aus dieser besonderen Situation ergibt sich ein Qualitätsmaßstab für das Verwaltungshandeln, der der konkreten Behandlung einzelner „Bürger im Kontakt" vorgelagert ist. Es geht um die Frage, wieviele Anspruchsberechtigte tatsächlich Leistungen in Anspruch nehmen, wieviel ggf. durch Verwaltungsbarrieren ausgeschlossen bleiben. Die kritische Kennzeichnung dieser Sachverhalte benutzt die Begriffe „Dunkelziffer" (für ältere Menschen teilweise bis zu 50% der Anspruchsberechtigten geschätzt) oder Leistungs-Rationierung. Diese Rationierung kann sich allerdings auch auf die diejenigen Personen beziehen, die bereits im Kontakt zur Verwaltung sind; in diesem Falle werden Leistungen sachlich unangemessen verkürzt oder erst nach vielfältigen Verwaltungskontakten gewährt.

Auf diese Weise trägt die Sozialverwaltung z.T. selbst dazu bei, daß sich eine „Dauerbeziehung" zwischen Publikum und Verwaltung entwickelt. In diesem Fall wird häufig der Begriff *„Klient"* oder *„Klientel"* benutzt. In dem Maße wie das Publikum der Sozialämter nicht nur eine einmalige Hilfe zur Überwindung einer akuten Krisensituation in Anspruch nimmt, sondern dauerhaft Leistungen (z.B. Hilfe zum Lebensunterhalt) erhält, wird es zum Sozialamtsklientel. Dieser Begriff drückt zwar einerseits eine zunehmende Abhängigkeit des Publikums von der Verwaltung aus, beinhaltet u.U. aber auch größere Einflußmöglichkeiten auf die Modalitäten der Hilfegewährung (verstärkte Einzelfallgerechtigkeit u.ä.) - was im Hinblick auf seltene Einzelkontakte (z.B. Inanspruchnahme von Leistungen des Standesamtes) nicht der Fall ist.

Schließlich sei eine weitere Differenzierung erwähnt, die für den hier betrachteten Bereich zunächst unerheblich scheint: die Unterscheidung zwischen *nutz-nießendem und belastetem Publikum*. Ersteres scheint für die Sozialverwaltung typisch zu sein, da sie durch ihre Leistungsübermittlung (seien es

45

finanzielle Mittel, sachliche Mittel oder persönliche Dienstleistungen und Beratung) geprägt ist. Demnach würden belastende Verwaltungsbeziehungen eher aus Kontakten zur Eingriffsverwaltung resultieren. Diese grob richtige Typisierung trifft aber in vielen Fällen nicht exakt die Situation des Sozialamtsklientels. Es läßt sich leicht zeigen, daß wie auch immer bedingte Leistungseinschränkungen, nicht gewährte einmalige Beihilfen usw. (obwohl ja weiterhin Erhebliches geleistet wird!) als belastende Entscheidung empfunden werden.[15]

c) Bereits die formal definierten Anspruchsberechtigungen bedeuten für die Sozialverwaltung, daß BürgerInnen aus unterschiedlichen Gründen auf Verwaltungsleistungen angewiesen sind. Insofern muß auch zwischen den jeweiligen *Teilgruppen* des Klientels unterschieden werden; so unterscheiden sich ältere Menschen mit geringen Renten, Dauerarbeitslose, Beschäftigte mit Niedrigeinkommen, Alleinerziehende, die gegenwärtig keiner Beschäftigung nachgehen können, erheblich voneinander. Die Variationen können dabei gleichzeitig auftreten oder im mittelfristigen Entwicklungsprozeß der Klientelveränderung neue Schwerpunkte bilden. Mit dieser Betrachtung lassen sich auch sehr rasch Klischée-Vorstellungen darüber überprüfen und korrigieren, in welcher Weise das Sozialamtsklientel den Kontakt herstellt und kommunikativ „bewältigt". Daß dabei durchweg eine „Bittstellerrolle" zur Geltung kommt, ist m.E. nicht zu erwarten. Die Entwicklung in den letzten zehn bis fünfzehn Jahren haben die Rolle und das Selbstverständnis der Inanspruchnahme von Sozialhilfe deutlich geändert.[16]

Um es noch einmal zusammenfassend zu betonen: Die Beziehung zwischen Sozialverwaltung und verschiedenen Teilgruppen der Bürgerschaft ist vielfältig und ständigen Veränderungen unterworfen. Die Anforderungen durch die BürgerInnen im allgemeinen, durch potentielles und faktisches Publikum, Publikum im Kontakt und Klientel - eine Kundenrolle ist hier nicht erkennbar - sind z.T. spezifisch, z.T. widersprüchlich. „Standardtherapien" zur Qualitätsverbesserung bspw. im Sinne einer besseren Bürgernähe des Verwaltungshandelns bzw. seiner Dienstleistungsqualität sind nicht erfolgversprechend. Allein um einen bestimmten Standard der Dienstleistungsqualitäten zu halten, bedarf es einer kontinuierlichen differenzierenden Anpassungsveränderung der Sozialverwaltung: Dies betrifft Rechtsnormen und Strukturen der Aufbauorganisation ebenso wie Bearbeitungsprozeduren, Interaktionsstile und Leistungsinhalte.[17]

3.2   Qualitätsdimensionen im Konzept der Bürgernähe

In diesem Zusammenhang hat es sich als außerordentlich wichtig gezeigt, dezidiert einer „Verselbständigung der Mittel" (bzw. Instrumente) vorzubeugen, indem hinsichtlich der *Wirksamkeit* des Verwaltungshandelns Kriterien formuliert wurden: Zum einen geht es um die Unterscheidung zwischen den Leistungs*inhalten* und der Form der Leistungsvorbereitung bzw. der Leistungs*übermittlung.* Es ist eine empirisch nachgewiesene Tatsache, daß das Verwaltungspublikum beide Aspekte als Qualitätskriterium des Verwaltungshandelns für wichtig hält.[18]

Der zweite Aspekt betrifft die Frage nach den Urhebern der Qualitätsbewertung. Zunächst ist es wichtig, die Bewertungen der einzelnen Publikumsgruppen oder Klientengruppen zu berücksichtigen; die empirischen Ergebnisse zeigen jedoch, daß diese subjektiven Bewertungen durch sehr unterschiedliche Erfahrungen, Erwartungen oder Rahmenbedingungen (mit-) geprägt werden. In diesem Sinne hat jede Beurteilung von Verwaltungsleistungen eine spezifische Einseitigkeit; bei dieser Sichtweise könnte die „Maximierung des individuellen Glücks" zum Maßstab genommen werden. Dies können jedoch allenfalls private Kunden, die über hinreichende Geldmittel verfügen, durchsetzen. Im Rahmen einer der Bürgerschaft oder dem Verwaltungspublikum in den verschiedenen Gruppierungen und Ausprägungen verantwortlichen öffentlichen Verwaltung müssen zusätzliche, i.d.R. *auf Vergleich basierende Bewertungen* hinzukommen. Erst dadurch wird sichtbar, daß bestimmte Gruppen, obwohl subjektiv eher kritisch zu den Verwaltungsleistungen eingestellt, vergleichsweise wenig Rationierungen von Sozialleistungen hinnehmen müssen als andere Gruppen (die weniger negative subjektive Einschätzungen formulieren). Unter dem Gesichtspunkt der Verteilungsgerechtigkeit der öffentlich bereitgestellten Dienstleistungen und Transferzahlungen muß also auch dieser zweite Gesichtspunkt berücksichtigt werden.

Aus dieser sehr einfachen dimensionalen Bewertungsstrategie ergeben sich vier Referenzpunkte zur Bewertung der Verwaltungsleistung; sie wurden mit den Begriffen Bedürfnisgerechtigkeit, Sachgerechtigkeit, Anliegensgerechtigkeit und Situationsgerechtigkeit beschrieben (vgl. Grunow 1982). Damit gewinnt man Referenzpunkte für die Steuerung der kommunalen Sozialverwaltung in Richtung auf eine bessere Qualität bzw. eine größere Bürgernähe der Verwaltungsleistungen. Es sind allerdings weitere inhaltliche Auffülllungen dieser abstrakten Maßstäbe erforderlich; sie lassen sich jedoch nur im Hinblick auf bestimmte Situationen, Anliegen und Bedürfnisse einzelner Publikumsgruppen oder Klientengruppen der Verwaltung formulieren: die Suche nach einer bezahlbaren Wohnung; die Unterstützung bei der Kinderbetreuung; die Suche nach einer Kompensation des fehlenden Erwerbseinkommens; die soziale Betreuung bei Alkoholabhängigkeit usw. Nicht zuletzt die intensiven Diskussionen und wiederholten Modellerprobungen zu verschiedenen Formen der problemzentrierten Aufgabenerledigung in der Sozialverwaltung haben gezeigt, daß diese z.T. schon vor zehn oder fünfzehn Jahren weiter entwickelt waren, als die gegenwärtige Diskussion zum Ausdruck bringt. Dabei ist allerdings auch deutlich geworden, daß in vielen Strategien der bürgernahen Sozialverwaltung Dilemmata enthalten sind, d.h. verschiedene Anforderungen bestehen, Zielvorgaben existieren, die nicht alle gleichzeitig maximal erfüllt werden können. Insofern bleibt selbst dann eine ständige Suche nach veränderten Lösungen, besserer Qualität der Aufgabenerledigung erforderlich, wenn sich die *Außen*anforderungen nicht besonders dynamisch oder hektisch verändern.

3.3   Instrumente zur Beeinflussung der Bürgernähe der Sozialverwaltung

Die Tatsache, daß in der gegenwärtigen Diskussion (um die Kundenorientierung) erneut besonders die Orientierung an Bedürfnissen und Erwartungen der BürgerInnen angemahnt wird, läßt sich nicht allein als mangelnde Berücksichtigung bzw. Aufarbeitung bisheriger Erfahrungen interpretieren. Es signalisiert darüber hinaus, daß die Gestaltung einer bürgernahen Sozialverwaltung nicht immer überzeugend gelungen ist. Insofern thematisieren Produktbeschreibungen und Kundenorientierung *als Diskussionspunkte* durchaus wichtige Probleme, doch enthalten sie sind keine hinreichenden Problemlösungsvorschläge.[19] Dazu trägt wesentlich bei, daß von seiten der „Praktiker" immer wieder „Kochrezepte" oder „Fertiggerichte" gefordert oder propagiert werden, deren Relevanz aber für die Leistungsverbesserung (im Sinne der Effektivität und ggf. sogar der Effizienz) keineswegs erwiesen ist, oder deren Anwendungsbedingungen nicht hinreichend spezifiziert sind. So hat sich ein breites Spektrum konkreter Maßnahmevorschläge entwickelt, die durchaus in den allgemeinen *„Instrumentenkasten" zur Gestaltung bürgernaher Verwaltung* gehören, die aber nur sehr bedingt wirksam sind. Ohne eine Spezifikation dieser Bedingtheit sind die Kataloge von Vorschlägen wenig praktikabel. Auf die Vielzahl der nach wie vor erwägenswerten und in ihrer Anwendbarkeit zu erprobenden Aspekte kann hier nicht näher eingegangen werden. Einige allgemeinere Überlegungen sollen den Stand der Diskussion zum Thema Bürgernähe der Sozialverwaltung zusammenfassen:

a) Die Frage nach den Gestaltungsmöglichkeiten bzw. den Instrumenten, die eine bürgernahe Verwaltung zu schaffen helfen, kann man wiederum näher bei den Verwaltungsklienten bzw. dem Verwaltungspublikum ansetzen, oder stärker auf die verwaltungsinternen Prozeduren beziehen. Versucht man ersteres, indem die oben beschriebenen Qualitätsmaßstäbe als Anforderungen an die Verwaltung umformuliert werden, so ergeben sich die folgenden Referenzpunkte: die Berücksichtigung der Bedürfnisse und Anliegen der BürgerInnen im Rahmen der Aufgabenerledigung; die Berücksichtigung der Partizipationsinteressen der BürgerInnen; die Berücksichtigung ihrer kommunikativen Fähigkeiten und schließlich die Berücksichtigung ihrer Fähigkeiten in der Wahrnehmung des Gesamtsystems der Sozialverwaltung (was insbesondere auch Möglichkeiten des Widerspruchs und des Rechtsbehelfs einschließt).

b) Bezieht man die Erfordernisse der Bürgernähe stärker auf die Verwaltung selbst, so lassen sich zunächst primär die Bereiche Organisation und Personal differenzieren, die jeweils wichtige Beiträge zu einer entsprechenden Gesamtperformanz der Verwaltung zusammenfügen müssen; dies läßt sich u.a. als *Publikums- oder Klientenorientierung des Verwaltungspersonals* sowie als *Publikums- oder Klientenbezogenheit der Verwaltungsorganisation* bezeichnen. Gegebenenfalls muß in diesem Zusammenhang dem Bereich „direkte Alltagskontakte" eine besondere Aufmerksamkeit gewidmet werden. Insgesamt zeigt die neuere Diskussion deutliche Ähnlichkeiten zu dieser etwa zehn bis fünfzehn Jahre alten Erprobung bürgernaher Verwaltungsformen - ohne allerdings hinreichend die diesbezüglichen Erfahrungen zu reflektieren. Der Vorschlag, Organisationsentwicklung und Personalentwicklung mit Blick auf eine Qualitätsverbesserung des Verwaltungshandelns in Gang zu setzen, läßt sich gut mit den Überlegungen zur Bürgernähe der Sozialverwaltung verbinden.

c) Trotz des relativ umfassenden Katalogs von personalbezogenen oder organisationsbezogenen Maßnahmen für mehr Bürgernähe wurde stets deutlich, daß ein grundlegender struktureller Umbau der Verwaltung eher eine Seltenheit, die Schulung des Personals dagegen die „typische" Reaktion darstellte. Trotz dieses Ungleichgewichtes in der praktischen Umsetzung umfassen die Diskussionen und die spezifischen Erprobungen durchaus das ganze Spektrum von Einflußfaktoren, die eine bürgernahe Verwaltung befördern könnten. Es ist deshalb nicht verwunderlich, daß die meisten praktischen Vorschläge der gegenwärtigen Modernisierungsdiskussion bereits unter dem Stichwort der bürgernahen Verwaltung erörtert, und z.T. praktiziert wurden.

3.4   Von den Ergebnissen der Bürgernäheforschung und -praxis lernen

Wie läßt sich eine Brücke zwischen den Überlegungen, Forschungen und praktischen Erfahrungen zur bürgernahen Verwaltungsgestaltung mit den neueren Diskussionen schlagen? Zunächst läßt sich feststellen, daß eine bessere Rezeption der Bürgernähediskussion eine gravierende Lücke bisheriger Modernisierungsüberlegungen füllen könnte: Das schwach ausgeprägte Konzept der Kundenorientierung könnte dadurch erhebliches Profil gewinnen. Erst damit lassen sich überhaupt die angebotenen „Therapievorschläge" als wirksame Verbesserungsstrategien und Modernisierungsprozesse begreifen.[20] Dabei würde gerade die Konfrontation mit einem elaborierten Anspruch an eine bürgernahe Ausrichtung des Modernisierungsprozesses dem zunehmend dominierenden Anspruch der Haushaltskonsolidierung eine neue Diskussionsnuance und ggf. auch bessere Problemlösungsstrategie entgegengesetzt.

Publikumsorientierte und -bezogene Gestaltungsvorschläge für die Organisation und das Personal der Sozialverwaltung unter ökonomisch deutlich verschlechterten Rahmenbedingungen dürften i.d.R. mit der Erwartung verbunden sein, daß sich qualitative Verbesserungen im Sinne der Bürgernähe gegenwärtig noch weniger verwirklichen lassen, als dies bei früheren Initiativen (zur Bürgernähe) der Fall war. Wie oben schon erläutert, bestätigen die bisher beobachtbaren praktischen Änderungsinitiativen diese Vermutung: Abgesehen von einigen rhetorischen Komponenten spielt die Frage der Bürgernähequalität des angestrebten Verwaltungshandelns eine untergeordnete oder gar keine Rolle. Die Tendenz zur Perspektive „clients come last" wird deutlich sichtbar (Stanton 1970).

Ein wichtiger zweiter Ansatzpunkt für einen Brückenschlag besteht in der kritischen Diskussion der wissenschaftlichen Erkenntnisse und der praktischen Erfahrungen mit der Entwicklung einer bürgernahen Sozialverwaltung. Dabei geht es vor allem auch um die Kennzeichnung der *Schwierigkeiten* oder gar *Mißerfolge*, der nichtumgesetzten Aspekte von publikumsbezogener Organisation oder publikumsorientiertem Personal. Vor allem eine solche Aufarbeitung der bisherigen Arbeit könnte dazu beitragen, auf die „Neuerfindung des Rades" zu verzichten, um sich auf „neuralgische" Punkte des Umsetzungsprozesses zu konzentrieren. Dazu können die folgenden Beispiele dienen:

– Das erste Beispiel bezieht sich auf einen spezifischen personalbezogenen Aspekt: die Fortbildung (und als Basis die Ausbildung). Trotz der intensiven Diskussion um die Bürgernähe der Sozialverwaltung (und anderer kommunaler Verwaltungsbehörden) ist es m.E. nicht hinreichend gelungen, eine qualifizierte diesbezügliche Ausbildung des Personals zu organisieren bzw. die Ausbildungsmängel durch entsprechende Fortbildung zu kompensieren. Ein wichtiger Aspekt des Mangels besteht in der fehlenden Rückbindung der Fortbildungsangebote an die Kompetenzen, Orientierungen usw. des Personals. Zwar wurden Angebote zum Thema bürgernahes Verhalten u.ä. gemacht, doch wurden oftmals unter dem Stichwort der „Freundlichkeit" sehr enge, oft wenig praxisbezogene Inhalte übermittelt. Das Fazit vieler TeilnehmerInnen lautete dann, „für die Party zuhause gut geeignet, aber nicht für den Arbeitsalltag". Ein wesentlicher (und nicht nur im Hinblick auf die Sozialverwaltung zu beobachtender) Mangel aller Fortbildung in der öffentlichen Verwaltung ist die unzureichende Rückbindung an den Arbeitsalltag. Es fehlt dort nach wie vor eine Evaluation des Nutzens, den die Fortbildung im Arbeitsalltag (mit Blick auf Verbesserung der Bürgernähe oder der Leistungsfähigkeit allgemein) bewirkt. Insofern ist es nicht verwunderlich, daß das Ausmaß und der Umfang der Fortbildungsmaßnahmen recht willkürlich zwischen verschiedenen Behörden oder zwischen verschiedenen Städten variiert. Ebensowenig zufällig ist die Tatsache, daß dieses Fortbildungsangebot als ein „Minuspunkt" in den Zufriedenheitswerten der öffentlich Bediensteten auftritt (vgl. Möllers 1992; Kühnlein/Wohlfahrt 1995).

Der zweite Aspekt des Problems liegt darin, daß das *Strukturproblem* der Bürgernähe (im oben beschriebenen Sinne der Publikumsbezogenheit der Verwaltungsorganisation) nicht hinreichend berücksichtigt wurde, so daß die Einbeziehung der Dienstvorgesetzten in die Fortbildung zur Bürgernähe eine Seltenheit blieb: I.d.R. wurde nur das Personal einbezogen, das direkten Publikumskontakt hat. Damit entfallen einerseits die Möglichkeit, organisatorisch bzw. durch angemessene Personalauswahl bestimmte Rahmenbedingungen zu verbessern sowie die Möglichkeit, das Leistungskriterium „Bürgernähe" stärker im „Bewußtsein" auch vorgesetzter Personalebenen bzw. Dienststellen zu verankern. Die Konsequenz (im ungünstigsten Fall) ist dann ein Abwälzen des Problems der Bürgernähe der Sozialhilfeverwaltung ausschließlich auf das Personal mit direktem Klientenkontakt.

– Ein zweites Beispiel knüpft an die letzten Hinweise insofern an, als es hier ebenfalls um eher organisationsstrukturelle Aspekte geht. Publikumsbezogene Verwaltungsorganisationen stehen vor der schwierigen Aufgabe, hierarchische *Direktiven* (mit Bezug auf die entsprechenden Verwaltungsvorschriften) und die durch Umweltbeobachtung ausgelösten *Anpassungsimpulse* in ein angemessenes Verhältnis zueinander zu bringen. Dies verlangt vor allem, der üblichen hierarchischen Kommunikationslinie (von oben nach unten) eine gleichberechtigte (!) Kommunikation von unten nach oben zur Seite zu stellen. In einem weniger hierarchisch gedachten Organisationstypus würde man von einer Außen-Innen-Perspektive sprechen, wobei es darauf kommt, die an der Verwaltungsperipherie beobachteten Sachverhalte zügig und sachlich angemessen in das Zentrum der für die Verwaltungsgestaltung zuständigen Bereiche zu transportieren.

Dies ist auch eine Voraussetzung für die immer wieder angemahnte *Lernfähigkeit* gegenüber den Publikumsumwelten der kommunalen Verwaltungen. Auch gegenwärtig werden diese Erfordernisse eher konterkariert: Durch externe Berater und die mit ihnen installierte Expertokratie werden die Verwaltungsänderungen als typisch zentralistische und hierarchienutzende Strategien etabliert. Dieser Mechanismus ist umso problematischer, je weniger er auf einer detaillierten Problemdiagnose (einschließlich der Kenntnisse der Bürgergruppen, Publika, Klienten) beruht; der „Verkauf von Fertiggerichten in punkto Modernisierung" läßt keinen Zuwachs an Lernfähigkeit der Sozialverwaltung erkennen.[21]

– Ein weiterer Beispielfall, der keineswegs nur für die Sozialverwaltung zutrifft, aber im Zusammenhang mit bürgernaher Ausgestaltung von kommunalen Behörden eine wichtige Rolle spielt, ist der Transfer von „erprobten, erfolgreichen

Beispielfällen". Bisher ist es offensichtlich nicht gelungen, die Bedingungen näher zu klären und ggf. Voraussetzungen zu schaffen, daß gelungene, gut durchdachte und auch evaluierte Problemlösungen in einer breiten Weise (im Rahmen vergleichbarer Bedingungen) transferiert werden. Als „prominentes" Beispiel sei das „Bürgeramt in Unna" erwähnt, das im Zuge der Bürgernähediskussionen entstanden ist. Es gilt als vorbildliche Form der Lösung bestimmter Formen der Erledigung administrativer Aufgaben (vor allem im Hinblick auf bestimmte Anmeldungs-, Zulassungs-, Bescheinigungs-, Genehmigungsprozeduren). Obwohl dieses Modell breit in der Literatur behandelt wurde, obwohl viele Praktiker sich das Modell in Unna konkret auch angesehen haben, hat es *keine* Verbreitung dieses Ansatzes gegeben. Allenfalls lassen sich gegenwärtige „Neuerfindungen" derselben Sache finden: z.B. der Bürgerladen von Hagen u.ä.

— Ein letztes Beispiel zielt auch eher auf allgemeine Probleme der Bürgernähegestaltung (jenseits der Sozialverwaltung). Es bezieht sich auf die Einbindung umfassenderer (sozialpolitischer aber auch makroökonomischer) Folgeeffekte. Obwohl es auch aus dem Bereich der sozialen Leistungen gute Beispiele gibt (z.Zt. der Bürgernähediskussion insbesondere das Beispiel der Entschuldung von Haushalten als Präventionsmaßnahme gegenüber Obdachlosigkeit und Verwahrlosung etc.), gibt es heute einen Mangel an diesbezüglich Argumentationsmöglichkeiten. Dadurch wird es schwierig, allen ad hoc - Strategien die sachlich erweiterten oder zeitlich ausgedehnteren (mittelfristigen) Entscheidungskonsequenzen vor Augen zu führen, um damit die Entscheidungen nicht nur kurzfristig, sondern auch mittelfristig begründbar zu machen. Das Risiko einer selektiven Folgenbetrachtung ist gerade gegenwärtig extrem groß, da die dominante Perspektive der Betriebswirtschaft den Bezugsrahmen auf einzelne Verwaltungsorganisationen einschränkt bzw. und unter eine spezifische rechnerische Effizienzbetrachtung zu stellen versucht. Unbeachtet bleibt dabei die verwaltungsbezogene Problem- und Kostenverschiebung in der Zeit bzw. die Externalisierung auf andere Gebietskörperschaften oder Leistungsträger der Gesellschaft.

Die Schlußfolgerung aus dieser Auflistung, die durchaus noch mit anderen Aspekten ergänzt werden könnte, besteht darin, daß die gegenwärtige Diskussion in dem Maße als unzureichend oder ggf. sogar rückschrittlich bezeichnet werden muß, indem sie diverse „Therapievorschläge" verkauft, die Erfahrungen mit Chancen und Kernproblemen der bürgernahen Ausrichtung kommunaler Sozialpolitik aber weder hinreichend reflektiert noch in den Strategien berücksichtigt. Diese Situation schließt deshalb einen Weg „vorwärts in die Vergangenheit" nicht aus.

4. Bürgernahe Gestaltung der Sozialverwaltung und Haushaltskonsolidierung

Anstelle einer Zusammenfassung soll abschließend skizziert werden, wie die Überlegungen zur bürgernahen Ausgestaltung der kommunalen Sozialverwaltung auch unter Bedingungen strikter Haushaltssanierung praktisch genutzt werden können. Dabei ist klar, daß es sich um eine eher „defensive" Anwendung diesbezüglicher Gesichtspunkte handelt: Es geht nicht um eine Optimierung von qualitativen und quantitativen Leistungsaspekten, sondern um eine „bürger- bzw. klientenverträgliche" Einsparungsstrategie. Das zugrundegelegte Szenario geht von linearen Haushaltskürzungen oder eher willkürlichen Stellenstreichungen aus (z.B. das Streichen von ein Viertel der Sozialarbeiterstellen, die Reduktion von 20% der Sachbearbeiter u.ä.). Daraus ergibt sich die Aufgabe, die resultierenden Einbußen an Leistungsqualität und -quantität so gering wie möglich zu halten, d.h. die Abstriche an bürgernaher Leistungserbringung so „verträglich" wie möglich zu gestalten.[22]

Es läßt sich leicht zeigen, daß die oben skizzierten Qualitätsmerkmale bürgernaher Sozialverwaltung als Meßlatte benutzt werden können, um die aufgrund der Haushaltskürzungen erforderlichen internen Veränderungen in ihren Auswirkungen auf die verschiedenen Publikumsgruppen zu überprüfen. Bedürfnisgerechtigkeit und Sachgerechtigkeit, Anliegensgerechtigkeit und Situationsgerechtigkeit können ebenso herangezogen werden wie die Gesichtspunkte der kommunikativen Kompetenz, der partizipativen Interessen oder der Transparenz des Gesamtsystems. Konkret: Was bedeutet es, wenn die SachbearbeiterInnen durch Arbeitsverdichtungen (mehr Fallakten pro SachbearbeiterIn) weniger Zeit zum persönlichen Gespräch und zur Beratung haben, die Öffnungszeiten für die Klienten weiter reduziert werden usf. Sind dies für die Klienten verträgliche Änderungen? Wie wird dadurch die Wirksamkeit der Hilfe beeinträchtigt? Welche (kostspieligen) Folgewirkungen haben Leistungsabbau und Qualitätsverluste gegebenenfalls?

In der Praxis gibt es hinreichende Beispiele dafür, was passiert, wenn diesbezügliche Überlegungen nicht angestellt werden, wenn also eher nach dem Muster des geringsten internen Widerstandes und „clients come last" die Ressourcenverringerung auf das Publikum bzw. Klientel der Sozialverwaltung abgewälzt wird. Leistungen werden bewußt verkürzt, Öffnungszeiten so eingeschränkt, daß vor allem die täglich Sozialhilfe erhaltenden Klienten nur an zwei oder drei Tagen in der Woche eine „Tagesration" erhalten; das potentielle oder faktische Publikum der Sozialverwaltung wird durch „Ansiedlungsstrategien" aus dem Zuständigkeitsbereich entfernt; wechselseitige Kooperationsleistungen verschiedener Dienststellen, die einer besseren Situationserfassung dienen, werden abgebaut u.a.m.

Es wäre keinesfalls im Sinne der bürgernahen Ausgestaltung des oft unvermeidlichen „Rationierungsprozesses", diesen gegenüber der Bürgerschaft bzw. der Publikumsgruppen zu verschleiern oder schönzureden. Es ist vielmehr erforderlich, diese Entwicklungen gegenüber der Kommunalpolitik, der Öffentlichkeit und den Klienten transparent zu machen. Dabei geht es auch darum, nicht einfach die Prioritäten der Verwaltung durchzusetzen, sondern sich in dieser Hinsicht soweit wie möglich an den Bedürfnissen und Anliegen der Klienten zu orientieren. Hierfür liefern frühere als auch aktuelle empirische Studien eindeutige Hinweise: Dies bezieht sich z.B. auf die große Bedeutung persönlicher Kontakte. Die Ergebnisse zeigen zweifelsfrei, daß ein Abbau von Gesprächsmöglichkeiten aus Sicht der Betroffenen einen deutlichen Verlust an Bürgernähe bedeuten würde, dem man durch eine bessere Beschilderung, neu tapezierte Wartezonen u.ä. *nicht* kompensieren kann.

Gleichwohl bleibt die Frage zu prüfen, ob es für bestimmte von dem Verwaltungspublikum bzw. -klientel gewünschte Qualitätsmerkmale des Verwaltungshandelns nicht doch funktionale Äquivalente gibt: als Strategien, die auf verändertem Wege für die Klienten den gleichen Nutzen bzw. die gleichen Effekte aufweisen. Für fast alle Funktionen lassen sich solche äquivalente Strategien der Funktionserfüllung entwickeln. An dieser Stelle wären auch die teilweise in die Diskussion gebrachten „Prämien" für Mehrleistungen (i.S. innovativer Problemlösungen) angemessen „investiert". Diese funktional äquivalenten Lösungen lassen sich i.d.R. nur aus dem jeweiligen konkreten Kontext von Sozialverwaltung und Publikum bzw. Klientel entwickeln, denn es müssen sowohl die spezifischen Rahmenbedingungen beachtet werden als auch die bisherigen Qualitätsstandards der Sozialhilfegewährung usw.

Untersucht man unter der Zielsetzung, bisherige Bürgernähequalitäten möglichst nicht zu verschlechtern, die Gestaltungsalternativen (funktionale Äquivalente), so werden u.U. auch erst die Haupthindernisse für eine bürgernahe Ausgestaltung sichtbar. Mit anderen Worten: Es wird ein Teil der Problemdiagnose bzw. ihrer Ursachenanalyse nachgeholt/ergänzt. Anstelle überflüssiger „Produktbeschreibungen" könnt man sich unter diesen Voraussetzungen darauf konzentrieren, die erkannten Hindernisse zu beeinflussen. Die diesbezüglichen Einsichten und Erfahrungen sind auch dann von Bedeutung, wenn sich die Hindernisse nicht im Rahmen des kommunalen Verwaltungskontextes abbauen lassen. Es wird dann immerhin deutlich gemacht, daß an anderer Stelle (z.B. im Hinblick auf bestimmte haushalts-, personal- oder organisationsrechtliche Rahmenbedingungen) Änderungen erfolgen müssen, damit im Hinblick auf eine weitestmögliche Erhaltung bürgernaher Sozialleistungsgewährung konkrete funktionale Äquivalente erarbeitet und verwirklicht werden können.

Literatur

Abele,P.: Wenn Tresen fallen. Forschungsgrp. Verwaltungsautomation. Bericht 57. Kassel 1994.

Banner, G.: Von der Behörde zum Dienstleistungsunternehmen. Die Kommunen brauchen ein neues Steuerungsmodell. In: VOP 1991, S. 6-11.

Bertelsmann Stiftung: Projekt „Grundlagen einer leistungsfähigen Kommunalverwaltung". Mskr. Gütersloh o.J.

Bogumil, J./Kißler, L.: Der Bürger als Kunde? Zur Problematik von Kundenorientierung in kommunalen Gestaltungsvorhaben. Vortragsmanuskript DVPW-Kongreß. Potsdam 1994.

Bower, J.L.: Effective public management: it isn't the same as effective business management. In: Harvard Business Review 55, 1977, S. 131-140.

Brinckmann, Hans: Strategie für eine effektivere und effiziente Verwaltung. In: Naschold, F./Pröhl, M. (Hg): Produktivität öffentlicher Dienstleistungen. Gütersloh 1994, S. 167-242.

Bürgernähe der Sozialhilfeverwaltung. Schriftenreihe des BMJFFG, Bd. 174. Stuttgart 1985.

Duisburg (Hg): Duisburg 2000: Stadt auf Reformkurs, Duisburg 1994.

Finanzausschuß (Hg): Vergleichende Darstellung wichtiger Finanzdaten der zwölf größten Städte der Bundesrepublik Deutschland. München 1994.

Grunow, D.: Bürgernahe Verwaltung. Frankfurt 1988.

Grunow, D.: Verwaltung im Alltag: über das schwierige Verhältnis von Bürger und Bürokratie. Politische Bildung Jg. 21, H2, 1988a, S. 19-38.

Grunow, D.: Kommunale Leistungsverwaltung: Bürgernähe und Effizienz. In: Roth, R./ Wollmann, H., Kommunalpolitik. Opladen 1994, S. 362-379.

Grunow, D.: „Dezentrale Steuerungsmodelle" - Folgen für die Qualität und Bürgernähe der Sozialverwaltung. In: Wohlfahrt, N. (Hg): Auf dem Weg zum Unternehmen Staat? Bochum 1995

Grunow, D.: Qualitätsanforderungen für die Verwaltungsmoder-nisierung: Anspruchsvolle Ziele oder leere Versprechungen?. In: Wollmann,H./Reichard,Ch. (hg): Kommunalverwaltung im Modernisierungsschub. Basel 1995a (im Druck).

Grunow, D./Hegner, F. (Hg.): Welfare or Bureaucracy? Problems of Matching Social Services to Clients' Needs. Cambridge, Mass. 1980.

Grunow, D.: Bürgernähe der Verwaltung als Qualitätsmaßstab und Zielbezug alltäglichen Verwaltungshandelns. In: PVS Sonderh.13, Opladen 1982, S.237-253.

Hamel, G./Prahalad, C.K.: Wettlauf um die Zukunft. Wien 1995.

Hirschfelder, R./Lessel, E.: Steuerung durch Qualität: Das Saarbrücker Total Quality Management - Programm. In: VOP 5/1994, S. 352-358.

ILS (Hg.): Es geht auch anders. Thesen. Dortmund 1995.

KGSt (Hg.): Dezentrale Ressourcenverantwortung. Bericht 12/1991, Köln 1991.

KGSt (Hg.): Das neue Steuerungsmodell. Bericht 5/1993, Köln 1993.

Kißler, L.: Modernisierung der Kommunalverwaltung. In: Der Personalrat 10/1993, S. 425-431.

Kühnlein, G./Wohlfahrt, N.: Zwischen Mobilität und Modernisierung. Berlin 1995.

Laux, E.: Die Privatisierung des Öffentlichen: Brauchen wir eine neue Kommunalverwaltung? Vortragsmanuskript. Bad Oeynhausen 1994.

Mintzberg, H.: Mintzberg über Management. Wiesbaden 1991.

Möllers, M: Bürgernähe der Verwaltung als Thema der Ausbildung von Beamten des gehobenen nichttechnischen Dienstes. Diplomarbeit Duisburg 1992.

Münchhausen, A. von: Sprechtag. In: Die ZEIT 11,1995, S.98.

Naschold, F.: Modernisierung des Staates. Berlin 1993.

OECD (Hg.): Administration as Service. The Public as Clients. Paris 1987.

Oliva, H. u.a.: Innovation in sozialen Diensten. In: Blätter der Wohlfahrtspflege 5/1991, S. 111-120.

Phillips, A.: Local Democracy: the Terms of the Debate. Commission for Local Democracy Report 2, London 1994.

Picot, A./Reichwald, R.: Kommunikationstechnik und Öffentliche Verwaltung. München 1984.

Pröhl, Marga: Handlungsansätze der Bertelsmann-Stiftung hinsichtlich einer Reform der öffentlichen Verwaltung. In: Naschold, F./Pröhl, M. (Hg): Produktivität öffentlicher Dienstleistungen. Gütersloh 1994, S. 353-361.

Reichard, Ch.: Internationale Ansätze eines „New Public Management". In: Hoffmann, M. (Hg), Neue Entwicklungen in der Managementlehre. Heidelberg 1994, S. 135-164.

Reichard, Ch.: Umdenken im Rathaus. Berlin 1994a.

Stanton, E.: Clients come last. Volunteers and Welfare Organizations. Beverly Hills, Calif. 1970.

Stumpfögger, N./Wiethoff, U.: Armutsverwaltung: Kritik und Perspektive der Sozialhilfe. Berlin 1989.

Anmerkungen:

1   Anders ausgedrückt, nachdem die Zeitperspektive breit angelegter Modernisierungsvorschläge (insbesondere der KGSt und anderer) schon längst überholt ist, muß nun vorrangig über die Funktionalität von kurzfristig eingeführten Änderungsstrategien diskutiert werden. Als Referenzliteratur bzgl. der Konzepte siehe Banner 1991; KGSt 1991; 1993; Naschold 1993; Reichard 1994a.

2   Dabei ist es keinesfalls sicher, daß sich etwa letztere in der Privatwirtschaft besonders bewährt hätten. Denn auch hier werden sie überwiegend im Sinne von Sollmustern ver-

breitet, während die betriebliche Realität auch ganz anders aussehen kann. Mit ihrem normativen Gehalt sind sie weitgehend immun gegen die empirische Aufarbeitung ihrer Leistungsfähigkeit. Damit wird auch die Wahrscheinlichkeit vergrößert, daß die Therapien nicht an den tatsächlich relevanten Problempunkten der Verwaltungsleistung anknüpfen. Es ist gerade umgekehrt: Eine Therapie ist verfügbar, für die die Probleme in der Verwaltung gesucht werden müssen. So stellt sich u.a. die Strategie der Bertelsmann-Stiftung dar, die eine Therapie zu haben glaubt, nur bisher nicht immer überzeugend auch die Probleme dazu aufzeigen kann (Pröhl 1994).

3   Dies alles stützt die These, daß die vorgeschlagenen Therapien Produkte sind, die vor allem auf dem privatwirtschaftlichen Markt für Organisationsberatung angeboten bzw. verkauft werden. Sie entwickeln sich nicht primär entlang der konkreten Anforderung an Modernisierung in der Verwaltung, sondern entsprechend der Logik der eigenen Verwertungsmöglichkeiten. Die Produktzyklen müssen hinreichend kurz sein, um nicht noch die Effekte früherer Produktverkäufe „zu erleben"; sie könnten für die neuesten Produkte umsatzschädigend sein. Beachtenswert ist in diesem Zusammenhang, daß die Auswirkungen der in anderen Ländern schon früher entwickelten „new public management - Konzepte" in den internationalen Fallbeschreibungen *nicht* auftauchen: z.B. die Depolitisierungseffekte der britischen kommunalen Ebene (Phillips 1994). Ein weiteres gegenwärtig zu beobachtendes Element stützt auch die These vom kurzen Produktzyklus in Sachen Modernisierungsberatung: Die gestern noch gelobten Konzepte von „lean management" oder „re-engineering" scheinen schon nicht mehr aktuell zu sein: Die schlanke Organisation wird zur kranken, weil nicht (mehr) innovationsfähigen Organisation (Hamel/Prahalad 1995).

4   Der Katalog von Vorschlägen wird ständig reproduziert: ergebnisorientierte Steuerung; Dezentralisierung der Verantwortung für Ergebnisse und die benutzten Ressourcen; Marktorientierung und Öffnung in Richtung Wettbewerb; Kostentransparenz; Personalmanagement; deutliche Orientierung am Bürger (Kunden) und an klaren Qualitätsmaßstäben usw. Es läßt sich leicht zeigen, daß all diese Konzepte schon in früheren Vorschlägen der KGSt oder anderer Institutionen vorgetragen wurden. Dieses Vorgehen ist praxeologisch durchaus üblich, wird i.d.R. aber zutreffend als „Instrumentenkasten" gekennzeichnet; durch die Etikettierung dieses Instrumentariums als „Steuerungsmodell" wird jedoch ein nicht erreichter Anspruch auf konzeptuelle Geschlossenheit formuliert.

5   Auf eher pragmatischer Ebene hätte man eine Kontrastierung z.B. im Sinne der Matrixorganisation formulieren können; mit stärkerem Theoriebezug wären etwa Typologien verschiedener Organisationen unter unterschiedlichen Umweltanforderungen von Interesse gewesen; auch ein Rückgriff auf die globaler ansetzende Systemtheorie (im Sinne der selbstreferentiellen Systeme) hätte wahrscheinlich mehr innovative Anstöße für die Entwicklung der öffentlichen Verwaltung gegeben, als die Auflistung bekannter und z.T. bereits praktizierter Instrumente und Strategien (vgl.u.a. Mintzberg 1991; vgl. auch Bower 1977).

6   Dies würde sich treffen mit den primären Interessen der Kommunalverwaltung an Haushaltskonsolidierung. Zugleich würde aber auch sichtbar, daß die Berücksichti-

gung solcher Gesichtspunkte kein Selbstzweck der Verwaltungsmodernisierung ist, auch kein neues globales Steuerungsmodell darstellt, sondern sich einbinden lassen muß in den Kontext verschiedener (Qualitäts-) Anforderungen, denen die Verwaltung gerecht werden muß: neben der Wirtschaftlichkeit auch die Wirksamkeit, die Rechtmäßigkeit und die Bürgernähe.

7 Der Steuerungsbegriff verweist auf beeinflußbare Modalitäten (Wege, Instrumente) der Erreichung bestimmter Ziele, der Durchführung bestimmter Aufgaben oder der Lösung bestimmter Probleme. Neuere chaostheoretische Perspektiven unterstellen dabei stets eine eher probabilistische (und nicht deterministische) Steuerungsfähigkeit; insofern können Optimisten die Steuerungsfähigkeit hervorheben, die Pessimisten dagegen betonen die Steuerungsmängel. Wichtig ist in jedem Fall die Berücksichtigung von zentralen Einflußgrößen auf den Entwicklungsprozeß bzw. von Störgrößen, die die Zielerreichung beeinflussen können.

8 Ähnliche Schwierigkeiten gibt es teilweise auch für die Privatwirtschaft, in der der Produktbegriff nur mit „mäßigem Erfolg" von dem Bereich der materiellen Güterproduktion auf Beratungsleistungen, persönliche Dienstleistungen usw. übertragen wird. Zudem wäre zu prüfen, ob der Begriff „Produkt" gegenüber dem der „Aufgabendurchführung" bzw. der „Problemlösung" (mit Blick auf die Verwaltungsaktivitäten) Vorteile bietet.

9 Ein Beispiel ist die „gelobte" Auflagenhöhe einer Broschüre, die jedoch nie verteilt wurde, sondern versehentlich in einem Ministerium „eingelagert" wurde. Bezogen auf die aktuelle „Prämien"-Diskussion ist zu fragen, was zu belohnen ist: die Zahl der bearbeiteten Akten oder die Überwindung der Sozialhilfeabhängigkeit bei einem Teil der Klienten.

10 Man muß sich nicht unbedingt die Situation von Asylanten in Deutschland vor Augen führen (die diesen Rechtsstatus als Bürger nicht haben), um sich auch die relativen Vorteile dieser Position (des *Bürgers* gegenüber der Verwaltung) vor Augen zu führen. Auch die Geschichte des Konsumentenschutzes nicht nur in der Bundesrepublik zeigt, daß der Kunde der Privatwirtschaft ohne diesbezügliche Betonung seines *rechtlichen*, d.h. „öffentlich" garantierten Statusses in einer außerordentlich ungünstigen bzw. abhängigen Rolle wäre.

11 Gerade der Mangel an diesbezüglichen Differenzierungen - so haben die Recherchen zum Thema Bürgernähe ausdrücklich gezeigt - führen immer wieder zu Mängeln in der Leistungsqualität (vgl. grundlegend: OECD 1987; Grunow 1988).

12 Die gegenwärtig diskutierten Modernisierungskonzepte sehen vor, daß die Bereiche, die diesem Muster ähnlich sind, in der Kommunalverwaltung zunehmen werden. Damit würde auch der Begriff des Kunden und der Kundenorientierung eine bessere Verankerung im Verwaltungshandeln finden können. Meines Erachtens ist eine solche Entwicklung aber eher unwahrscheinlich, da der Druck auf vollständige Privatisierung (Abgabe der Aufgabe in die Privatwirtschaft) gerade in den Bereichen zunehmen wird, die sich durch entsprechende Einnahmen (Gebühren, Preise) refinanzieren können. Gegenwärtig jedenfalls gibt es m.E. keine hinreichenden Gründe für einen grundlegenden Etikettenwechsel: Er wäre für die Verbesserung der Verwaltungsqualität eher hinderlich als förderlich. Im folgenden wird deshalb an die wissenschaftlich besser aus-

gearbeitete und auch in der Praxis schon teilweise erfolgreich eingeführte Konzeption der *Bürgernähe* angeknüpft. Es stellt sich die Frage, in welcher Weise unter den gegebenen Umständen bürgernahe Verwaltungshandeln erhalten oder gar verstärkt werden kann (vgl. Grunow 1988a; 1994).

13 Um die unmittelbare Relevanz solcher Sachverhalte an einem Beispiel zu belegen: Im Hinblick auf die Kreis- und Gemeindegebietsreform wurde intensiv „spekuliert", ob nicht die Zentralisierung von Verwaltungseinheiten (z.B. in der Kreisstadt) zu einem Rückgang der Inanspruchnahme konkreter Sozialleistung führen könnte/würde. Tatsächlich ist eher das Gegenteil der Fall gewesen: Vielen Bewohnern kleiner Gemeinden fiel es leichter, in der „Anonymität" der entfernteren Kreisstadt ihre Leistungsansprüche geltend zu machen, als dies im eigenen „Dorf" der Fall war, in dem jeder über jeden informiert war.

14 Für die Privatwirtschaft, d.h. den Küchenhersteller X, ist dieses potentielle Publikum wesentlich diffuser: Zwar mag es Informationen über den Erneuerungsbedarf bei Küchen geben, es gibt Informationen über Haushaltsgründungen, Neubauten usw.; gleichwohl bleibt unklar, ob die betreffende Person tatsächlich eine neue Kücheneinrichtung beschaffen möchte und dies auch bei Anbieter X realisiert.

15 Insofern muß hier mit einem „relativen" Begriff der Beeinträchtigung oder Belastung gearbeitet werden, der im übrigen auch für viele andere gesellschaftliche Bereiche zutrifft (nicht zuletzt das Verwaltungspersonal empfindet eine Nichtbeförderung, die den Status quo ja nicht verschlechtert, als belastende Entscheidung).

16 Dazu tragen auch Merkmale bei, die sich nicht aus den durch ein Rechtsverhältnis definierten Anspruchsberechtigungen usw. ableiten lassen: Es geht generell um die Unterschiede zwischen persönlichen Einstellungen und Verhaltensweisen im Querschnitt betrachtet, aber auch um Veränderungen des Verhältnisses der Bevölkerung zur Verwaltung in der langfristigen Entwicklung. Dies bedeutet zugleich, daß man nicht nur alte Klischées ablehnen muß, sondern auch die Erwartung entwickeln muß, daß die *gegenwärtig zutreffende* Kennzeichnung bestimmter Klientelsituationen *für die nächsten Jahre nicht* fortgelten muß.

17 Dieser in der Diskussion um die Bürgernähe immer wieder betonte Sachverhalt führt auch dazu, daß es für die Gestaltung einer bürgernahen Verwaltung keine Patentlösungen gibt und daß gegenwärtig angemessene Gestaltungsformen nicht unbedingt auch für die nächsten Jahre qualitätssichernd sein müssen. Im Zuge der wissenschaftlichen Diskussionen und praktischen Erprobungen haben sich vielfältige Instrumente entwickeln und beschreiben lassen, die wichtige Beiträge für eine bürgernahe Verwaltung leisten; gleichwohl bleibt es für die Verwaltung eine Herausforderung, die richtigen Instrumente auszuwählen und wirksam im Sinne einer gewünschten Dienstleistungsqualität einzusetzen.

18 Ein schlechter Stil läßt sich durch eine gute materielle Leistung nicht kompensieren und umgekehrt. Zudem gelten auch für die Herstellungsformen in der öffentlichen Verwaltung häufig Regeln, die nicht nur die Funktion einer Qualitätssicherung haben (was u.U. gar nicht wirklich zutrifft), sondern die damit eine legitimationssichernde Funktion besitzen. Gerade wenn die Qualität oder das Ergebnis einer Dienstleistung

nicht voll befriedigend ist, so spielt dann die Frage eine wichtige Rolle, ob die Aufgabenbearbeitung auch tatsächlich den erforderlichen Standards genügt, oder ob Auslassungen, Fehler, Fehleinschätzungen usw. das Ergebnis negativ beeinflußt haben.

19 Faktisch verstärkt die gegenwärtige Diskussion die Fehler, die in vielen Organisationen, insbesondere aber auch in der öffentlichen Verwaltung typisch sind: die Orientierung am Output, evtl. sogar an den internen Prozeduren oder Zwischenprodukten als hinreichende Kriterien der Leistungsqualität. Konkret zu belegen ist dies mit der oben beschriebenen Dominanz von mehr oder weniger geeigneten „Therapien", ohne daß hinreichend ein Bezugspunkt zur Problemdiagnose hergestellt wäre oder daß hinreichend die Wirksamkeit der Therapie im Hinblick auf die Probleme erkundet worden wären. Darüber hinaus fehlt - wie oben ebenfalls betont - eine Prüfung der wechselseitigen Kompatibilität der vorgeschriebenen Strategien. Diese Erfahrungen mit praktischen Versuchen der Qualitätsverbesserung von Verwaltungshandeln ist auch ein Bestandteil der Bürgernähe-Diskussion gewesen (eine Bilanz liefert Brinckmann 1994).

20 Dies würde ein Vorgehen fördern, das im Hinblick auf die Verwaltungspraxis durchaus üblich ist: das Nachahmen von Änderungsstrategien, Innovationen, neuen Modellen usw., die an anderer Stelle durchgeführt wurden. Dabei besteht allerdings die oben schon beschriebene Gefahr der falschen Übertragung von vermeintlichen „Pauschaltherapien" oder „Fertiggerichten". Dennoch: Jede diesbezügliche Übertragung hätte sich mit den heutigen, teilweise drastisch veränderten Gegebenheiten auseinanderzusetzen (Vorarbeiten zu einem solchen Vorgehen liefert Duisburg 1994).

21 Für die Anbieter dieser Beratungsleistung ist dieses eine wichtige Strategie, denn damit können sie die Verwaltung als „Dauerklienten" für sich gewinnen. Es ist nicht in ihrem Interesse, die Lernfähigkeit (im Sinne der Selbststeuerungsfähigkeit) der Verwaltung zu fördern.

22 Dies bedeute allerdings nicht, daß nicht auch gegen bestimmte Arten der Ressourcenkürzung Einwände erhoben werden müssen: insbesondere dann, wenn die materiellen Leistungen, die gesetzlich garantiert sind, selbst zum Gegenstand von Kürzungen gemacht werden. Dagegen sollte erreicht werden, daß diese gesetzlich garantierten materiellen Leistungsumfänge nicht von den Kürzungen betroffen werden dürfen. Im anderen Fall wird das Personal quasi gezwungen, bewußt Rationierungen der Sozialleistungen durchzuführen, indem gezielt Zugänge zu den Leistungen organisatorisch oder prozedural blockiert werden (vgl. auch ILS 1995).

Christian Schrapper

Organisation und Legitimation einer öffentlichen Verantwortung für private Lebensschicksale

Zur Bedeutung der Organisationsfrage in den Debatten über den fachlichen und sozialpolitischen Stellenwert des Jugendamtes

Die fachlichen und politischen Diskussionen über die Organisation sozialer Arbeit in diesem Jahrhundert in Deutschland haben zwei wiederkehrende Bezugspunkte:

- Fragen nach leistungsfähigen Organisationsformen haben in Zeiten „knapper Kassen" eine besondere Konjunktur und
- Fragen nach der richtigen Organisation sozialer Arbeit konfrontieren damit, daß die hierfür zuständigen öffentlichen Behördenapparate sich zunehmend von einer hoheitlichen Eingriffs- zu einer wirkungsvollen Leistungsverwaltung entwickeln sollten.

Am Beispiel der zuerst „Jugendfürsoge", dann „Jugendwohlfahrt" und heute „Jugendhilfe" genannten Tätigkeitsfelder öffentlicher Verantwortung für private Lebensschicksale soll die spezifische Logik dieser historischen Entwicklung herausgearbeitet werden.

Das Feld der sozialen Leistungen für junge Menschen und Familien eignet sich hierzu besonders, da Widersprüche und Eigenarten in der historischen Entwicklung des Sozialstaates exemplarisch deutlich werden: Zum einen, da Leistungen der Jugendfürsorge gegen den ordnungs- und gesellschaftspolitischen Grundsatz der privaten Reproduktion verstoßen, zum anderen, da die Entstehungsgeschichte institutionalisierter Jugendfürsorge historisch durch Situationen geprägt ist, in denen die öffentliche Unterstützung privater, d.h. familiärer, Reproduktion für den Bestand und die Entwicklung der deutschen Gesellschaft insgesamt überlebenswichtig war und ist: Dies galt für die Kriegswohlfahrt zwischen 1914 und 1918 ebenso wie für die Jugendwohlfahrt der Weimarer Republik und die Volkspflege der Nazizeit, und es gilt für die moderne Jugendhilfe seit den 70er Jahren.

Öffentliche Sozialleistungen für Kinder und Familien als Bestandteil einer umfassenden sozialstaatlichen Verpflichtung werden in Deutschland erstmals mit der Weimarer Reichsverfassung kodifiziert. Neben die Traditionen der Gefahrenabwehr und reaktiven Nothilfe, wie sie in der klassischen Armenpflege ebenso wie in den polizeilichen Wurzeln z.B. der Ziehkinderaufsicht für die Jugendfürsorge prägend waren, trat ein neues Verständnis öffentlicher Verantwortung. Die Verfassung von 1919 enthielt ertmals nicht nur sozialpolitische Schutzrechte (Koalitions- und Tariffreiheit (Art. 157 und 159), Sozialversicherung (Art. 161 und 162)), sondern sie versprach auch Leistungen der allgemeinen Daseinsvorsorge, die weit über eine rein defensive Reaktion auf die Lebensrisiken eines abhängig Beschäftigten und seiner Familie hinausgingen (Schutz von Ehe und Familie (Art. 119), staatliches Wächteramt (Art. 120), Schutz der Jugend (Art. 122)). Damit war erstmals in Deutschland „die öffentliche Regelung sozialer Probleme in den Rang höchsten staatlichen Rechts erhoben."[1]

Für das gesellschaftspolitische Selbstverständnis dieser sozialstaatlichen Leistungen für Kinder und Familien waren und sind aber bis heute zwei gegensätzliche Konzepte prägend:

a) *Jugendfürsorge soll Nothilfe und Ausfallbürge sein:*
Wie alle nicht versicherungsmäßig gestalteten Sozialleistungen haben auch die Jugend- und Erziehungshilfeleistungen erst dann einzutreten, wenn der Regelfall familiärer Versorgung und Erziehung nachweislich gestört ist. Der Einsatz öffentlicher Versorungs- und Erziehungsleistungen orientiert sich dabei an einem *Minalmal*konzept, d.h. Leistungen werden nur in dem Umfang gewährt, wie sie unerläßlich erscheinen für die Behebung der Störungen bzw. für die Wiederherstellung der familiären Versorgungs- und Erziehungsfähigkeit. Im Gegensatz hierzu sind die mit der Hilfeleistung untrennbar verbundenen Kontrolleingriffe *maximal*istisch orientiert, d.h. wenn schon öffentliche Hilfen in Anspruch genommen werden sollen, dann muß eingehend und spürbar geprüft werden, ob die familiären oder persönlichen Verhältnisse auch tatsächlich so desolat sind, daß sie öffentliches Eintreten rechtfertigen.

b) *Jugendhilfe stellt eine eigenständige Sozialleistung dar:*
Die soziale und kulturelle Entwicklung moderner Industriegesellschaften führt notwendigerweise zu einem Funktionsverlust der primären Sozialisationsinstanz Familie, ohne daß im Einzelfall Versagen oder Störungen vorliegen müssen. Jugendhilfe als staatlich garantierte Veranstaltung hat, wie die Schule auch solche Aufgaben der Versorgung, Erziehung und Bildung zu übernehmen, die für alle Kinder und Familien notwendig geworden sind (z.B. Kinder- und Jugendarbeit, Kindertagesbetreuung, Familienbildung etc.). Die besonderen Hilfen zur Erziehung stehen darüber hinaus allen Kindern und Eltern zur Verfügung, für die die Gefahr einer Benachteiligung besteht. Nicht die bereits eingetretene Schädigung löst öffentliche Hilfe aus, sondern es genügt die begründete Vermutung, daß gesellschaftlich akzeptierte Sozialisationsziele wie z.B. Autonomie oder Produktivität[2] nicht ohne Unterstützung erreicht werden können.

Beide Grundkonzepte streiten vom Beginn an um den Vorrang bei der Ausgestaltung der rechtlichen und institutionellen Rahmenbedingungen für die Arbeitsfelder der Jugend- und Erziehungshilfen. In diesem Streit spielt die Organisationsfrage, also die Frage nach den Prinzipien und Leitlinien für die organisatorische Umsetzung und Konkretisierung von Aufgaben und Konzepten eine entscheidende Rolle. Immer dann, wenn gesellschaftspolitisch der Streit um die Legitimation einer öffentlichen Verantwortung für private Lebensschicksale besonders heftig entbrennt, gewinnen Organisationsfragen erheblich an Bedeutung, sie werden zum Kristallisationspunkt für die Legitimation sozialstaatlicher Leistungen: Gute, und das heißt in diesem Zusammenhang immer effiziente (=Ressourcen sparende) Organisationsweisen sollen Sozialleistungen in Zeiten verstärkten Rechtfertigungsdrucks legitimieren. Die Auseinandersetzungen um die „richtige" Organisation stehen damit immer in der Gefahr, von der grundlegenden Frage um die „richtige" Sozialpolitik abzulenken.

Ein Zweites kommt hinzu: Neben dem Kampf um die Anerkennung der Jugendfürsorge als einer öffentlichen Aufgabe und sozialpolitischen Verpflichtung eigener Art (Recht des Kindes) in einem bürgerlichen Gemeinwesen standen von Anfang an auch heftige Auseinandersetzungen um die erfolgversprechende Gestaltung und Organisation dieser Aufgaben. Dabei war und ist das Problem zu lösen, daß es zur Gewährleistung sozialstaatlicher Leistungsansprüche einzelner eines staatlichen Adressaten bedarf, der rechtlich und tatsächlich in die Pflicht genommen werden kann. Steuerfinanzierte Sozialleistungen zum Zwecke der Absicherung privater Lebensrisiken sind aber bei aller Unzulänglichkeit immer auch ein Akt der Umverteilung und damit ein latenter Angriff auf bestehende gesellschaftliche Besitzverhältnisse. Die unverkennbare Tradition staatlicher und kommunaler Behörden als wichtiges Instrument zur Sicherung eben dieser Besitz-, Macht- und Herrschaftsverhältnisse schafft nun das Dilemma, gerade diese Instanzen zu Trägern sozialstaatlicher Umverteilung zu machen. Simpel ausgedrückt, es muß tendenziell „der Bock zum Gärtner gemacht werden".

In bezug zur aktuellen Diskussion um die „Neue Steuerung" zeigt sich zum einen die lange historische Tradition solcher Modernisierungsversuche für den Bereich öffentlich organisierter sozialer Arbeit und zum anderen der ambivalente sozialpolitische Kontext:

– Nur mittels einer leistungsfähigen Organisation sind qualifizierten Leistungen sozialer Arbeit mit einem sozialpolitisch legitimierbaren Aufwand zu erbringen, aber

– effiziente Organisationsformen sind inhaltsleer, dienen einer effektiven Kriegsfürsorge oder sozialrassistischer „Volkspflege" ebenso wie sie zur Einlösung verfassungsmäßig verbürgter Rechte beitragen können.

An vier, für die Entwicklung der modernen Jugendhilfe in diesem Jahrhundert zentralen, Abschnitten soll diese besondere Logik der Organisation öffentlicher Sozialleistungen nachvollzogen werden.

1. Systematische Arbeit muß anstelle der Zufallsarbeit treten" (Johannes Petersen, 1912)

Neben der öffentlichen Armenfürsorge entwickelte sich vor allem in den Großstädten des Deutschen Reiches seit den 90er Jahren des vorherigen Jahrhunderts zunehmend eine private Wohltätigkeit, die über die materielle Mindestversorgung hinausgehen sollte.[3] Ebenfalls auf die Ballungszentren beschränkt blieb eine Ausdifferenzierung und Modernisierung der kommunalen Fürsorge, die unter dem zeitgenössischen Stichwort der „socialen Ausgestaltung der Fürsorge" auf eine planmäßigere öffentliche Einflußnahme auf die Lebensbedingungen der Unterschichten zielte. Wohnungs-, Gesundheits- und Erwerbslosenfürsorge sowie eine spezialisierte Kinder- und Jugendfürsorge sollten eine effektivere und in Ansätzen präventive Ausweitung der klassischen Armenfürsorge ermöglichen.[4]

Zwei Themenkomplexe sind es, die um die Jahrhundertwende diese fachlichen und politischen Auseinandersetzungen um die organisatorische Gestaltung der Kinder- und Jugendfürsorge bestimmen:

a) Die Zusammenfassung zersplitterter Rechtsvorschriften, Zuständigkeiten und Arbeitsgebiete mit dem Ziel einer funktionsfähigen und rationellen Organisationsform und

b) die von einem inhaltlichen Leitgedanken ausgehende, konsequente Gestaltung dieser organisatorischen Form; ein solches Gestaltungsprinzip wird – im Unterschied zur Fürsorge für Erwachsene – in der *Erziehung* als dem Wesentlichen und Gemeinsamen aller Kinder- und Jugendfürsorge gesehen.

Zwei Exponenten dieser Praxis, durch rationale Organisation die gewachsenen und veränderten Herausforderung an eine öffentlichen Jugendfürsorge zu bewältigen sollen im folgenden vorgestellt werden.

Effektiv organisierte Pflegekinderaufsicht – die Leipziger Ziehkinderanstalt seit 1883

Die Anfänge einer zielgerichteten Debatte um die Formen öffentlich-behördlicher Organisation der Kinder- und Jugendfürsorge werden allgemein in der Arbeit des Leipziger Armenarztes Dr. Max Taube (1851-1915) gesehen. Er wurde 1883 Ziehkinderarzt[5] und leitete bis zu seinem Tode 1915 die bereits 1825 gegründete „Leipziger Ziehkinderanstalt". Zuerst durch eine vom Armendirektorium gewählte

64

Kommission und unterstützt durch ehrenamtliche Pflegerinnen wurden „in vier-wöchigen Zeitabständen die ziehmütterlichen Wohnungs- und Pflegeverhältnisse kontrolliert". Ab 1858, nach einer „durchgreifenden Reorganisation", geschah dies durch hauptamtliche Kräfte, den Ziehkinderarzt und eine besoldete Pflegerin.[6]

Unter der Leitung Taubes entwickelte sich in Leipzig wohl erstmals ein sowohl nach fachlichen wie organisatorischen Gesichtspunkten rationell durchgestaltetes System der öffentlicher Fürsorge vor allem für uneheliche Kinder. Deren wachsen-de Zahl sowie die z.T. skandalösen Lebensumstände der sogenannten Kost-, Zieh- oder Haltekinder, ihre hohe Sterblichkeitsquote und steigende Kosten der Armen-verwaltung für ihre Versorgung waren die Hintergründe für dieses Engagement.

Nach und nach sicherte Taube die ärztliche und pflegerische Beratung, Ver-sorgung und Kontrolle durch eine rechtliche Aufsicht als Sammelvormund ab: zunächst über alle nichtehelichen Kinder, die bei nicht verwandten Personen leb-ten (1886), später auch über die unehelichen Kinder in der mütterlichen Familie (1889). Die Form einer durch eine öffentliche Einrichtung – die Ziehkinderanstalt – ausgeübten und durch einen städtischen Beamten vertretenen 'Generalvormund-schaft' über alle unehelichen Kinder (ab 1900) ist der direkte Vorläufer der noch heute im KJHG verankerten Amtsvormundschaft bzw. -pflegschaft (vgl. §§ 53-58 KJHG).

Auch die zahlenmäßige Entwicklung der Arbeit der „Leipziger Ziehkinderan-stalt" gibt einen deutlichen Eindruck von der zielstrebigen und erfolgreichen Durchsetzung dieser auf einer öffentlichen und durch städtische Beamte ausge-übten Vormundschaft basierenden Form kommunaler Kinder- und Jugendfürsor-ge. „Im Jahre 1883 beginnt er (M. Taube) allein mit einer Pflegerin bei 215 Kin-dern, 1904 arbeitet er mit 2 Ärzten und 24 Aufsichtsdamen bei 6737 Kindern."[7]

Im Zusammenhang mit den langwierigen Beratungen zum Bürgerlichen Ge-setzbuch veröffentlichte Taube 1885 in der Leipziger Zeitung einen Aufsatz zum Thema: Die Sicherung der Existenzbedingungen der unehelichen Kinder und ihr Verhältnis zum neuen deutschen B.G.B. „Er legte darin die Notwendigkeit von Ersetzung der Einzelvormundschaft durch die amtliche Vormundschaft klar. Der Aufsatz erweckte allgemeines Interesse, besonders durch die Hervorhebung der Ersparnisse, welche der Staat an öffentlichen Geldern machen könne."[8]

Allerdings offenbarten sich gerade im Beratungs- und Gesetzgebungsverfah-ren zum 'Jahrhundertwerk' B.G.B. ernsthafte Widersprüche gegen eine solche umfassende öffentliche Verantwortung für Kinder und Jugendliche. Das B.G.B. bevorzugte – trotz aller Bemühungen auch von Max Taube – eindeutig die ältere Einzelvormundschaft und ließ nur in dem umstrittenen Artikel 136 des Einfüh-rungsgesetzes zum B.G.B. Raum für landesgesetzliche Sonderregelungen.

Diese Auseinandersetzungen geben einen Eindruck von den zentralen Kon-fliktpotentialen, die die organisatorische Ausgestaltung einer öffentlichen Kinder- und Jugendfürsorge von Anfang an bestimmt haben; sie lassen sich vorerst zu zwei Fragen zusammenfassen:

1. Wieweit ist der Staat veranlaßt, Verantwortung für in Not geratene Kinder, Jugendliche und Familien zu übernehmen? Und weiter:
2. In welchem Umfang kann und soll durch rechtliche Kodifizierung einer „öffentlichen" Verantwortung für „private" Lebensschicksale ein verpflichtender Anspruch auf Hilfe konstituiert werden?

Das Jugendamt als zentrale Gesamtorganisation aller Aufgaben der Kinder- und Jugendfürsorge - die Hamburger Jugendbehörde seit 1910

Dr. Johannes Petersen (1862-1913), aus dem Schuldienst kommend, wurde 1900 hauptamtlicher Direktor des Hamburger Waisenhauses, einer eigenständigen Einrichtung städtischer Kinder- und Jugendfürsorge seit 1604; einen hauptamtlichen Direktor gab es allerdings erst seit 1889. Unter seiner Leitung wurde binnen 10 Jahren aus dem städtischen Waisenhaus eine Behörde für öffentliche Fürsorge (1.3.1910) mit den bis heute wesentlichen Aufgaben einer kommunalen Jugendbehörde:

— der Aufsicht und Vormundschaft über alle unehelich geborenen Kinder (nach Leipziger Vorbild). „Der neuen Abteilung für Berufsvormundschaft unterstanden am 21.12.1910 bereits 6836 uneheliche Mündel"[9];
— einer Vorstufe heutiger Jugendgerichtshilfe;
— einer durch das Jugendgericht (in Hamburg seit 1909 eine besondere Abteilung des Schöffengerichts) zu übertragenden Erziehungsaufsicht (heutige Erziehungsbeistandschaft);
— eigenen Aufnahme- und Beobachtungsstationen, Waisenhäusern und Erziehungsanstalten.

„In dieser Behörde war der Gedanke, alle öffentlichen Einrichtungen für den Schutz und die Förderung hilfsbedürftiger Jugend einheitlich und harmonisch zusammenzufassen, in einem Maße verwirklicht, wie es in anderen deutschen Städten bisher noch nicht erreicht war."[10]

Auch Petersen suchte schreibend und durch seine Mitwirkung auf den Tagungen des Deutschen Vereins für Armenpflege und Wohltätigkeit (vor allem in Königsberg 1910) seinen Ideen einer zentralen Gesamtorganisation öffentlicher Kinder- und Jugendfürsorge über die Grenzen Hamburgs hinaus Geltung zu verschaffen.

Petersen selber faßt seine „Gedanken über die Organisation der Jugendfürsorge" so zusammen[11]; die Motive einer sowohl fachlichen als auch wirtschaftlichen Leistungssteigerung durch eine rationelle Organisation werden detlich benannt:

— Eine „Organisation muß vor allem Zentralisation bedeuten". (S. 38)

- „Wenn nicht eine Zentralstelle vorhanden ist, die die Wohlfahrtspflege ordnet, dann kann es vorkommen, daß Wohltaten auf ein Kind gehäuft werden, während andere leer ausgehen." (S. 38)
- Nur ein systematisches Verfahren sichere, „daß (...) alle Fälle, dir ihr Einschreiten erfordern, auch tatsächlich erfaßt werden." (S. 39)
- „Schließlich aber ist es wertvoll, daß bei den Zentralstellen Material über die Kinder und die Familien sich ansammelt, das im geeigneten Zeitpunkt Verwendung finden kann." (S. 39)

Gerade in der Zusammenarbeit mit den „freien Vereinen" hat die Behörde eindeutig eine leitende Funktion: „Die Zentralstelle, die Behörde ist der Generalstab, der die Direktive gibt" (S. 41); ebenso deutlich und unverblümt führt Petersen aus, daß die Behörde die ehrenamtliche Arbeit, insbesondere den Gemeindewaisenrat, zu kontrollieren habe: „Für ein ersprießliches Arbeiten des Gemeindewaisenrates ist es notwendig, daß die Gemeinde (...) ein zentrales Amt unterhält, das auf die Wahl des (ehrenamtlichen) Gemeindewaisenrates nicht nur Einfluß übt, sondern auch über die Geschäftsführung der einzelnen Waisenräte eine Aufsicht ausübt (...)"; hierzu „bedarf es eines gewissen bureautechnischen Apparates, (...) wozu bureautechnisch geschulte Beamte notwendig sind." (S. 44)

Auch die deutliche Abgrenzung der öffentlichen Kinder- und Jugendfürsorge von den Organisationen der Armenpflege verficht Petersen äußerst scharf: „(...) eine enge Verbindung des Armenamts mit einzelnen Zweigen der Jugendfürsorge (...) ist grundsätzlich falsch" (S. 45). Und bereits Petersen begründet diese Verschiedenheit mit dem „inneren Wesen" der Jugendfürsorge, macht dies an den grundverschiedenen Voraussetzungen und Eignungen der tätigen Personen fest:

- Der Armenpfleger „soll im Interesse des Armenfiskus arbeiten, bei seinen Prüfungen und Entscheidungen immer unter dem Gesichtspunkt der tunlichen Schonung des Gemeindesäckels vorgehen." (S. 45)
- Der Jugendpfleger jedoch „bedarf eines warmen Herzens, das Vertrauen zu erwecken versteht. Feiner Takt ist für wirksame Arbeit unentbehrlich, große Gewissenhaftigkeit in der Auffassung seiner Aufgabe notwendig." (S. 46)

Zusammenfassend stellt Petersen dann fest: „Unsere Überlegungen führen zu der Forderung, daß die Jugendfürsorge, namtlich in großen Verhältnissen, einer besonderen Behörde, einem besonderen *Jugendamt* zu überweisen ist." (S. 50; Hervorhebung d.Verf.)

Hier werden wohl erstmals in ausführlicher Weise die wesentlichen Konstruktionsmerkmale einer öffentlichen, behördlich organisierten Jugendfürsorge dargestellt; auch über einen Namen für diese Behörde hat Petersen nachgedacht: „Der Name der Behörde sollte (...) ein allgemein unmißverständlicher sein, als etwa Jugendamt, Behörde für Jugendfürsorge, Jugendpflegeamt oder dergleichen." (S. 50)

1. Fazit: **Von privater Wohlfahrt und staatlicher Sanktion
   zu öffentlich organisierter Fürsorge**

Zu rechtfertigen war in der Zeit von der Jahrhundertwende bis zum Beginn des Ersten Weltkriegs der Abschied von einer ausschießlich reaktiven, auf den Erhalt der öffentlichen Ordnung zielenden Armenpflege. Vorrangig in den großstädtischen Ballungszentren überforderten Art und Ausmaß der zu bewältigenden Not von Kindern und Familien die für weitergehende Fürsorge bis dahin weitgehend allein zuständigen privaten, meist kirchlichen Wohltätigkeitsorganisationen und Einrichtungen.

Öffentliches, hier kommunales, Handeln erstreckte sich jetzt neben einer konzeptionellen Modernisierung der Fürsorgearbeit vor allem auf eine organisatorische Rationalisierung: durch Zusammenfassung und straffe Führung sollten die vorhandenen Kräfte und Ressourcen koordiniert und auf ein gemeinsames Ziel verpflichtet, besser den beängstigend gewachsenen Umfang öffentlicher Fürsorgeverpflichtungen zu bearbeiten. Nur so konnte sich in einer von ihrer effizienten Wirtschaftsweise selbstbewußt überzeugten Bürgerschaft wie in Leipzig, Hamburg oder Frankfurt öffentliche Fürsorge als kommunale Aufgabe behaupten.

Moderne - und das bedeutete schon vor 100 Jahren rationelle - Organsiation war damit auch Ergebnis und Ausdruck einer entstehenden Professionalisierung sozialer Arbeit. Die Emanzipation hauptberuflich betriebener Fürsorge ist also von Beginn an eng verknüpft mit der Umsetzung effizienter Organisationsweisen, sowohl in der Einzelfallarbeit (siehe Taube) wie in der Gestaltung der Institutionen (siehe Petersen). Ein Zusammenhang, der in den folgenden Epochen ebenfalls von Bedeutung sein wird.

2. Öffentliche Fürsorge stützt und fördert die produktiven Kräfte – zum Nutzen der Gemeinschaft

Als Folge des Ersten Weltkrieges bestimmten völlig neue Anforderungen die kommunale Fürsorge und löste den in diesem Jahrhundert bisher wohl entscheidendsten Modernisierungsschub der Fürsorge in Deutschland aus. Die kommunalen Aufgaben der Armenpflege waren, trotz aller Reformbestrebungen, üblicherweise immer noch auf drei Büros der Kommunalverwaltung aufgeteilt:

1. Das Armenbüro, zuständig für alle armenrechtlichen Aufgaben sowie für die Unterbringung verwahrloster oder straffällig gewordener Minderjähriger im Rahmen der in Preußen seit 1900 bestehenden „Fürsorgeerziehung"[12]. Zur Unterstützung der ehrenamtlichen Mitglieder der Armenkommission war das Armenbüro personell mit zwei „Aufsichtsdamen" ausgestattet.

2. Der Gemeindewaisenrat[13] hatte die Aufgabe, Einzel-Vormünder für ehelich geborene, elternlos gewordene Kinder vorzuschlagen und ihre Tätigkeit zu überwachen. Diese Aufgabe wurde als bürgerliches Ehrenamt ohne hauptamtliches Personal wahrgenommen.

3. Die amtlichen Sammelvormundschaften bestanden dagegen für unehelich geborene und gegen ein in der Regel nur geringes Entgelt zu einer fremden Familie oder Pflegeperson in „Kost" gegebene Kinder.[14] Ein städtischer Beamter war als Sammelvormund tätig, zwei „Koststellen-Pflegedamen" wurden zur Beaufsichtigung der Pflegestellen beschäftigt. Die Aufsicht führte auch für diesen Bereich der ehrenamtliche Gemeindewaisenrat.

Diese drei Fürsorgebereiche arbeiteten kaum geregelt zusammen, eine organisierte Verbindung zu frei-gemeinnützigen Organisationen gab es ebenfalls kaum.

Diese Situation im Kern ehrenamtlich getragener und organisatorisch weitgehend unkoordinierter kommunaler Armenpflege änderte sich grundlegend erst im Laufe des zweiten Kriegsjahres. Eine ganze Reihe qualitativ neuer Aufgaben in einem bisher nicht gekannten Umfang und für Zielgruppen, die bis dahin von der Armenpflege nicht betreut wurden, bestimmten jetzt die kommunale Fürsorge:

– Hilfe für Familien „mobiler Mannschaften",
– Verteilung von Kriegsteuerungszulagen und Mietbeihilfen,
– Einrichtung und Betrieb von Volksküchen,
– Einrichtung von Verwaltungsstellen für die Annahme und Verteilung von „Liebesgaben".

Neben diesen Versorgungsleistungen wurde nun vielerorts durch eine Förderung vorhandener Einrichtungen frei gemeinnütziger Träger mit öffentlichen Mitteln das Angebot für Kinder, deren „Ernährer im Felde standen oder gefallen waren", so daß die Mütter arbeiten mußten, erheblich erweitert:

– Kindergartengruppen wurden zu Tagesheimen mit Verpflegung ausgebaut,
– neue Tageskrippen für Säuglinge und Kleinkinder sowie
– Tag- und Nachtheime für Notfälle eingerichtet.
– Die Horte für Schulkinder wurden durch eine Schulkinderspeisung erweitert und so auch zu Angeboten einer Ganztagsbetreuung für Kinder berufstätiger Mütter.

Die Lehrer waren in diese Aufgaben einbezogen, sie wählten die bedürftigen Kinder für eine Unterbringung im Tagesheim oder für die Teilnahme an der öffentliche Schulspeisung aus.[15]

Am Beispiel der Stadt Schöneberg, ab 1920 ein Bezirk im neuen Groß-Berlin, soll die Entwicklung dieser Kriegsfürsorge zur sozialstaatlich begründeten Jugendwohlfahrt mit dem besonderen Blick auf die organisatorischen Konzepte nachgezeichnet werden.

Hans Muthesius, nach 1948 Sozialdezernent des Städtetages und von 1950 bis 1964 Vorsitzender des Deutschen Vereins für öffentliche und private Fürsorge, war seit 1914 städtischer Beamter in Berlin-Schöneberg, seit 1917 in leitender Stellung als Wohlfahrtsdezernent. Er gestaltete den geschilderten Weg von der traditionellen Armenpflege über die Kriegsfürsorge zur sozialstaatlichen Jugendwohlfahrt praktisch, aber er reflektierte und dokumentierte diesen Weg auch in zahlreichen Schriften. Daher sollen Schöneberg und die Veröffentlichungen von Hans Muthesius als Exempel für diese zweite Etappe der Organisationsgestaltung zeitgemäßer Jugendfürsorge in Deutschland dienen.[16]

Nach Kriegsende setzte Muthesius seinen während des Krieges in Schöneberg eingeschlagenen Weg der Organisationsreform konsequent fort. Unter dem Motto „Die Einheitlichkeit der Bezirksarbeit" suchte er auf zwei Wegen den Ausbau einer qualifiziert und effizient arbeitenden Behörde zu gestalten:

(1) *Durch eine systematische Zusammenfassung aller Aufgaben der Familien- und Jugendfürsorge in einer leistungsfähigen Bezirksbehörde.* Ende 1921 umfaßte die „Bezirksfürsorgestelle" folgende Aufgaben:
1. die vollständige Fürsorge für (Kost-)Pflegekinder,
2. die Geschäfte des Gemeindewaisenrates, also die Organisation und fachliche Aufsicht über die Vormundschaften,
3. die amtliche Sammelvormundschaft als Berufsvormundschaft,
4. die Krüppelfürsorge,
5. die Fürsorge für psychopathische Kinder und Jugendliche,
6. die Aufsicht und Fürsorge für gewerblich tätige Kinder,
7. die Organisation von Erholungsaufenthalten für Kinder,
8. die Fürsorge für Kinder und Jugendliche, die sittlich und gesundheitlich gefährdet waren,
9. die Aufsicht über Kindergärten, Horte und Tag- und Nachtheime des Pestalozzi-Fröbel-Hauses sowie
10. die Schulfürsorge.

Bis Oktober 1923 gab es noch eine Sonderabteilung für die „Fürsorge für verwahrloste Jugendliche, Fürsorgeerziehung, Jugendgerichtshilfe und Schutzaufsichten", danach wurden auch diese Aufgaben in die Bezirksfürsorge eingegliedert. 1928 wurde die Bezirksfürsorge in „Familienfürsorge" umbenannt, nur die Gesundheitsaußenfürsorge konnte nicht einbezogen werden und war gesondert beim Gesundheitsamt organisiert.

Im April 1929 war die Familienfürsorge im Bezirk Schöneberg folgendermaßen besetzt:
– Leitung: Sozialsekretärin, als Mitdezernentin dem Jugendamtsleiter gleichgestellt,
– 4 Fürsorgerinnen für den Innendienst der Pflegestellenvermittlung und der Kostpflege,

- 2 Pflegeamtsfürsorgerinnen,
- 2 männliche Fürsorger für die männliche Jugend,
- 28 Bezirksfürsorgerinnen,
- zusätzlich das notwendige Büropersonal.

Berufspolitisch bedeutsam war, daß in Schöneberg schon ab 1924 auch Männer beschäftigt wurden, hier für die Betreuung der über 14jährigen schulentlassenen Jungen. Andererseits hat sich Hans Muthesius ebenfalls dafür eingesetzt, daß Fürsorgerinnen auch Beamtinnen werden konnten.

(2) *Durch eine methodische Qualifizierung der praktischen Arbeit durch Beratung und Fortbildung der Fachkräfte.* Zur Verbesserung der personellen Situation wurden von Muthesius Einführungskurse für die Bezirksfürsorgerinnen gemeinsam mit den Verwaltungsbeamten des Jugendamtes durchgeführt, in denen er sich selbst persönlich engagierte:

„Es ging eine besondere Wirkung von dieser Arbeitsgemeinschaft aus, weil wir die Freude spürten, mit der Dr. Muthesius uns seine Erfahrungen weitergab. (...) Unsere Zusammenkünfte (...) gehörten zu den schönsten Erinnerungen unserer ersten Arbeitsjahre.“

Neben der anschaulichen Vermittlung systematischer Rechts- und Verwaltungskenntnisse realisierte Muthesius zeitgemäße Formen der Anleitung und Beratung:

„Was wir an unserem Dezernenten besonders schätzen lernten, war seine Gewohnheit, schwierige Fälle aus der praktischen Arbeit nicht nur mit der Leiterin der Bezirksfürsorgestelle zu besprechen, sondern häufig mit der zuständigen Fürsorgerin in persönlicher Unterredung in allen Einzelheiten zu klären. Wir freuten uns, wenn ein telefonischer Anruf uns zu solcher Besprechung zu ihm rief, und jede kehrte bereichert mit der Erkenntnis zurück, den richtigen Weg nun gefunden zu haben.“ Die leistungssteigernde Wirkung dieser modernen Personalführung beschreibt die ehemalige Schöneberger Fürsorgerin Maria Molsen ebenfalls:

„Unter solchen Umständen konnte in der Schöneberger Fürsorgearbeit viel verlangt und viel geleistet werden, und es war kein Wunder, daß die Schöneberger Arbeit bald in den Fachkreisen über Berlin hinaus Beachtung fand.“[17]

Hans Muthesius war zuerst Praktiker der kommunalen Sozialverwaltung, seine ersten Berufsjahre waren geprägt von der Umstellung der traditionellen Armenpflege auf die Erfordernisse einer effektiven Kriegsfürsorge, seine weitere berufliche Entwicklung bis zum Ende der 20er Jahre von dem mindestens ebenso engagierten Bemühen, eine noch weitgehend obrigkeitsstaatliche Administration an die Ansprüche einer modernen und leistungsfähigen Sozialverwaltung anzupassen. Vor diesem Hintergrund begann er 1925 zu veröffentlichen, zunächst ein vielfach beachtetes Lehrbuch zur Wohlfahrtspflege, in der Folge bis 1932 zahlreiche Aufsätze, ein weiteres Lehrbuch zum Fürsorgerecht sowie Stellungnahmen und Redemanuskripte[18], die alle um sein großes Thema kreisen: die moderne Fürsorge im neuen Sozialstaat.

Hans Muthesius beschäftigte sich in seinen Schriften vor allem mit den „produktiven Kräften" der Fürsorge. Sein zentrales Anliegen war es, zu erklären, welch große Bedeutung die moderne Fürsorge für das durch Krieg und Nachkriegszeit so sehr herausgeforderte deutsche Gemeinwesen hatte, sowie welche Bedingungen und Voraussetzungen in Personen und Strukturen hätten geschaffen werden müssen, um die heilsamen Wirkungen einer solchen Fürsorge auch entfalten zu können.

In der Anfang 1928 in der „Enzyklopädie der Rechts- und Staatswissenschaft" erschienenen Darstellung des Fürsorgerechts arbeitete er die zeitgemäßen Begründungen einer modernen Sozial- und Wohlfahrtspolitik heraus: „Staat und Gesellschaft beruhen auf dem Gedanken, daß der einzelne Mensch ein selbständiges, selbstverantwortliches Wesen ist, das die Grundlage seiner Existenz (...) selbst schafft und erhält. Dieser Regelfall erleidet Ausnahmen: Es gibt Menschen, denen die Selbständigkeit und die Selbstverantwortung fehlt."[19]

Die Ursachen für solche Ausnahmen könnten persönlicher Natur, wie Kindheit und Alter, oder gesellschaftlicher Natur, wie schlechte Wirtschaftslage und Arbeitslosigkeit, sein oder aber besondere Ereignisse wie Kriege und Naturkatastrophen. „Diese wenigen Beispiele zeigen, daß die Gesellschaft dauernd eine Gruppe Menschen aufweist, die die Grundlage ihrer Existenz sich selbst nicht oder nicht vollständig schaffen oder erhalten kann. Diesen hilft die Gesellschaft."[20]

In diesen Jahren wurde die Frage, wie weit die Hilfeverpflichtung der Gesellschaft konkret gehe, politisch höchst kontrovers diskutiert. So veröffentlichten der Jurist Karl Binding und der Psychiater Alfred E. Hoche 1920 die viel beachtete Abhandlung „Die Freigabe der Vernichtung lebensunwerten Lebens", in der sie die gesetzliche Erlaubnis zur Tötung von „unheilbar Kranken bzw. Verwundeten und Blödsinnigen" einklagten: „Nehmen wir für den Einzelfall eine durchschnittliche Lebenserwartung (von Geisteskranken) von 50 Jahren an, so ist leicht zu ermessen, welches ungeheure Kapital in Form von Nahrungsmitteln, Kleidung und Heizung dem Nationalvermögen für unproduktive Zwecke entzogen wird"[21]

Diese Argumentation war der konservative Kontrapunkt zu den sozialstaatlichen Argumentationen z.B. von Hans Muthesius. „Die Fürsorge nimmt von sich aus zu der Frage keine Stellung, ob Leben, dessen Weiterführung wertlos erscheint, vernichtet werden soll, für sie ist jedes Leben heilig und schutzwürdig. Sie erfüllt ihre gesetzlichen Pflichten, indem sie jedem Leben die Möglichkeit der Fortsetzung gibt, auch dem körperlich oder geistig kranken Leben, das für die Volksgemeinschaft keine Bedeutung, für staatliche Zwecke keinen Nutzen, für die Gesellschaft keinen Wert hat oder zu haben scheint."[22]

Allerdings stellte auch Muthesius in diesem Zusammenhang sofort klar, welchen Auftrag die Fürsorge zu erfüllen hat und wo ihre Grenzen liegen: „Die Fürsorge ist mit dazu berufen, die produktiven Kräfte des Volkes im Interesse der Fruchtbarmachung der deutschen Arbeit zu erwecken, zu erhalten und zu fördern und dem einzelnen, auch wenn er nur beschränkt erwerbsfähig ist, das Bewußtsein der Zugehörigkeit zur Volksgemeinschaft zu geben und ihm die inneren und äußeren Vorteile der wirtschaftlich selbständigen oder wenigstens zum Teil auf dem Ertrag eigener Arbeit beruhenden Existenz zu verschaffen."[23]

Die sozialstaatliche Grundkonzeption moderner Fürsorge, wie Hans Muthesius sie zur Zeit der Weimarer Republik sah, wird damit erkennbar:

1. Es gibt zwar eine „natürliche" Verpflichtung zu mitmenschlicher Hilfe, aber diese Verpflichtung ist gebunden an historische Bedingungen und gesellschaftliche Interessen.
2. Der moderne Staat hat eine verbindliche Pflicht zur Existenzsicherung des einzelnen, wenn dieser aufgrund persönlicher oder wirtschaftlicher Umstände dazu nicht oder nur teilweise in der Lage ist. Allerdings ist diese Pflicht grundsätzlich nachrangig gegenüber allen privaten Bemühungen und sonstigen Versorgungsansprüchen.
3. Unter den politischen und wirtschaftlichen Bedingungen der deutschen Nachkriegsgesellschaft hat Fürsorge dazu beizutragen, die Fähigkeiten des einzelnen zu eigenständiger Existenzsicherung durch Arbeit zu fördern und zu schützen.
4. Wer willentlich oder aufgrund mangelnder Fähigkeiten nicht zur Sicherung seines Lebensunterhaltes durch eigene Erwerbsarbeit beiträgt, der hat auch nur Anspruch auf das Nötigste bzw. kann zu Arbeitsleistungen gezwungen werden, denn „das neue Fürsorgerecht kennt einen Rechtsanspruch auf Fürsorge nicht."[24]

„Die Fürsorge [ist] kein Unterstützungsinstitut, sondern [geht] auf Ersatz und Förderung der produktiven Kraft, hier der Arbeitskraft, aus."[25]

Die aus heutiger Sicht eigentümliche Ambivalenz dieser Fürsorgekonzeption liegt darin, daß sie zwar einerseits einen individuellen Anspruch auf Hilfe und Unterstützung bejahte, andererseits aber die Rechtfertigung jeder öffentlichen Hilfeleistung ausschließlich in ihrer Produktivität sichernden oder steigernden Wirkung sah. Vorrangig war das öffentliche Interesse an einer Abwehr und Kompensation von Schädigungen der „Gemeinschaft", nachrangig das individuelle Interesse an der Grundsicherung einer menschenwürdigen Existenz auch in Not- und Krisensituationen.

In einem Vortrag anläßlich der 50-Jahr-Feier des Deutschen Vereins im November 1930 in der Kroll-Oper in Berlin referierte Hans Muthesius unter dem beziehungsreichen Titel „Kollektivverantwortung und Einzelverantwortung in der Wohlfahrtspflege" zusammengefaßt seine Auffassungen einer modernen und effektiven Fürsorge:

1. Die Fürsorge sei produktiv, denn sie reaktiviere, rehabilitiere und fördere die produktiven Kräfte solcher Menschen, die ansonsten ganz der Armenhilfe anheim fallen müßten. Ihre aktuelle Unterstützung und Hilfe koste weniger als eine spätere Totalversorgung oder die Eindämmung sozialer und politischer Folgekonflikte. Die Fürsorge sei also ein Beitrag zu einer sozialpolitischen Lösung der sozialen Frage.

2. Fürsorge könne aber nur produktiv sein, wenn sie qualifiziert ist; dies bedeute vor allem:
   - über die Strukturen und Organisationsformen eine konsequente Rationalisierung der kommunalen Verwaltungsorganisation;
   - für die gesetzlichen Voraussetzungen eine Systematisierung und zur Zeit (Anfang der 30er Jahre) vor allem eine Einschränkung neuer staatlicher Fürsorgegesetzgebung;
   - für den Personalbereich eine qualifizierte Ausbildung, Fortbildung und angemessene Bezahlung der WohlfahrtspflegerInnen;
   - für die Arbeitsweise eine konsequente Anwendung individualisierender sozialpädagogischer Methoden zur persönlichen Diagnose und Behandlung jedes Falles nach seinen besonderen Bedingungen und Bedürfnissen sowie nicht zuletzt
   - eine Entlastung von falschen Aufgaben, sowohl bei Massennotständen, die durch generelle Versorgungsregelungen oder durch ausreichende Arbeitsmarkt- und Wohnungspolitik zu lösen seien, als auch eine Entlastung von aussichtslosen Fällen, für die z.B. eine spezielle Wandererfürsorge und Bewahrung in Anstalten im Rahmen eines geforderten Bewahrungsgesetzes vorzusehen seien.

3. Fürsorge im Wohlfahrtsstaat braucht die Ergänzung und Anregung einer fachlichen Konkurrenz durch die freie Wohlfahrtspflege ebenso wie durch bürgerliches Engagement. Die freie Wohlfahrtspflege dürfe ihre Qualitäten aber nicht durch Bürokratisierung verlieren.

4. Grundlage für einen produktiven, hilfreichen und bezahlbaren Nutzen der öffentlichen Wohlfahrt, der kollektiven Verantwortung also, sei eine „neue soziale Verantwortungsethik" des einzelnen, die Einzelverantwortung. Diese müsse dem Motto gehorchen: Jedem die Fürsorge, die er braucht, und jeder nutzt diese Hilfe verantwortlich, daß heißt effektiv zum Wohle der Gemeinschaft. Sozialpädagogisches Handeln kann diese Verantwortungsethik im Einzelfall vermitteln, z.B. bei der „pädagogischen" Behandlungen von Fällen der Unterhaltspflicht.

Der von Hans Muthesius bis zum Ende der Weimarer Republik konsequent vorgetragene Gedanke einer organisatorisch sowie methodisch rationellen und effektiven Fürsorge, die ihre Legitimation aus dem Nutzen für die Gemeinschaft und nicht aus der Gewährleistung einer menschenwürdigen Existenz für den einzelnen zog, bildete allerdings auch - für die Zeitgenossen weder beabsichtigt noch zwingend vorhersehbar - eine Gelenkstelle zu den sozialrassistischen Konzepten nationalsozialistischer Volkspflege. Mit diesen Kontinuitätslinien wurde auch Hans Muthesius in den folgenden zwölf Jahren persönlich und beruflich massiv konfrontiert.

2. Fazit: **Gut organisierte Wohlfahrt ist nützliche Wohlfahrt**

Zu rechtfertigen war in dieser Epoche erstmals in Deutschland eine sozialstaatlich verankerte Fürsorge, und dies vor allem vor dem Hintergrund der riesigen politischen, sozialen und wirtschaftlichen Folgelasten eines verlorenen Krieges. Einerseits war eine funktionierende Fürsorge - wie schon während des Krieges - ein wichtiges Instrument zur geschaftlichen Integration der lohnabhängigen Bevölkerung, andererseits waren ihre Aufwendungen ständig gegen die Angriffe konservativer Fachleute - Fürsorge sei übermäßige Wohltat für minderwertige Menschen - und großbürgerlicher Besitzstände - der Sozialstaat gefährde ihren Profit - zu verteidigen.

Die Antwort verantwortlich gestaltender Praktiker wie Hans Muthesius war weniger grundsätzlich gesellschaftspolitisch, als pragmatisch institutionsbezogen: Durch eine effiziente Organisation aller familienfürsorgerischen Aufgaben und durch eine konsequent professionelle Ausgestaltung einer leistungsfähigen Fürsorge könnten die produktiven Effekte der Wohlfahrtspflege nutzbringend entfaltet werden. Solche Fürsorge sei nützlich und schaffe Werte, statt sie zu verbrauchen.

Unverkennbar aber haftet dieser Argumentation die Versuchung an, durch eine Aussonderung der „Unheilbaren" und „Unbelehrbaren" die Erfolgsquote der fürsorgerischen Bemühungen zu steigern. Nur wer sich helfen läßt und nach Kräften mitwirkt, wieder ein nützliches Glied der Gesellschaft zu werden, ist es wert, diese Hilfe zu bekommen. Wie aus dieser latenten Option brutale Wirklichkeit werden sollte, zeigt die folgende Epoche organisierter Fürsorge in Deutschland.

3. Förderung der Wertvollen durch Selektion, Ausgrenzung und Vernichtung der Minderwertigen – die sozialrassistische Lösung des wohlfahrtsstaatlichen Dilemmas

Im dritten Band ihrer „Geschichte der Armenfürsorge in Deutschland" behandeln Christoph Sachße und Florian Tennstedt die Zeit vom Beginn der Weltwirtschaftskrise bis zum Ende des Zweiten Weltkrieges. Sie rekonstruieren dabei „die Umformung des Wohlfahrtsstaates in den Krisenjahren (der Weimarer Republik) und in der Zeit des Nationalsozialismus vornehmlich aus der langfristigen Logik der Entwicklung von Fürsorge und Wohlfahrtspflege." [26]

Ihre Arbeit gehört zu den wenigen, die das Handlungsfeld der sozialen Arbeit unter einer primär administrationsgeschichtlichen, auf die Bewegungsgesetze staatlicher Sozialpolitik ausgerichteten Perspektive untersuchen:[27] „Die Umgestaltung des Wohlfahrtsstaates im Nationalsozialismus ging einher mit der zunehmenden Ausbreitung hoheitlicher Gestaltung der Lebensverhältnisse, der Unterwerfung immer weiterer gesellschaftlicher Bereiche unter staatliche Regulierung und Reglementierung. Insofern folgte seine Entwicklung auch unter dem nationalsozialistischen Regime der säkularen Dynamik wohlfahrtsstaatlicher Sicherung in modernen Industriegesellschaften. In diesem Gesamtrahmen allerdings erfuhr das System sozialer Sicherung tiefgreifende Veränderungen gegenüber den Strukturen, die sich seit dem späten Kaiserreich, vor allem aber seit den Jahren der (Weimarer) Republik herausgebildet hatten." [28]

Diese tiefgreifenden Veränderungen sehen sie insbesondere in einer ausgearbeiteten Dialektik von Förderung und Ausgrenzung:

– auf der einen Seite wurde „die neue Fürsorge für die 'wertvollen' Mitglieder der 'Volksgemeinschaft'... entdiskriminiert. Sie sollte nicht länger ein Makel sein, sondern eine Art Ehrensold für leistungsbewußte 'Volksgenossen'." [29]

– auf der anderen Seite waren „in der Logik nationalsozialistischer Fürsorge ... Leistungsverbesserungen für die 'Wertvollen' untrennbar mit der Ausgrenzung und 'Ausmerze' der 'Minderwertigen' verbunden ... , auch wenn ihre Durchführung jeweils anderen Apparaten oblag." [30]

Für die historische Entwicklungsdynamik des Wohlfahrtsstaates, dessen Leitidee seit dem späten 19. Jahrhundert in Europa und Nordamerika die „Radikalisierung bürgerlicher Gleichheitsvorstellungen" gewesen sei, bedeute diese Polarisierung eine fundamentale Kehrtwende: „Der Aufbau des Wohlfahrtsstaates war getragen von der Leitvorstellung der Integration. Durch wohlfahrtsstaatliche Sicherung sollten Arme und Ausgegrenzte in die bürgerliche Gesellschaft integriert und dadurch zu gleichberechtigten Bürgern werden: der Wohlfahrtsstaat als

Voraussetzung bürgerlicher Gleichheit! Der 'völkische' Wohlfahrtsstaat dagegen diente der Stabilisierung rassistisch definierter Ungleichheit. Das Konzept der nationalsozialistischen 'Volkspflege' (...) beinhaltete nicht nur die Entrechtung der Mitglieder, ihre Unterwerfung unter den Vorrang der Gemeinschaft, sondern auch die Beschränkung von Leistungen auf die Angehörigen eben der Volksgemeinschaft. Diese wurden aber nicht durch universalistische Menschen- und Bürgerrechte definiert, sondern durch selektive, rassistische Merkmale, die die Gemeinschaft der 'wertvollen' Deutschen von den 'Minderwertigen' fremder Rassen und Völker abgrenzte."[31]

Mit dieser rassistisch-autoritären Indienstnahme des Wohlfahrtsstaates für die totalitäre Durchsetzung nationalsozialistischer Herrschaft insbesondere in der Zeit der unmittelbaren Kriegsvorbereitung und Kriegsführung ab 1938 lösten die Nazis gleichzeitig ein grundsätzliches Dilemma des klassischen Wohlfahrtsstaates, nämlich das der prinzipiellen Überforderung seiner Medien und Ressourcen:

„Während die Strategien des Wohlfahrtsstaates die Aufgabe gesellschaftlicher Integration durch die Ausweitung staatlicher Leistungssysteme lösen wollen, will die Rassenhygiene die soziale Frage durch eine Systematisierung von Ausgrenzung (und Vernichtung, d.Verf.) beantworten. (...) Die Probleme, die der Wohlfahrtsstaat nicht lösen kann und daher verdrängt, stellt die Rassenhygiene ins Zentrum ihrer Überlegungen. Beide beziehen sich spiegelverkehrt auf denselben Gegenstand."[32]

Dieser „soziale" Rassismus ist die zentrale Kategorie zum Verständnis nationalsozialistischer Fürsorge. Sozialer Rassismus ist nach Detlev Peukert gekennzeichnet durch drei grundlegende Behauptungen:

1. Menschen müßten nach dem Maßstab ihrer gesellschaftlichen Nützlichkeit eingeordnet werden, wer nicht nützlich und brauchbar sei, der sei „minderwertig".
2. Das Wohl des „Volkskörpers" stehe immer über dem Wohl des Individuums.
3. Die diagnostizierte soziale „Minderwertigkeit", in „genetischen Codes" verankert, sei also erblich und daher keinen pädagogischen oder fürsorgerischen Beeinflussungen zugänglich, sondern könne durch Sterilisation an der Vermehrung gehindert oder durch physische Vernichtung, Ermordung, „beseitigt" werden.[33]

3. Fazit: Effektiv organisierte Selektion sicherte die gewollten Wirkungen nationalsozialistischer Fürsorge

Organisatorisch gestalteten die Nazis ihre Volkspflege höchst effektiv:

– einerseits bündelten sie die modernen, erfolgversprechenden Aktivitäten einer auch professionell anspruchsvollen Fürsorge in der parteinahen „Nationalsozialistischen Volkswohlfahrt" (NSV),

– andererseits beließen sie die restriktiven und sanktionierenden Aufgaben bei den staatlichen Institutionen der Jugendfürsorge und Justiz, die ihrerseits um den besten Zugriff im Sinne der Herrschaftsdoktrin von Auslese und Förderung konkurrierten.

Die spezifische Mischung aus bedingungsloser Erfolgsorientierung und skrupelloser Konkurrenz macht die systemimmanente Effektivität aber auch die verheerende Wirkung der menschenverachtenden Fürsorge im Nationalsozialismus aus. Aber sowenig wie die nationalsozialistische Herrschaftsepoche in Deutschland insgesamt ein losgelöster „Betriebsunfall deutscher Geschichte" war, so wenig war die nach ihren eigenen Maßstäben so erfolgreich organisierte Volkpflege eine mit ihrer Vor- und Nachgeschichte unverbundene Epoche deutscher Fürsorge.

Denn schon in den sozialpolitischen Fürsorge-Konzepten der zwanziger Jahre, auch in der „Offensiven Jugendwohlfahrt" Gertrud Bäumers, die „ihrem Sinne nach nicht wesentlich Nothilfe (...), sondern eine gesunde, das Jugendleben erweiternde und stützende Mehrleistung"[34] sein wollte, war eine große Spannung zwischen allgemeiner Förderung und individueller Nothilfe angelegt. Durch den sozialen Rassismus der Nationalsozialisten, der sich jeglicher humanitären Skrupel entledigt hatte, wurde diese Spannung zum Pol der allgemeinen Förderung hin auflösbar, allerdings nur um den Preis einer radikalen Aussonderung und Vernichtung der für minderwertig erklärten Fälle ohne Erfolgsaussichten: das andere Gesicht einer „offensiven" Sozialpädagogik.

Entscheidend für die Reflexion der Debatten um die Organisation sozialer Arbeit ist, daß sie diese historische Erfahrung mit den Grenzen der eigenen 'Erfolgsversprechen' konfrontiert. So wie z.B. die psychiatrische Medizin sich mit den Tötungsprogrammen der sog. Euthanasie der „unheilbar" erscheinenden Andersartigkeit durch Ausgrenzung als biologische Minderwertigkeit entledigen konnte, konnte sich die Sozialpädagogik z.B. der in den Heimskandalen Ende der zwanziger Jahre noch als so erfolgverhindernd, weil als „unerziehbar" erlebten Widersetzlichkeit von Kindern und Jugendlichen entledigen: „Durch die grundsätzliche Loslösung der NSV-Jugendhilfe von jeder Art von Minderwertigenfürsorge ist für den Jugendhelfer ein wesentlicher Vorteil gegeben: Seine Arbeit ist nicht belastet mit den Fällen, die von vorneherein als erfolglos bezeichnet werden müssen. Um so mehr fällt ihm die Aufgabe zu, der Umweltschädigung vorzubeugen, sie zu erkennen und im Einzelfall mit allen Mitteln oder durch Weitergabe ein gänzliches Absinken zu verhindern."[35]

Der hier aus einem Aufsatz über die Gewinnung und Schulung von NSV-Jugendhelfern aus dem Jahre 1939 zitierte Andreas Mehringer - in den 50er und 60er Jahren einer der bekannten und erfolgreichen Reformer der Heimerziehung und praktischen Heilpädagogik in Deutschland[36] - steht hier nur exemplarisch für eine größere Gruppe damals junger Pädagoginnen und Pädagogen, die mit den gebotenen Möglichkeiten nationalsozialistischer „Menschenkunde" zumindest zeitweise die Realisierung einer erfolgreichen Jugend- und Erziehungshilfe, wie sie im Grundsatz in den Jahren der Weimarer Republik erdacht worden war, in erreichbarer Nähe glaubten. Für den „Preis", den die um des Erfolges willen aussortierten Kinder und Jugendliche für diese effektiv organisierte Arbeit nicht selten mit ihrem Leben zahlen mußten, hatten die Reformen kein Bewußtsein, in den meisten Fällen auch Jahre und Jahrzehnte später noch nicht.

Eine erfolgsorientierte Gestaltung und Organisation sozialer Arbeit kippt ohne eine in einem demokratischen Gemeinwesen kontrollierte Verständigung über die Aufgaben und Ziele eben dieser Arbeit um in eine brutale Praxis der Ausgrenzung und Vernichtung dderjenigen, die den Erfolg gefährden, so lehrt es diese Epoche deutscher Fürsorge schmerzhaft. „Todsichere Erfolge" sind eben nur um den Preis der Aussonderung der angeblichen Wertlosen zu bekommen - oder positiv: Eine in Art und Umfang nicht präzise zu kalkulierende Erfolglosigkeit gehört zu den Grunderfahrungen jeder Organisation sozialer Arbeit, solange sie sich den grundlegenden Menschenrechten der Selbstbstimmung und Freiheit jedes einzelnen verpflichtet fühlt. Diese Grenzen bei der Gestaltung gewollter und durchaus gekonnter Erfolge sozialer Arbeit zu respektieren, gehört zu den schrecklichen Lehren nationalsozialistischer Herrschaft in Deutschland.

4. Auch der demokratische und soziale Rechtsstaat braucht eine effektive Fürsorge, ob als Instanz sozialer Kontrolle oder als Anwalt kindlicher Interessen

Nach den „langen fünfziger Jahren" waren „Mehr Demokratie", Chancengleichheit und die Integration Randständiger die Postulate sozial-liberaler Politik, die nach den unruhigen Jahren 1968-1970 für neue soziale und politische Stabilität sorgen sollten. Auch für die Jugendhilfe begann eine Phase intensiver Reformbemühungen, allem voran sollte nun endlich eine weitreichende Gesetzesreform umgesetzt werden. Im Zusammenhang dieser Bemühungen um eine konzeptionelle und rechtliche Modernisierung der Jugendhilfe werden auch wieder interessante organisatorische Fragen reflektiert.

Für das Jugendamt markierte der „Dritte Jugendbericht" diesen neuen Abschnitt fachpolitischer Entwicklungen: Der Bericht wurde 1972 in großer Auflage der Fachöffentlichkeit vorgestellt. Erstmals hatte eine, im April 1969 eigens dazu einberufene Kommission aus 'fachkundigen Persönlichkeiten' den Bericht zum Thema 'Aufgaben und Wirksamkeit der Jugendämter in der BRD' erarbeitet und im Juli 1971 der damaligen Bundesjugendministerin Käte Strobel zur Stellung-nahme vorgelegt.

Der Bericht selbst betonte die erheblichen Ausstattungs- und Leistungsunter-schiede bestehender Jugendämter: „(...) in Anbetracht der mangelnden personel-len und finanziellen Ausstattung vieler Jugendämter sind ihre Aktivitäten oft auf die gesetzlich genauer definierten Aufgaben beschränkt (...). Stützende Maßnah-men (offene Arbeit, Gruppentherapie, Gemeinschaftsdienste), mit deren Hilfen die Einzelarbeit erst wirksam werden könnte, fehlen weitgehend."[37]

Die Bundesregierung nahm ihre Stellungnahme zum Anlaß, auf die Vielfalt ihrer jugendpolitischen Reformabsichten hinzuweisen: Seit Juli 1970 arbeitete eine Kommission an einer Reform des Jugendhilferechts sowie seit Dezember 1971 ein Ausschluß an 'grundlegenden Vorstellungen über Inhalt und Begriff moderner Jugendhilfe'. Neben den üblichen Lobesworten wurde zum Bericht selbst kaum etwas gesagt, die Regierung fühlte sich in ihren Reformabsichten vollauf bestä-tigt; diese wurden insbesondere in der Einführung eines konkretisierten Lei-stungskataloges inkl. eines förmlich einklagbaren Rechtsanspruchs, der Stärkung der Planungs- und Steuerungskompetenz des örtlichen Jugendamtes sowie für die Jugendfürsorge im Ausbau der Erziehungshilfen im Vorfeld der Heimerziehung gesehen: „Im Hinblick auf die Herausnahme aus dem bisherigen Milieu (...) mißt die Bundesregierung dem kontinuierlichen Ausbau der Hilfen im Vorfeld der Hei-merziehung ganz besondere Bedeutung bei."[38]

Im Rahmen der Arbeiten zum Dritten Jugendbericht wurden aber auch die so-zialwissenschaftlichen Reflexionen über das Jugendamt und seinen Aufgabenbe-reich weitergeführt: Walter Hornstein– damals Direktor des Deutschen Jugendin-situtes (DJI) und Geschäftsführer der Jugendberichts-Kommission – stellte 'Be-zugspunkte für eine sozialpädagogische Theorie des Jugendamtes' vor[39], in denen er die Aufgabenstellung einer solchen fachlichen Konzeption des Jugendamtes selbstbewußt und weitreichend umrissen hat:

1. Ein pädagogischer Problemzusammenhang ist herauszuarbeiten und zu be-gründen,
2. in möglichst konkreter Form ist eine Theorie der Institution Jugendamt zu lie-fern,
3. diese hat auch eine Theorie für die Praxis des Jugendamtes zu sein, d.h. den „Zusammenhang der Aufgaben und Wege der optimalen Realisierung aufzu-zeigen"[40], und
4. nicht zuletzt muß die Theorie kritisch und zukunftsorientiert sein.

Hornsteins Kernsatz hieß somit: „Eine pädagogische Theorie des Jugendamtes würde also wesentlich in der Darstellung jener Problemlagen bestehen, mit denen es Jugendämter im Hinblick auf die Sicherung des Rechtsanspruches auf Erzie-hung zu tun haben."[41]

Den organisatorischen Bedingungen widmete sich im Anschluß an W. Hornstein sein Mitarbeiter Lothar Böhnisch: Ein Jugendamt, „das sich nicht mehr als bloße Eingriffs- und Vollzugsbehörde, sondern vorrangig als Planungs- und Steuerungsagentur im Verhältnis zu den Sozialisationsinstitutionen des Kindes- und Jugendalter begreifen soll", muß vor allem daraufhin befragt werden, „wie ein solches Problemverständnis Eingang in die Institution finden kann."[42]

Den zentralen Konflikt sah Böhnisch in der Unterordnung des Professionellen (hier der Sozialarbeiter) unter „wesensfremde, bürokratisch-hierarchische Kontrollmuster, (verschärft durch) jene politisch-sozialen Prinzipien öffentlicher Verwaltung, die das Jugendamt auf seine öffentliche Rolle verpflichten und es somit aus den (...) Prozessen politischer Interessendurchsetzung nahezu ausschalten."[43]

Dieser 'Professionalitäts-Bürokratie-Konflikt' aber könne in der hierarchisch organisierten Verwaltung nicht rational gelöst werden, sondern verlange vom Professionellen Anpassungsleistungen, die seinen fachlichen Standards zuwiderlaufen. Solche 'unprofessionellen' Anpassungsleistungen sah L. Böhnisch vor allem in den Mechanismen der Konfliktverdrängung, der Abschirmung durch individualisierte Distanz oder in besonderen Rationalisierungsmustern, z.B. der Umdefinition von bürokratischer Kontrolle in Hilfe oder von Anpassung in realitätsgerechtes Handeln: „Um eine soziale Diagnose in Übereinstimmung mit den organisationsspezifischen Hintergrunderwartungen der Verwaltung des Jugendamtes zu bringen, ist der Sozialarbeiter dann gezwungen, ein individuelles Geschehen, Probleme etc. in einer typisierten 'Sprache' aufzubereiten und mitzuteilen, die vom jeweiligen Adressaten – der weiterleitenden Behörde, den Verwaltungsbeamten des Innendienstes, Amtsleiter etc. – 'verstanden' wird, und damit die vom Sozialarbeiter jeweils als erforderlich erachtete Maßnahme oder gewünschte Leistung auslöst."[44]

Dieser 'politisch-soziale' Druck auf die Professionellen bewirke

1. ein hohes Maß an individueller Frustration,
2. eine Verschleuderung emotionaler Energie und
3. ein Übergewicht restriktiver Kategorien im Handlungsverständnis der Sozialarbeiter.

Solche Handlungsunsicherheiten könnten die Sozialarbeiter aber erst überwinden, wenn „die Inhalte, auf die hin resozialisiert und therapiert werden soll", nicht mehr kontrovers sind, also als „sozialwissenschaftlich ermittelte Handlungsziele" verbindlich werden. Dieser Zielkonflikt kann jedoch nicht im Jugendamt entschieden werden, „da bürokratisch-administrative Kontroll- und Arbeitsprinzipien dominieren".[45]

Veränderungschancen werden vor allem gesehen in:

1. dem Überang zu eher horizontal strukturierten Formen der Arbeitsteilung (z.B. Team- oder Gruppenarbeit),
2. berufskollegialen Kontrollinstanzen,
3. einer regionalen und längerfristigen Fortbildung und nicht zuletzt

4. der Aufgabe der politischen Neutralität in der Jugendamts-Administration zugunsten einer eindeutigen „Anwaltsrolle für die Klienten".[46]

Wenn auch der Dritte Jugendbericht und die anschließenden Reform- und Theoriediskussionen für das fachliche und politische Bewußtsein zahlreicher Mitarbeiterinnen und Mitarbeiter bedeutsam waren, so wurden in der Praxis der Jugendamtsarbeit vor allem solche Konzepte wirksam, die in der zweiten Hälfte der 70er Jahre für eine pragmatische Umsetzung der o.g. Reformvorstellungen sorgen wollten.

Die Aufgabe der Entscheidungsfindung im Bereich der erzieherischen Hilfen werden im folgenden herausgegriffen, da hieran die Probleme der Organisation einer sozialstaatlichen Jugendhilfe in einem demokratischen Gemeinwesen besonders deutlich hervortreten. In der Vielzahl der Pläne, Arbeitshilfen und Erlasse aus dieser Zeit werden vier typische Lösungen für die Probleme der fachlichen Orientierung und Organisation von Entscheidungsvorgängen sichtbar:

(1) *Die formale Qualifizierung der Entscheidungsvorbereitung durch eine Verpflichtung zu Diagnose und Erziehungsplanung*: Unmittelbar an die Vorstellungen der JHG-Reformentwürfe zu Diagnose und Gesamtplan schloß ein Erlaß des niedersächsischen Kultusministers von 1976 an, der den Jugendämtern verbindlich Anlaß, Form und Inhalt von 'Psycho-sozialen Diagnosen' (PSD) vorschrieb.[47]

(2) *Die organisatorische Qualifizierung der Entscheidungsabläufe und -zuständigkeiten durch Gruppenarbeit und Teamenscheidung*: Weit über die nur formale Verpflichtung zur Diagnose hinaus gehen die im Auftrag des Deutschen Städtetages durch die 'Kommunale Gemeinschaftsstelle für Verwaltungsvereinfachung' (KGSt) erstellten Gutachten zur Organisation des Jugendamtes (1975). Neben der Einrichtung eines besonderen Sozialdienstes 'Erziehungshilfen' wird gerade für die schwerwiegenden Entscheidungen der Fremdunterbringung eine Arbeitsweise vorgeschlagen, die die Forderung nach 'nicht-hierarchischen Kooperationsformen' aufnimmt:

„Für besondere Aufgaben, insbesondere für solche mit fachübergreifender Zuständigkeit, unklarer Problemstellung sowie bei Unsicherheit über Lösungsmöglichkeiten empfiehlt sich jedoch die Zusammenarbeit in Gruppen; dies gilt insbesondere dann, wenn eine zu treffende Entscheidungen einen Eingriff in den persönlichen Freiheitsraum des einzelnen bedeutet. Das Wissen und der Ideenreichtum mehrerer Menschen ist größer als das Wissen und der Ideenreichtum einzelner; bei mündlicher Erörterung eines Problems in der Gruppe sind zudem Kombinationen und Assoziationen möglich, die eine höhere Leistungsfähigkeit der Gruppe begründen. Dies ist ein allgemeines Organisationsprinzip, das auch für den Bereich der Sozialarbeit gilt."[48]

In die gleiche Richtung zielen auch die 1976 vom Deutschen Verein veröffentlichten „Empfehlungen zur Teamarbeit in sozialen Diensten".[49]

(3) *Fachliche Qualifizierung durch differenzierte Indikationskataloge*: Das Landesjugendamt Baden stellt darin 1980/81 eine 'Konzeption für die Erziehungshilfe im Heim' vor. Darin werden, ausgehend von einer 'Systematik zur Unterscheidung von Entwicklungsauffälligkeiten', Ansprüche an die jeweils angemessenen Erziehungshilfen abgeleitet. Die Arbeitshilfe soll im Einzelfall die notwendige Orientierung bieten, richtige Entscheidungen für die passende Hilfe zu treffen.[50]

(4) *Qualifikationsanreize durch 'interkommunale Vergleiche'*: Seit 1977 stellte das Landesjugendamt Westfalen-Lippe, seit 1982 auch das des Rheinlandes in jährlichen Berichten zur Situation der Erziehungshilfen allen Jugendämtern seines Zuständigkeitsbereiches umfangreiches Zahlenmaterial zur Überprüfung und Planung ihrer Erziehungshilfearbeit 'vor Ort' zur Verfügung. Dabei wurden anfangs vor allem die Anteile der in Heimen bzw. Pflegefamilien untergebrachten Kinder, später auch das Verhältnis offener/ambulanter Hilfen zu fremdplazierenden Hilfen für alle Jugendämter aufgeschlüsselt dargestellt und verglichen. Die jährlichen 'Jugendamts-Hitlisten' sollten durch den Vergleich der jeweiligen Erziehungshilfe-Quantitäten neben Anreizen für eine bedarfsgerechte Planung vor allem Hinweise für eine erfolgreiche Organisation örtlicher Jugendhilfe geben. Erfolgreich hieß damals wie heute: möglichst wenige Kinder in der teuren Heimerziehung unterzubringen. Diese Art der Planungshilfen war offenbar so erfolgreich, daß nach einer fünfjährigen Pause das Landesjugendamt Westfalen-Lippe 1995 wieder eine zeitgemäße Neuauflage dieser interkommunalen Vergleichslisten veröffentlicht.[51]

4. Fazit: **Auch der demokratische und soziale Rechtsstaat kann seine öffentlichen Leistungen für Kinder und Familien nur legitimieren, wenn sie effektiv und effizient zugleich organisiert sind.**

Das mit den sog. Heimkampagnen Ende der 60er Jahre für kurze Zeit auch medienwirksam spektakulär aufgebrochene Interesse an den Sozialfällen der Wirtschaftswundergesellschaft im Nachkriegs-Westdeutland beleuchtete vor allem ein akutes Legitimationsdefizit eines laut Verfassungsordung demokratischen und sozialen Gemeinwesens: Auch für die Fürsorgezöglinge in den zumeist noch kasernenenähnlich organisierten Erziehungsanstalten galten die Versprechungen des Grundgesetzes, insbesondere daß jeder Mensch ein unveräußerliches Recht auf freie Entfaltung seiner Persönlichkeit habe. Trotz allen gesellschaftsverändernden Mythos waren die konkreten Aktionen der Heimkampagne, vor allem in Hessen im Sommer und Herbst 1969, der Beginn einer lange überfälligen Reformphase, als deren vorrangige Ziele sich sehr schnell ausgesprochen systemstabilisierende Organisationsmodernisierungen einer in Konzept und Strukur völlig veralteten und leistungsunfähigen Heimerziehung und Jugendwohlfahrt durchsetzten. Die sozialen Versprechungen einer demokratischen Verfassungsordnung sollten durch moderne Verfahren und effektive Organisation gewährleistet werden[52]. Eine Entwicklung, die mit der Verabschiedung des KJHG gut 20 Jahre später ihren vorläufigen Abschluß gefunden hat.

Schlußbemerkungen:
Nur „besser" ist „billiger" – das immer wiederkehrende Versprechen der Organisationsrefomer sozialer Arbeit im modernen Sozialstaat.

Die Suche nach zugleich effektiven (=wirksamen) und effizienten (=sparsamen) Organisationsformen öffentlicher Fürsorge- und Sozialleistungen begleitet diesen Arbeitsbereich seit gut hundert Jahren; aber was ist daraus zu lernen?

1. Organisationsfragen lösen *nicht* das konzeptionelle Dilemma sozialstaatlicher Leistungen für Kinder und Familien, sie stehen vielmehr in der Gefahr, von dem sozialpolitischen Grundkonflikt abzulenken: Darf öffentliche Leistung nur Nothilfe sein, die erst denjenigen zukommt, die sich nachweislich nicht mehr selbst helfen können, oder muß sie, um wirksam und nützlich für die leistende Gemeinschaft wie den empfangenden einzelnen zugleich zu seine eine „notwendige Mehrleistung" (G. Bäumer) sein, die grundsätzliche Defizite ausgleicht, bevor sich diese im einzelnen Lebensschicksal als individuelle Krise oder Not niederschlagen? In den vergangenen hundert Jahren mußte jede Epoche ihre Antwort auf diese Grundfrage des gesellschaftlichen Verständnisses des Sozialen neu finden. Organisatorische Konzepte zur besseren Legitimation durch effizienteren Mitteleinsatz waren jeweils nur scheinbar eine Antwort, ein sozialpolitisches Bekenntnis zur öffentlichen Verpflichtung gegenüber der nachwachsenden Generation und insbesondere gegenüber den durch eigene und familiäre Kräfte weniger Bevorteilten ersetzten sie in keinem Fall.

2. Aber: Organisationsfragen sind entscheidend für die Wirksamkeit und Nützlichkeit und damit für den Grad der Anerkennung eigenständiger Professionalität: Von Johannes Petersens Reform der öffentlichen Jugendfürsorge in Hamburg über Hans Muthesius' Modernisierung der Familienfürsorge in Berlin-Schöneberg bis zur Lothar Böhnischs eher theoretischen Konzepten eines leistungsfähigen Jugendamtes als Anwalt kindlicher Interessen galt es, professionelle Kompetenz zu beweisen. Jugendfürsorge oder Jugendhilfe mußte sich gegenüber Armenfürsorge und Polizei als eigenständiger Handlungsbereich behaupten, die dort tätigen Menschen als Fachkräfte und Experten ihres Tätigkeitsbereichs. Der Nachweis einer rationellen Organisation gehörte und gehört

zu den vorrangigen Vehikeln dieser professionellen Legitimationsbemühungen. Zu dieser Tradition gehört in Deutschland aber auch die Erfahrung des Nationalsozialismus, der durch konsequente Selektion und Ausgrenzung angeblich minderwertiger seine Förderung vermeintlich wertvoller Menschen um so effektiver organisieren konnte - um den Preis der Aufgabe jeglicher Humanität.

Die aktuelle Diskussion um eine „Neue Steuerung" öffentlicher Verwaltung vor allem im kommunalen Raum hat eine lange Vorgeschichte - dies sollte gezeigt werden. Die Suche nach zugleich wirksamen und sparsamen Arbeitskonzepten und Organisationsstrukturen begleitete die öffentlichen Sozial- und Erziehungsleistungen seit ihrer Ausdifferenzierung als eigenständiges professionelles Handlungsfeld.

Ob vorgeschlagene Organisationslösungen tatsächlich „besser" sind, oder ob sie nur „billiger" erscheinen, ist vorrangig sozial- und gesellschaftspolitisch zu bewerten; Prüfkriterium hierfür ist die Frage: Trägt Jugendhilfe zur Integration und Förerung bei, gewinnt sie ihre Erfolgsmaßstäbe aus dem Anspruch, die Lebenschancen und Entwicklungsrechte *aller* Kinder zu sichern, oder besorgt sie eine möglicht unauffällige und unaufwendige „Entsorgung" von Problemfällen?

Ohne leistungsfähige Organisation keine qualifizierte Jugendhilfe - so die eine Lehre des vorgestellten historischen Exkurses. Aber ohne eine verbindliche Orientierung an grundlegenden gesellschaftlichen Werten, wie den individuellen Entwicklungsrechten jedes jungen Menschen, gibt es kein zuverlässiges Kriterium, um zu beurteilen, ob Organisationslösungen nur dadurch sparsam sind, daß sie nichts bewirken - zumindest nicht das, was ihr Auftrag wäre. Das ist die andere Lehre - und sie wiegt schwer in Zeiten erfolgshungriger Organisationsmodernisierer, gerade heute.

Anmerkungen

1   Detlev Peukert: Wohlfahrtsstaat und Lebensrecht; in Lutz Niethammer u.a.: Bürgerliche Gesellschaft in Deutschland, Frankfurt/M. 1990, S. 349

2   siehe: Harald Hottelet u.a.: Offensive Jugendhilfe, Stuttgart 1978, S. 40ff.

3   Beispielhaft sei hier das 1890 von den Frankfurter Metallindustriellen Wilhelm Merton gegründete Institut für Gemeinwohl erwähnt, von dem in den folgenden Jahren eine Vielzahl örtlicher Sozialeinrichtungen ausgingen; siehe auch: Christoph Sachße: Großindustrie und Wohlfahrtspflege. Wilhelm Merton und das Institut für Gemeinwohl; in: Thränhardt, Dietrich u.a. (Hrsg.): Wohlfahrtsverbände zwischen Selbsthilfe und Sozialstaat, Freiburg i. Br. 1986, S. 168-180.

4   Siehe dazu ausführlich: Christoph Sachße/Florian Tennstedt: Geschichte der Armenfürsorge in Deutschland. Band 2: Fürsorge und Wohlfahrtspflege 1871 bis 1929,

Stuttgart 1988, S. 23-41.

5 Ziehkinder: zumeist uneheliche Kinder, die in fremden Familien gegen Bezahlung durch die Gemeindeverwaltung untergebracht wurden

6 siehe hierzu: F. Illner: Die Entwicklung der Berufsvormundschaft bis zum Inkrafttreten des RJWG; Heidelberg 1928, S. 11.

7 C.J. Klumker: Vom Werden deutscher Jugendfürsorge - zugleich eine Geschichte der deutschen Berufsvormundschaft; Berlin 1931, S. 13.

8 F. Illner: Entwicklung der Berufsvormundschaft, a.a.O., S. 12.

9 R. Sievers: 350 Jahre Hamburgische Jugendfürsorge; in Jugendbehörde Haburg (Hrsg.): 350 Jahre Jugendwohlfahrt in Hamburg, Hamburg 1955, S. 40.

10 R. Sievers: ebenda, S. 41

11 In einer Veröffentlichungsreihe des Vereins für Säuglingsfürsorge im Regierungsbezirk Düsseldorf – herausgegeben von Prof. Schlossmann und Dr. Marie Baum – (Berlin 1912)

12 In Preußen war eine vom Erwachsenenstrafvollzug getrennte Unterbringung straffälliger Minderjähriger erstmals 1878 mit dem "Gesetz betreffend die Unterbringung verwahrloster Kinder" geregelt worden, dem dann, mit stärkerer Betonung des pädagogischen Besserungsgedankens, 1900 das Preußische Fürsorgeerziehungsgesetz folgte. Siehe dazu ausführlich: D. Peukert: Grenzen der Sozialdisziplinierung. Aufsteig und Krise der deutschen Jugendfürsorge von 1878 bis 1932; Köln 1986, S. 116ff.

13 Der Gemeindewaisenrat wurde in Preußen verbindlich vorgeschrieben durch die Pr. Vormundschaftsordnung von 1875 (§§ 52 und 53), in seiner Aufgabenstellung bestätigt durch das Bürgerliche Gesetzbuch von 1900 (§§ 1849 u. 1851) sowie das Pr. Ausführungsgesetz zum B:G:B: von 1898 (Art. 77).

14 Das Preuß. Ausführungsgesetz zum B.G.B. von 1898 räumte den Gemeinden in Art. 78, § 4 die Möglichkeit ein, für Minderjährige, "welche im Wege der öffentlichen Armenpflege unterstützt" wurden, Beamten der Gemeindeverwaltung alle oder einzelne Rechte eines Vormundes zu übertragen; siehe ausführlich: Christian J. Klumker: Vom Werden deutscher Jugendfürsorge; a.a.O.

15 Die Bespiele entstammen der Chronik der Kriegsfürsorge in Berlin-Schöneberg, sind aber typisch für die Entwicklung der öffentlichen Hilfen für Kinder und Mütter in den Kriegsjahren ab 1915.

16 siehe dazu ausführlich: Christian Schrapper: Hans Muthesius. Ein deutscher Fürsorgejurist zwischen Kaiserreich und Bundesrepublik, Münster 1993, S. 49-84.

17 M. Molsen: Aufbau der Fürsorge in Schöneberg. Ein GRuß ehemaliger Fürsorgerinnen ; in: Nachrichtendienst des deutschen Vereins für öffentliche und private Fürsorge, Heft 10/1960, S. 314.

18 Siehe bibliographisches Verzeichnis der Schriften von Hans Muthesius in: Chr. Schrapper: Hans Muthesius, a.a.O., S. 287-307.

19 Hans Muthesius: Fürsorgerecht, Berlin 1928, S. 1.

20 Ebenda, S. 1.

21 Karl Binding/Alfred E. Hoche: Die Freigabe der Vernichtung lebensunwerten Lebens. Ihr Maß und ihre Form; Leipzig 1920, S. 53 f.

22 Hans Muthesius: Die Wohlfahrtspflege, 2. Aufl., Berlin 1928, S. 18f.

23 Ebenda, S. 20.

24 H. Muthesius: Die Wohlfahrtspflege, a. a. O., S. 113.

25 Ebenda, S. 21.

26 Christoph Sachße/Florian Tennstedt: Der Wohlfahrtsstaat im Nationalsozialismus. Geschichte der Armenfürsorge in Deutschland, Bd. 3; Stuttgart 1992, S. 11.

27 Siehe hierzu auch: Dieter Rebentisch/Karl Teppe (Hrsg.): Verwaltung contra Menschenführung im Staat Hitlers. Studien zum politisch-administrativen System, Göttingen 1986; Dieter Rebentisch: Führerstaat und Verwaltung im Zweiten Weltkrieg. Verfassungsentwicklung und Verwaltungspolitik: Stuttgart 1989.

28 Chr. Sachße/Fl. Tennstedt: Der Wohlfahrtsstaat im Nationalsozialismus, a. a. O., S. 273.

29 Ebenda, S. 274; gemeint waren damit z. B. Leistungen im Rahmen der Parteiorganisationen, der KdF-Bewegung und des Winterhilfswerks, aber auch einer "ambulanten Jugendhilfe", z.B. durch Erntekindergärten, Erziehungsberatungsstellen, HJ-Patenschaften, NSV-Heime o.ä.; siehe dazu für die Jugendhilfe ausführlich: C. Kuhlmann: Erbkrank oder erziehbar? Jugendhilfe als Vorsorge und Aussoanderung in der Fürsorgeerziehung in Westfalen 1933 bis 1945; Weinheim und München 1989.

30. Ebenda, S. 12.

31 Ebenda, S. 276.

32 Ebenda, S. 16.

33 Detlev Peukert: Rassismus als Bildungs- und Sozialpolitik; in Renate Coggoy u.a. (Hrsg.): Erinnerungen einer Profession. Erziehungsberatung, Jugendhilfe und Nationlasozialismus; Münster 1989, S. 121ff.

34 Gertrud Bäumer: Die sozialpädagogische Aufgabe in der Jugendwohlfahrtspflege; in: Deutscher Verein 1931, S. 83 f.; hierzu ausführlich: Christian Schrapper/Dieter Sengling/Wilfried Wickenbrock: Welche Hilfe ist die richtige? Historische und empirische Studien zur Gestaltung sozialpädagogischer Entscheidungen im Jugendamt; Frankfurt/M. 1987, S. 10 f.

35 Andreas Mehringer: Gewinnung und Anleitung von Mitarbeitern in der NSV-Jugendhilfe; in: Deutsche Jugendhilfe Juli/August 1939, S. 135f.

36 Zu A. Mehringer siehe auch: Christian Schrapper: Veraussetzungen, Verlauf und Wirkungen der "Heimkampagnen"; in: Neue Praxis Heft 5/1990, S. 424ff.

37 Bundesministerium für Jugend, Familie und Gesundheit (BMFJG) (Hrsg.): Dritter Jugendbericht; Bonn 1972, S.16.

38 Ebenda, S. XVII.

39 Siehe: Walter Hornstein: Bezugspunkte einer pädagogischen Theorie des Jugendamtes; in Zeitschrift für Pädagogik, 1972, S.153-185; siehe auch: BMJFG: Dritter Jugendbericht, a.a.O., S. 22-35.

40 Ebenda, S. 161.

41 Ebenda, S. 167.

42 Lothar Böhnisch: Bedingungen sozialpädagogischen Handelns im Jugendamt; in Zeitschrift für Pädagogik, 1972:187-212; sinngemäß auch in BMJFG: Dritter Jugendbericht, a.a.O., S. 108ff., hier S. 188.

43 Ebenda, S.189.

44 Ebenda, S. 195.

45 Ebenda, S. 209.

46 Ebenda, S. 211.

47 Niedersächsicher Kultusminsiter: Richtlinien für die Erstellung psycho-sozialer Diagnosen (PSD). Runderlaß vom 26.8.1976; in: Niedersächsisches Ministerialblatt Nr 72 von 1976, S. 1681f.

48 KGSt: Organisation des Allgemeinen sozialen Dienstes. Bericht Nr. 6/1975; Köln 1975, S. 14

49 Deutscher Verein 1976

50 Landeswohlfahrtsverband Baden (Landesjugendamt) (Hrsg.): Konzeption für die Erziehungshilfen in Heimen - Arbeitshilfe. Karlsruhe 1981.

51 Landschaftsverband Westfalen-Lippe, Landesjugenamt: Bericht zur Situation der Hilfen zur Erziehung - Darstellung und Analyse. Erhebung bei den Jugendämtern zum 31.12.1994, Münster 1995.

52 Siehe hierzu ausführlich: Siegfried Müller/Hans-Uwe Otto (Hrsg.): Sozialarbeit als Sozialbürokratie? Zur Neuorganisation sozialer Dienste; in: Neue Praxis. Sonderheft 5, 1980.

Kapitel 2

Norbert Wohlfahrt

Steuerungsprobleme „neuer Steuerungsmodelle":

Welche Rolle spielt die kommunale Politik bei der Modernisierung der Verwaltung?

1. Das politische Ausgangsproblem: Haushaltskonsolidierung durch Verwaltungseffektivierung?

Die Unabdingbarkeit, mit der gegenwärtig die Notwendigkeit einer Änderung der kommunalen Verwaltungsorganisation behauptet wird, verdankt sich einer paradoxen Situationsbeschreibung: Die Kommunen sind ohne jeden Zweifel „in Not geraten" (vgl. SGK-Argumente 1993) und sie sind es nicht wegen der Modernisierungsdefizite der öffentlichen Verwaltung, sondern aufgrund eines durch den Verwaltungsvollzug nur zum geringen Teil beeinflußbaren Tatbestandes. So zeigt die Entwicklung der Sozialleistungen in den Kommunen eine zunehmende Steigerungsquote, die insbesondere auf die wachsende Anzahl von Hilfen zum Lebensunterhalt nach dem BSHG zurückzuführen ist. Die sozialen Leistungen der Gemeinden in Westdeutschland sind im Jahre 1992 um 12,6% auf 39,1 Milliarden DM gestiegen, das Jahr 1993 weist bereits eine Steigerungsquote von 14% in den ersten drei Quartalen aus (vgl. Deutsche Bank 1994). Zwar wird durch die Auswirkung der Pflegeversicherung für 1996 eine Trendumkehr erwartet, die aber absehbar nicht zu einer Sanierung der kommunalen Haushalte führen wird.[1]

Formuliert man diese Entwicklung als Organisationsaufgabe der städtischen Verwaltung, so zeigt sich eine wachsende Inanspruchnahme von gesetzlichen Leistungen, deren Ursachen in Dauerarbeitslosigkeit, häufigeren lebenslagespezifischen Verarmungen und dem Anstieg sozialer Problemlagen zu suchen sind. In dieser Situation einer steigenden „Nachfrage" nach Sozialleistungen das Rezept der „Verschlankung" der (Sozial-) Verwaltung als sinnvolle und rationale Sparstrategie zu empfehlen, bedarf einer genauen Begründung. Das „Modernisierungsdefizit der öffentlichen Verwaltung" (vgl. Naschold 1994) ist ja kein Ergebnis des nicht mehr zu rechtfertigenden Verwaltungsaufwands angesichts der kommunalen Belastungen, sondern verdankt sich zum größten Teil schon seit langem bekannten Defiziten der Personal- und Aufgabenorganisation (siehe als Beispiel hierzu die Debatte um die gescheiterte Dienstrechtsreform). Es ist deshalb m.E. notwendig, das tatsächliche Modernisierungsproblem auf kommunaler Ebene, das mit den verschiedenen Rezepten der neuen Steuerung angegangen werden soll, präzise zu kennzeichnen: Es handelt sich dabei in erster Linie nicht um ein Kostenproblem, mit dessen erfolgreicher Lösung auch nur ein Bruchteil der Haushaltsprobleme bewältigt werden könnte, sondern um ein Innovationsdefizit, das sich einer lokalen Politikgestaltung verdankt, die in vielfacher Hinsicht durch Besitzstanddenken, Interessenpartikularismus und den kontraproduktiven Gegensatz von Rat und Verwaltung geprägt ist.[2] Wenn die kommunale Verwaltung bislang durch geringe Effizienz und Effektivität gekennzeichnet ist, dann trifft diese Diagnose in erster Linie die lokale Politik - und erst in zweiter Linie die Verwaltungsorganisation und ihre inhaltliche bzw. organisatorische Gliederung. Es geht also, wenn man den Zielbezug der Verwaltungsmodernisierung ernst nimmt und diesen nicht mit dem komplizierten Problem der Haushaltskonsolidierung gleichsetzt, um eine grundlegende Veränderung der Funktionsbestimmung lokaler Politik, doch dieser Gesichtspunkt spielt in der Diskussion um Verwaltungseffektivierung, neue Steuerung und Dezentralisierung eine auffallend nachgeordnete Rolle.[3] Warum ist das so?

2. Die Modernisierungsdebatte in den Kommunen: Der Versuch der Zähmung des Widerspenstigen

Die plakative Be- bzw. Verurteilung der öffentlichen Verwaltung als „organisierte Unverantwortlichkeit" (vgl. Banner 1994) hat eigenartigerweise keinen Proteststurm der lokalen Politiker hervorgerufen, obwohl doch diese (und nicht die Verwaltungsbediensteten) als verantwortliches Subjekt des inkriminierten Zustandes gemeint waren. Den Anknüpfungspunkt für diese Polemik stellt genau besehen kein Zustand dar, der das Verwaltungshandeln kritisch charakterisiert, nicht das Feststellen von Bürgerferne, mangelnde Leistungsorientierung oder reformerische Abstinenz einzelner Verwaltungseinheiten, sondern die Thematisierung eines auf Dauer nicht mehr hinnehmbaren Verhältnisses von Politik und Verwaltung, das den Zustand der „Unverantwortlichkeit" hervorgerufen hat. Diese Diagnose des ehemaligen Leiters der Kommunalen Gemeinschaftsstelle ist nicht aus der Aktualität geboren, sondern hat schon vor zehn Jahren die Klage begründet, daß das Ausgabengebahren der Städte wesentlich durch die Durchschlagskraft von Fachpolitiken bedingt wird, die aufgrund von parteipolitischen Erwägungen in den Verwaltungsvollzug intervenieren (vgl. Banner 1984). Die Stärkung des „zentralen Politikers" ist seitdem ein periodisch immer wiederkehrendes Thema, das nun in

der Änderung der Kommunalverfassungen in Nordrhein-Westfalen und Niedersachsen einen sichtbaren Ausdruck findet und in vielen kommunalen Modernisierungskonzepten als Zielvorstellung wieder auftaucht.

Wer sich die Debatte vor Augen führt, die in den 70er Jahren um das Verhältnis
von Rat und Verwaltung geführt wurde, wird feststellen, daß ein Paradigmenwechsel im Diskurs um den Stellenwert und die Funktion lokaler Politik festgestellt
werden kann. An die Stelle der Forderung nach Politisierung der Kommunalpolitik,
die sich in der Professionalisierung der Rats- und Fraktionsarbeit, der Stärkung der
Räte gegenüber der Verwaltung ausdrückt, ist die Forderung nach einer stärkeren
funktionalen Trennung von Politik und Verwaltung getreten, in der die Frage thematisiert wird, wie die Räte auf Kontroll- und strategische Steuerungsaufgaben
festgelegt werden können.[4] Dies wirft die Frage auf, wodurch ein solcher Perspektivenwechsel seine Begründung erhält.

Hierbei trifft zunächst die Feststellung zu, daß die Kommunalverwaltung auf
besondere Weise eine politische Verwaltung ist: Der Rat ist kein Gesetzgeber, sondern er bestimmt die wichtigsten Verwaltungsentscheidungen. Die Verwaltungsorganisation, die diese Entscheidungen vorbereitet, ist wesentlich auf die Antizipation der politischen Festlegungen angewiesen und „leidet" dementsprechend
unter Interventionen, die nicht vorhersehbar, aus partikularen Motiven oder
parteipolitischem Kalkül heraus erfolgen und Details des Verwaltungsvollzugs
bestimmen wollen. Kommunalpolitik zeichnet sich deshalb durch eine geringe
politische Programmatik aus und ist in erster Linie Fachpolitik: In den Bereichen
Soziales, Kultur, Gesundheit, Bauwesen, öffentliche Einrichtungen usw. wird die
kommunale Selbstverwaltung gestaltet, und in diesen Bereichen spielen sich die
wesentlichen kommunalen Aktivitäten ab. Dies gilt sowohl für die Ver-
waltungsseite, die Fachämter und Fachdezernate wie auch für die Ratsseite, die
Fraktionen und Fachausschüsse. Begreift man Kommunalpolitik überwiegend als
Verwaltungstätigkeit, so wundert es nicht, daß gerade auf lokaler Ebene der Einfluß ideologischer, politisch-programmatischer Aktivitäten als eher gering eingeschätzt wird (vgl. Naßmacher 1972; Grauhan 1972).

Die Politisierung der Ratsarbeit bzw. Fraktionsarbeit war deshalb ein Reform-
ansatz, der sich darauf richtete, eine Intensivierung der programmatischen Diskussion auf kommunaler Ebene und damit eine professionellere Gestaltung auch des
Verwaltungsvollzugs herbeizuführen. Obwohl in der Diskussion schon immer
latent vorhanden, hat sich mit Beginn der 90er Jahre weitgehend das „Gegenmodell" durchgesetzt, das auf eine stärkere Normierung der funktionalen Beziehungen von Rat und Verwaltung gerichtet ist. Schon der Titel „neue Steuerung"
verrät die konzeptionelle Basis, da das „Neue" der Steuerung ausdrücklich nicht
auf die Neuerung der Politik bezogen ist. Gleichwohl wird von dieser eine grundlegende Veränderung ihres bisherigen Procedere verlangt: Das Detailinteresse der
kommunalen Vertretungskörperschaften und die daraus resultierenden Einzeleingriffe in den Verwaltungsablauf sollen der Vergangenheit angehören und

stattdessen eine „strategische Zielfestlegung und Zielkontrolle" erfolgen, die eine veränderte Arbeitsteilung von Rat und Verwaltung voraussetzen, in der sich der Rat auf die Überwachung des ansonsten im Haushalt festgelegten Katalogs der Dienstleistungen der Verwaltung konzentriert (vgl. Kommunale Gemeinschaftsstelle 1993; Krähmer 1992).

In diesem Zusammenhang wird das Verfahren des „Kontraktmanagements"[5] zitiert, das bedeutet, daß sich Rat und Verwaltung für jeweils ein Jahr über die von den Fachbereichen zu erfüllenden Aufgaben und die hierfür zur Verfügung gestellten Finanzmittel einigen. Diese Einigung ist das Ergebnis eines Verhandlungsprozesses, in dem von der politischen Spitze die Leistungsanforderungen und von der Verwaltung die Kosten der Leistungen eingebracht werden (vgl. Dieckmann 1994). Innerhalb eines vorgegebenen zeitlichen Rahmens ist es dann Aufgabe des Rates, die zuvor vereinbarten Ziele und deren Umsetzung zu kontrollieren. Der Grundsatz, der dabei gelten soll, lautet, daß die Verwaltung das „Wie", der Rat das „Was" bestimmt. Dieses Verfahren soll ermöglichen, die Verwaltung in einem „gesamtpolitischen Kontext" zu steuern und an die Stelle einzelfallbezogener Weisungen Leistungs- und Zielvorgaben zu setzen.

Das Kernstück der politischen Gestaltungsmöglichkeiten wechselt in diesem Szenario von der Fachpolitik zur Aufstellung des Haushaltsplans und dessen „produktbezogener" Richtlinienentscheidung. Unterstellt man die Machbarkeit und Fähigkeit einer solchen „strategischen Planung" durch den Rat, so ergibt sich eine grundlegendere Abhängigkeit der politischen Vertreter von der Unterstützung der Verwaltung bei der Entscheidungsfindung als dies bislang der Fall war. Die planerische Rationalität der im Rat versammelten (ehrenamtlichen) Politiker überfordert diese nicht nur in den Augen der Protagonisten der neuen Steuerung (vgl. Blume 1993) angesichts der zu berücksichtigenden komplexen Regelungen und Wirkungszusammenhänge, die oftmals selbst von den Professionellen der Verwaltung nur schwer zu durchschauen sind.

Wenig realitätsgerecht ist in diesem Zusammenhang allerdings auch der Hinweis, daß „politische Gremien in einer repräsentativen Demokratie in erster Linie Wertentscheidungen und politische Richtungsentscheidungen treffen sollten" (ebenda, S. 2) - ein Hinweis, der angesichts der fachpolitischen Verwaltungsorientierung der lokalen Politik eine Politisierung und Parlamentarisierung der lokalen Repräsentation unterstellt, die für die kommunale Selbstverwaltung in der Bundesrepublik Deutschland weitgehend nicht gegeben ist.

Ein erstes Zwischenfazit der im neuen Steuerungsmodell enthaltenen Anforderungen an das Verhältnis von Rat und Verwaltung läßt erkennen, daß die Koordinationsprobleme, die schon seit langem als zeitintensiv und effizienzmindernd kritisiert werden, nun auf recht einfache Art „gelöst" werden sollen: Danach verabschiedet sich die lokale Politik aus dem Feld der fachpolitischen Einzelentscheidung, das bislang ihre Domäne dargestellt hat, und wendet sich der zentralpolitischen Steuerungsaufgabe zu, für die der bisher dominierende Typus des Kommunalpolitikers allerdings denkbar wenig geeignet erscheint.[6]

3. Die politische (Re-)Aktion: Abwarten und sehen, was dabei herauskommt

Ausgerechnet aber nicht zufällig zu dem Zeitpunkt, an dem die strategische Steuerungsfähigkeit der Lokalpolitik gefordert wird und auf dem Prüfstand steht, offenbart sich deren strukturelles Dilemma. Aufgerufen, zielorientiert den Wandel von der Input- zur Outputsteuerung zu vollziehen, findet auf breiter politischer Front eine eher passive Beobachtung des Versuchs statt, die funktionalen Beziehungen von Rat und Verwaltung „in den Griff" zu bekommen. Dabei wird vielfach ohne weiteres die Rhetorik der „neuen Steuerung" auch im politischen Diskurs übernommen, als ob diese so ohne weiteres mit der Logik der bisherigen politischen Handlungsvollzüge zu vereinbaren wäre. Kommunalpolitiker scheuen sich nicht, ihre zukünftige Rolle in der Zielkontrolle und Zielsetzung zu sehen und schwören, von jetzt an die Konzentration auf das „Wesentliche" in den Vordergrund der Tätigkeit zu stellen. Vielfach scheint es, als sei der neue Politikertyp auf lokaler Ebene schon fest etabliert und habe es nie ein anderes politisches Bedürfnis als das der strategischen Steuerung gegeben, noch ehe überhaupt ernsthaft mit der Umsetzung der Verwaltungsreform auf lokaler Ebene begonnen wurde. Die „klare Verantwortungsabgrenzung" von Verwaltung und Politik - was immer das sein mag - wird ebenso unwidersprochen als realistische Verlaufsform zukünftiger lokaler Politik aufgenommen wie die Vokabel vom „Unternehmen Stadt", an dessen Spitze zukünftig dann wohl nicht mehr ein dem Allgemeinwohl verpflichteter politischer Repräsentant, sondern ein betriebswirtschaftlich geschulter Aufsichtsrat steht. Der Opportunismus und die strukturellen Innovationsdefizite der kommunalen Politik werden, anders ausgedrückt, gerade zu einem Zeitpunkt sichtbar, in der die kommunale Selbstverwaltung zu Recht als „grundsätzlich gefährdet" (vgl. Püttner 1994) bezeichnet wird.

Man mag, wie Eberhard Laux dies getan hat, das Szenario einer Verwaltung, die sich nach vorgegebenen Zielen selbst steuert und entwickelt, für unwirklich und realitätsfremd halten (vgl. Laux 1994, S. 172). Festzustellen bleibt, daß die Implikationen des dezentralen Steuerungsmodells weitreichende Folgen für das Verhältnis von Politik und Verwaltung haben werden, die die Frage nach dem zukünftigen Stellenwert der kommunalen Demokratie gerechtfertigt erscheinen läßt. Zu befürchten ist - und die beobachtbaren Reaktionen der Kommunalpolitik konterkarieren dies soweit beobachtbar nicht -, daß die Handlungslogik der Kommunalpolitik, die überwiegend dem „Kirchturmdenken" folgt, durch die unreflektierte Übernahme der Modernisierungsrhetorik in den politischen Diskurs eher fortgesetzt als gebrochen wird. Dies könnte sich als Gefahr für den Modernisierungsprozeß insgesamt erweisen: Dann nämlich, wenn lokale Politiker „entdecken", daß das bisherige Muster partikularer fachpolitischer Interessenvertretung nicht mehr funktioniert und damit der überkommene Typus der Interessenrepräsentation insgesamt zur Disposition steht. Es ist sicherlich nicht nur Phantasielosigkeit, daß die Alternative, die eine aktive Rolle der Kommunalpolitik im Hinblick auf die Initiierung von Kooperation, Beteiligung gesellschaftlicher Gruppen und Moderation von Interessengegensätzen beinhalten müßte, gegenwärtig nur geringe Attraktivität genießt.

3.1 Kommunalpolitik mit leeren Kassen: Auf der Suche nach neuen Steuerungsmöglichkeiten

Die „politische Abstinenz", die im Zusammenhang mit der Implementation neuer Steuerungsmodelle beobachtet werden kann, ist nicht zufällig. Die Gründe hierfür bestehen sicherlich nicht nur darin, daß es der lokalen Politik häufig an den notwendigen Informationen fehlt, die die Stadtverordneten in die Lage versetzen könnten, zielorientiert zu handeln und zu kontrollieren. Die Erprobung von Berichtsystemen befindet sich weitgehend noch im Anfangsstadium, Dateninformationssysteme, die die technikunterstützte Informationsbeschaffung für die Räte verbessern, bedürfen eingehender Vorbereitung im Hinblick auf Transparenz und Detailgenauigkeit der Darstellung, und eine Beschreibung der „Produkte" als Ergebnis städtischer Dienstleistungen läßt sich nicht innerhalb weniger Monate aus dem Boden stampfen. Die Verunsicherung der lokalen Politik beginnt mit dem Ausfall ihres dominierenden Mittels: Angesichts der leeren Kassen, die nicht nur das Streichen freiwilliger Aufgaben auf breiter Front, sondern auch das Antasten von Pflichtaufgaben zur Folge haben, stellt sich nachhaltig die Frage, in welchen fachlichen Politikfeldern überhaupt noch eine aktive Einflußnahme möglich ist. Aus der Parallelität von manifester Haushaltskrise und Verwaltungsmodernisierung begründet sich so der Versuch, die verschiedenen Momente der Verwaltungsreform zugleich zu einem Mittel der Haushaltskonsolidierung zu erklären. An die Stelle des ursprünglich von der Kommunalen Gemeinschaftsstelle postulierten zehnjährigen Organisationsentwicklungsprozesses treten so ad-hoc-Strategien, in denen innerhalb kurzer Zeit versucht werden soll, einen „Sparkurs" zu realisieren, der als Grundlage für den Bestand der kommunalen Selbstverwaltung überhaupt angesehen wird. So beginnen sich die Ziele der Haushaltssanierung und der Verwaltungsreform zu verwischen:[7]

– Das Verfahren der Budgetierung verbunden mit einer partiellen dezentralen Ressourcenverwaltung (Übertragung von Personal- und Finanzverantwortlichkeit auf die Ebene der Fachämter) wird in erster Linie als Instrument der

Haushaltskonsolidierung angesehen - wobei offen bleibt, wie auf der Basis von Budgets die politische Gewichtung der zu bewältigenden Aufgaben realisiert werden kann. Produktbezogene Informationen, die als Basis von Kostenvergleichen herangezogen werden können, verlangen die Auflösung der Sammelnachweise, die eine Zusammenfassung verschiedener Aufgaben der Fachverwaltungen darstellen.

– Ein zentrales Problem der Verwaltungsmodernisierung stellt die Personalwirtschaft dar: so kann eine strategische Personalplanung sehr schnell dadurch konterkariert werden, daß Entwicklungsbedarfe und Anforderungen an die Personalentwicklung durch die Bedürfnisse der lokalen Politik definiert und verändert werden. Hier macht sich negativ geltend, daß zeitnah erfaßte und lokal abrufbare Daten über

allgemeine Kennzahlen (Kosten)

Kennzahlen zur Erfolgswirkung von Personalbeschaffungsmaßnahmen und

Kennzahlen zur Personalerhaltung

kaum zur Verfügung stehen (vgl. Kühnlein/Wohlfahrt 1994).

– Die Voraussetzung für eine kommunalpolitische Personalwirtschaft besteht in der Personalentwicklungsplanung, die nur dann einen Beitrag zur Neugestaltung des Verwaltungshandelns leisten kann, wenn sie den Dialog mit den Mitarbeitern zum kontinuierlichen und systematischen Element der Personalarbeit entwickelt.

– Ein wesentliches Instrument kommunalpolitischer Steuerung ist der Haushalt. In der Regel „beschränkt" sich die Tätigkeit des Rates aufgrund der vorhandenen Informationsbasis notgedrungen auf die Gegenüberstellung von Einnahmen und Ausgaben, bezogen auf einen bestimmten Haushaltsplanabschnitt. Dies hat zur Folge, daß die politische Diskussion sich weitgehend in der Konzentration auf Einzelaspekte der Verwaltungsarbeit erschöpft und strategische Gesichtspunkte ausgeklammert werden. In den Niederlanden hat man schon 1985 damit begonnen, die Gemeindehaushaltsverordnung zu ändern.[8] Für die Bundesrepublik wäre eine solche Änderung mit der Konsequenz verbunden, daß Politiker bestimmte Projekte und Programme nicht mehr als Profilierungschance gegenüber dem Wähler handhaben könnten.

– Outputorientierte Steuerung bedeutet nach den Aussagen der Kommunalen Gemeinschaftsstelle, daß „die Planung, Durchführung und Kontrolle des Verwaltungshandelns strikt an den beabsichtigten und tatsächlichen Ergebnissen auszurichten" ist (KGSt 1994, S. 8). Wer sich das fachspezifische Verwaltungshandeln, beispielsweise im Bereich der Jugendhilfe, vor Augen führt, wird schnell feststellen, daß die „beabsichtigten und tatsächlichen Ergebnisse" das Produkt komplizierter Aushandlungsprozesse und politischer Auseinandersetzungen vor Ort sind, die keineswegs technisch definiert und umgesetzt werden können. Gleichwohl wird der Versuch unternommen, durch Produktdefinitionen eine Standardisierung der Leistungspalette herbeizuführen, die in verschiedenen Nachfragesituationen abrufbar und kontrollfähig ist. Eine solche Vorstellung suggeriert, daß kommunale Dienstleistungen nicht das Ergebnis politischer Definitionen sind, sondern Reaktionsweisen auf technisch definierte und eingrenzbare Bedarfe, die sich auf bestimmte Dienstleistungen richten. Damit allerdings wird die Handlungsrationalität kommunalpolitischer Intervention in ihr Gegenteil verkehrt. Sieht man einmal davon ab, daß bestimmte Aufgaben (z.B. eines Jugendamtes) gar nicht einem Bedürfnis nach Dienstleistungen entsprechen, dann gilt zumindest, daß politische Schwerpunktsetzungen die „Interventionsfähigkeit" der Kommunen bestimmen und dementsprechend auch für deren Varianz verantwortlich sind.

Bilanziert man einige der politischen Implikationen der aus dem neuen Steuerungsmodell folgenden Schritte des Verwaltungsumbaus, so zeigt sich ein Dilemma, das darin besteht, daß die politischen Konsequenzen von Dezentralisierung, Budgetierung, Produktbildung und Controlling nicht offensiv benannt, sondern als quasi sachrationale technische Gegebenheiten behandelt werden. Damit aber wird ein inhaltlich begründetes „Modell" politischer Steuerung nach hinten verschoben, auf dessen Grundlage sich eine verwaltungsbezogene „neue Steuerung" letztlich nur entwickeln und entfalten kann.

3.2 Ein konkretes Beispiel: Politikgestaltung im Feld kommunaler Sozialpolitik und Sozialverwaltung

Im folgenden möchte ich im Rahmen eines fachpolitischen Beispiels, der kommunalen Sozialpolitik und Sozialverwaltung, der Frage nachgehen, ob sich die politischen Gestaltungsziele überhaupt mit dem Anliegen der Verwaltungsmodernisierung verknüpfen lassen und was hieraus für das fachpolitische Handeln folgt. Lokale Sozialpolitik und Sozialverwaltung sind traditionell ein zentrales kommunales Handlungsfeld, das angesichts der aktuellen Aufgabenentwicklung besonders intensiv mit Sparanforderungen und Umgestaltungskonsequenzen konfrontiert ist. Im Ausgangspunkt kann dabei ein „chronischer Effektivitätsmangel" der kommunalen Sozialleistungen und Sozialarbeit festgestellt werden (vgl. Grunow 1995), der im wesentlichen darin besteht, daß als vorübergehend gedachte und implementierte Leistungen den Charakter von Regelfinanzierungen bekommen, die nicht auf eine Ausnahme der Lebensbiographie bezogen sind, sondern eine Chronifizierung der Problemlagen zur Grundlage haben.

Die Kritik an der Effektivität der kommunalen Sozialverwaltung (vgl. deren Typisierung als „regulating the poor" (Piven/Cloward 1971)) richtete sich dabei hauptsächlich auf deren Unfähigkeit, die soziale Problembearbeitung zielgerichtet zu vollziehen - ein Vorwurf, der in erster Linie die Politikimplementation und nicht den Verwaltungsvollzug ins Auge faßt. Verteilungsgerechtigkeit, Konzentration auf besondere Risikogruppen, Lebenslagenorientierung, soziale Integration und anderes mehr sind Begrifflichkeiten, die als Richtschnur kommunalen sozialpolitischen Handelns dienen sollen und den Kommunen die Rolle zuweisen, sich besonders um diejenigen zu kümmern, die in sozialen Notsituationen besonderer Hilfe bedürfen.[9]

Die Einführung neuer Steuerungsmodelle stößt hierbei zunächst auf die Schwierigkeit, daß im Sozialbereich die Einführung der Kostenrechnung und die daran gebundene Definition von Produkten schwierig ist und große Kostenfaktoren wie die Sozialhilfe nur wenig beeinflußt werden können. Gleichwohl verändern sich schon aufgrund des vorhandenen Kostendrucks die Rahmenbedingungen der sozialpolitischen Intervention. Einige sich schon abzeichnende Konsequenzen sind:

- Prioritäten- bzw. Schwerpunktsetzung in Richtung auf besonders benachteiligte Pesonengruppen, auf Qualifizierung, Beschäftigungspolitik und Selbsthilfe;
- Reduzierung der Finanzmittel für Dritte, insbesondere für die Verbände der freien Wohlfahrtspflege;
- Verbesserung der Kooperation und „Vernetzung", um kostensparende Synergieeffekte zu erzielen;
- Abbau kommunaler Dienstleistungen und Kürzungen finanzieller Zuwendungen.

Schon diese (keineswegs vollständige) Liste beobachtbarer Veränderungen der kommunalen sozialpolitischen Gestaltungsmöglichkeiten verdeutlicht, daß es sich dabei nicht um organisatorische Veränderungen handelt, sondern eine Umpolung der politischen Zielsetzungen beobachtbar ist, die vor Ort Konflikte auslösen wird und deshalb einen erheblichen Abstimmungsbedarf erforderlich macht. Im wesentlichen geht es dabei darum, wie mit weniger Mitteln eine ein Mindestmaß an sozialer Integration vor Ort gewährleistende „Dienstleistungserstellung" sichergestellt werden kann. Es ist absehbar, daß eine solche Entwicklung die lokalen Verteilungskämpfe und damit die Auseinandersetzungen gegensätzlicher Einzelinteressen verschärfen wird. Die lokale Politik wird damit gezwungen, Entscheidungen zu treffen und zu verantworten, die aufgrund politischer Prioritätensetzung erfolgen - eine Konsequenz, der sich schon jetzt einige Entscheidungsträger zu entziehen versuchen.[10] Das Beispiel zeigt, daß in den einzelnen fachpolitischen Bereichen angesichts leerer Kassen die Steuerungsprobleme eher zunehmen und deren Bewältigung entscheidend für die Sicherung der Handlungsfähigkeit der Kommunen sein werden. Diese Aufgabe erfordert zum einen eine stärkere Zusammenführung von Politik und Verwaltung mit der Konsequenz für die Räte, Spielraum für Koordinations-, Entwicklungs- und Managementaufgaben gewinnen zu müssen. Zum anderen wird - auch das zeigt das Beispiel - zur Bewältigung kommunaler Aufgaben zunehmend der Einbezug und die Aktivierung gesellschaftlicher Gruppen erforderlich. Die Rolle der Kommunen kann hierbei einerseits in der Herausbildung einer Moderatorenfunktion bestehen, die koordiniert und zur Zusammenarbeit motiviert; sie kann aber auch eine zentrale Steuerungsfunktion darstellen, beispielsweise durch die Verteilung von Finanzmitteln oder die Erzwingung von Zusammenarbeit. Dies erfordert allerdings einen Wandel der lokalen Politikgestaltung von der „Interessenorientierung" zur „Innovationsorientierung", d.h. daß kommunale (Sozial-)Politik als Initiator in Zusammenarbeit mit gesellschaftlichen Gruppen die vorhandenen Ressourcen für „allgemeinwohlsichernde" Aufgaben mobilisieren muß (vgl. Heinze/Olk/Wohlfahrt 1992).

4. Modernisierung des lokalen Staats: ein Beitrag zur Effizienzsteigerung der (Sozial-)Verwaltung

In vielen Städten wird eisern gespart. Dienstleistungsämter wie Müllabfuhr und Straßenreinigung werden in privatrechtliche Gesellschaften umgewandelt, Gebühren angehoben, Personal wird abgebaut, man schließt sanierungsbedürftige Bäder, Theater und Jugendzentren. Der Wille zum politischen Umbruch, der sich in den kommunalen Anstrengungen dokumentiert, kontrastiert auffallend mit den Einschätzungen über die Erfolgswirksamkeit der Maßnahmen: auch wenn alle Möglichkeiten des Sparens ausgeschöpft sind - die kommunalen Kassen bleiben leer und die Haushalte defizitär (vgl. Kubahn 1994).

Es wird demnach erforderlich sein, über den langfristigen Stellenwert der kommunalen Selbstverwaltung auf Länderebene und auf kommunaler Ebene nachzudenken und Rahmenbedingungen zu schaffen, die eine Sicherung politischer Steuerungsfähigkeit angesichts wachsender Verteilungskämpfe gewährleisten. Mit den in den Bundesländern Nordrhein-Westfalen und Niedersachsen eingeleiteten Veränderungen der Kommunalverfassungen ist beabsichtigt, das politische Handlungspotential der Gemeinden zu stärken und die stärkere Zusammenführung von Politik und Verwaltung herbeizuführen. So ist in der Gemeindeordnung NRW (vgl. SGK 1994) eine Präzisierung der Rechte der Ratsmitglieder vorgenommen worden, die insbesondere die Freistellungsmöglichkeiten für die Mandatsausübung betrifft. Den Fraktionen werden Zuwendungen aus dem Haushalt für die sächlichen und personellen Aufwendungen der Geschäftsführung gewährt. Diese Veränderungen weisen in die Richtung einer Kommunalpolitisierung, die sich weniger an der etatistischen Vorstellung einer kommunalen Selbstverwaltung orientiert, die ausführendes Organ staatlicher Zwecksetzungen ist als an der Herstellung einer eigenbestimmten Lokalpolitik. Es muß angesichts der ökonomischen Rahmenbedingungen und des anhaltenden Trends der Übertragung überörtlicher Aufgaben auf die kommunale Ebene ohne entsprechenden finanziellen Ausgleich zweifelhaft erscheinen, ob die gewollte Stärkung der kommunalen Selbstverwaltung hinreichen wird, die notwendige Problemlösungsfähigkeit zu erzeugen - oder ob es sich um kompensatorische Ausgleiche handelt, die die „Unregierbarkeit der Städte" nur wenig konterkarieren.

Das (mehr oder weniger zufällige) Zusammentreffen von externem Modernisierungsbedarf, der aus veränderten ökonomischen Rahmenbedingungen folgt und internem Modernisierungsbedarf, der eine Veränderung kommunaler Politikimplementation erforderlich macht, benötigt Konzepte, die integrierend und nicht separierend wirken:

– Die wachsende Stadt-Umland-Problematik und die Anzahl von Aufgaben, die aus kommunaler Selbstverwaltungskraft heraus nicht mehr eigenständig abgearbeitet werden können, erfordert eine zunehmende überlokale Kooperation und Politikgestaltung. Die hierbei unter der Überschrift „Regionalisierung"[11] unternommenen Initiativen sind von dem Gedanken getragen, daß eine solche Zusammenarbeit nicht durch dirigistische Intervention (bspw. durch die Schaffung neuer politischer Gremien wie Regionalkreisen), sondern durch freiwillige und selbstbestimmte Kooperationsprozesse realisiert werden kann. Die Erfahrungen mit der Umsetzung dieser Initiativen verweisen auf das nach wie vor dominante Muster lokaler Politikimplementation, das mehr durch die Verflechtung zwischen Fachbehörden der Länder und Gemeinden gekennzeichnet ist als durch die horizontale Kooperation der Gebietskörperschaften. Die „Lösung" städtischer Probleme durch die rigorose Instrumentalisierung der Stadt-Umland-Problematik („Vertreiben" der Sozialhilfeempfänger aus den Gebietsgrenzen) mag skurril erscheinen, sie ist aber doch eine Konsequenz des „Horizonts" kommunaler Politikgestaltung.

– Zukünftig werden sich die traditionellen Formen der Aufgabenverteilung und Arbeitsteilung grundlegend verändern. Eine Vielzahl städtischer Einrichtungen (Schwimmbäder, Bibliotheken etc.) werden nur dann dauerhaft finanzierbar sein, wenn es gelingt, private Interessengruppen und gesellschaftliche Organisationen an der Leistungserstellung zu beteiligen. Auch eine grundsätzliche Neuordnung des Verhältnisses von Kommunen zu den freien Trägern zeichnet sich ab, die u.a. darin besteht, daß auf der Grundlage von Verträgen, in denen die freien Träger eine „Leistungsbeschreibung" ihrer „Produktpalette" liefern und einer Festschreibung der Förderungsverpflichtung des kommunalen Trägers mittel- bis langfristig die Förderungsverfahren geregelt werden. Dies hat nicht nur Konsequenzen für die kommunale Politik, die darauf achten muß, daß die Flexibilität und Reaktionsfähigkeit der Leistungserstellung erhalten bleibt.[12] Erforderlich ist deshalb die Herausbildung einer Regie- und Moderatorenkompetenz der lokalen Politik, die in ganz anderer Weise, als das bislang der Fall war, den Ausgleich lokaler Interessen „managed" und die Durchführung von Aufgaben im subsidiären Bereich steuert und kontrolliert. Die „partnerschaftliche Zusammenarbeit" der öffentlichen und privaten Jugendhilfe beispielsweise bedeutet nach wie vor eine Planungsverantwortung der Gemeinden, die auch für die Befriedigung eines unvorhergesehenen Bedarfs Sorge zu tragen haben. Verfehlt wäre es deshalb, den Zweck von Förder- oder Leistungsverträgen allein in der Dimension der Kosteneinsparung zu sehen. Hier erwächst eine politische Steuerungsaufgabe, die einen intensiveren gesellschaftlichen Dialog zur Konsequenz haben sollte als bisher und den öffentlichen Zuwendungsgeber nicht aus der Verantwortung entläßt.

– Qualitätsmanagement und Controlling heißen einige der Zauberformeln, mit denen das magische Dreieck von Flexibilität, wirtschaftlicher Effektivität und Fachlichkeit erreicht werden soll. Gefordert wird damit in erster Linie der Blick auf die Ergebnisseite der Produkterstellung, also die Frage, ob die Gesamtheit der Produkte zielorientiert und wirtschaftlich erstellt werden konnte. Qualitätsmerkmale sind demnach in erster Linie politische Definitionen der Leistung(sfähigkeit) und deren laufende (prozedurale) Bewertung und Kontrolle. Zurecht weist Bert Rürup in diesem Zusammenhang darauf hin, daß ein strategisches (politisches) Controlling in der öffentlichen Verwaltung nicht bekannt ist (vgl. Rürup 1995, S. 5). Politische Entscheidungen konfligieren mit ökonomischen Kriterien und eine effiziente Leistungserbringung ist nicht immer ein unbedingter Zweck. Erforderlich ist deshalb die dauerhafte Institutionalisierung einer politischen Aufgabenkritik, die auf die systematische Qualitätsverbesserung gerichtet ist. Da diese Qualität Produkte betrifft, die dem Markt entzogen sind, heißt das auch, daß die Qualitätskriterien sich nicht einfach aus der „Gebrauchswertseite" der Produkte begründen, sondern über politische Entscheidungen gesteuert werden. Der Rat muß zukünftig die Möglichkeit haben, bei Zielabweichungen „Steuerungskorrekturen" vorzunehmen, aber auch Zielsetzungen an eventuell veränderte Rahmenbedingungen und Anforderungen anzupassen.

– Der von den Kommunalverwaltungen angestrebte Entwicklungsprozeß steht u.a. unter dem Vorzeichen, mehr Dezentralität hervorbringen zu sollen. Diese bezieht sich weitgehend auf das Verhältnis der Querschnittsverwaltung zu den Fachverwaltungen, die eigenständig über Personal und Ressourcen verfügen sollen. Mehr Dezentralität könnte aber auch eine Anforderung an die politische Organisation in den Großstädten sein, die insbesondere die Rolle der Bezirksvertretungen betrifft. Diese verfügen bislang über wenig Handlungsmöglichkeiten, so daß ihre Aufwertung eine Intensivierung von Orts- und Bürgernähe hervorbringen könnte. Dies könnte durch die Übertragung von Kompetenzen, z. B. über die Entscheidung stadtteilbezogener Angelegenheiten oder die Ausstattung mit eigenen Budgets erfolgen (vgl. Brandel/Stöbe 1994).

Schon diese wenigen Beispiele verdeutlichen einen politischen Modernisierungsbedarf, der aus dem vorhandenen Problempotential und den Folgen der administrativen Umstrukturierungsmaßnahmen resultiert. Die Palette könnte leicht um die Beispiele der leistungsbezogenen Vergütung, der Koordination separat strukturierter Facheinheiten oder der Bewertung unterschiedlicher Produktbeschreibungen erweitert werden. Es wäre sicherlich verfehlt zu glauben, daß die erforderliche Politisierung der Kommunalpolitik allein aus der Kraft der Räte oder der politischen Parteien erreicht werden könnte. Wenn schon die Protagonisten der „neuen Steuerung" die Diskussion um *politische* Steuerung für nachrangig erachten und Prioritätensetzung zu einem Produkt formalorganisatorischer Aufgabenverteilung erklären[13], dann wäre eine (partei-)politische Auseinandersetzung um die in dem Modell enthaltenen Anforderungen um so erforderlicher. Diese Auseinandersetzung erfordert den Dialog mit der Verwaltung um die Bedeutung von Demokratie *und* Effizienz sowie des zukünftigen Stellenwerts bürgerschaftlichen Engagements. Daß es sich hierbei um eine Aufgabenstellung handelt, die auf alle „Projekte" der Organisationsentwicklung in der Kommunalverwaltung bezogen sein muß, dürfte selbstverständlich sein.

Anmerkungen

1 Die prekäre Finanzsituation der Städte, die der Schuldenberg von gegenwärtig 121 Milliarden DM signalisiert, ist auch auf weitere externe Ursachen zurückzuführen: Hierzu zählen die ausgebliebene Finanzreform der kommunalen Einnahmenseite bei gleichzeitigen wachsenden Aufgaben und der Einbezug der neuen Bundesländer in den Finanzausgleich.

2 Das strukturelle Reformdefizit der lokalen Ebene begleitet die verschiedensten Versuche, die Handlungsrationalität der kommunalen Selbstverwaltung zu verbessern. Als Beispiele hierfür können allein für das Bundesland Nordrhein-Westfalen in den vergangenen Jahren die Diskussion um eine Regionalisierung der Strukturpolitik und die Kommunalverfassungsdiskussion angeführt werden. Erstere verdankt sich der Feststellung, daß die sachlichen Kooperationserfordernisse im kommunalpolitischen Raum immer mehr über die bestehenden Gebietsgrenzen hinausweisen. Letztere stellt den Versuch dar, angesichts des sich abzeichnenden kommunalen Aufgaben- und Entscheidungsrahmens die Zusammenführung der Akteure aus Politik und Verwaltung zu befördern (vgl. Forth/Wohlfahrt 1993).

3 Um ein Beispiel zu nennen: Im Personal- und Organisationsentwicklungskonzept der Kreisverwaltung Soest taucht in der These 8 (!) folgende Bemerkung auf: „Neue Steuerungsinstrumente und damit verbundene stärkere dezentrale Ressourcenverantwortung erfordern die Bereitschaft der Politik, sich mehr als bisher der heute üblichen Einzelein-

griffe in den Verwaltungsvollzug zu enthalten. Tatsächlich ist dies kein Verlust an demokratischen Mitwirkungsrechten, weil die Politik bisher in vielen Bereichen auf eine stärkere zielorientierte Leistungsvorgabe für öffentliches Verwaltungshandeln verzichtet hat. Denn im bisherigen klassischen System hat die politische Führung nur ausnahmsweise outputorientierte Leistungsziele für die Verwaltung vorgegeben. (...) Nur durch eine Entlastung der Politik in den Bereichen des Verwaltungsvollzugs und eine stärkere Konzentration auf Leistungsvorgaben als Outputsteuerung werden wir auf Dauer ehrenamtliche Elemente in der politischen Arbeit der Kommunalparlamente erhalten können." (S. 13)

4 Vgl. zur Diskussion in den 70er Jahren den Literaturbericht von Schäfer/Volger im Archiv für Kommunalwissenschaften. Dort werden verschiedene Reformziele und Ansatzpunkte für die kommunalen Vertretungskörperschaften benannt, zu denen Professionalisierung durch systematische Schulung und Fortbildung, Ratsassistenten als hauptamtliche unterstützende Stäbe in Großstädten, die Bildung von projekt- bzw. themenbezogenen Arbeitskreisen in den Fraktionen sowie die Überprüfung der bestehenden Ausschußstruktur mit dem Ziel gehören, Arbeitsschwerpunkte für die Mandatsträger festzulegen.

5 Vgl. hierzu Krähmer 1992: „Kontraktmanagement ist eine Methode zur Steigerung einer Organisation, bei der bestimmte Kompetenzen und Verantwortlichkeiten an Organisationseinheiten delegiert werden. Dabei werden für eine bestimmte Periode in einem Kontrakt ein aufgabenbezogener Betriebsplan, ein aufgabenbezogenes Budget und bei der Ausführung zu beachtende Regeln vereinbart" (S. 51). Als Voraussetzungen für dieses Verfahren werden klare Zielsetzungen für eine Organisationseinheit und das Fehlen politischer „Übersteuerung" genannt, die immer dann gegeben sei, wenn die Politik nicht bereit ist, die Ratschläge der Verwaltungsspitzen ernst zu nehmen.

6 Die Stärkung des „Zentralpolitiker" gegenüber dem „Fachpolitiker" wird auch durch die Änderung der norddeutschen Ratsverfassungen angestrebt. Allerdings sollte hierbei nicht übersehen werden, daß auch das Modell der süddeutschen Ratsverfassung (Einheit von politischer und Verwaltungsspitze) die Verwaltung nicht gegen Einzeleingriffe der Politik in den Verwaltungsablauf immunisiert. Die realen Entscheidungsmuster und -prozeduren sind häufiger durch die Parteienlandschaft und die „lokalen Netzwerke" bestimmt als durch die Kommunalverfassung.

7 Das Bemühen um Produktbildung und Leistungsvergleiche sollte in erster Linie dazu dienen, Transparenz über die verwaltungsbezogenen Aufwendungen herzustellen. Dabei ist zu berücksichtigen, daß viele kommunale Dienstleistungen in Co-Produktion erstellt werden, also die Mitwirkung der Adressaten voraussetzen. Weder definieren gesetzliche Paragraphen die Leistungen (Produkte), noch läßt sich deren Qualität durch eine Wiederholung der Aufgabenbeschreibung bestimmen. Die Tätigkeit eines sozialpsychiatrischen Dienstes, um ein Beispiel zu nennen, kann deshalb durch keine noch so ausgeklügelte Produktbeschreibung dargestellt werden. In manchen Stadtverwaltungen ist das „Produkt Prävention" oder „Gesundheitsförderung" in der Dienstleistungspalette schon gar nicht mehr aufzufinden. Die Trennung von Zielbestimmung (Politik) und Produktbestimmung (Verwaltung) erweist sich als weitgehend künstliches Verfahren.

8 Die neue niederländische Gemeindehaushaltsverordnung erlaubt die getrennte Darstellung des Haushaltsplanes in einen strategischen Teil mit politikrelevanten allgemeinen Informationen und einen ausführlichen Erläuterungsteil in Form von Dienstplänen,

die bezogen auf die Organisationseinheit und das einzelne Produkt eine Vielzahl weiterer Detailinformationen zur Betriebsführung enthalten (vgl. Blume 1993).

9 Das städtische Leitbild, Garant der sozialen Integration zu sein, ist ein vielzitierter Hinweis auf die besondere Leistungsfähigkeit der kommunalen Selbstverwaltung. Die Diskussion um „Bürgernähe" oder „Quartiersbezug" ist deshalb in erster Linie als Auseinandersetzung um die politischen Konsequenzen eines solchen Leitbildes anzusehen. Es ist nur konsequent, wenn soziale Polarisierung zunächst als städtisches Problem wahrgenommen wird, auch wenn deren Ursachen außerhalb kommunaler Einflußmöglichkeiten liegen. Die Vorstellung des Bürgers als Kunden („Kundennähe") weist demgegenüber auf eine Population an Dienstleistungen interessierter Konsumenten (aktive Nachfrager) - also in eine die politischen Besonderheiten des lokalen Staats negierende Richtung.

10 So vergibt die Senatsverwaltung für Gesundheit in Berlin die finanziellen Zuwendung für einige Arbeitsbereiche nicht mehr selbst, sondern läßt die Vergabe treuhänderisch von einem Gremium regeln, dem die Spitzenverbände der freien Wohlfahrtspflege und der Landesverband der Aids-Selbsthilfegruppen angehören. Dadurch kommt es zu einer Entpolitisierung von Entscheidungen über die Verwendung von Mitteln, die nicht mehr politisch gerechtfertigt werden (müssen), sondern in „Eigenregie" der Zuwendungsempfänger vergeben werden (vgl. Stötzner 1994).

11 Ein Beispiel hierfür ist die in den Ländern Niedersachsen und Nordrhein-Westfalen praktizierte Regionalisierung der Strukturpolitik. Hierdurch sollen Entscheidungs- und Abstimmungsprozesse zwischen den Kommunen verbessert und vorhandenes Konfliktpotential abgebaut werden. Gleichzeitig werden Netzwerkstrukturen geschaffen (Regionalkonferenzen), die sich durch einen geringen Institutionalisierungsgrad und die Abhängigkeit von der Kooperationsbereitschaft der Mitglieder auszeichnen. Die Stärkung der regionalen Selbstverwaltung soll insbesondere dadurch erfolgen, daß in die lokale Modernisierung gesellschaftliche Gruppen einbezogen werden sollen (Wohlfahrtsverbände, Industrie- und Handelskammern, Wirtschaftsverbände), wo immer sie dazu bereit sind. Durch das Verfahren prozeduraler Steuerung sollen handlungsfähige Kooperationsforen entstehen, durch die die Selbststeuerung auf lokaler Ebene erhöht wird und Problemlösungen gefunden werden, die nicht das Resultat dirigistischer Intervention, sondern eigenbestimmter überlokaler Zusammenarbeit sind.

12 Wenn in einigen Kommunen die Änderung der Finanzierungsgrundlagen subsidiärer Träger von Zuwendungen zu Leistungsverträgen durchgesetzt wird (so bzpw. das Land Berlin), dann verbindet sich damit auch die Option eines verschärften Wettbewerbs unter den ehemaligen Zuwendungsempfängern, die durchaus dazu führen kann, daß langjährige ehemalige Leistungsempfänger den „Konkurrenzdruck" nicht mehr standhalten können (vgl. Blätter für Wohlfahrtspflege 1995).

13 Vgl. hierzu das KGSt-Projekt „Katalog kommunaler Aufgaben und Produkte", in dem einer der wichtigsten kommunalen Entwicklungs- und Steuerungsbereiche, die Stadtentwicklungsplanung, gar nicht mehr beschrieben wird. Wer dies nicht für ein Versehen halten will ist auf die Interpretation verwiesen, daß die Aufgaben der Moderation und Koordination von ämter- und dezernatsübergreifenden Aufgaben mit der Vorstellung konfligiert, die einzelnen Fachämter würden ihre Aufgaben dann am besten erledigen, wenn sie die vorgegebene und definierte Produktpalette schematisch abarbeiten.

Literatur

Banner, G., 1984, Kommunale Steuerung zwischen Gemeindeordnung und Parteipolitik am Beispiel der Haushaltspolitik, in: Die öffentliche Verwaltung, 1984, S. 364ff

Banner, G., 1994, Steuerung kommunalen Handelns. In: Roth, R./Wollmann, H. (Hg.), Kommunalpolitik, Bonn, S. 350ff

Blätter der Wohlfahrtspflege, 1995, Leistungsverträge statt Zuwendungen, Dokumentation, Heft 3, S. 56ff

Blume, M., 1993, Zur Diskussion um ein neues Steuerungsmodell für die Kommunalverwaltungen - Argumente und Einwände, in: der Gemeindehaushalt 1/1993, S. 1061ff

Brandel, R./Stöbe, S., 1994, Verwaltungsmodernisierung und lokale Demokratie. In: Wissenschaftszentrum NRW, Jahrbuch 1993/94, S. 62ff

Deutsche Bank, 1994, Finanzentwicklung der Gemeinden seit Beginn der neunziger Jahre, Monatsberichte März 1994, Frankfurt

Dieckmann, J., 1994, Neue Steuerungsmodelle in den Kommunalverwaltungen, Manuskript, Deutscher Städtetag, Langenhagen

Forth, T./Wohlfahrt, N., 1993, Zur Reform der Staatsorganisation in Nordrhein-Westfalen, Diskussionspapier, Bochum

Grauhan, R.-R. (Hrsg.), 1972, Großstadt-Politik. Texte zur Analyse und Kritik lokaler Demokratie, Gütersloh

Grunow, D., 1995, Dezentrale Steuerungsmodelle. Folgen für die Qualität und Bürgernähe der Sozialverwaltung, in: Wohlfahrt, N./Kulbach, R., Auf dem Weg zum Unternehmen Stadt? FESA-Transfer, Bd. 1, Bochum

Heinze, R.-G./Olk, T./Wohlfahrt, N., 1992, Modernisierung sozialer und kultureller Infrastruktur, Schriftenreihe des Instituts für Landes- und Stadtentwicklungsforschung, 8, 1992, Dortmund

Kommunale Gemeinschaftsstelle für Verwaltungsvereinfachung, 1993, Das neue Steuerungsmodell. KGSt-Bericht Nr. 5, Köln

Krähmer, R., 1992, Das Tilburger Modell der Verwaltungsorganisation und Verwaltungsführung. SGK-Argumente Nr. 8

Kühnlein, G./Wohlfahrt, N., 1994, Zwischen Mobilität und Modernisierung. Personalentwicklungs- und Qualifizierungsstrategien in der Kommunalverwaltung. Reihe Modernisierung des öffentlichen Dienstes, Bd. 5, Berlin

Laux, E., 1994, Die Privatisierung des Öffentlichen. Brauchen wir eine neue Kommunalverwaltung?, in: der Gemeindehaushalt 8/1994, S. 169ff

Naschold, F., 1993, Modernisierung des Staats. Zur Ordnungs- und Innovationspolitik des öffentlichen Sektors, in: Reihe Modernisierung des öffentlichen Sektors, Bd. 1, Berlin

Naßmacher, K.-H., 1972, Parteien im kommunalpolitischen Zielbildungsprozeß, in: Österreichische Zeitschrift für Politikwissenschaft, 4. Jg., 1972, S.39ff

Piven, F. F./Cloward, R. A., 1971, Regulating the Poor. The Function of Public Welfare. New York

Püttner, G., 1994, Gefährdungen der kommunalen Selbstverwaltung, in: Die öffentliche Verwaltung, 7, 1994, Heft 13, S. 552ff

Rürup, B., 1995, Controlling als Instrument effizienzsteigender Verwaltungsreformen? in: Aus Politik und Zeitgeschichte, B5, 1995, S. 3ff

Schäfer, R./Volger, G., 1977, Kommunale Vertretungskörperschaften. Ein Literaturbericht, in: Archiv für Verwaltungswissenschaften 1/1977, S. 68ff

SGK-Forum, 1994, Modernisierung der Verwaltung mit dem Rat an der Spitze, Juni 1994

SGK-Schriftenreihe, 1994, Gemeindeordnung Nordrhein-Westfalen, Band 15, Düsseldorf

SGK-Argumente, 1993, Kommunalpolitik in schwerer Zeit neu orientieren, Beschluß des Vorstandes der Bundes-SGK, Bonn

Stötzner, K., 1994, Verwaltungsreform gefährdet innovative Träger, in: sozialmanagement, 4/1994, S. 7f

Rainer Pitschas

Verwaltungsmodernisierung im Spannungsfeld von öffentlichem Dienstleistungsmanagement und dem Steuerungsanspruch des Rechts

I. Öffentliche Verwaltungen im Umbruch: Neue Steuerungsmodelle für die Verwaltungspolitik

1. Tendenzen der Verwaltungsmodernisierung in den 90er Jahren

Im gegenwärtigen Wandel der Rolle des modernen Staates scheint für den Vollzug der Staatsaufgaben durch dafür eingerichtete Behörden das herkömmliche „Vollzugsmodell" allmählich ausgedient zu haben. Während noch das Grundgesetz von der Existenz einer „vollziehenden Gewalt" (Art. 20 Abs. 2 Satz 2 GG) ausgeht, die demokratisch-parlamentarisch legitimiertes Recht ausführt, streifen die öffentlichen Verwaltungen als Bestandteil dieser staatlichen Vollzugsfunktion mehr und mehr die ehedem darauf eingespielten Handlungs- und Verfahrensmuster ab. Sie hatte noch Max Weber in seinem Entwurf eines Idealtypus der „Bürokratie" als Ausweis rationaler Aufgabenerfüllung beschrieben. Statt ihrer muß jedoch heute der „schlanke" Staat vermehrt auf Verwaltungsautonomie und eigenständige Verantwortung der öffentlichen Verwaltung, also auf die *selbstgesteuerte* Verwaltungsfunktion setzen. Hierin liegt die künftige Rationalität des modernen Rechtsstaates.[1]

In der Folge dieses andauernden Prozesses des staatlichen Funktionswandels und der Anpassung öffentlicher Verwaltungen daran sowie im Hinblick auf die vorausliegenden gesellschaftlichen Forderungen nach einem Umbau des Rechts und der Verwaltungsführung kommt es in allen hochindustrialisierten Ländern zu dem Entwurf eines „New Public Management".[2] In der Bundesrepublik Deutschland offenbart sich diese Entwicklung vor allem auf der kommunalen Verwaltungsebene; sie kündigt sich aber auch im Bereich der staatlichen Mittelinstanzen und Landesbehörden sowie auf der Ebene der Ministerialorganisation an: Mehr oder weniger finden sich jeweils Bemühungen, mit Hilfe eines spezifischen „Verwaltungsmanagements", das den strikten Gesetzesvollzug im Sinne der Dominanz des Rechtmäßigkeitskriteriums ablösen soll, und dezentraler Ressourcenverantwortung die Wirtschaftlichkeit des Handelns von Staat und Verwaltung nachhaltig zu

107

steigern. Die administrativen Modernisierungsbestrebungen schließen zudem bewußt den Übergang zu einem leistungsorientierten Personalmanagement samt Personalentwicklung sowie den Umbau des traditionellen öffentlichen Rechnungswesens ein.[3] Letzteres stellt nämlich in seiner gegenwärtigen Beschränkung auf die Planung und Erfassung der Ein- und Auszahlungsströme in bezug auf Dritte, also auf ein mehr oder weniger „kameralistisches" Haushaltsgebaren die für eine moderne steuernde Verwaltung notwendigen Informationen über den Einsatz bzw. zielorientierten Verbrauch von Ressourcen nicht oder nur unvollkommen bereit.[4]

Zu einem solchen fortgeschriebenen Verständnis des „Verwaltens" durch die öffentliche Verwaltung liegen inzwischen sowohl ausgefeilte konzeptionelle Vorstellungen als auch umfangreiche, noch immer wachsende Anwendungserfahrungen - vornehmlich auf kommunaler Ebene - im In- und Ausland vor.[5] Allerdings zeichnet sich bei alledem ein schleichender und schädlicher Vorrang von Konsolidierungsbemühungen gegenüber den skizzierten weiteren Intentionen des staatlichen Umbaus ab: Vor allem die *Qualitätsorientierung* der Verwaltungsmodernisierung tritt - derzeit wohl noch kaum merklich - in der Praxis in den Hintergrund. Die Entwürfe für künftig veränderte *Verantwortungs- und Führungsstrukturen* des Verwaltungshandelns, die im Mittelpunkt der Modernisierungsdebatte stehen, streben indes ein gegenläufiges Ergebnis an. Der Begriff des „Neuen Führungs- und Steuerungsmodells", wie er vor allem für die Kommunalverwaltung verwendet wird, will die Ergebnisorientierung mit dem beabsichtigten Wandel der Verwaltungsverantwortung zu einer Steuerungskompetenz für einen speziell wirtschaftlichkeits- *und* qualitätsorientierten öffentlichen Sektor vernetzen.[6]

Demgemäß geht es eben nicht nur um Managemententwicklung oder den Rückzug des Staates aus der Aufgabenverantwortung, sondern um ein verändertes Grundverständnis von der gesellschaftlichen Arbeitsteilung zwischen Staat und Markt bei der Güterversorgung. Die damit prinzipiellen Fragestellungen werden indessen derzeit weithin und fälschlich als bloßes Managementproblem diskutiert. Doch die Problematik reicht weiter: Zur Diskussion steht ein *Paradigmenwechsel* vom bürokratischen über das unternehmerische zum verantwortungsgetragenen Management im qualitativ-funktionalen Staat.[7]

Zu den Strukturmerkmalen einer solchen „Neuen Verwaltung" auf allen hoheitlichen Ebenen zählen dann

— ein verändertes *Rollenverständnis von Politik und Verwaltung*. Hiernach entscheidet die Politik über das „Was", die Verwaltung über das „Wie" - aber ohne Übergang zu manageralistischen Reformen mit fliegenden Fahnen. Die Verantwortung demokratischer Politik bleibt erhalten, d. h. auch ein Rückholrecht des Parlaments auf staatlicher und kommunaler Ebene bezüglich der Fragen, die sich zur Geschäftsführung der Verwaltung stellen;[8]

— ein *outputorientiertes öffentliches Rechnungswesen*, das Verwaltungshandeln als „Produkt" kennzeichnet und ausweist, welche Ressourcen (Kosten) hierfür aufgebracht werden müssen. Die Entscheidung darüber, ob das Gemeinwesen diese Kosten bezahlen will, wird dadurch aber nicht dem demokratischen Spiel entwunden. Deshalb müssen mit einem solchen Wandel des Rechnungswesens Qualitätskennzahlen verbunden und diese politisch diskutiert werden. Der mit der Produktabgabe erzielte Erfolg ist zugleich darzustellen und in die ermittelte Kostendeckung auch der Bestand nichtmonetärer Kosten einzubeziehen;[9]

–   eine *Steuerung über Ziele*, d. h. die Entwicklung eines Systems quantifizierter Ziele bzw. Verwaltungsaufgaben und von Leitbildern für das Verwaltungshandeln;

–   die *Zuordnung von Verantwortungsbereichen und Leistungsabsprachen* unter Berücksichtigung dezentralisierter Politikeinwirkung;

–   die *Budgetierung*, d.h. globale Finanzvorgaben an die Verwaltungen mit Vorabdotierung und Anreizen zur Kostensenkung und Leistungssteigerung bei gleichzeitiger Revisibilität im Zwei-Jahres-Turnus;

–   ein *klientelorientiertes Qualitätsmanagement*, das entsprechende unabhängige Zertifizierungen und Qualitäts-Audits umschließt;[10]

–   ein *leistungsorientiertes Personalmanagement*, bei dem Personalkosten auf das einzelne Produkt bezogen werden können, aber auch auf die notwendigen Interaktionsaufwendungen im Binnenverhältnis orientiert sind („tote Arbeitszeit"). Das Potential der Mitarbeiter/innen wird erst dadurch umfassend als Produktivitätsressource und Kostenfaktor nach außen und nach innen erfaßt. Ein wesentliches Instrument hierfür ist die Fort- bzw. Weiterbildung, umfassender aber die Personalentwicklung.[11]

2. Im Fadenkreuz der Modernisierung: Öffentliches Dienstleistungsmanagement

a) Öffentliche Dienstleistungen

Wenn gegenüber einer solchen Leitvorstellung des qualitativ-funktionalen Staates die herrschende Modernisierungsrhetorik die Stadt mit der Etikette „Konzern" versieht oder in den Ansätzen einer „neuen" Verwaltung die Prinzipien der marktwirtschaftlichen Ordnung widergespiegelt wissen will,[12] dann werden einerseits die kulturellen Grundlagen der deutschen Administration einschließlich ihrer spezifisch rechtsstaatlichen Anforderungen an die Leitungsstrukturen (=Hierarchie) vernachlässigt. Verwaltungen bzw. der Staat sind keine Aktiengesellschaften. Andererseits und zugleich sieht sich ein Dienstleistungsbegriff verwendet, der

109

zu Unrecht an der materiellen Güterproduktion in marktwirtschaftlichen Prozessen anknüpft.

Im Hinblick hierauf ist zwar nicht zu verkennen, daß heute auch Dienstleistungen wie z. B. im Bereich der Pflege, der Betreuung oder der Beratung, die früher allein der Verwaltung bzw. dem „Dritten Sektor" vorbehalten blieben, nach marktwirtschaftlichen Grundsätzen und im freien Wettbewerb erbracht werden. Hierbei wird der Bürger zu recht als „Kunde" betrachtet. Private Unternehmen rechnen ihm gegenüber Pflege-, Beratungs- und Betreuungsprodukte marktorientiert ab oder diese werden den Krankenkassen oder anderen staatlichen Institutionen in Rechnung gestellt.

Vergleichbare Dienstleistungen der *öffentlichen* Verwaltung unterscheiden sich dennoch von diesen privatwirtschaftlichen Angeboten. Sie sind nicht nur materielle Produkte (Leistungen), sondern zugleich öffentliche Güter, die gerade in dieser spezifischen Ausweisung und Grundorientierung - „Hilfe" und eben nicht „Produkt" zu sein - vom Markt *nicht* bereitgestellt werden können. Über ihre *Erstellung* muß politisch-administrativ, z. B. im Schul- oder Jugendhilfeausschuß einer Kommune, entschieden werden und ihre *Erbringung* orientiert sich prinzipiell an den Interaktionsbedarfen und -bedürfnissen, aber nur teilweise an vorgegebenen Produktbeschreibungen und Rechnungsstellungen. So verlangt es der verfassungsrechtlich verankerte *soziale* Rechtsstaat, der *soziale Effizienz* neben die ökonomische Effizienz einer wirtschaftlichen Verwaltung rückt.[13]

b) Öffentliches Dienstleistungsmanagement

Vor diesem Hintergrund bedürfen öffentliche Dienstleistungen eines anderen Managementansatzes als privatwirtschaftliche Produkterzeugung bzw. -vermarktung. Der *Bürger* als Bedarfs- bzw. Bedürfnisträger ist anders als ein „Kunde" am Produktionsvorgang beteiligt. Er formuliert in einem vernetzten Prozeß in vielen - nicht allen - Verwaltungsbereichen gleichsam als Kommunikationspartner Ziele, Anforderungen und Randbedingungen der Produkterzeugung im Rahmen einer Kooperationssituation mit, um das dann geschaffene Produkt abzunehmen.

Dem muß das Verwaltungsmanagement als „öffentliches Dienstleistungsmanagement" hinreichend Rechnung tragen. Nur dann nimmt es erfolgreich auf die Eigenart öffentlicher Güter Bezug sowie auf die Nachfrageorientierung und die Bedarfslage beim Bürger. Zugleich berücksichtigt es spezifische Interaktionsmuster. Exekutives Dienstleistungsmanagement in öffentlichen Angelegenheiten unterscheidet sich deshalb prinzipiell von dem privater Dienstleistungen - auch wenn sie denselben Gegenstand betreffen sollten.[14] Insofern ist es auch nur bedingt Teil der „klassischen" Verwaltung der europäischen Zentralstaaten - falls es eine solche in dieser Verallgemeinerung überhaupt geben sollte.[15]

c) Qualitätsverantwortung für Öffentliches Dienstleistungsmanagement

Selbstverständlich bedeutet diese Erkenntnis nicht, daß die *interne* Steigerung der Effizienz und Effektivität von Staat und Verwaltung in bezug auf öffentliche Dienstleistungen hoffnungslos bleiben müßte. Interne Rationalisierungen können selbstverständlich die Instrumente der Budgetierung, der Kosten-Nutzen-Rechnung, der Kennzahlenentwicklung oder auch des Controlling einsetzen. Nicht von ungefähr gestehen insofern auch die Gewerkschaften eine Modernisierung der öffentlichen Verwaltung nach innen zu. Aber auch dann und jeweils geht es (nach außen) nicht darum, den Bestand von Eigenheiten öffentlicher Dienstleistungen aufzugeben.

Hält man vielmehr daran fest, rückt notwendig die *Qualität* der öffentlichen Dienstleistungen in den Brennpunkt der künftigen Auseinandersetzung um den „schlanken" Staat. Denn sie ist Ausweis der Eigentümlichkeit des öffentlichen Dienstleistungshandelns. Die Modernisierungsfrage lautet dementsprechend nicht einfach, wie der Wirtschaftlichkeit in der öffentlichen Verwaltung an sich ein höherer Stellenwert gegeben werden könnte.[16] Sie ist vielmehr differenzierter zu stellen, nämlich: wie mehr Wirtschaftlichkeit mit höherer Qualität und ausgreifenderer Partizipation der Bürger auf einen Nenner zu bringen wäre. Gerade öffentliches Dienstleistungsmanagement wirft diese Frage unabweisbar auf.

d) Management komplexer Dienstleistungen

In welchem Ausmaß die Antworten nicht-lineare Bezüge im Dienstleistungsmanagement, also dynamische Prozesse zu berücksichtigen haben und der Umgang mit daraus gespeisten Leistungsanforderungen zu gestalten ist, die sich - wie zumal *soziale* Dienstleistungsaufgaben - den bürokratischen Arbeitsroutinen entziehen, bleibt als Modernisierungsthema zukünftig aufgegeben. Wir müssen uns eingestehen, daß wir insoweit und bislang mit einem „funktionellen Dilettantismus" (W. Seibel) gerade in den Dienstleistungsbereichen der öffentlichen Verwaltung gearbeitet haben.

Wie aber ist mit solchen *komplexen Leistungsaufgaben* in öffentlichen Verwaltungen umzugehen?[17] Diesbezügliche Defizite des neuen „Steuerungsmodells" sind jedenfalls offenkundig. Denn der Komplexitätsbewältigung geht es nicht um einfache Zerlegung von Dienstleistungen und ihre Fragmentierung auf verschiedene Ämter. Das Gegenteil ist anzustreben, wie die gegenwärtige Entwicklung von „Bürgerämtern" belegt.[18] Erforderlich ist also und neben einer Bürgernähe der Leistungen und in deren Sinne der Übergang zu einer durchgehenden *Qualitätsorientierung* bei entsprechender Steuerung der Geschäftsprozesse im Dienstleistungsmanagement. Dies wiederum verlangt aus rechtlicher Perspektive die intensive Reform des Verwaltungsverfahrens sowohl im Sektor des Allgemeinen Verwaltungsrechts als auch im Sozialverfahrensrecht.[19]

111

Es liegt auf der Hand, daß unter diesem Vorzeichen der Umgang mit komplexen Realitäten in den öffentlichen Dienstleistungen auch *flacher Hierarchien* bedarf. Eine der Strukturkonsequenzen hieraus ist die Anpassung der Auf- und Ablauforganisation an die Komplexität der jeweiligen Dienstleistungsaufgabe. In diese Richtung geht der heute erneut bevorzugte Übergang zur Einrichtung von „Teamstrukturen" und zu „Projektstrukturen" im Rahmen eines Projektmanagements.[20] Dabei ist selbstverständlich stets die Frage zu prüfen, wie direkte Kommunikation zu fördern ist und welche Rolle den Kommunikationspathologien in einer gegebenen Organisationskultur zukommt. Unabdingbar ist für entsprechende Fehleranalysen die Einrichtung von „Selbstreflexionszentren", um die Organisation von Intelligenz im praktischen und sozialen, aber auch kognitiv-theoretischen Sinne für Problemlösungen zu ermöglichen.

Hier entstehen dann bereits gegenläufige bzw. konfligierende Bewegungen zu einer reinen Kostenwirtschaftlichkeit.[21] Wie sollte man auch die für die Zusammenarbeit bei komplexen Realitäten entstehenden Kosten rollenangemessener Arbeits- und Denkstile oder die Wirknotwendigkeiten von Intuition oder Empfindung nichtbewußter Prozesse ermitteln?

3. Verwaltungsmodernisierung als Strukturwandel der Verwaltungsverantwortung

Es bedarf keiner näheren Begründung, daß die gegenwärtig befürwortete stärkere Managementorientierung bei richtiger Gewichtung der voraufgehend erörterten Probleme des öffentlichen Dienstleistungsmanagements in Wahrheit einen *Strukturwandel der Verwaltungsverantwortung* kennzeichnet. Die Klienten der Dienstleistungsverwaltungen sollen unter den Bedingungen künftigen Qualitätsmanagements ihren auch rechtsförmig verbürgten Anspruch auf Berücksichtigung der je eigenen Interessen, Präferenzen oder Werthaltungen im Rahmen des Leistungsbegehrens über eine entsprechende Qualifikation des Verwaltungspersonals durchsetzen können. Hierfür müßten allerdings bislang noch zentralisierte Institutionen dezentralisiert und „auf Qualität" trainiert werden, wobei die hierarchische Kontrolle maßvoll durch ein partizipatives Management zu ersetzen wäre.

Das alles schließt selbstverständlich die Nutzung wirtschaftlichkeitorientierter Instrumente wie etwa in Rahmen der gegenwärtigen Neuordnung unserer gesetzlichen Krankenversicherung bzw. der Leistungsverwaltungen schlechthin ein.[22] Gleiches gilt für die Suche nach Alternativen zur eigenen Leistungserbringung durch „contracting out" und „public-private partnerships". Entsprechende Ideen und flexibles Problemlösen sichert überdies die Integration der Dienstleistungsempfänger in Ausschüsse und Managementteams in den Verwaltungen.

Von ferne erinnert ein solcher Strukturwandel der Verwaltungsverantwortung an das amerikanische Konzept des „reinventing government".[23] Aber ganz abgesehen davon, daß verwaltungskulturelle Unterschiede bestehen, sollten wir uns hüten, das mit diesem Konzept verbundene Vorstellungsbild eines „minimal state" gleichsam durch die Hintertür einzuführen. Unser Leitbild ist der demokratische Sozialstaat, der Wirtschaftlichkeitsorientierung nicht scheut, die Nutzung markt-wirtschaftlicher Instrumente bejaht, aber den unternehmerischen Staat als „So-zialstaat" begreift und in diesem Sinne auch die öffentliche Verwaltung als qua-litativ-sozialstaatlich gebunden betrachtet.[24]

4. Defizite rechtlicher Begleitung der Modernisierungsdiskussion

Darauf hinzuweisen haben bislang insbesondere die *Staats- und Verwaltungswis-senschaften* versäumt. Entweder neigten sie (einseitig) unter der Signatur „New Public Management" elaborierten Wirtschaftlichkeitskonzepten der Verwaltung-serneuerung zu oder sie argumentierten merkwürdig diffus mit einem speziell *verwaltungsbezogenen* Paradigmenwechsel, ohne die gegebene Komplexität der Modernisierungsfrage zu akzeptieren. Diese wird statt dessen vereinfacht. Würde man sich demgegenüber eher den Defiziten *rechtlicher* Begleitung der Mod-ernisierungsdiskussion stellen, dann müßte man nicht nur die verfassungsrechtli-che Prägekraft des sozialen Rechtsstaates zur Kenntnis nehmen, sondern auch die daraus erspießende Teilidentität von Verwaltungsmodernisierung und rechtlich-normativer Verwaltungsreform. Sie kündet von der Reichweite einer *rechtlich strukturierten* Verwaltung der Zukunft!

An sich ist diese Enthaltsamkeit im Umgang mit den *rechtlichen* Fragen des Strukturwandels der öffentlichen Verwaltungen überraschend. Denn in der Bun-desrepublik Deutschland trifft in mittlerweile offenkundiger Art und Weise die Einführung eines neuen Führungs- und Steuerungsmodells für das Verwaltung-shandeln auf den sich parallel dazu abzeichnenden Wandel der Steuerungsfunk-tionen unseres Verfassungs- und Verwaltungsrechts. Für genügend Diskussions-stoff wäre also eigentlich gesorgt. Während in bezug auf die Steuerung „durch Recht" aber neue Rechtsformen für die Wahrnehmung komplexer Verwaltung-saufgaben zukünftig erst noch entfaltet bzw. operationalisiert werden müssen,[25] gibt schon heute die Modernisierungsdiskussion der augenscheinlich vom Recht gelösten leistungswirtschaftlichen Ausrichtung administrativer Aktivitäten im Un-ternehmenssinne breiten Raum. Prinzipiell läßt sich somit zwar ein zeitversetzter Gleichlauf zwischen dem Bedarf nach neuen und verfassungsdirigierten Struk-turformationen des Verwaltungsrechts und der Einführung eines neues Steue-rungssystems für Kommunal- und Staatsverwaltungen erkennen, der ebenso pa-rallel und miteinander vernetzt diskutiert werden müßte. Doch wird statt dessen die „Rechtsfrage" ausgeklammert und nur die „Wirtschaftlichkeitsfrage" erörtert.

Die Verwaltungsmodernisierung lenkende und ihre Umsetzung begleitende re-chtliche Schritte fehlen somit. Der Grund hierfür dürfte einerseits darin liegen, daß die Diskussion über den Umbau des Verwaltungsrechts immer noch eher Grundprobleme behandelt, als daß sie konkrete Vorschläge zur Restrukturierung in genügender Reichweite unterbreiten würde. Eine Ausnahme hiervon machen allenfalls die Teildebatten über die Beschleunigung des Verwaltungsverfahrens und die Ausweitung der rechtlichen Handlungsformen öffentlichen Verwaltens einerseits[26] und die über die Amalgamierung von Verwaltungsrecht und Verwaltungsführung andererseits.[27] Um Mißverständnisse zu vermeiden, ist jedoch zu betonen, daß jedenfalls kein gesetzlicher „Kahlschlag" für die Durchsetzung allfälliger Modernisierungsvorstellungen erforderlich wäre. Freilich ist eine grundsätzliche Überprüfung, Anpassung und Fortentwicklung der reformbefangenen Rechtsnormen sowie der ergänzenden Rechts- und Verwaltungsvorschriften im Dienst-, Tarif-, Haushalts- und Organisationsrecht nicht zu umgehen.

Stimmt man dem zu, dann bleibt die entscheidende Frage nach den rechtlichen „Grenzen" der Modernisierung zu stellen. Das ist bisher kaum geschehen, was verwundert. Oder liegen vielleicht die Notwendigkeiten rechtlicher Veränderungen tiefer, so daß über den Anpassungsumfang keine rechte Klarheit besteht? Erfassen die Veränderungsnotwendigkeiten gar, wie schon behauptet wurde, das Kommunalverfassungsrecht der Länder und auch das Landesverfassungsrecht in der ganzen Breite?[28] Was wäre, wenn schließlich der Bestand des überkommenen Staatsorganisationsrechts gefährdet wäre oder dem Übergang zu einem *unternehmensorientierten* Dienstleistungsmanagement der öffentlichen Hände Schranken ziehen würde?

Antworten hierauf haben immer zu berücksichtigen, daß zahlreiche Versäumnisse der Vergangenheit gerade darin bestanden haben, daß man das eindeutige Recht in seinen sozialen und ökonomischen Maßgaben nicht umgesetzt hat.[29] Schlanke Verwaltung als Sollgröße ist nämlich seit jeher unumstritten. Das Verwaltungsrecht hat diese Sollgröße auch immer wieder in Stellung gebracht, aber die Verwaltung hat ihre Wirkung blockiert; es wäre deshalb eine Illusion zu glauben, man könne durch bloße Übernahme von Managementtechniken und der marktwirtschaftlichen Rhetorik vom „Unternehmen Stadt" der Bürokratie künftig entsagen. Vielleicht brauchen wir sie sogar, um gegen die gegenwärtig ausufernde Ämterpatronage die „Neutralität" der bürokratischen Verwaltung ins Feld zu führen.[30]

II. Verwaltungsmodernisierung als Verfassungsproblem

Man darf also mit einer gewissen Skepsis auf die derzeit propagierten Struktur-merkmale der neugestalteten Verantwortung für das Verwaltungshandeln blik-ken.[31] Die Begründungen für die Einführung der einzelnen neuen Elemente überzeugen nicht durchweg. Aber das soll hier nicht das Thema sein. Der mit der Verwaltungsmodernisierung verbundene Veränderungsprozeß stößt nämlich auch und sehr heftig auf eine *rechtlich* gefestigte Architektur institutioneller Verant-wortung und kompetenzieller Rollenverteilung im Gesamtstaat, die dem in der hier kritisierten Weise gewollten Verantwortungswandel widerstrebt.

1. Die Verfassungsgarantie der kommunalen Selbstverwaltung

Zunächst ist an dieser Stelle die Erkenntnis von Bedeutung, daß weder die po-stulierten neuen Verantwortungsstrukturen eine „Selbstverwaltung" kreieren, noch aus jedem Verwaltungsmitarbeiter einen „Unternehmer" machen können. Aus *kommunalverfassungsrechtlicher* Sicht erscheint es prinzipiell fraglich, die kommunale Selbstverwaltung nach dem Erklärungsmuster eines „Konzerns" umzudeuten. Denn kommunale Verwaltungen sind komplexe Kunstgebilde, die nach dem Willen des Grundgesetzes der Erfüllung staatlich zugewiesener bzw. selbst gestellter Aufgaben auf spezifische Weise dienen, nämlich unter Berufung sozial- und rechtsstaatlicher Vollzugs- und Legitimationsanforderungen einerseits sowie politisch-demokratischer Verpflichtung zur kommunalen sozialen Integra-tion im Alltag andererseits.[32] *Kommunen* sind in diesem Sinne nichts anderes als eine sozial- und rechtsstaatlich ausgerichtete demokratische Organisation des Bürgerwillens auf überschaubarer Fläche. In ihr gibt es keinen „Vorstand" und keinen „Aufsichtsrat", sondern *lokale Politik* in den Händen ihrer Bürger, un-mittelbar gestaltet oder vertreten durch ihre Repräsentanten.

Ich halte daher die pauschale Forderung, die „Politik solle über das 'Was', die Verwaltung über das 'Wie' entscheiden",[33] kommunalverfassungsrechtlich jeden-falls nicht ohne die hiesigen Differenzierungen für akzeptabel. Vielmehr bleibt im kommunalen, aber auch im ministeriellen Arbeitszusammenhang die Bedeutung der *Aufgabe* und der *Grad der Aufgabenerfüllung* im Sinne der Effektivität maßge-blich, wie er auch schon bislang über das - gewiß „dehnbare" - Kriterium der „laufenden Geschäfte" die Funktionenverteilung in den Gemeinden/Städten ge-prägt hat. Im übrigen gilt: Zwar müssen wir die Kosten der Aufgabenerfüllung kennen. Ob aber eine bestimmte Aufgabenerfüllung für die Gesellschaft, d. h. in der Kommune - und dort öffentlich-rechtlich oder in privaten Rechtsformen - zu erbringen ist oder nicht, stellt eine völlig andere Frage als die nach der Wirt-

115

schaftlichkeit der Aufgabenerfüllung dar. Hierüber entscheidet in der kommunalen Selbstverwaltung die ausgeprägt partizipative Mitwirkung der Kommunal-
bürger in administrativ-rechtsstaatlichen Wahrnehmungsformen („Demokratie-
und Sozialstaatsgedanke"), ebenso der „sozialwirtschaftliche" Zweckgedanke,
aber keinesfalls eine „dezentralisierte Fach- und Ressourcenverantwortung". Das
ist der verfassungsgewährleistete Kern des Verständnisses der kommunalen
Selbstverwaltung.

2. Die Rollenverteilung von Politik und Verwaltung

In dem auf diese Weise entstehenden Spannungsfeld ist jedenfalls nach Maßgabe
des grundgesetzlichen Rechtsstaats (Art. 20, 28 GG) darauf zu achten, daß die
Rollenverteilung von Politik und Verwaltung sowohl auf kommunaler Ebene als auch
- insbesondere bei einer zweistufigen Verwaltung - im Verhältnis der Ministerialorganisation zur politischen Verwaltungsführung und zum Parlament dem verfassungsrechtlich vorgegebenen Muster der Funktionenverteilung zwischen Ge-
setzgebung und Exekutive bzw. zwischen kommunalem Vertretungsorgan und
Kommunalverwaltung in Zukunft noch entspricht.[34]

Anlaß zu entsprechenden Nachfragen gibt u.a. das „Neue Berliner Verwaltungsmanagement",[35] das zwar die Ausgestaltung der *Fachaufsicht* zwischen den
Senatsverwaltungen und den Bezirksämtern in Berlin unter Abschluß von „Ver-
waltungskontrakten" für möglich hält. *Verwaltungsrechtlich* sind aber Verfahrens-
führung einschließlich Vollzugssteuerung und Aufsicht essentiell verschieden;
„die Aufsicht bezieht sich auf fremde Angelegenheiten, die Leitung erfolgt in
eigener Sache" (Forsthoff). In diesem Sinne überwacht die Aufsicht fremde, eigenverantwortliche Tätigkeit durch Korrekturen; sie ist ein *Kontrollverfahren*, das
nicht durch vertragliche Bindungen seiner Eigenart entkleidet werden darf.[36]

Schon diese Nachfragen belegen, daß jede *Verwaltungsreform* auch und zugleich *Staatsreform* ist. Selbstverständlich gilt dies auch umgekehrt. Und immer
erfordert Verwaltungsreform eine *Rechtsreform*: Verwaltungsmodernisierung umschließt die Frage, wie müssen Strukturen - also auch Rechtsstrukturen - verändert werden, damit die Wirtschaftlichkeit des Verwaltungshandelns bei gleichzeitiger Erfüllung der übrigen Verwaltungsaufträge erreicht wird. Das aber bringt
zum einen die *Politik* ins Spiel. Die Frage der Verwaltungsmodernisierung ist nicht
von Überlegungen zu den künftigen Strukturen und Prioritäten der politischen
Willensbildung zu trennen. Zum anderen drängt sich die Frage nach der *Steuerungsfunktion und -kraft des Rechts* nach vorn; die von ihm ausgehende Verfaßtheit
jeglicher Verwaltungsverantwortung umschließt auch die Verwaltungsmodernisierung. Diesem Thema ist im folgenden näher nachzugehen.

III. Verwaltungsmodernisierung im „Gehäuse" des Rechts

1. Steuerungsfunktion des Rechts

a) Recht als differenzierter Handlungsauftrag

Bezugspunkt jeglicher Verwaltungsmodernisierung bleibt unter dem Leitmerkmal der „Verantwortung" stets der *Gesamtauftrag der öffentlichen Verwaltung*, wie er im Grundgesetz und in den Länderverfassungen festgeschrieben ist.[37] Er umfaßt zahlreiche Handlungsgrundsätze, die der Aufgabenverwirklichung dienen. Es sind dies u. a. die Grundsätze der Rechtmäßigkeit, Zweckmäßigkeit, Wirtschaftlichkeit, Einsichtigkeit und Gemeinwohlverpflichtung des Verwaltungshandelns. Insbesondere der Grundsatz der Gemeinwohlbezüglichkeit der Verwaltung tritt mit der Maßgabe *einheitlicher* Zielverwirklichung in bezug auf den Verwaltungserfolg in den Vordergrund. Gemeinwohlhandeln bleibt dabei an das Recht gebunden. Der darauf bezogene Grundsatz der Gesetzmäßigkeit bildet die verfassungsrechtliche Grundlage und Richtlinie der Verwaltungstätigkeit.[38]

Freilich erschöpft sich darin der Handlungsauftrag der Verwaltung bei weitem nicht; öffentliches Handeln unterliegt einer Vielzahl weiterer und je verschiedener Aufträge. Aus diesen ergibt sich eine ebenso große Zielvielfalt, in deren Verfolg die Verwaltung auch auf das Ergebnis samt Folgen ihres Handelns schauen muß. Rechts- und Zweckkonkretisierung durch Behörden befinden sich deshalb stets im Richtsteig zwischen Zielen, Ergebnis und Folgen. Dies gilt vor allem bei komplexen Dienstleistungaufgaben.

b) Steuerung durch Recht als „Optimierungsproblem"

Das wirft zu allererst die Frage auf, wie sich die Handlungsgrundsätze öffentlichen Verwaltens zueinander verhalten. Darin einzubeziehen ist auch die „Bürgernähe" öffentlicher Verwaltung, die einen sozialstaatlich-demokratischen Zielkomplex und Handlungsmaßstab darstellt.[39]

Es liegt auf der Hand, daß es bei dieser Konkurrenz von Handlungsgrundsätzen des öffentlichen Verwaltens zu Konflikten kommen muß. Die Kunst der öffentlichen Verwaltung liegt dann darin, diese Konflikte auszutarieren. Diese Kunstfertigkeit reicht über die Analyse der besagten Konkurrenz von Handlungsgrundsätzen als ein „Optimierungsproblem des magischen Vierecks: Rechtmäßigkeit, Wirtschaftlichkeit, Zweckmäßigkeit und Bürgernähe" (R. Wahl) weit hinaus. Dies belegt der Blick auf den von anderer Seite erhobenen und prinzipiell zutreffenden Vorwurf, die öffentliche Verwaltung kapriziere sich vor allem auf die Rechtmäßigkeit ihres Handelns und vernachlässige ökonomische Ziele des Verwaltens.[40]

117

Hierin liegt ein wichtiger Hinweis darauf, daß wir bislang die Konkurrenz der Handlungsgrundsätze nicht angemessen aufgelöst haben. Sich in diesem Sinne um Wirksamkeit und Wirtschaftlichkeit des jeweiligen Aufgabenbereichs verantwortlich zu kümmern, ist also ein verwaltungsrechtlich ebenso drängendes wie legitimes Anliegen. Allerdings ist dabei hervorzuheben, daß Rechtmäßigkeit kein K.O.-Maßstab ist[41]; die Zweckmäßigkeit und Wirtschaftlichkeit des Verwaltungshandelns sowie alle weiteren Handlungsgrundsätze stehen vielmehr in einer Einheit mit ihr. Öffentliches Handeln, das rechtswidrig ist, kann z.B. nicht zweckmäßig sein - und umgekehrt. Ebensowenig darf unwirtschaftliches Verwalten als rechtmäßig angesehen werden (Verfassungsrechtliches Wirtschaftlichkeitsprinzip).

Im gegebenen Zusammenhang der Verwaltungsmodernisierung trifft diese Aussage allerdings auf die erstaunliche Situation, daß die einzelnen Strukturmerkmale und Steuerungselemente des Modernisierungsprozesses sie vor dem Hintergrund des hier skizzierten „magischen Vielecks" der Handlungsgrundsätze in der Verwaltungspraxis z.Zt. nur unvollkommen berücksichtigen. Verfassungs- und Verwaltungsrecht scheinen nicht zu existieren! Für das „Neue Berliner Verwaltungsmanagement" schlägt sich dies beispielsweise bei den Überlegungen zum Leistungsumfang in offenen Fragen nieder: Ungeklärt bleibt, ob der jeweilige Leistungsumfang kundengerecht bzw. empfängergerecht beschrieben worden ist und die angebotene Leistung das gesetzlich formulierte Ziel auch tatsächlich realisieren wird.

Können solche in sich unfertigen Produktfestlegungen rechtmäßig sein? Ich denke, es ist verständlich, wenn ich daran die Aussage anknüpfe: Es muß schiefgehen, eine Verwaltungsreform zu konzipieren, die auf der Zeitachse zahlreiche Meilensteine für den Projekterfolg benennt, aber die Weiterentwicklung rechtlicher Rahmenbedingungen erst an den Schluß des Aktionskalenders stellt.

c) „Spielräume" des Rechts: Zur maßgeblichen Systemrationalität von Verfassungs- und Verwaltungsrecht

Verwaltungsreformen in das „Gehäuse" des Rechts einzubetten und nach spezifisch rechtlichen Steuerungsfunktionen der öffentlichen Verwaltung zu fragen, mündet letztlich in Überlegungen zur *Rationalitätsbindung*, d. h. zu einer Verpflichtung des Verfassungs- und Verwaltungsrechts auf den Gedanken des Öffentlichen ein. Dabei geht es nicht allein darum zu untersuchen, wie die Verwaltung durch Rechtsanwendung nach Maßgabe des Allgemeinen und Besonderen Verwaltungsrechts gesellschaftliche Ziele, Absichten, Vorhaben u.a.m. im Sinne der Rechtsnormen - allein oder kooperativ - formal oder informal „nach außen" beeinflussen will oder kann. Auch das ist freilich ein Thema der Steuerung durch Recht und zugleich der Verwaltungsmodernisierung, bei dem über kooperative Verwaltungsverantwortung oder auch über informale Steuerung und den Subsidiaritätsgedanken staatlichen Handelns weiter nachzudenken wäre (Aufgabenprivatisierung etc.).

Die Berufung dezentraler Fach- und Ressourcenverantwortung - unter dem Stichwort „Delegation" der kommunalen Praxis und Ministerialorganisation ebenso seit langem vertraut wie die Existenz von „Zielvereinbarungen" - unterfällt dagegen der Überlegung, wie das Verwaltungshandeln und -entscheiden mit Blick auf die Belange des öffentlichen Wohls *selbst gesteuert* wird. Die Verwaltung ist also aus dieser Perspektive nicht *Steuerungssubjekt*, sondern *Steuerungsobjekt*. In diesem Fall treten Fragen nach der Vereinbarkeit der Elemente des Neuen Steuerungssystems mit dem materiellen Recht, aber auch dem Verwaltungsverfahrens- und -organisationsrecht, dem Haushaltsrecht und dem öffentlichen Dienstrecht auf. Solches Recht steuert das Verwaltungshandeln und -entscheiden zwar nur mittelbar. Es setzt aber die Verwaltung in den Stand, die ihr gesetzlich vorgegebenen Ziele zu erfüllen und die daraus resultierenden Verwaltungsaufgaben (auch) wirtschaftlich, zweckmäßig und rechtmäßig in bestimmten Handlungsformen zu verwirklichen. Dies geschieht unter weiterer Vorgabe (weniger: Bereitstellung) rechtlich ausdifferenzierter Entscheidungstypen bzw. Verfahren, spezieller Zuständigkeiten und Verantwortungen in dementsprechend zugeschnittenen Verwaltungsorganisationen. Kontrakte mögen hierunter künftig einzugliedern sein; gleiches gilt für Konzepte und Projekte.

Im hiesigen Zusammenhang wichtiger ist jedoch die *Funktion* des gesamten Verwaltungsrechts - und für das Verfassungsrecht gilt dies sinngemäß bzw. gleichermaßen -, nämlich ein ebenso sachgemäßes („rationales") wie sozial- und rechtsstaatlich diszipliniertes „Verwalten" zu ermöglichen. Es hat zugleich dem Wirtschaftlichkeitprinzip der Verfassung zu genügen und sich im Rahmen der öffentlichen Amtsverfassung des Grundgesetzes zu bewegen.

Diese „innere" Rechtsbindung öffentlicher Verwaltungen trennt sie und ihr Handeln ersichtlich von dem privatwirtschaftlicher Unternehmen. Das signifikante Unterscheidungsmerkmal ist die je spezifische *Systemrationalität*: Die Aufgabenerfüllung zugunsten des Gemeinwohls steht bei öffentlichen Verwaltungen unverrückbar im Vordergrund; diese ist dem „Vorrang" der Rechtsordnung vor jeglicher „Zweckordnung" unterworfen. Recht- und Zweckkonkretisierung bilden eine Einheit.[42] Das aber bedeutet, es gibt keine Chance, aus dem begrenzten Kanon des „Zweckhandelns" durch Übergang zu Managementtechniken aussteigen und den öffentlichen Bereich genauso „gut" steuern zu können wie ein Unternehmen des privatwirtschaftlichen Sektors.[43] Die Systemsteuerung durch Gemeinwohlrecht ist nicht ersetzbar. Deshalb kann es recht eigentlich auch kein „Neues Steuerungsmodell" für die gesamte öffentliche Verwaltung geben. Statt dessen und im „Gemeinwohlgehäuse" des Rechts wird eine aufgaben- und funktionenorientierte Anpassung des öffentlichen Sektors gemeint. Sie ermöglicht es unter gleichzeitiger Fortbildung des Rechts, die jeweils gestellte Aufgabe so vollständig und wirksam wie möglich, mit einem hohen Grad an Effektivität und zu minimalen Kosten zu erfüllen.[44]

d) „Ökonomisierung" der rechtlichen Steuerungsfunktion

In der Summe seiner grundgesetzlichen Verankerungen erweist sich dieses „Wirtschaftlichkeitsprinzip" als ein ungeschriebenes, gleichsam selbstverständliches und normativ verpflichtendes Merkmal aller Staatsakte, vornehmlich aber des Verwaltungshandelns. Wirtschaftlichkeit muß in diesem Sinne als ein allgemeines Prinzip der Verfassung verstanden werden - jeder Form staatlichen Handelns rechtlich bindend vorgelagert.[45]

Verfassungsbegründete Verwaltungsverantwortung umschließt daher einen eigenen Wirtschaftlichkeitsauftrag, der in das schon beschriebene Konfliktbewältigungsgebot einmündet. Im Hinblick hierauf zeigt sich das Wirtschaftlichkeitsgebot als ein unbestimmter, „offener" Rechtsbegriff, der zugleich als Bindungs- wie als Kontrollnorm gegenüber dem Verwaltungshandeln greift. In der Dimension als Bindungsnorm geht es bei der Wirtschaftlichkeit stets um eine Zweck-Mittel-Relation, die möglichst günstig sein muß; der größtmögliche Nutzen ist anzustreben. Rechtlich wird denn auch die Ermessensausübung unter einen partiellen Haushaltsvorbehalt gestellt. Allerdings darf die Haushaltslage nicht zum alleinigen Maßstab für die Gewährung von Ermessensleistungen werden. Der Verweis auf erschöpfte Haushaltstitel rechtfertigt deshalb die Ablehnung eines „Anspruchs" im Wege einer Ermessensentscheidung nur, wenn sich die Haushaltsüberlegungen in den durch das Sachrecht gezogenen Ermessensrahmen verantwortungsgerecht einpassen.[46]

Auch dies zeigt wiederum die Notwendigkeit, haushaltsrechtliche Erfordernisse in die auch auf die Verwaltung durchschlagende Regulierungsintensität des Sachrechts und die jeweilige fachrechtliche Verwaltungsverantwortung zu integrieren. In diesem Sinne offenbart sich Wirtschaftlichkeit als eine verfahrensorientierte Verwaltungsmaxime, die nicht nur eine ständige Mittelkontrolle auferlegt, sondern auch - und darin mit einer gewissen Organisationswirkung versehen - ein durchgreifendes „Controlling" einzurichten verlangt.[47]

Wirtschaftlichkeit offenbart sich dadurch als ein „ökonomisiertes" Steuerungsgebot des Rechts. Dem „offenen" Rechtsbegriff der Wirtschaftlichkeit wird ein ökonomisches Deutungsmuster mit den daraus ersprießenden Anforderungen an die Wahrung eines optimalen Kosten-Nutzen-Verhältnisses bei der Rechtsanwendung implantiert. Richtigerweise verlangen deshalb die den § 7 BHO konkretisierenden Vorläufigen Verwaltungsvorschriften des Bundes ausdrücklich die Beachtung des Kosten-Nutzen-Verhältnisses als Inhalt der Wirtschaftlichkeit.

Die skizzierte ökonomische Dimension der Wirtschaftlichkeitsverantwortung öffentlicher Verwaltungen wohnt dem Leistungsrecht insgesamt inne. Dieses evoziert die Haushaltsberücksichtigung in allgemeiner Form. Das aber bedeutet, daß auch die Verwaltungsrechtsdogmatik über den im Allgemeinen Verwaltungsrecht verankerten Handlungsgrundsatz der Wirtschaftlichkeit (und Sparsamkeit) zu einer Integration von Wirtschaftlichkeitsüberlegungen, Haushaltsrecht und Sachrecht finden muß. Hiervon ausgehend, ist denn auch die Lehre von der prinzipiellen Ermessensfehlerhaftigkeit haushaltsrechtlicher Erwägungen in Sachentscheidungen zu verabschieden.[48]

2. Rechtliche Steuerung als gradualisiertes Wirksamkeitskonzept

Das Problem sind freilich die *Grenzen* eines solchen wirtschaftlichkeitsbezogenen und demgemäß *budgetierenden* Ansatzes in der Ausübung der Verwaltungsverantwortung (Ermessen, unbestimmter Rechtsbegriff). Sie näher zu bestimmen erfordert, Wirtschaftlichkeit einerseits als ein haushaltsrechtliches Übermaßverbot, andererseits aber auch in ein gesamtheitliches „Wirksamkeitskonzept" der rechtlichen Steuerung einzuordnen. In bezug hierauf reicht die Einführung bloßer Kostenrechnung in die öffentlichen Verwaltungen nicht aus, um die Wirksamkeit der Aufgabenerfüllung zu erfassen.[49] Immerhin wird es aber mit einer Kostenstellen- und -trägerrechnung möglich, Leistungsaufträge wahrzunehmen, die als Vorgaben neben dem budgetären Zahlenwerk auch Angaben über die Leistungsmenge und deren wirksame Bereitstellung enthalten.

In diesem Sinne ist vor allem das *öffentliche Rechnungswesen* zu verändern.[50] Wenn öffentliches Verwalten die dezentralisierte, konkretisierende und wirksame Realisierung von Rechtszielen und die gemeinwohlbezogene Erbringung von Verwaltungsaufgaben meint, dann muß es auch haushaltsrechtlich möglich sein, die Verwaltungseinheiten fiskalisch zu steuern. Allerdings muß dann neben der Leistungsmenge auch die *Qualität* von öffentlichen Dienstleistungen in *Kosten-Leistungsrechnungen* erfaßt werden.[51] Man sollte so etwas freilich nicht flächendeckend angehen, weil entsprechende Konzepte überaus anspruchsvoll sind und Resultate auf verschiedenen Ebenen miteinander abgestimmt werden müssen. Überdies bedarf es der Programmevaluation, um komplexe Wirkungen der Verwaltungstätigkeit zu erfassen. Der entscheidende Punkt scheint mir bei alledem aber die Frage zu sein, was *nach* der Einführung der „Produktrechnung" geschehen wird. In bezug hierauf ist nochmals daran zu erinnern, daß Haushalts- und Sachrecht nicht voneinander zu trennen sind.

3. Integrations- und Legitimationsfunktionen des Rechts im „Unternehmen Verwaltung"

Recht ist allerdings karft seiner spezifischen Systemrationalität mehr als ein veränderbarer, beweglicher Gestaltungsauftrag und damit Steuerungsressource für

Verwaltungsreformen. In seiner verfassungsrechtlichen Grundlegung bildet es gleichzeitig ein sicheres Fundament für die Bestimmung der Gemeinwohlverpflichtung der öffentlichen Verwaltungen. In dieser Zielsetzung sieht es sich durch die *systempolitische* Funktion der Verwaltungsmodernisierung betroffen. Diese offenbart sich, wenn wir nach der künftigen Positionszuweisung der Exekutive im Gefüge der Staatsfunktionen fragen bzw. als *funktionales Bezugsproblem* der Verwaltungsmodernisierung die Verpflichtung öffentlicher Verwaltungen auf Herbeiführung von Legitimation, die Sorge um politische Unterstützung sowie die Kooperationswilligkeit der Adressaten von Verwaltungsentscheidungen wählen.[52] Öffentliche Verwaltungen sehen sich unter diesem Blickwinkel nun nicht mehr allein Maßgaben wie Rechtmäßigkeit, Wirtschaftlichkeit bzw. Effizienz oder Sachrichtigkeit unterworfen, sondern Verwaltungshandeln und -entscheiden muß nunmehr auch die Bürgernähe der öffentlichen Verwaltung sichern, zur Befriedung und Konsenserzeugung bei der Bewältigung von komplexen Verwaltungsaufgaben beitragen, aber auch legitimierende Funktionen übernehmen.

a) Funktionsverluste der Verwaltung als Integrationsinstanz?

In bezug auf diese administrativen Grundfunktionen im modernen Staat droht das „Unternehmen Verwaltung" an die früheren Erscheinungen einer „unpolitischen Kommunalpolitik" anzuknüpfen. Gefördert scheint mir die Tendenz, unternehmerisches Handeln als eigentlich dynamisch und effektiv zu stilisieren und dadurch - mehr als notwendig - über die rechtsstaatlich- und sozialstaatlich-strukturellen Verwaltungsfunktionen zu erheben. Die daraus resultierenden neuen Politikformen einer rechtlichen und organisatorischen Ausgliederung wichtiger Aufgaben, der Zunahme von Aushandlungsprozessen zwischen öffentlichen und privaten Akteuren und nunmehr auch binnenpolitisch unter Verwaltungseinheiten selbst sowie die Konzentration auf Projekte und einen „Als-Ob-Wettbewerb" von Leistungs- und Verantwortungszentren geraten damit in die Versuchung, der Selbstregulierung durch unmittelbare Demokratie zu entsagen. Es droht der Verzicht auf Politik. M.a.W. stehen „schlanker Staat" und „schlanke Verwaltung" vor dem Problem, die Integrationsaufgabe der öffentlichen Verwaltungen nicht zu vernachlässigen und die gesellschaftliche Desintegration zu vermeiden.

b) Programm- und Partizipationsfunktionen der öffentlichen Verwaltung?

Die gegenwärtigen Verwaltungsreformansätze verändern insofern schon jetzt die Rolle der *Verwaltungsverantwortung*. Es kommt, soviel ist absehbar, zu einer weiteren Emanzipation der Verwaltungspolitik von den Instruktionen *legaler* Handlungsanweisungen bzw. -aufträge. Diese Entwicklung ist im Gefolge der gewachsenen Verflechtung von Staat und Wirtschaftsgesellschaft sowie vor dem Hintergrund des Verlustes der Steuerungskraft des öffentlichen Rechts folgerichtig. Notwendigerweise müssen sich in einer solchen Situation die internen Strukturen der Verwaltung den aus diesen Entwicklungen folgenden Funktionserfordernissen anpassen. Auch die verwaltungsförmigen Rechtsetzungs-, Entscheidungs- und Kontrollverfahren werden deshalb konsequent zum Gegenstand der Modernisierungsbemühungen.[53]

Alles das unterstützt die Ausprägung einer eigenen *Programmfunktion* öffentlicher Verwaltungen. Konsequent sieht sich im Anschluß hieran als Leitlinie etwa des „Neuen Berliner Verwaltungsmanagements" auch ein sog. *Partizipationsprinzip* formuliert, wonach derjenige an einer Entscheidung beteiligt sein sollte, der *innerhalb* der Verwaltung davon betroffen ist. Ferner sollen *fachliche Standards* in einschlägig besetzten Gremien der Verwaltung „unter Beteiligung der Politik" (!) entwickelt werden. Schließlich will die Delegation operativer Verantwortung die politische Verwaltungsführung von der Notwendigkeit von Einzeleingriffen entlasten.[54]

IV. Was also bedeutet Verwaltungsmodernisierung und wem dient sie?

1. Vorprägung des staats- und verwaltungsrechtlichen Funktionswandels

Die bisherigen Überlegungen verdeutlichen, daß die „Verwaltungsmodernisierung" verschiedenen Zielen folgt und dabei in ein bislang zu wenig diskutiertes Spannungsfeld gerät. Einerseits will sie den Wandel der Rolle des Staates auf die Ebene des Aufgabenvollzugs durch öffentliche Verwaltungen transportieren: Nachdem man Versagen und Effizienzmängel des bürokratisch geprägten Verwaltungsstaates zur Kenntnis nehmen mußte, dringt das privatwirtschaftliche Leitbild einer durch Kosten- und Leistungsrechnung gesteuerten Unternehmenswirtschaft auch in den öffentlichen Sektor vor. Der Siegeszug des Marktmodells in Mittel- und Osteuropa sowie in zahlreichen Staaten des Südens trägt hierzu ebenso bei wie der gesellschaftliche Wertewandel in den westlichen Demokratien.

Andererseits sowie unter dem weiteren Vorzeichen einer Entbürokratisierung prägt die Verpflichtung auf „Bürgernähe" bzw. „Bürgerfreundlichkeit" mit den ihr innewohnenden Qualitätsanforderungen und korrespondierenden Leistungserwartungen den Strukturwandel der öffentlichen Verwaltungen. Sie wird von Aufgabenkritik und -verzicht begleitet. Im Zuge der Verwirklichung dieser Zielgesamtheit soll sich eine neue Qualität des Staates offenbaren. Sie spiegelt sich im hier gewählten Begriff vom *distanzierten* und *funktional-qualitativen* Staat.. Auf diese Weise wird dem bislang nur theoretisch diskutierten Funktionswandel des

Staats- und Verwaltungsrechts durch die Modernisierungsanstrengungen in der Praxis vorgegriffen.

2. Modernisierung als „Kulturwandel"

Bei alledem entwickeln sich freilich Staat und Recht keinesweg zu einem kulturfreien Betrieb, der als total neutralisierter technischer Apparat für beliebige Zwecke eingesetzt werden könnte. Im Gegenteil berufen die Modernisierungsbestrebungen ihrem Grunde nach ein verloren geglaubtes ganzheitliches Verständnis von Staat und Verwaltung, in dem die Kompetenzen seitens der handelnden Akteure (Bürger, Verwaltungsangehörige u.a.m.) bedeutsam werden, persönliche Denk- und Entscheidungsstile die Aufgabenerfüllung prägen dürfen und individuelle Selbststeuerung einen Beitrag zur Verwirklichung der Verwaltungsziele übernimmt. Die bisherige bürokratische „Verwaltungskultur" beginnt sich zu verändern.

3. Rechtsstaatliche Kosten der Modernisierung

Auch der in seinen Strukturmerkmalen skizzierte Übergang der öffentlichen Verwaltungen von einem bürokratischen Vollzugsmodell zu neuen dezentralen Verwaltungskonzepten trägt dem Rechnung. Durch die *leistungswirtschaftliche* Ausrichtung kommunaler bzw. staatlicher Aktivitäten und den Wechsel zu einer *dezentralen Fach- und Ressourcenverantwortung* sieht sich der „Erfolg" des Verwaltungshandelns in einen wechselseitigen Zusammenhang der Verwirklichung von Verwaltungszielen und -aufgaben mit dem erforderlichen Mitteleinsatz (Personen, Sachmittel, Finanzmittel) und den angestrebten Verwaltungsleistungen unter den Bedingungen knapper Ressourcen und hoher Qualitätsanforderungen gestellt. Dabei verlangen Effektivität und Effizienz des Verwaltungshandelns, daß nicht nur über die finanzwirtschaftlichen Aspekte (Kosten) Rechenschaft gelegt wird, sondern auch Informationen über Leistungen und Leistungs-Wirkungen bereitgestellt werden. Denn öffentlichen Verwaltungen ist im Gegensatz zu erwerbswirtschaftlichen Unternehmen kein Rentabilitätsziel vorgegeben. Diese Erfolgskategorie wird ersetzt durch die Ziele von Effektivität und Wirtschaftlichkeit, die sich einer ausschließlichen bzw. umfassenden geldmäßigen Darstellung entziehen. Die Erfolgsrechnung in öffentlichen Verwaltungen ist deshalb als *soziale Wirkungsrechnung* zu entwickeln. Zu ermitteln ist ein Erfolgsquotient, der sich aus der Gegenüberstellung von Leistungs-Wirkungen und Kosten ableitet.

Freilich geschieht dies alles nach wie vor im *Gehäuse des Rechts.* Sein *rechtsstaatliches* Fundament zwingt dazu, weitere Probleme zur Kenntnis zu nehmen. So erscheint die Leistungs-Wirkung zu messen dann problematisch, wenn die Leistung vorrangig von qualitativen Aspekten bzw. durch den Erfolg sozialer Interaktionen bestimmt wird (Betreuungsintensität in der Sozialhilfe, Erziehungserfolge im Schulbereich oder bei der Schulsozialarbeit u.a.m.). Die Leistungsmessung mit Hilfe von Indikatoren ist hierbei höchst ungenügend. Sie birgt die Gefahr schematisierter Interpretationen in sich. Ähnliche Kritik ist unter dem Aspekt des *Sozialstaatsprinzips* zu üben. Festzuhalten ist jedenfalls, daß nur eigentlich im Bereich der Individualgütererstellung die Erfolgsrechnung als monetäre *Saldorechnung* zur Beurteilung einer Kostenwirtschaftlichkeit „greifen" kann. Was dies für die „Produktsteuerung" bedeutet, brauche ich hier nicht näher darzulegen. Auch auf die Schwierigkeiten in der Ausgestaltung von Zielsystemen öffentlicher Verwaltungen, in der quantitativen Darstellung von Zielen und bei der Festlegung von Zielerreichungs- bzw. Qualitätsgraden als Gegenstand einer Steuerung „mit Zielvorgaben" sei abschließend hingewiesen.

Dies alles bedeutet kein Unwerturteil über die Verwaltungsmodernisierung. Doch kennzeichnen ihre Spannungslagen sie als eine komplexe Aufgabe, die schwieriger als ein „Konzerngründung" zu bewältigen sein dürfte.

Anmerkungen

1 H. Dreier, Hierarchische Verwaltung im demokratischen Staat, Tübingen 1991, S. 121 ff., 159 ff.; R. Pitschas, Verwaltungsverantwortung und Verwaltungsverfahren, München 1990, S. 18 ff., 48 ff., 201 ff., 253 ff., 558 ff.

2 C. Hood, Public Management for all Seasons, Public Administration 1991, S. 3 ff.; C. Reichard, Internationale Entwicklungstrends im kommunalen Management, in: G. Banner/C. Reichard (Hrsg.), Kommunale Managementkonzepte in Europa, Köln 1993, S. 3 ff., 5 ff.; krit. E. Laux, „Neue Steuerungsmodelle", brauchbare Ansätze zur Verwaltungsmodernisierung?, in diesem Band.

3 C. Reichard, Umdenken im Rathaus: Neue Steuerungsmodelle in der deutschen Kommunalverwaltung, Berlin 1994, S. 33 ff.

4 R. Schauer, Verwaltungsreform und Reform des öffentlichen Rechnungswesens, in: K. Lüder (Hrsg.), Öffentliches Rechnungswesen 2000, Berlin 1994, S. 23 ff., 34 ff.

5 Siehe etwa die Überblicke in H. Hill/K. Klages (Hrsg.), Qualitäts- und erfolgsorientiertes Verwaltungsmanagement, Berlin 1993, S. 201 ff.; vgl. ferner die Beiträge in Banner/Reichard (Anm. 2) sowie K. König, „Neue" Verwaltung oder Verwaltungsmodernisierung: Verwaltungspolitik in den 90er Jahren, DÖV 1995, 349 ff.

6 Beispielhaft dazu R. Hirschfelder/E. Lessel, Steuerung durch Qualität: Das Saarbrücker Total Quality Management-Programm, Verwaltungsführung, Organisation, Personal (VOP) 1994, S. 352 ff.

7 Zur Staatsdiskussion in diesem Sinne siehe u. a. C. Böhret, Funktionaler Staat. Ein Konzept für die Jahrhundertwende?, Frankfurt a. M. 1993; R. Pitschas, Verwaltung und Verwaltungsgerichtsbarkeit im „distanzierten" Staat, in: W. Blümel/R. Pitschas (Hrsg.), Verwaltungsverfahren und Verwaltungsprozeß im Wandel der Staatsfunktionen, Berlin

1995 (i. Ersch.); R. Scholz, „Schlanker Staat" - Gemeinschaftsaufgabe von Bund und Ländern. Positionspapier des Stellvertretenden Vorsitzenden der CDU/CSU-Bundestagsfraktion, (Bonn) 1995; C. Koch, Von der Funktionentrennung zur Gesamtverantwortung: Verwaltung und Verwaltungsgerichtsbarkeit im Netzwerk der Staatsfunktionen, NVwZ 1995, 350 ff.

8   Str.; vgl. zur eher gegenteiligen Ansicht F. Brückmann, Ein neues Steuerungssystem für die Kommunalverwaltung, Verwaltungsorganisation 1995, 18 ff., 19, 21; M. Wallerath, Kontraktmanagement und Zielvereinbarungen als Handlungsinstrumente der Verwaltungsmodernisierung, in: R. Pitschas/J. Chowdhuri (Hrsg.), Verwaltungsmodernisierung im Spiegel des Verfassungs- und Verwaltungsrechts, Berlin 1995 (i. Ersch.).

9   M. Timmermann, Wirtschaftliches Handeln öffentlicher Verwaltungen, Grundsätzliches aus ökonomischer und verwaltungspraktischer Sicht, in: H. H. von Arnim/K. Lüder (Hrsg.), Wirtschaftlichkeit in Staat und Verwaltung, Berlin 1993, S. 43 ff.; E. Buschor, Steht das Haushaltsrecht quer zu den Anforderngen der Wirtschaftlichkeit?, ebd., S. 253 ff., 255 ff.

10 Dazu aus der Privatwirtschaft die Beiträge in M. Sietz (Hrsg.), Umweltbetriebsprüfung und Öko-Auditing, Berlin u. a. 1994.

11 A. Runge/J. Scholz/S. Wirth, Beteiligungsorientierte Reorganisation des Personalwesens, Verwaltung & Management 1995, 116 ff.

12 In diesem Sinne und grds. G. Banner, Konzern Stadt, in: Hill/Klages (Anm. 5), S. 57 ff.

13 Zu den Merkmalen einer „sozialen Effizienz" vgl. Pitschas (Anm. 1), S. 22, 129, 187, 384.

14 Dazu näher G. Schwarz, Sozialmanagement, München 1994.

15 So jedenfalls und bezogen auf die Umwälzung des realen Sozialismus in den MOE-Staaten einschließlich der ehemaligen DDR K. König, Zur Transformation einer realsozialistischen Verwaltung in eine klassisch-europäische Verwaltung, Verwaltungsarchiv 83 (1992), S. 229 ff.

16 So z. B. K. König (Anm. 5), 358 r. Sp.

17 Einige Hinweise bei D. Kostka, Umgang mit komplexen Verwaltungsaufgaben in der Wirtschaftsförderung, Opladen 1992, bes. S. 11 ff., 15 ff., 57 ff.

18 R. Haag, Verwaltungsreform in Heidelberg: aufgezeigt am Beispiel des Bürgeramtes, Verwaltungsorganisation 1995, 6 ff.

19 Hierzu näher die Beiträge in den Sammelbänden von W. Hoffmann-Riem/E. Schmidt-Aßmann (G. F. Schuppert (Hrsg.), Reform des Allgemeinen Verwaltungsrechts. Grundfragen, Baden-Baden 1993; W. Blümel/R. Pitschas (Hrsg.), Reform des Verwaltungsverfahrensrechts, Berlin 1994; dies. (Anm. 7).

20 A. Reuß, Aufgabenerledigung durch Projekte in der Verwaltung, VOP 1992, 94 ff.

21 Vgl. i. d. Sinne auch W. Thieme, Voraussetzungen einer wirtschaftlichen Verwaltung, Verwaltung & Management 1995, 88 ff., 90 f.

22 Ein Beispiel dafür geben A. Mair/O. Meggeneder/J. Schrattenecker, Controlling in der sozialen Krankenversicherung, VOP 1995, 12 ff.; siehe ferner R. Pitschas, Die Jugendverwaltung in marktwirtschaftlichen Wettbewerb?, DÖV 1994, 973 ff., 980 ff.

23 D. Osborne/T. Gaebler, Reinventing Goverment. How the Entrepreneuril Spirit is Transforming the Public Sector, New York u. a. 1993.

24 Zur „sozialstaatlichen" Verankerung der deutschen Verwaltung siehe näher Pitschas (Anm. 1), S. 71 ff., 483 f. und öfter; für die amerikanische Kritik am Konzept des „Reinventing Government" vgl. den Aufsatz von G. Jordan, Reinventing Government: but will it work?, Public Administration 72 (1994), 271 ff.

25 R. Pitschas, Entwicklung der Handlungsformen im Verwaltungsrecht - Vom Formendualismus des Verwaltungsverfahrens zur Ausdifferenzierung der Handlungsformen, in: Blümel/Pitschas (Hrsg.), Reform des Verwaltungsverfahrensrechts (Anm. 19), S. 229 ff., 234 ff., 249 ff.

26 A.a.O. (Anm. 19).

27 M. Bullinger, Beschleunigung von Investitionen durch Parallelprüfung und Verfahrensmanagement, JZ 1993, 492 ff.,497 f., 499 f.; Pitschas (Anm. 1), S. 385 ff.

28 G. Banner, Neue Trends im kommunalen Management, VOP 1994, 5 ff.

29 H. G. Zavelberg, Lean Management - ein methodischer Ansatz für mehr Effizienz und Effektivität in der öffentlichen Verwaltung?, DÖV 1994, 1040 ff., 1042 f.

30 R. Pitschas, Aspects of Max Weber's Theory on Bureaucracy and New Public Management Approach, The Indian Journal of Public Administration XXXIX (1993), 643 ff.

31 Ähnlich schon E. Laux, Die Privatisierung des Öffentlichen: Brauchen wir eine neue Kommunalverwaltung?, Der Gemeindehaushalt 1994, 169 ff.; E. Heuer, Privatwirtschaftliche Wege und Modelle zu einem modernen (anderen?) Staat, DÖV 1995, 85 ff., 93; K. König (Anm. 5), 356 ff.; Pitschas (Fn. 22), 978 ff.

32 E. Schmidt-Aßmann, in: I. v. Münch/E. Schmidt-Aßmann (Hrsg.), Besonderes Verwaltungsrecht, 9. Aufl., Berlin 1992, S. 33 ff., 56 ff.; siehe ferner R. Frey, Verwaltungsreformen in Deutschland: Voraussetzung zur Verwirklichung lokaler Demokratie?, in: ders. (Hrsg.), Kommunale Demokratie, Bonn-Bad Godesberg 1976, S. 97 ff.; R. Scholz/R. Pitschas, Gemeindewirtschaft zwischen Verwaltungs- und Unternehmensstruktur, Berlin 1982, S. 23 f.

33 Brückmann (Anm. 8), 19.

34 Zu diesen Fragen vgl. näher H. Schneider, Das parlamentarische System, in: E. Benda u.a. (Hrsg.), Handbuch des Verfassungsrechts der Bundesrepublik Deutschland, 2. Aufl., Berlin-New York 1994, S. 537 ff., insbes. Rdnrn. 15 ff., 82 ff.; G. F. Schuppert, Regierung und Verwaltung, ebd., S. 1499 ff., Rdnrn. 17 ff., 46 ff.; W. Mössle, Regierungsfunktionen des Parlaments, München 1986, bes. S. 156 ff., 193 ff.

35 Senat von Berlin (Hrsg.), Neues Berliner Verwaltungsmanagement. Teilprojekt „Dezentrale Fach- und Ressourcenverantwortung". Berichtsentwurf zur Diskussion im Projektmanagement v. 23. März 1995.

36 Zur Aufsicht des Staates über die Tätigkeit der Gemeinden und die Aufsichtsmittel - die Bezirke Berlins verfügen über einen kommunenähnlichen Status - siehe Schmidt-Aßmann (Anm. 32), Rdnrn. 41 ff., 44 ff.

37 R. Wahl, Verwaltungsverfahren zwischen Verwaltungseffizienz und Rechtsschutzauftrag, VVDStRL Bd. 41 (1983), S. 151 ff.

38 H. J. Wolff/O. Bachof/R. Stober, Verwaltungsrecht I, 10 Aufl., München 1994, § 30; N. Achterberg, Allgemeines Verwaltungsrecht, 2. Aufl. Heidelberg 1986, § 19 Rdnrn. 12, 18, 23, 35, 41, 51.

39 R. Pitschas, Formelles Sozialstaatsprinzip, materielle Grundrechtsverwirklichung und Organisation sozialer Dienstleistungen, VSSR 1977, 141 ff.

40 F. Wagener, VVDStRL 41 (1983), S. 272 ff. (Diskussionsbeitrag).

41 A. A. F. Wagener, a. a. O. (Anm. 40).

42 Pitschas (Anm. 1), S. 258.

43 Ebenso K. König (Anm. 5), 355 f.

44 Darin liegt m. E. eines der Anliegen der gegenwärtigen Modernisierungsdebatte, das freilich die analoge „Rechtsbildung" (dazu Pitschas, Anm. 1, S. 35) außen vor läßt.

45 K. Stern, Das Staatsrecht der Bundesrepublik Deutschland, Bd. II, Staatsorgane, Staatsfunktionen, Finanz- und Haushaltsverfassung, Notstandsverfassung, München 1980, S. 435 ff., 1208.

46 R. Pitschas, Anm. zum Urt. des BSG v. 25.10.1990 - 7 RAr 14/90, in: SGb. 1991, 492 ff.

47 H. König, Controlling in der öffentlichen Verwaltung, VOP 1994, 158 ff., 160; die Aussagen im Text zielen dann auf „Projekte" als Verfahrensrahmen und -substanz.

48 So zutr. das BSG, a. a. O. (Fn. 46); etwas zu eng demgegenüber Schuppert (Anm. 34), Rdnr. 38.

49 Buschor (Anm. 9), S. 255 ff.

50 Dazu die Beiträge in dem von K. Lüder hrsg. Sammelband, a. a. O. (Anm. 4).

51 Vgl. dazu schon oben im Text bei Anm. 16.

52 Pitschas (Anm. 1.), S. 55, 57 ff., 59, 307 ff. m. w. Nachw.

53 G. Hofe/A. Müller, Wandel der Staatsfunktionen - Wandel im Verwaltungsverfahren und Verwaltungsprozeß, BayVBl. 1995, 225 ff.; M. Schulte, Schlichtes Verwaltungshandeln, Tübingen 1995.

54 A. a. O. (Anm. 35), S. 126 f., 142.

Eberhard Laux

„Neue Steuerungsmodelle", brauchbare Ansätze zur Verwaltungsmodernisierung?

1. Ein notwendiger, langer Anlauf zum Thema

Nach der allgemeinen Aufmerksamkeit beurteilt müßte man die im Thema aufgeworfene Frage ohne Einschränkung bejahen können. Bei sorgfältiger Analyse sind Zweifel angebracht.

Verwaltungsmodernisierung ist ebenso wie die Verbesserung der Wirksamkeit der unternehmerischen Leistung ein *Kontinuum*. Die Anstrengung um die verbesserte Beeinflussung von Leistungserstellung durch steuernde Maßnahmen, insbesondere mit Mitteln von Organisations- und Personalmanagement, gehören zum Repertoire des Managements allgemein. Darüber wird ständig nachgedacht, geforscht und diskutiert, zum Teil mit erheblichen Aufwand, auch wenn sich temporäre Aktionen immer nur auf bestimmte Felder konzentrieren können. Eine vollständige Veränderung der Organisation kann man indes in den Unternehmungen sehr selten feststellen, sofern es nicht die Technik der Produktion betrifft. Niemals in der Geschichte und der Entwicklung der modernen Organisation haben sich einzelne Konzepte allgemein durchgesetzt, Modelle als voll realisierungsfähig erwiesen, sondern waren immer nur Bestandteile eines kontinuierlichen Prozesses mit wechselnden Schwerpunkten. Daß gegenwärtig vor allem in der Ebene der kommunalen Verwaltung Steuerungsmodelle die Szene zu beherrschen scheinen, liegt an dem Zusammentreffen verschiedener politisch bedeutsamer Entwicklungen, nicht aber daran, daß sich in der organisatorischen Entwicklung meist längst bekannte Defizite ergeben haben, die nur mit einer „revolutionären Strategie" beseitigt werden könnte. Sicher ist, daß gegen manche solcher Defizite energischer angegangen werden müßte. Im Stil der Zeit werden Vorhaben als Innovationen verkauft, obwohl die Probleme längst erkannt, Konzepte zu ihrer Behebung zum Teil auch realisiert, z.T. aber noch nicht zu einer allgemeinen Reife gelangt sind. Die von Interessenten aufgeheizte Atmosphäre der Reformendiskussionen läßt sich zumeist als Folge von zeitweiliger Untätigkeit verstehen. Die Überzeichnung der Situation (Krise) kann durchaus fruchtbar wirken, ist es allerdings nach allen Beobachtungen nur für kurze Zeit, weil sich publizistisch wirkungsvolle Slogans abnutzen, die Widerstände im Organisationsgefüge einschließlich der Interessen der Betroffenen aller Art sich als zu mächtig erweisen und auch die Probleme, die man lösen will, sich als sehr viel vielschichtiger sind, als man es vorausgesehen hat. Ist man bescheiden genug und hat man den erforderlichen Respekt vor in Generationen gewachsenen Strukturen, muß man sich zufrieden geben, ausreichende Anstöße gegeben zu haben, die im Prozeß des permanenten Wandels zu allgemeinen brauchbaren Konzepten ausgearbeitet werden können.

Es ist eine Gesetzlichkeit, daß von allen theoretisch diskutierten Möglichkeiten der sogenannten Reformen nur ein kleiner Teil in der Praxis verwirklicht wird. Das dürfte die Wissenschaft eigentlich nicht überraschen, die mit derartigen Ergebnissen ständig konfrontiert wird; die externen Berater von öffentlichen Organisationen auch nicht, wenn sie ihre Funktion richtig verstehen und sie nicht im Verkauf vorfabrizierter Produkte sehen. In der Organisationspraxis im weitesten Sinne gibt es keine Narrenparadiese, in denen man allgemeines Wohlbefinden herstellen könnte.

Die Erklärung für dieses nur scheinbar ernüchternde Ergebnis ist relativ einfach und ebenfalls seit langem bekannt. Für die *Existenz hochkomplexer Strukturen* gibt es keinen Zustand perfekter Organisation, sondern nur eine partielle Annäherung an mögliche Verbesserungen. Solche Strukturen bestehen zum einen aus einer Vielzahl formal/logischer Verflechtungen, aus einem fast nicht mehr im einzelnen analysierbarem Gefüge von Rationalitäten unterschiedlicher Dauerhaftigkeit, zum anderen aber aus einem weit größeren und mit fortschreitender Durcharbeitung der formalen Organisation bedeutsameren Teil nicht formalisierter und auch nicht formalisierungsfähiger Geflechte von Beziehungen. Diese sind meist gewichtiger für den konkreten Organisationszustand als ein Großteil dessen, was man durch formale Regelungen zu stabilisieren und konfliktfrei gestalten zu können glaubt.

Darauf hinzuweisen ist in Anbetracht der Erträge der Sozialisationsforschung (Bosetzky/Heinrich 1989) fast trivial, obwohl gegen solche Erkenntnisse immer wieder von denjenigen verstoßen wird, die allgemeine Reformbedürftigkeit mit allzu umfassenden „technisch" formulierten, modellartigen Ansätzen bewältigen wollen und dabei auf Änderung des „Bewußtseins" der Beteiligten abstellen, also letztlich anderes Denken erwarten. Wer so vorgeht, ist fast schon im Ansatz zum Scheitern verurteilt, auch wenn er zunächst den Beifall derer erntet, deren soziale Integration in die Organisation nicht so recht gelungen oder stabilisiert scheint: Die „Grenzen der Organisierbarkeit (Klages 1977)" werden schnell deutlich. Die praktisch brauchbaren, d.h. Wirksamkeit versprechenden Strategien des organisatorischen Wandels sind begrenzt. Sie liegen in der Programmierung und Realisierung von Aktionen mit konkreten Zielen und deutlicher Kalkulation der Risiken. Immer muß die Chance beachtet werden, den erwarteten Änderungsnutzen wenigstens plausibel nachhalten zu können (was meist nicht geschieht).

Organisieren ist eine nüchterne Tätigkeit, auch wenn „Jedes Büro gleichsam eine Bühne" ist (Bosetzky/Heinrich 1989, S. V). Visionen kann man und sollte man dabei haben, aber ihre Umsetzung nicht mit technischen Mitteln eilig erzwingen wollen. Dies alles gilt in erster Linie für Organisationen, die man heutzutage als Dienstleistungsbetriebe ohne Rücksicht auf die Art der angestrebten Leistungen tituliert. Leider gewinnt der Gedanke eines optimalen Effekts hierzulande meist allzu schnell Oberhand gegenüber der Prüfung, ob denn alles das, was Mängel aufweist, sogleich als reformbedürftig anzusehen ist. Und dann ist es mit der Enttäuschungsfestigkeit selten gut bestellt.

Im folgenden soll auf einige wesentliche Gesichtspunkte hingewiesen werden, die es zu beachten gilt, wenn man die gegenwärtige Diskussion um eine Verwaltungsmodernisierung mit Hilfe von Steuerungs-Modellen bewerten will (Ebell, Fischer, Frey 1992).

2. Steuerung - was heißt das?

Die gegenwärtige Aufgeregtheit um Steuerungsdefizite erscheinen bei Beobachtung der gesamten Entwicklung weniger dramatisch, als dies behauptet wird, trotz notwendiger Verbesserungen.

Steuerung in dem hier interessierenden Sinne ist alles das, womit man von Seiten der Leitung (Management) Absichten, Ziele, Vorhaben usw. beeinflussen kann und möchte. Steuerung wird gelegentlich sogar verkürzt als Synonym für das Management selbst verwendet. Dabei geht man von der Vorstellung aus, daß es beschreibbare Leitungsfunktionen gibt, mittels derer man die Leistungserbringung „optimieren" kann. Das ist nun wahrhaft nichts Neues, wie ein Blick in die Geschichte der betriebswirtschaftlichen Organisationstheorie erkennen läßt. Dem soll auch hier nicht im einzelnen nachgegangen werden. Aber seit den ersten Diskussionen um die Einführung der Erkenntnisse der angelsächsischen Managementforschung und -praxis in die öffentliche Verwaltung dieses Landes - etwa in den 60er Jahren - trat auch die Forderung auf, daß man die einzelnen Organisationsteile zugleich als *Betriebe* erkennen und dementsprechend durcharbeiten müsse. Die Funktionen der Steuerung im einzelnen waren in den USA längst beschrieben, zumindest seit den Studien von Luther Gulick[1], der sie in dem Kunstwort POSDCORB zusammengefaßt hatte (P=Planning; O=Organizing; S=Staffing (Aufstellung und Ausbildung eines Arbeitsstabes); D=Directing; CO =Coordinating; R=Reporting; B=Budgeting). Vieles aus der weit zurückliegenden Diskussion ist - weiterentwickelt und verfeinert - in die öffentliche Organisationstätigkeit eingemündet, insbesondere bei der Gestaltung der Planungs- und Entscheidungsprozesse und der Organisation der modernen Informationsverarbeitung.

Es muß allerdings eingeräumt werden, daß angesichts der Überlastung der öffentlichen Verwaltung durch Steuerung mittels rechtlich-relevanter Normen die Durchdringung mit dem Ansatz „Verwaltungsmanagement" nicht mit der erforderlichen Energie betrieben worden ist, so daß Kritiker mit Recht insoweit von

Steuerungsdefiziten sprechen konnten. Gut durchgearbeitet wurde aber im kommunalen Bereich die Steuerung des Verwaltungsvollzuges durch weitestgehende *Delegierung*, weshalb auch alle generellen Hinweise auf eine zu starke Hierarchisierung der Leistungserbringung falsch sind. Hier hätte sich die private Wirtschaft in Vielem ein Beispiel nehmen können. Die Zusammenhänge zwischen der Kompetenzregelungen, Motivation des Personals, Zuordnung von Informationsbeständen, zum Teil auch der finanziellen Ressourcen auf die möglichst unterste Ebene ist wirksamer durchgestaltet worden, als es eine pauschale Kritik wahrhaben will. Gegenwärtig geht es darum, einen weiteren Schritt zu tun.

Sehr viel schwieriger lagen aber die Steuerungsprobleme bei einer Funktion des Verwaltungsmanagements, die man als *„Zielfindung"* und *„Zielsetzung"* recht farblos definierte. Das Zusammenwirken von politischer Organisation und Administration, ein Kernbereich der Wirksamkeit öffentlicher Organisation, ließ und läßt sich nicht formal so fixieren, wie dies in der privatwirtschaftlichen Unternehmung möglich ist. Zielfindung und -setzung sind ein komplizierter Prozeß unterschiedlicher Rationalitäten, nicht nur ökonomischer. Hier sind z.B. als überlagernde Aspekte verfassungsrechtlich festgelegte Kompetenzen und Funktionen ebenso zu beachten, wie die Regelungen der kommunalen Verfassungsgesetze. Dazu treten die Ergebnisse der allgemeinen politischen Meinungsbildung, die für die Zielfindung hochwirksam sein können. Die Funktionstrennung der Organe kann nur in einer Weise erfolgen, die dem Grundgedanken einer örtlichen Demokratie entspricht.

3. Internationalität oder Verwaltungskultur?

Die Bemühungen um die Verbesserung der Steuerung besonders im städtischen Bereich der westlichen Industrienationen sind in den letzten Jahren mit der wenig aussagefähigen Bezeichnung „new public management" umrissen worden. Was darunter bei uns zu verstehen wäre, hat Ernst Buschor 1994 in folgender Weise zusammengestellt[2]:

- „Mehr Gewicht der Führung
- Von Inputkontrollen (Budgets, Stellen) zur Wirksamkeitssteuerung
- Verbindung von Führungs- und Kontrollinstrumenten
- Vernetzung strategischer und operativer Planung mit dem Vollzug
- Schaffung konzernähnlicher Verwaltungsstrukturen
- Leistungsaufträge für gemeinwirtschaftliche Aufgaben
- Wettbewerb über interne Märkte, Auswärtsvergabe und Privatisierung
- Umfassende Wirkungs- und Ordnungsmäßigkeitprüfung
- Förderung nichtmonetärer Anreize und des Leistungslohns

– Kostensenkungs- und Effizienzdruck."

Daß es sich auch hier nicht um durchweg „neue" Ansätze handelt, wenn man von dem problematischen Wettbewerbsgedanken absieht, läßt sich der Aufzählung leicht entnehmen. In praxi spielt aber etwas ganz anderes eine entscheidendere Rolle als solche Gemeinsamkeiten: In den verschiedenen Ländern oder Kommunen sind die Unterschiede in der Organisation außerordentlich groß, so daß der Nutzen solcher Feststellungen im Einzelfall äußerst gering ist. Ob überhaupt eine internationale „Bewegung" dieser Art existiert, kann man offen lassen. Immerhin läßt sich feststellen, daß die allgemeine Überlastung des hochentwickelten modernen Staates in der westlichen Welt mit dem Problem einer ökonomisch fragbaren Bewältigung umfassender politischer Programme häufig zu ähnlichen organisatorischen Grundmustern führt. Das ist nun wirklich keine Entdeckung. Solche Entwicklungen weiter zu beobachten und zu erforschen, ist sicher von theoretischem Interesse. Aber wo soll ein Ertrag für die kommunale Praxis liegen, wenn die Aktionen selbst innerhalb der EU so diametral auseinander liegen wie gegenwärtig? Die Verwaltungspolitik in England z.B. hat kaum etwas gemeinsam mit der in den kontinentalen Ländern, schon gar nicht mit der Auffassung in den „romanischen" Ländern. In ihnen wird wenig Neigung verspürt, sich einem Kerngedanken wie new public management zu öffnen, daß Verwaltung und Dienstleistungsunternehmen überwiegend übereinstimmende Merkmale tragen. Es interessiert sie nicht besonders.

Etwas für die Praxis des Organisierens weitaus Bedeutsameres wird dagegen zu wenig erörtert: das *Gewicht der jeweiligen Verwaltungs- und Organisationskultur.* Sie, und nicht etwa international auffällig ähnliche Erscheinungen prägt die organisatorische Gestaltung. Dabei wird man unter Verwaltungskultur eine Vielzahl relativ konstanter nationaler Muster von Orientierung und Wertung in oder gegenüber von Verwaltungen verstehen können, ausgehend von der Beobachtung, daß gleichartige Probleme in verschiedenen Ländern sehr unterschiedliche politisch-administrative Lösungen der Leistungssicherung hervorgebracht haben. Die Bestandteile einer Verwaltungskultur sind die maßgeblichen Orientierungsmuster für die Auswahl von organisatorischen Konzepten. Sie sind determinierende Verhaltensaspekte. Es ist erstaunlich, daß in der gegenwärtigen Diskussion um Steuerungsmodelle dieser seit langem bekannte Aspekt so weit vernachlässigt wird[3].

Kommunale Selbstverwaltung kann aber bei aller internationalen Zusammenarbeit und mancherlei „Ähnlichkeiten" nur in ihrer konkreten Einordnung in das nationale System verstanden werden, allenfalls von einer Übereinstimmung in bestimmten Kulturkreisen. So ist es für den Kenner ganz offensichtlich, daß man in Deutschland, Österreich oder der Schweiz eine ganz andere Auffassung von Funktion und Organisation der kommunalen Verwaltungen hat als in England oder Frankreich, geschweige denn in den USA, bei denen in Bezug auf die deutsche Kommunalverfassung nur partielle Vergleiche erlaubt sind (s. die Unzahl von special authorities). Es ist jedem Beobachter der Organisationspraxis geläufig, daß sich auch die einzelnen Institutionen im eigenen Lande in ihrer Auffassung vom Organisieren oft erheblich unterscheiden, z.B. in Organisationsklima, der informellen Organisation, den eingeübten Verhaltensmustern, den Leitbildern, den ungeschriebenen Normen, dem Führungsstil usw. Dies gilt nicht nur für Aufgabenbereiche, die die örtliche Kommune noch weithin selbst bestimmen kann. Wieviel stärker gilt dies aber für nationale Systeme, wenn man sie nicht nur in einer Abstraktion vergleichen möchte, die kaum zu nützlichen Aussagen führt.

Der Vergleich verdeckt oft die Differenzierung, auf die es aber ankommt. Organisieren bedeutet nun einmal, Unterschiedlichkeiten zu registrieren und auch wirksam bleiben zu lassen, aber nicht Vereinheitlichung. Es ist zuzugeben, daß sich insoweit eine Organisation wie die Kommunale Gemeinschaftsstelle (KGSt) mit ihrer Informationsmacht in einem erheblichen Dilemma befindet und weiter befinden wird, weil sie mit ihren generellen Empfehlungen der Vielfalt der einzelnen örtlichen Organisationskulturen nur bedingt gerecht werden kann. Der Ehrgeiz, perfekte Aussagen zu treffen, ist nicht unbedingt der Umsetzung förderlich. Schließlich kann man nicht darüber hinweg sehen, daß örtliche kommunale Selbstverwaltung, in ihrer Individualität verfassungsrechtlich geschützt, durch Gemeindegebiet, Einwohnerschaft und formaler Verfaßtheit bestimmt wird und nicht durch Einheitlichkeit, wie sie in einer konzernartigen Unternehmensorganisation, die der Bestimmung durch das Management unterliegt, so erscheinungsreich auch hier die Praxis ist.

Systemvergleiche wären sicher möglich. Aber jeder Politikwissenschaftler weiß, wie ungewöhnlich schwierig sie sind, zumal es sich bei der Kommunalverwaltung um staatliche Teilsysteme handelt. Die vereinzelten Versuche, so etwas zu unternehmen, kann man als gescheitert ansehen. Von einer angeblichen Internationalität der Probleme und möglichen Lösungen führt kein Weg zur Beantwortung der Frage, was neue Steuerungsmodelle für die Verwaltungsmodernisierung tatsächlich leisten können, auch wenn man dem (durchgängig hohen) Standard der Leistungserstellung der deutschen kommunalen Selbstverwaltung angeblich besonders fortschrittliche einzelne städtische Verwaltung anderer Länder gegenüber stellt. Von da aus war es auch ein nicht nur ein problematischer, sondern ein falscher Schritt, ein Steuerungsmodell für die gesamte deutsche Kommunalverwaltung auf der Basis der Lösungen einer holländischen Stadt (Tilburg) zu entwickeln, ein Vorgang, den man nur mit Erstaunen registrieren konnte (Blume bei Banner/Reichard 1993, S. 143) Notwendigkeit von Änderungen, nur weil andere sich geändert haben?.

Im übrigen: Fortschritt wovon und wohin? Diese Frage bleibt weithin unbeantwortet.

4. Etwas für das Feuilleton: Dienstleistungsunternehmen Kommune

Im Neuen Steuerungsmodell der Kommunalen Gemeinschaftsstelle (KGSt) nimmt das Wort vom kommunalen Dienstleistungsunternehmen einen so hohen Rang ein, daß man den ideologischen Anspruch, der dahintersteht, nicht übersehen kann und darf (KGSt 1993).

Was eine Unternehmung ist, hat die Betriebswirtschaftslehre seit vielen Jahrzehnten erforscht und dargestellt. Besondere Merkmale sind neben der Regelung der Eignerschaft eine wirtschaftende Organisation, die am Markt tätig ist. Sie muß (meistens) Produkte entwickeln, herstellen und/oder sie am Markt zu wettbewerbsfähigen Preisen vertreiben. Sie muß Abnehmer für ihre Produkte finden und Erträge erwirtschaften, die ihr den Fortbestand sichert. Das gilt nicht nur für den industriellen Produktionsbetrieb, sondern auch für das *private Dienstleistungsunternehmen im weitesten Sinne.*

Was ein *kommunales Unternehmen* ist oder welche organisatorische Einheit als solche gilt, regeln die Gemeinde- und Kreisordnungen in den jeweiligen Abschnitten über die wirtschaftliche Betätigung (Beispiel §§ 107 ff. GO NW). Dort wird überall darauf hingewiesen, daß es auch Bestandteile der kommunalen Leistungsorganisation gibt, die man als nichtwirtschaftliche Unternehmen bezeichnet und als Einrichtungen, die nach wirtschaftlichen Gesichtspunkten zu führen sind. Trotz aller öffentlich-rechtlichen Beschränkungen sollen solche Betriebe ähnlich wie wirtschaftliche Unternehmen gestaltet werden können. Auch die Fälle von Beteiligungen an privaten Wirtschaftsunternehmen bzw. vice versa ist ausdrücklich vorgesehen und geregelt. Alles dies bestimmt den kommunalen Alltag seit langem, ist entsprechend den Notwendigkeiten immer weiter ausgebaut worden, ebenso wie die Beteiligungsregelungen, insbesondere in der Kooperation public-private. Unabhängig davon hat man in Theorie und Praxis für die Organisation der Verwaltungen sich am Modell des „Betriebes" orientiert, in dem man auch den Begriff des *Verwaltungsmanagement* festmachen konnte.

Was will man aber nun mit dem neuen Kunstprodukt „kommunales Dienstleistungsunternehmen"? Eine Erklärung für ein Verständnis des neuen Begriffes liegt in der Einführung des Produktbegriffes in die Steuerungstechnik. Da man aber mit dem Produktbegriff auch ohne das Konstrukt „Kommunales Dienstleistungsunternehmen" arbeiten kann, soweit man es als Rechengröße im Rahmen einer Kosten- und Leistungsrechnung benutzt und nicht, um die gesamte Organisation der Kommune umzuformen, hätte es eine des Unternehmensbegriffes nicht bedurft.

Organisationstheoretisch ist die Auffassung vom „kommunalen Dienstleistungsunternehmen" unhaltbar und zur Erklärung der Kommune als öffentliche Gebietskörperschaft, in der Bevölkerung, Gebiet, öffentliche Aufgaben und demokratische Organisation eine funktionale Einheit bilden, falsch und gefährlich. Wenn man damit ein „Bild" beschwören möchte, um größere Wirtschaftlichkeit in den Verwaltungen zu fördern, mag das vielleicht medienwirksam und zeitweilig sogar ergiebig sein. Als Organisationsbegriff ist das kommunale Dienstleistungsunternehmen unbrauchbar (Laux 1993).

Warum hat man sich nicht mit dem weithin durchdachten Konzept des Verwaltungsmanagement begnügt (Reichard 1987) und sich an Arbeiten zum Management in Nonprofit-Organisationen orientiert (Schwarz 1992)? Darauf gibt es keine plausible Antwort. Aufmerksamkeit hat man unbestreitbar damit erregt. Nur ist Organisation nicht mit Marketing gleichzusetzen, so wichtig kommunales Marketing als politisches Instrument ist und sein sollte.

Auf den *Kundenbegriff* sollte man in diesem Zusammenhang verzichten. Die meisten öffentlichen Leistungsdarbietungen sind nicht auf den Markt gerichtet und werden nicht am Markt erbracht. Der größte Teil ist als gesetzlicher Anspruch formuliert und löst in der Verwaltung Leistungspflichten aus, selbstverständlich mit ständigen Überlegungen zur Verbesserung des Services gegenüber dem Bürger (Bürgerfreundlichkeit, Bürgernähe usw.). Kommunen können als Folge der politisch-administrativen Verflechtungen im öffentlichen Leistungsbereich immer weniger „wählen", was sie anbieten. Die freiwilligen Leistungen, so wichtig sie für das Selbstverständis der kommunalen Selbstverwaltung sind, gehen zurück. Schon deswegen ist auf die Forderung nach größerer Output-Steuerung nicht von der Bedeutung, wie sie oft dargestellt wird. Es bringt wenig, wenn man eine Sozialverwaltung vom Kundenbegriff her betrachten will. Sie bietet keine Produkte an, sondern muß den Ansprüchen ihrer Klientel auf soziale Leistungen unterschiedlichster Art nachkommen. Dies geschieht oft unter schwierigen Umständen mit weniger Sanktionsmöglichkeiten, wie es ein privater Unternehmer gegenüber aufsässigen „Kunden" hat. Wer Kunde sein möchte, muß sich wie ein Kunde verhalten. Dies aber ist gerade nicht immer charakteristisch für die Beziehungen vom Leistungsempfänger zum Leistungsträger. Bei den kommunalen Aufgabenbereichen mit Sanktionsmöglichkeiten formaler Art, wie im gesamten Bereich der Ordnungsverwaltungen im weitesten Sinne, wirkt es eher befremdlich, in gekünstelten Kommentierungen etwas zur dienstleistungsunternehmerischen Tätigkeit umzudefinieren, wenn dies den Realitäten in keiner Weise entspricht. Diese Beispiele lassen sich fast beliebig vergrößern. Wenn man allerdings die rechtliche Dimension weithin ausklammert, macht man es sich allzu leicht.

Und noch eine Frage: Wenn man die private Wirtschaft kritisch danach befragt, wie sie es mit dem Kunden hält, wird man feststellen müssen, daß der Großorganisation in Handel, Banken und Versicherungen der Kunde als Bezeichnung für eine Funktion in wechselseitiger Beziehung weithin verlorengegangen ist (Stephan 1995, S. 72 ff).

Diese kritischen Bemerkungen wollen indes in keiner Weise die Anstrengung verkleinern, die notwendig sind, um die ökonomische Steuerung im kommunalen Leistungsgefüge zu verbessern.

5. Geeignete Strategien zur Verwaltungsmodernisierung

Fragt man nach den derzeit guten Chancen einer Verwaltungsmodernisierung, so müssen drei Bereiche auseinandergehalten werden:

(1) Die Entlastung des Staates
(2) Die Konsolidierung der kommunalen Haushalte
(3) Modernisierungsmaßnahmen.

zu (1): Entlastung des Staates

Diese generelle Problematik überlagert alle Fragen der Verwaltungsmodernisierung. Es kann im Rahmen dieser Abhandlung nicht darauf eingegangen werden, welches die Ursachen im einzelnen sind, daß man über einen Rückzug des Staates aus vielen Leistungsbereichen (Deregulierung) nachdenken muß. Faktum ist, daß nahezu alle hochentwickelten Industriestaaten, was den öffentlichen Bereich angeht, sich an den Grenzen ihrer Leistungsfähigkeit sehen und nach Wegen suchen müssen, inwieweit öffentliche Leistungen entfallen, eingeschränkt oder dem privaten Markt überlassen werden können. Dies ist keine Thematik, die dem Bereich der kommunalen Selbstverwaltung unberührt lassen kann; im Gegenteil.

Die trotz aller Kompetenzregelung enge politisch-administrative Verflechtung von Bund, Ländern und Kommunen führt bei den Letzteren vorrangig und schneller zu existentiellen Krisen, wenn das Staatsganze in Zwangslagen gerät. Bund und Länder können sich mit einer rigiden Abgabenpolitik und drastischen Beschränkung der Subventionen aller Art sanieren. Der kommunalen Ebene bleibt häufig nur der Weg in die strengere Handhabung der Organisations- und der Personalpolitik. Hier sind aber in keiner Weise Ergebnisse zu erwarten, die auch nur in entfernsteten größere Etatlöcher zu schließen in der Lage sind. Im übrigen wirken sich der Steuerverbund und der Finanzausgleich als zentrale Steuerungssysteme in der Ebene der Kommunalverwaltung unmittelbar drastisch auf deren Leistungsfähigkeit aus, wenn die Steuereinnahmen schrumpfen. Da die Aufgabenprogrammierung unabhängig von Art. 28 Abs. 2 GG im Laufe der Jahrzehnte immer stärker auf Bund und Länder verlagert wurde, und die kommunalen Leistungen durch die Ausweitung der legislativen Programmierung der „Pflichtaufgaben" zu Lasten der freiwilligen Aufgaben fremdbestimmt sind, müs-

137

sen in Zeiten finanzieller Krisen alle negativen Auswirkungen die Handlungsfähigkeit der kommunalen Ebene beeinflussen. Die Kommunen sind dann genötigt, sich unter strengen Anforderungen an die Sparsamkeit auf die Umsetzung zentraler politischer Programme, z.T. sogar auf den reinen administrativen Vollzug beschränken. Die politischen Vertretungen verlieren an Möglichkeiten zielsetzende, gestaltene Entscheidungen zu treffen, die Verwaltungen an Ermessensspielräumen.

Dies wird von all denjenigen übersehen, die, wie im Rahmen des Neuen Steuerungsmodells der KGSt die politischen Gremien auf richtungsweisende Entscheidungen, das „Was", beschränkt wissen wollen. Was bleibt dann übrig? Im übrigen zwingt die Finanzentwicklung zur Beschränkung bei der Vorhaltung eigener Einrichtungen, obwohl diese die eigentliche Substanz kommunaler Eigenständigkeit bilden (Püttner 1994). Kommunale Selbstverwaltung als administrative Vollzugsbehörde! Mancher Zentralist in Bund und Ländern mag das nicht ungern sehen. Aber es ist nicht mehr die Selbstverwaltung des Grundgesetzes.

Schon von daher müssen alle Ansätze zur verbesserten Steuerung im kommunalen Bereich in ihrer Wirkung beschränkt bleiben. Solange man nicht weiß, wohin zentrale Politik tendiert, sind z.B. Überlegungen für die Budgetierung der Personalausgaben in Kommunen oft nur hypothetisch.

zu (2): Konsolidierung der kommunalen Haushalte

Aktuell haben alle Maßnahmen zur Konsolidierung der Haushalte Vorrang. Man ist auf diesem Wege auch schon weit vorrangeschritten. Konsolidierung hat den Vorrang vor längerfristigen Verbesserungen, ohne daß diese deswegen aufgegeben werden müssen.

Haushaltskonsolidierung besteht aus folgenden Elementen:

- haushaltswirtschaftliche Maßnahmen,
  (Einsparungen, Kürzungen, Fristverlängerungen, Streckungen)

- Rationalisierungsmaßnahmen
  Darunter sind alle organisatorischen Aktionen zur Anpassung einzelner Verwaltungteile an geänderten Leistungsbedingungen zu verstehen. Dabei muß auch nach grundlegenden Verbesserungen der Wirksamkeit und Wirtschaftlichkeit gesucht werden. Aber es handelt sich nicht um einen reformartigen, einschneidenden Umbau der Gesamtverwaltung, der auch mittelfristig nicht möglich wäre.

- Aufgabenkritik
  Soweit dies angesichts des Einbaus der kommunalen Selbstverwaltung in die staatliche Gesamtorganisation überhaupt möglich ist (s.o.), muß im Rahmen

von Haushaltskonsolidierungskonzepten danach gefragt werden, welche Leistungen man erbringen muß, sollte oder möchte, ob alles selbst geleistet oder durch Dritte realisiert werden kann (make or buy), welcher Organisationsformen man sich bedienen soll, wie man privates Kapital einbinden kann usw.

Dies sind z.T. sehr subtile Fragestellungen mit unterschiedlichem, aber meist hohem politischen Gehalt. Sie müssen zudem danach sortiert werden, was denn mittelfristig überhaupt wirksam werden kann. Wer die kommunale Substanz nicht langfristig gefährdet oder dauernd schädigen will, kann sich nicht in wilde Aktionen stürzen, wie es in manchen Städten durch weitestgehende Verselbständigungen ganzer Leistungsbereiche im Sinne eines überzozogenen Lean-Managements und mit der Tendenz zur „Skelettverwaltung" angepeilt wird.

Zu (3): Modernisierungsmaßnahmen

In diesem, gegenüber den anderen beiden Feldern zeitlich und z.T. auch sachlich nachrangigen Bereich, müssen nun Ansätze gesucht, gefunden oder verbessert werden, die längerfristig einen wie auch immer ausgedehnten „Umbau" bezwekken. Dabei muß man freilich beachten, daß rein instrumentale Verbesserungen sicherlich nicht allzu hohe Erwartungen auslösen sollten, so wichtig sie auch sein mögen. Man kann bei solchen Vorhaben z.B. einen leitbildorientierten Ansatz wählen, d.h. die Verabschiedung eines fortzuschreibenden Zielkonzeptes für die Entwicklung der gesamten Verwaltung oder, besser und wirksamer, für die Organisationspolitik. Man kann auch einen stärker kostenorientierten (pretiale Steuerung) bevorzugen (Bräunig 1995) oder einen stärker qualitätsbezogenen Ansatz realisieren (total quality management). Es gibt zudem noch andere Ansätze: so z.B, daß man von einem Teilsystem, wie dem *Rechnungswesen* her (Heuer 1995), den gesamten Prozeß der Modernisierung in Gang setzt und schrittweise erweitert. Es gibt nicht „das" Steuerungsmodell, schon wegen der höchst unterschiedlichen Ausgangslagen in den konkreten politisch-administrativen Sachlagen (Größenordnungen). Steuerungsmodelle sind letztlich nur „Instrumentenkästen" (Reinermann 1994) und sollten nicht mit politischen Zielen allzu sehr befrachtet werden.

Es macht aber wenig Sinn, ein Generalkonzept für eine Kommune mit 10 000 Einwohnern und eine Großstadt von mehreren 100 000 Einwohnern zu formulieren, wenn man sich nicht nur an rahmenartigen Aussagen hält. In diesem Bereich der Überlegungen ist das *Neue Steuerungsmodell* der KGSt anzusiedeln[4]. Die KGSt hat mit dem Modell die Erwartung verbunden, daß es nicht nur ein Beitrag zur Verwaltungsmodernisierung im kommunalen Bereich sein könnte, sondern daß man mit ihm auch generell den Prozeß der Verwaltungsmodernisierung in allen Ebenen öffentlicher Tätigkeit politisch beeinflussen könne. Dies dürfte eine Illusion sein, allein von der unterschiedlichen Funktion der Ebenen her, sofern es sich nicht um vergleichbare betriebliche Strukturen handelt.

Will man eine generelle Kritik am Neuen Steuerungsmodell formulieren, so könnte man sie kurz wie folgt zusammenfassen:

– Es ist zu ambitioniert. Statt Systemverbesserungen will man eine Systemveränderung, wobei man ein gänzlich anderes Verwaltungsverständnis einfordert.

– Es ist zu wenig politikorientiert und zu zwanghaft am Gedanken der Verwaltung als öffentliches Dienstleistungsunternehmen orientiert.

– Es verdrängt die Einordnung der Kommunalverwaltung in die rechtsstaatliche Programmierung durch Vorschriften aller Art, so sehr hier Revisionen notwendig sind. Die weitgehende Systemsteuerung durch Recht kann zwar beschränkt, aber marginal ersetzt werden.

– Es hat einen zu einseitigen Theoriebezug (Betriebswirtschaftslehre)[5].

– Es ist zu wenig realitätsbezogen. Die Unterschiedlichkeit der Größenordnungen und die höchst heterogene kommunale Aufgabenstruktur ist wenig reflektiert.

– Es legt dem Vergleich mit der Privatwirtschaft nicht deren Realität, sondern ein Idealbild zugrunde.

Insgesamt ist es als mit Abstrichen Erklärungsmodell brauchbar, als Trainingsmodell sicherlich geeignet. Daß allein seine Existenz für die Überlegungen der Verwaltungsmodernisierung eine erhebliche Schubkraft entwickelt hat, wird niemand bestreiten.

Bestandteile dieses Modells sind (KGSt):

(1) stärkere Abgrenzung der Verantwortung zwischen Politik und Verwaltung;
(2) Führung durch Leistungsabsprache statt durch Einzeleingriff (Kontraktmanagement);
(3) dezentrale Gesamtverantwortung im Fachbereich;
(4) zentrale Steuerung neuer Art;
(5) Instrumente zur Steuerung der Verwaltung von der Leistungsseite her (Output-Steuerung).

Zusätzlich wird betont, daß die neue Struktur durch Wettbewerb bzw. Wettbewerbssurrogate aktiviert und innovationsfähig gemacht werden soll.

Dazu die folgenden kurzen Kommentierungen (Laux 1994):

**zu (1): Stärkere Abgrenzung der Verantwortung zwischen
         Politik und Verwaltung**

Eine grundsätzlich andere Abgrenzung der Verantwortlichkeiten zwischen Politik und Verwaltung ist weder verfassungskonform, noch von der Sache her erforderlich (s.o. zur Entlastung des Staates). Es ist auch nicht recht einzusehen, warum gerade dieser Punkt so elementare Bedeutung für die Verwaltungsmodernisierung haben sollte. Spricht hier mehr die Verärgerung von Verwaltungschefs über das angeblich ständige Hineinreden der Verwaltungspolitik in Einzelheiten mit? Oder ist dies letztlich auch nur die Folge der Interpretation der Kommunen als Dienstleistungsunternehmen? Die weitere Begrenzung der Funktion der Vertretungen führt unweigerlich zu Schwierigkeiten, politischen Nachwuchs zu rekrutieren.

zu (2): Führung durch Leistungsabsprache statt durch Einzeleingriff

Kontraktmanagement ist ein fruchtbarer Gedanke, um eine bessere Kongruenz zwischen Kostenverursachung und Kostenverantwortung zu erzielen. Die größeren Kommunen haben aber durch Absprachen zwischen der Leitungsebene und den einzelnen leistenden Einheiten hier schon seit langem vorgearbeitet. Diese Organisationstechnik ist also nichts grundsätzlich Neues. Es ist aber richtig, daß man auf ihre Bedeutung aufmerksam macht. Inwieweit dies mit den rechtlich gesicherten Einwirkungsmöglichkeiten der politischen Vertretungen und ihrer Ausschüsse im einzelnen vereinbar ist, muß örtlich geklärt werden.

zu (3): Dezentrale Gesamtverantwortung im Fachbereich

Alle Maßnahmen zur dezentralen Ressourcenverantwortung im Fachbereich sind für die Verbesserung der Wirksamkeit und der Wirtschaftlichkeit von hoher Bedeutung, vor allen Dingen wenn das kommunale Rechnungswesen dementsprechend ausgebaut wird. Allerdings muß bedacht werden, daß man hier ebenfalls nicht doktrinär verfahren kann. Es ist zunächst keineswegs ausdiskutiert, ob die dezentrale Ressourcenverantwortung überall ein gangbarer oder gar der bessere Weg ist. Die damit verbundene Umfunktionierung zentraler Steuerungseinrichtungen (Hauptamt, Personalamt, Organisationsamt, Haushaltsabteilung) zu koordinierenden Serviceeinrichtungen ist selbst im Unternehmensbereich umstritten (Krüger/v. Werder 1995). Für Kommunen unter 100 000 Einwohnern ist selbst die Dezentralisierung der Personalverantwortung im erweiterten Sinne problematisch.

zu (4): Zentrale Steuerung neuer Art

Gemeint sind in erster Linie eine konzernartige Steuerung der relativ eigenständigen Fachbereiche über ein Instrumentarium des Controlling, das auf einer Budgetierungstechnik basiert. Der Gedanke eines umfassenden Controllings ist in den letzten Jahren viel zu weit in den Vordergrund geschoben worden, obwohl nicht im mindesten die Voraussetzungen dafür gegeben waren. Geht man aber von einer Budgetierungstechnik verbunden mit Kosten- und Leistungsrechnung und einem dementsprechend ausgestalteten Berichtswesen aus, so kann man sich schrittweise einem wirksamen Controlling über laufend ermittelte Kennzahlen nähern. Die Sucht, alle überwachenden Maßnahmen unter den Controllingbegriff zu subsumieren, scheint aber eher einem modischen Trend zu folgen, als für die Zukunft wirkungsvoll zu sein.

zu (5): Instrumente zur Steuerung der Verwaltung von der Leistungsseite her

Zu der grundsätzlichen Problematik, im Leistungsbereich der Kommunen überhaupt die Verwaltung von der Leistungsseite her zu steuern, sind oben einige Bemerkungen gemacht worden. Hier müssen nur die Spielräume genauer ausgemacht werden, die überhaupt für eine Output-Steuerung zur Verfügung stehen. Prinzipiell ist gegen diese Forderung nichts einzuwenden.

Ob aber der *Wettbewerbsgedanke* überhaupt fruchtbar sein könnte, muß bezweifelt werden. Vor einer kritiklosen Übernahme kann nur gewarnt werden. In Großbritannien sind die externen Wettbewerbsstrukturen immer stärker in Kritik geraten[6], und es dürfte höchst zweifelhaft sein, ob sie politisch überstehen. Es kommt aber auf die Art und Weise der Praktizierung an. Kommerzieller Wettbewerb bedeutet immer auch die Gefahr von Leistungsverschlechterungen, der einseitigen Bevorzugung wirksamkeitsträchtiger Leistungen zu Lasten des Gleichheitsgebots und anderer korrumpierender Verhaltensweisen. Man muß wissen, was man sich damit außerhalb betrieblicher Einheiten einhandelt. Und - zu guter Letzt - noch haben wir den Staat des Grundgesetzes mit der klaren Zielrichtung des sozialen Rechts- und Leistungsstaates. Das scheint bei manchen Reformern etwas in Vergessenheit geraten zu sein.[7]

Anmerkungen

1   Luther Gulick, Notes on the Theory of Organisation, in: Papers on the Science of Administration, 1937; s.a. Poul Meyer, Die Verwaltungsorganisation, Deutsche Ausgabe 1962, der diese Erkenntnisse in das deutsche Verwaltungsdenken, insbesondere in die beginnende Planungsdiskussion eingebracht hat.

2   Ernst Buschor, Ein wirkungsorientiertes Modell der kommunalen Verwaltungsführung, in: Gerhard Banner/Christoph Reichard, Kommunale Managementkonzepte in Europa, 1993, S. 182.

    In demselben Band befindet sich auch ein die „Übertragungspolitik" betreffender, einfühlsamer Beitrag von Christoph Reichard: Internationale Trends im kommunalen

Management (S. 3), der auf grundlegende Unterschiede selbst bei den europäischen Kommunen hinweist, ohne aber auf die notwendigen Folgerungen im einzelnen einzugehen.

3   Ausführlich Stephan Pesendorfer, Verwaltungskultur in Österreich, in: Zeitschrift für Verwaltung 1994, S. 134 bis 144; neuerdings Klaus König, „Neue" Verwaltung oder Verwaltungsmodernisierung: Verwaltungspolitik in den 90er Jahren, in DÖV, Heft 9/1995.

    K. bezweifelt vor allem einen allgemeinen Paradigmenwechsel vom exkutivischen zum unternehmerischen Management in der öffentlichen Verwaltung und geht auf die kulturellen Verschiedenheiten der öffentlichen Verwaltungen selbst z.B. im Verhältnis der Länder des deutschsprachigen Raums ein. Er steht damit in gewissem Grundsatz zu Heinrich Reinermann, Neue Managementformen in der öffentlichen Verwaltung, in: Zeitschrift für Vermessungswesen, 1994, S. 627 ff., der diesen Paradigmenwechsel behauptet.

4   Zum Neuen Steuerungsmodell (KGSt) ist eine Fülle von Veröffentlichungen erschienen, zumeist von Betriebswirten oder Organisatoren. Zum großen Teil ist ihr Inhalt unkritisch und nur berichtend, z.T. sind es „Erfolgsmeldungen" ohne reale Ergebnisse. Es soll deshalb auf die Auflistung der Publikationen verzichtet werden. Generalkritik bei Laux (1994).

5   Auf wie schwachen theoretischen Beinen das KGSt-Modell beruht, zeigt sich schon an der ständig wiederholten Zielsetzung „Von der Bürokratie zum Dienstleistungsunternehmen". Ist schon mehr als erstaunlich, daß hier ein Gegensatzpaar formuliert wird, welches keines ist, so fragt man sich umsomehr, welches Bild ein kommunaler Verein zur Unterstützung der kommunalen Selbstverwaltung überhaupt hat, wenn er nicht bewußt ein schiefes Bild vermitteln will. Städtische, vor allem großstädtische Selbstverwaltung beruht auf 3 Säulen: der Kernverwaltung mit den Teilen Hoheitsverwaltung und dem gänzlich anders strukturierten Bereich der Leistungsverwaltung (z.B. Sozial- und Jugendverwaltung), den betrieblichen Einrichtungen, die einen erheblichen Teil der Selbstverwaltung ausmachen, und den kommunalen Unternehmen. Alles „Bürokratie"? Eine plakative Verfälschung der Gegenwart und Vergangenheit!

6   Kritische Bemerkungen vor allem von John Steward und Kieron Walsh, Chance in the management of public services, deutsche Übersetzung in: Deutsche Sektion des Internationalen Instituts für Verwaltungswissenschaften, Verwaltungswissenschaftliche Informationen, Heft 1/2 1993, S. 48 bis 62. Andererseits sind die weitgreifenden Vorschläge von F.F. Ridley, Wiedererfindung des Staates - Reinventing British Government - Das Modell einer Skelettverwaltung , DÖV 1995, S. 569, zu beachten, die aber die ganze Unterschiedlichkeit im Verwaltungsdenken beider Länder signalisieren.

7   Das sorgsam abwägende Buch von Wulf Damkovski/Claus Precht, Public Management, Neue Steuerungskonzepte für den öffentlichen Sektor, Stuttgart 1995 konnte leider für diesen Beitrag noch nicht berücksichtigt werden.

Literatur

Gerhard Banner, Christoph Reichard: Kommunale Managementkonzepte in Europa, Köln 1993. Dazu die kritische Besprechung von Eberhard Laux in DÖV 1994, S. 400

Horst Bosetzky, Peter Heinrich: Mensch und Organisation, 4. Aufl., Köln 1989

Dietmar Bräunig: Pretiale Steuerung von Kommunalverwaltungen, Baden-Baden 1994

Peter Ebell, Dieter Fischer, Rainer Frey (Hrsg.): Brauchen die Kommunen neue Steuerungsmodelle?, Landeszentrale für Politische Bildung NW, Düsseldorf 1992

Ernst Heuer: Privatwirtschaftliche Wege und Modelle zu einem modernen (anderen?) Staat, DÖV 1995, S. 85 bis 95, insbesondere S. 93

Helmut Klages: Grenzen der Organisierbarkeit von Verwaltungen, Die Verwaltung, 10. Bd. 1977, S. 322 ff.

Kommunale Gemeinschaftsstelle (KGSt): Das Neue Steuerungsmodell, Köln, Bericht Nr. 5/1993

Klaus König:"Neue" Verwaltung oder Verwaltungsmodernisierung: Verwaltungspolitik in den 90er Jahren, DÖV 1995, Heft 9

Wilfried Krüger, Axel v. Werder: Zentralbereiche als Auslaufmodell?, ZfO 1995, S. 6 bis 17

Eberhard Laux: Die Privatisierung des Öffentlichen: Brauchen wir eine neue Kommunalverwaltung? in: Der Gemeindehaushalt, 1994, S. 169-174; ders., Brückenschläge: Zur Anwendung betriebswirtschaftlicher Konzepte im kommunalen Bereich, DÖV 1993, S. 1083 bis 1089

Stephan Pesendorfer: Verwaltungskultur in Österreich, Zeitschrift für Verwaltung, 1994, S. 133 bis 1944

Günter Püttner: Gefährdung der kommunalen Selbstverwaltung, - Eine grundsätzliche Besinnung -, DÖV 1994, S. 552 bis 558

Christoph Reichard:Betriebswirtschaftslehre der öffentlichen Verwaltung, 2. Aufl., Berlin - New York 1987, insbes. S. 133 ff.

Heinrich Reinermann: Neue Managementformen in der öffentlichen Verwaltung, Zeitschrift für Vermessungswesen 1994, S. 627 bis 641

Peter Schwarz: Management in Nonprofit Organisationen, Bern u.a., 1993

Cora Stephan: Neue deutsche Etikette, Berlin 1995, S. 72 ff.

John Steward/Kieron Walsh:Change in the management of public services, deutsche Übersetzung in: Deutsche Sektion des Internationalen Instituts für Verwaltungswissenschaften, Verwaltungswissenschaftliche Informationen, Heft 1/1993, S. 48 bis 62.

Beachtenswert auch die Kritik an dem „Kultbuch" der Gore-Commission: Osborne und Gaebler, Reinventing goverment, New York u.a. 1993, von Ronald C. Moe und Grant Jordan, ebenfalls in den Verwaltungswissenschaftlichen Informationen, Heft 3/4 1994, S. 60 bis 74.

Joachim Merchel

Fachliche Anforderungen an die Jugendhilfe versus Ökonomisierung der Verwaltung ?

„Neue Steuerung" im Kontext des
Kinder- und Jugendhilfegesetzes

1. Jugendhilfe zwischen fachlichem Aufbruch und finanziellen Restriktionen

Seitdem das Kinder- und Jugendhilfegesetz (KJHG) in Geltung ist, finden in der Jugendhilfe außerordentlich beachtenswerte Debatten statt um das Selbstverständnis von Jugendhilfe, um die Art der Bezüge und Kooperationsweisen zwischen Jugendhilfe und anderen Instanzen (z.B. Jugend-, Familien- und Vormundschaftsgerichten), um notwendige fachliche Weiterentwicklungen und organisationsbezogene Veränderungen bei den unterschiedlichen Trägern der Jugendhilfe, um Formen angemessener Jugendhilfeplanung u.a.m. Das KJHG hat - trotz anfänglicher Skepsis, hier werde lediglich etwas neu geordnet, was sich in der Realität der Jugendhilfe bereits entwickelt habe, ohne daß Anregungen für weitergehende Reformen entfaltet würden - an mehreren Punkten Impulse für eine fachliche Weiterentwicklung gesetzt. Insbesondere mit der allmählich gewachsenen Erkenntnis von der Bedeutung der Verfahrensregelungen im KJHG (Merchel 1994 a) wurde eine tiefgehende fachliche Herausforderung entdeckt und in vielen Jugendämtern als solche angenommen. Jugendhilfe befindet sich auf dem Weg, den Wechsel von einem auf staatliche Fürsorge ausgerichteten Recht zu einem Sozialleistungsgesetz, in dem die Adressaten als mit Leistungsansprüchen ausgestattete Subjekte verstanden werden, in seiner Bedeutung für die Gestaltung von Interaktion und Organisation zu untersuchen. Die Debatte, welche Herausforderungen eine am Begriff der „Dienstleistung" ausgerichtete Konzipierung von Jugendhilfe für die Praxis mit sich bringt, ist wesentlich durch das KJHG auf den Weg gebracht worden, und in den Überlegungen zur Implementierung von Hilfeplanung in der Erziehungshilfe (vgl. Merchel/Schrapper 1995) oder zur Gestaltung von Trennungs- und Scheidungsberatung sind erste Ansätze der praxisbezogenen Aufnahme der Impulse des KJHG erkennbar. Auch die Bestrebungen im Bereich der Infrastrukturgestaltung haben durch die im KJHG ausgesprochene gesetzliche

Planungsverpflichtung einen neuen Schub bekommen: Die neu aufgeflammten Diskussionen zu partizipativen und umsetzungsorientierten Formen der Jugendhilfeplanung haben die Planungspraxis in der Jugendhilfe, die nach anfänglicher Euphorie bis Ende der 80er Jahre bereits zum Erliegen gekommen war, neu belebt (vgl. Jordan/Schone 1992; Merchel 1994 b). Das KJHG hat also - so ein vorsichtiges Fazit nach nunmehr fast fünfjähriger Geltung - für die Jugendhilfe in konzeptioneller Hinsicht einen bedeutsamen fachlichen Qualifizierungsschub gebracht, dessen Umsetzung allerdings von vielen personenbezogenen, bürokratischen und politischen Hindernissen durchzogen ist.

Andererseits gerät die Jugendhilfe durch die kommunale Finanzkrise und ihre politischen Auswirkungen nachhaltig unter Druck. Die allgemeine Personalbeschränkung oder gar Personalkürzung, mit der alle kommunalen Ämter konfrontiert werden, macht auch vor der Jugendhilfe nicht halt und berücksichtigt den Zuwachs an Aufgaben in der Jugendhilfe, der z.B. im Rechtsanspruch auf einen Kindergartenplatz besonders deutlich zutage tritt, nur unzureichend. Im Bereich der Erziehungshilfe werden Pflegesatzverhandlungen so schwierig, daß notwendige pädagogische Standards in der Heimerziehung in Gefahr geraten (Hirschauer 1995). An einigen Orten ist zu beobachten, wie in der Erziehungshilfe unter aktuellem Spardruck Versuche gemacht werden, die Problemdefinitionen, mit denen ein Rechtsanspruch auf Hilfe konstituiert wird und die damit zur Leistung der Jugendhilfe verpflichten, so einzugrenzen, daß die Kosten für Erziehungshilfen auch bei sich verschärfenden sozialen Problemlagen eng begrenzt bleiben oder gar reduziert werden. Die Jugendarbeit droht trotz der Versuche des Gesetzgebers, ihr durch entsprechende Einfügungen in das KJHG den Charakter einer kommunalen Pflichtaufgabe zu verleihen, zwischen dem Rechtsanspruch auf einen Kindergartenplatz und den mit Rechtsansprüchen belegten Erziehungshilfen zerrieben zu werden. Die Förderung von Kindern in Tageseinrichtungen wird reduziert auf die Kindergartenversorgung; Ganztagsangebote, Angebote für Kinder unter drei und über sechs Jahren geraten unter dem Primat der Versorgung mit Kindergartenplätzen fast aus dem Blick. Leitungspersonen in Jugendämtern erleben, daß bei Verhandlungen über Budgetierung in den Verwaltungen die fachlichen Anforderungen immer weniger anerkannt werden und folgenreich ins Gespräch gebracht werden können, sondern stattdessen Budgetierung lediglich formalistisch gehandhabt wird als generalisierte Reduktion von Haushaltsansätzen.

In dieser Situation des Spagats zwischen fachlichem Aufbruch infolge einer intensiver werdenden Verarbeitung des KJHG einerseits und finanziellen Restriktionen andererseits wird die Jugendhilfe mit Vorstellungen zu „neuen Steuerungsmodellen" in der Sozialverwaltung konfrontiert, deren Hintergrund zunächst in den ökonomischen Dilemmata bisheriger Verwaltungspraxis zu suchen ist: In den Begründungen der KGSt wird das ökonomische Motiv der Kostenbewältigung bzw. der Kostenreduzierung bei möglichst gleichzeitiger Qualitätswahrung (oder sogar Qualitätssteigerung) mit Stichworten wie „Ende der Wachstumsära", „finanzielle Lasten der Wiedervereinigung", „Leistungssteigerung statt Größenwachstum" als leitender Impuls deutlich sichtbar (KGSt 1993, S. 7; Banner 1994, S. 5).

Erstaunlich ist die Tatsache, daß gerade die soziale Arbeit und hier insbesondere die Jugendhilfe als der zentrale Kontext ausgesucht worden ist, an dem diese neuen Bestrebungen in besonderer Weise ausprobiert werden sollen. Der prominente Stellenwert der Jugendhilfe ist insbesondere deswegen interpretationsbedürftig, weil die Jugendhilfe sich zum einen aufgrund der strukturellen Vielschichtigkeit ihrer Aufgaben nicht gerade als Übungsfeld für die Definition von Produkten, die Festlegung von qualitätsbezogenen Kennziffern u.ä. eignet und weil die Jugendhilfe zum anderen ansonsten doch eher einen traditionell randständigen Status in Kommunalverwaltung und Kommunalpolitik einnimmt. In der Kommunalpolitik gilt die Jugendhilfe vielfach unter Hinweis auf interpretationsfähige Rechtsgrundlagen und anwachsende Finanzierungsprobleme „als eine lästige Pflichtaufgabe, die im Hinblick auf investive Vorhaben nachrangig wahrgenommen wird" (Pitschas 1991, S. 169). Ferner ist gerade wegen der Komplexität der Handlungsvollzüge in der sozialen Arbeit zu erwarten, daß eine Implementation von stärker betriebswirtschaftlich ausgerichteten Mangementkonzepten in die Sozialverwaltung weitaus schwieriger und mit viel mehr Brüchen herzustellen sein wird als in anderen, mit weniger Aufgabenkomplexität behafteten Teilen der Verwaltung. Die KGSt selbst verweist auf inhaltliche Pro-bleme der Outputsteuerung bei einem Teil der Verwaltungsaufgaben und warnt vor überhöhten Erwartungen: „Die steuerungsgeeignete Definition von Outputs ist bei den zahlreichen öffentlichen Leistungen, die nicht mit quantitativen oder monetären Maßstäben gemessen werden können, schwierig." (KGSt 1993, S. 22 f.)

Daß die Jugendhilfe trotz ihrer kommunalpolitischen Randständigkeit und trotz der Komplexität ihrer Aufgabenstruktur einen solch herausgehobenen Stellenwert in der Implementationsstrategie der KGSt einnimmt, erklären sich optimistisch denkende Menschen damit, daß in der Fachlichkeit der Jugendhilfe möglicherweise ein großes Innovationspotential gesehen wird, das auch für Prozesse der gesamten Verwaltungsmodernisierung genutzt werden kann, während Kritiker mit dem Hinweis, daß es sich bei Sozialverwaltungen um „Betriebsteile" mit einem besonders hohen Finanzierungsbedarf handelt, darin das Primat des Einsparmotivs bei der „neuen Steuerung" dokumentiert sehen (Grunow 1995, S. 33).

Es ist daher durchaus verständlich, wenn Praktiker der Jugendhilfe die sich ausbreitende Welle der Bemühungen zur „neuen Steuerung" in der Jugendhilfe mit Skepsis aufnehmen und dabei zwar auch Chancen nicht leugnen, aber doch ihre Befürchtung äußern, daß mit der „neuen Steuerung" ein Primat ökonomischen Denkens in der Jugendhilfe Einzug halte, mit dem eine allmähliche Absenkung des fachlichen Niveaus und eine Neutralisierung der fachlichen Anforderungen des KJHG einhergehe (vgl. Wolf 1995). Diese Befürchtung spricht auch

Thiersch an, wenn er auf die Gefahr der Abkoppelung ökonomisch ausgerichteter Modernisierungsimpulse von den fachlichen Zielrichtungen sozialer Arbeit aufmerksam macht und darauf hinweist, daß bei einer solchen Verselbständigung die drängende Einführung ökonomischer Imperative als „trojanisches Pferd der fachlichen Enteignung und damit der Dequalifikation Sozialer Arbeit" wirke (Thiersch 1995, S. 319).

Die Frage, ob angesichts der Spannungssituation zwischen fachlichen Impulsen des KJHG einerseits und finanziellen Restriktionen andererseits die Einführung der „neuen Steuerung" in das Jugendamt als Zuwachspotential oder als drohende Einbuße von Professionalität zu beurteilen ist, ob also „neue Steuerung" den Fachlichkeitsimpuls des KJHG stärkt oder konterkariert, berührt zwei unterschiedliche Ebenen: die konzeptionelle Ebene der Programmformulierung und die Ebene der praktisch-politischen Handhabung. Diese Differenzierung ist erforderlich, um im Blick zu behalten, daß beide Ebenen sich weit voneinander entfernen können. Zur Verdeutlichung ein Beispiel: Budgetierung hat auf der konzeptionellen Ebene zur Grundlage, daß auf der Basis von Zielvereinbarungen ein darauf ausgerichtetes Budget ausgehandelt wird - im praktischen Vollzug wird Budgetierung demgegenüber vielfach als Verfahren begriffen, bei dem der Haushaltsansatz des letzten Jahres, um einen Prozentsatz gekürzt, auf das nächste Jahr übertragen und an die Verantwortlichen die Anforderung gerichtet wird, mit dem geringeren Geld im nächsten Jahr möglichst so flexibel umzugehen, daß sie damit ihre Aufgaben in gleicher Weise erbringen können. In unserem Zusammenhang ist auf der Ebene der praktisch- politischen Handhabung keine angemessene Erörterung möglich; dafür wären genauere und umfangreichere empirische Erhebungen erforderlich, die über zufällig bekannt werdende Einzelbeispiele hinausgehen. Eine solche empirische Erhebung wäre vermutlich auch erst in späteren Stadien der Umsetzung der Verwaltungsmodernisierung sinnvoll. An dieser Stelle ist lediglich eine Erörterung auf der konzeptionell-programmatischen Ebene möglich.

In den folgenden Ausführungen soll also der Frage nachgegangen werden, in welchem Bezug Überlegungen zur „neuen Steuerung" im Jugendamt und fachliche Anforderungen des KJHG zueinander stehen: Werden die fachlichen Impulse des KJHG durch Verfahrensweisen der „neuen Steuerung" unterstützt oder sind bereits auf der konzeptionellen Ebene Anzeichen vorhanden, die die skeptische Beurteilung der dequalifizierenden Wirkung von „neuer Steuerung" als gerechtfertigt erscheinen lassen? Diese Frage soll im Hinblick auf drei Aspekte erörtert werden, die sowohl im KJHG als auch im Kontext von neuer Steuerung gleichermaßen thematisiert werden:

a) Gestaltung von Jugendhilfe als Dienstleistung;
b) Jugendhilfeplanung und „neue Steuerung";
c) Qualität und Effizienz von Leistungen.

2. Gestaltung von Jugendhilfe als Dienstleistung

In den Konzeptformulierungen zur „neuen Steuerung" wird der Veränderung der Verwaltung weg von der Bürokratie und hin zu einem Dienstleistungsunternehmen eine zentrale programmatische Bedeutung zugesprochen. Die KGSt formuliert das Ziel der Verwaltungsmodernisierung mit der Formel „von der Behörde zum Dienstleistungsunternehmen" (1993, S. 7; s. dort auch S. 13 f.; Banner 1991). Das „Dienstleistungsunternehmen" soll zum neuen Leitbild der Verwaltung werden, es soll den zentralen Bezugspunkt ihrer „corporate identity" bilden. Dem Dienstleistungsverständnis entspricht ein Bild des Adressaten, der als „Kunde" diese Dienstleistung nutzen kann.

In der Jugendhilfe sind sowohl aus analytischen als auch unter jugendhilfepolitischen Erwägungen erhebliche Einwände gegen die Verwendung der Dienstleistungsvokabel und gegen die darin eingeschlossene Vorstellung des Wechsels vom „Klienten" zum „Kunden" formuliert worden. So warnt der Direktor des Deutschen Jugendinstituts, Ingo Richter, davor, „die Feststellung, daß Jugendhilfe eine Dienstleistung ist, immer und immer wieder zu wiederholen, denn es handelt sich dabei weitgehend um eine Ideologie, die den nach wie vor bestehenden - und auch begrenzt durchaus notwendigen - Interventioncharakter der Jugendhilfe leugnet" (Richter, in: AGJ 1994, S. 123). Ferner wird der Dienstleistungsperspektive eine Entpolitisierung der Jugendhilfe zugesprochen, und angesichts mangelnder Berücksichtigung herrschender Machtverhältnisse werden ihr Ideologiecharakter und Reduktion des Reformbedarfs auf eine bloße Erhöhung organisationeller Rationalität attestiert (May 1994).

Tatsächlich läßt sich ein kundenorientierter Dienstleistungsbegriff nicht einschränkungslos auf die Jugendhilfe übertragen:

– Jugendhilfe erhält ihren Handlungsauftrag nicht nur von den Adressaten, sondern folgt in ihrem Handeln auch einem gesellschaftlichen Normalisierungsauftrag, und die Ausübung dieser Funktionen ist mit Handlungsimplikationen verbunden, die sich in Kunden-Anbieter-Beziehungen nicht ausreichend erfassen lassen.

– Ein großer Teil von Leistungen in der Jugendhilfe wird nicht allein aufgrund von Bedürfnisäußerungen des „Kunden" in Gang gesetzt, sondern die Leistung wird vor ihrem Zustandekommen einer sozialpolitischen Plausibilitätskontrolle unterzogen. Beispiele sind die Leistungen der Erziehungshilfe oder Zuteilungen bei knappen Angeboten (z.B. Plätze für Kinder unter drei Jahren in Tageseinrichtungen).

– Jugendhilfe benötigt auch infrastrukturelle Handlungsansätze, die weder in einem kundenbezogenen Dienstleistungsbegriff aufgehen noch der Dominanz des Einzelfalls unterzogen werden dürfen.

149

– Die Sozialarbeiter-Adressat-Beziehungen in der Jugendhilfe haben eine außerordentlich komplexe Struktur (Nähe-Distanz-Problem, kompliziertes Verhältnis im Hinblick auf Verantwortung, Prägung durch persönliche Beziehungen, notwendige Mitarbeit des Adressaten am Zustandekommen und an der Gestaltung einer Leistung etc.), die durch eine äußerliche Gegenüberstellung eines die Leistung Anbietenden und eines die Leistung annehmenden Menschen nicht annähernd abzubilden ist.

Obwohl also in analytischer Hinsicht die Funktion und die Komplexität der Handlungsansätze in der Jugendhilfe nicht gänzlich in Dienstleister-Kunden-Beziehungen auflösbar und begrifflich erfaßbar ist, ist andererseits zu beobachten, daß der Dienstleistungsbegriff mit seiner „Kunden"-Logik nicht allein von außen, also aus einer betriebswirtschaftlich ausgerichteten Perspektive der Verwaltungsmodernisierung, an die Jugendhilfe herangetragen worden ist, sondern mit fachlichen Orientierungen übereinstimmt und sie aufnimmt, die bereits seit längerer Zeit die Fachdebatte bestimmen und die durch das KJHG eine zusätzliche Dynamik und besondere Prägung erhalten haben. Stichworte dieser Fachdebatte sind u.a. Betroffenenorientierung, Betroffenenpartizipation, Anerkennung der Subjekthaftigkeit von Adressaten, Plädoyer gegen Entmündigung, Entstigmatisierung etc. Es geht dabei um die Gestaltung von Beziehungen zwischen Jugendhilfe und ihren Adressaten, die stärker als bisher von Elementen der Freiwilligkeit der Inanspruchnahme, der Basis von Akzeptanz und anerkannter Mündigkeit, der Anerkennung des Adressaten als Subjekt im Hilfeprozeß (und nicht als Objekt sozialarbeiterischen Handelns) geprägt sind.

Insbesondere in den Verfahrensregelungen zur Hilfeplanung bei den Hilfen zur Erziehung, also in einem traditionell durch die Logik des Eingriffs geprägten Bereich der Jugendhilfe, dokumentiert das KJHG seine auf die adressatenorientierte Erbringung von Dienstleistungen ausgerichtete Programmatik (s. dazu die Beiträge in ISA 1994). In den Mittelpunkt gerückt wird der individuelle Hilfebedarf, und die sozialpädagogische Leistung wird auf diesen Hilfebedarf abgestellt. Die Definition des Problems, die Ermittlung des jeweiligen Hilfebedarfs und die Festlegung der im Einzelfall zu realisierenden Hilfe erfolgen in einem Aushandlungskontext, in dem die Adressaten als Subjekte in das Aushandlungsgeschehen einbezogen werden. Dieser Subjektstatus im Aushandlungsgeschehen ist durch entsprechende Regelungen des KJHG (§§ 36/37 KJHG) rechtlich abgesichert. Vom KJHG gefordert sind Interaktionen der Aushandlung zwischen den Subjekten, der Freiwilligkeit der Inanspruchnahme, der Herstellung von Transparenz des Verfahrens für alle Beteiligten, der aktiven Unterstützung der Adressaten bei der Wahrnehmung ihrer Mitwirkungs- und Beteiligungsrechte, der kontinuierlichen gemeinsamen Verständigung über Verlauf und Ergebnisse des Hilfeprozesses. Auch wenn strukturelle Brüche eine vollständige Realisierung der Dienstleistungsperspektive in der Erziehungshilfe begrenzen, so ist doch die im

KJHG zutage tretende Tendenz in Richtung „Dienstleistung" eindeutig. Das KJHG fordert eine Jugendhilfe,

- die sich die Adressatenwünsche stärker bewußt macht und diese in den Mittelpunkt ihrer Gestaltungsprozesse stellt,
- die dementsprechend zu einer Überprüfung bisheriger professioneller Denk- und Handlungsmuster auffordert (expertenbestimmte Logik in Spannung zur Aushandlungslogik),
- die die Selbstbezüglichkeit von Institutionen der Jugendhilfe in eine kritische Diskussion hineinzieht.

Die Orientierung am Adressaten als Subjekt und damit die Forderung nach Einlösung eines wesentlichen Aspekts von Dienstleistungsverhältnissen durchzieht das gesamte KJHG. Neben den Verfahrensregelungen zur Hilfeplanung (§§ 36/37 KJHG) sind insbesondere die Konstituierung von generellen individuellen Beteiligungsrechten (§§ 5, 8 und 9), die Regelungen zum bereichsspezifischen Datenschutz (§§ 61-68), die Adressatenbeteiligung im Rahmen von Jugendhilfeplanung (§ 80, Abs. 1 Nr. 2) und die Aufgabenbestimung der Jugendhilfe in ihrem Bezug zu Gerichten als deutliche Markierungspunkte hervorzuheben.

Konsequenterweise wird im 9. Jugendbericht eine Umorientierung in Richtung Dienstleistung zur wesentlichen Aufgabe künftiger Jugendhilfeentwicklung erklärt: „Die zentrale Herausforderung liegt für die Jugendhilfe darin, ein eigenständiges fachliches Profil zu entwickeln, das den Perspektivenwechsel von einem staatlichen bzw. parastaatlichen Eingriff hin zu einer sozialen Dienstleistung entspricht." (BMFSFJ 1994, S. 584). Daß es sich dabei um eine grundlegende Umorientierung und nicht nur um marginale Anpassungen handelt, macht die Sachverständigenkommission dadurch kenntlich, daß sie von einem notwendigen „Paradigmawechsel" (S. 581) spricht.

Als Zwischenergebnis der bisherigen Betrachtungen läßt sich formulieren, daß die von der KGSt entwickelten Impulse zur stärkeren Ausrichtung der Verwaltung am Leitbild eines „Dienstleistungsunternehmens" einerseits und die fachlichen Debatten in der Jugendhilfe, die im KJHG aufgenommen und durch rechtliche Regelungen zugespitzt wurden, andererseits sich gegenseitig verstärken. Sowohl die im KJHG enthaltenen fachlichen Vorstellungen als auch die Konzeption der „neuen Steuerung" gehen in die Richtung einer verstärkten Umorientierung des Handelns, bei der der Adressat nicht als Objekt des Verwaltungshandelns, sondern als Subjekt mit eigenen Gestaltungs- und Beteiligungsrechten anzusehen ist, und sie setzen als entscheidend für die Beurteilung einer Leistung das Kriterium der Wirkung beim Adressaten an, also das, was beim „Kunden" als Leistung ankommt. Betrachtet man die beiden Stränge, von denen die Dienstleistungsdebatte ausgeht, „neue Steuerung" und KJHG, so wäre es falsch, davon zu sprechen, die Jugendhilfe habe hier lediglich willig die andernorts entwickelten Vorstellungen zur Verwaltungsmodernisierung für sich adaptiert. Vielmehr läßt sich ein eigen-

ständiger Debattenstrang in der Jugendhilfe identifizieren, in dem der Dienstleistungsbegriff als eigene professionelle Entwicklungsperspektive artikuliert wurde.

Konstatiert man im Hinblick auf den Dienstleistungsgedanken die Richtungs-
gleichheit von fachlichen Perspektiven der Jugendhilfe einerseits und Impulsen
der Verwaltungsmodernisierung andererseits, so sollen damit jedoch nicht die Probleme einer undifferenzierten Verwendung des Dienstleistungsbegriffs und einer
unreflektierten Übernahme bisher formulierter KGSt-Vorstellungen in die Jugendhilfe übergangen werden. Zwar gilt es, die Perspektive Dienstleistung als
Herausforderung für die Praxis der Jugendhilfe sowohl im Hinblick auf Inter-
aktionsformen als auch hinsichtlich der Organisationsgestaltung aktuell zu halten,
aber es müssen auch die Spanungen zu dieser Perspektive im Bewußtsein gehalten werden. Zum einen wäre ein Überspielen der in der Schutzfunktion enthaltenen Kontrollfunktion, die das KJHG der Jugendhilfe neben den Funktion „Beratung" und „Unterstützung" zugesprochen hat, mit einem Etikettenschwindel
und einem Verstoß gegen das Gebot der Transparenz gleichzusetzen. Zum anderen dürfen mit einer unkritischen Übernahme des Dienstleistungsbegriffs nicht
eine Beschränkung auf individuell zurechenbare Dienstleistungen und damit ein
fachlicher Rückfall durch Mißachtung strukturbezogener Arbeitsansätze einhergehen. Es gilt also, auch die Brüche und Spannungen zum Dienstleistungsbegriff
beim künftig zu gestaltenden „Paradigmawechsel" in der Jugendhilfe präsent zu
halten.

Darüber hinaus ist darauf aufmerksam zu machen, daß in der im 9. Jugendbericht enthaltenen Aufforderung von der Entwicklung eines „eigenständigen
fachlichen Profils" die Rede ist, mit der die Jugendhilfe die Umorientierung in
Richtung Dienstleistung vollziehen soll. Es geht also um ein Aushalten und pro-
duktives Bearbeiten der Spannungen, die zu den bisher erarbeiteten Verfahrensweisen der „neuen Steuerung" existieren und nicht um eine möglichst strom-
linienförmige Ausrichtung am Mainstream der allgemeinen Verwaltungsmodernisierung. Mag in anderen Bereichen die Verwendung des Produktbegriffs als eine
akzeptable Annäherung an die Realität angesehen werden, mögen dort die vorgeschlagenen Verfahrensweisen der Produktbeschreibung angemessene Steuerungswirkungen auslösen, mögen andere Bereiche ihr Handeln ohne weiteres auf
Kennziffern ausrichten können - die Jugendhilfe muß die Angemessenheit solcher
und weiterer Verfahrensweisen für sich bewerten und ggfs. zu plausiblen Modi-
fizierungen gelangen, die ihrem fachlichen Profil entsprechen und denen sie in
der Auseinandersetzung mit den Steuerungseinheiten in der Verwaltung Geltung
verschaffen muß.

3. Jugendhilfeplanung und „neue Steuerung"

Die Jugendhilfeplanung, die in den 80er Jahren fast zum Erliegen gekommen war, ist durch die im KJHG ausgesprochene Planungsverpflichtung zu neuer Blüte gelangt. Mit der Geltung des KJHG hat eine Neukonzipierung der Jugendhilfeplanung eingesetzt. Die in den 70er Jahren entworfenen Planungskonzepte wurden einer Neubewertung unterzogen, und aus bisherigen Planungserfahrungen wurden Konsequenzen für eine umsetzungsorientierte Planungspraxis formuliert. Als Zwischenergebnis der aufgelebten Planungsdiskussion in der Jugendhilfe ist ein Plädoyer für ein weniger technologisches, sondern stärker kommunikationsorientiertes und mit Aspekten der Organisationsentwicklung verknüpftes Planungsverständnis (s. Jordan/Schone 1992; Merchel 1994 b) als weitgehender fachlicher Konsens festzustellen.

Die vorliegenden Vorschläge der KGSt zur Verwaltungsmodernisierung bringen mit ihren Anforderungen der Produktbeschreibung, des Controlling, der Produktbewertung, der Steuerung mit Hilfe von Kennziffern usw. neue Impulse in die Jugendhilfeplanung. Sie wirken damit als eine Herausforderung an eine Planungsspraxis, die sich gerade erst im Prozeß der Umorientierung zu einem neuen Planungsverständnis befindet. Die Basis, von der aus die neuen Steuerungsimpulse verarbeitet werden müssen, ist nicht eine durch langjährige und methodische Erfahrungen abgesicherte und damit gefestigte Plattform, von der aus gestützte Ausflüge in ein neues Umfeld gewagt werden könnten. Vielmehr ist die Jugendhilfeplanung im Gefüge der kommunalen Jugendhilfe noch im Prozeß der Suche nach einem ihr angemessenen und akzeptierten Ort, und in dieser Situation wird sie nun aufgefordert, Elemente der betriebswirtschaftlich ausgerichteten Steuerung, deren Tragweite für das bisher erworbene fachliche Selbstverständnis der Jugendhilfeplanung noch zu bewerten ist, in ihr Methodeninstrumentarium aufzunehmen. Um also den bisher erreichten Stand eines fachlichen Selbstverständnisses der Jugendhilfeplanung und den damit einhergehenden allmählich zutage tretenden spezifischen Status in der kommunalen Jugendhilfe nicht zu gefährden, bedarf es der sorgfältigen Diskussion im Hinblick auf mögliche Gleichklänge, Ergänzungen oder auch Spannungen zwischen dem fachlichen Selbstverständnis der Jugendhilfeplanung einerseits und den Anforderungen der „neuen Steuerung" an die Planungspraxis andererseits. Ob outputorientierte Steuerung der Jugendhilfe „weitgehend identisch (ist) mit den Zielen und Ansätzen der Jugendhilfeplanung", wie es im KGSt-Bericht (1994 a, S. 10) behauptet wird, wäre erst genauer zu untersuchen.

Betrachtet man die Vorschläge der KGSt zur „outputorientierten Steuerung der Jugendhilfe", so sind auf den ersten Blick tatsächlich viele Ähnlichkeiten zu Zielen und Methoden der Jugendhilfeplanung festzustellen, z.B.:

- das Transparent-Machen von Leistungen der Jugendhilfe („Produktbeschreibung"; Bestandsaufnahme);
- sorgfältige und kontinuierliche Informationsbeschaffung zu Art und Umfang der Leistungen sowie Pflege des Datenbestandes als Grundlage für geplantes Handeln;
- Verkoppelung von Daten mit Zieldefinitionen der Jugendhilfe;
- Verkoppelung von fachlicher Steuerung mit ihren finanziellen Auswirkungen;
- Controlling als Vokabel für die kontinuierliche Überprüfung der realen Steuerungswirkungen von Planung;
- Koordination im Sinne der verbesserten Definition von Zuständigkeiten, der Verdeutlichung von Verantwortung und des strukturierten Zusammenführens verschiedener Aufgabengebiete.

Jugendhilfeplanung und „neue Steuerung" scheinen also in eine ähnliche Richtung zu gehen und sich in ihren Zielstellungen und Methoden wirkungsvoll zu ergänzen. „Neue Steuerung" stellt sich gar als eine Anreicherung von Jugendhilfeplanung insofern dar, als hier Vorschläge unterbreitet werden zur Integration des Aspektes der finanziellen Steuerung, dem im Rahmen einer praxisbezogenen Planung ein erhebliches Gewicht zukommt. Man könnte sich also aus der Richtung der „neuen Steuerung" unterstützende Wirkung bei der weiteren Verankerung von Jugendhilfeplanung in der kommunalen Jugendhilfe versprechen.

Auch wenn hier ein Unterstützungspotential für Jugendhilfeplanung sichtbar wird, so sollte man die Betrachtung nicht nach dem ersten Blick abschließen, sondern bei einem zweiten Blick auch die Spannungen und die fachlichen Gefährdungen wahrnehmen, die mit dem Auftauchen von „neuer Steuerung" im Kontext von Jugendhilfeplanung einhergehen. Auf einige dieser Spannungen soll im folgenden aufmerksam gemacht werden.

3.1. Quantifizierung von Zielgrößen

Das Idealbild einer möglichst weitgehenden und einfach zu handhabenden Quantifizierung, das im Steuerungskonzept der KGSt als die zentrale Orientierung sichtbar wird, droht Jugendhilfeplanung auf einen bereits überwunden geglaubten Planungsstand zurückzuschrauben. Die Quantifizierung von Leistungen bzw. „Produkten" ist in der Logik der „neuen Steuerung" deswegen so bedeutsam, weil darin eine wesentliche Voraussetzung für Meßbarkeit gesehen wird, und in der Meßbarkeit wird wiederum eine Grundbedingung für eine effiziente Steuerungsaktivität erblickt. Der von der KGSt verwendete Steuerungsbegriff ist also mit Quantifizierung untrennbar verbunden (s. KGSt 1994 b, S. 14 f.). So wird von der KGSt zwar zugestanden, daß gerade in der Jugendhilfe häufig Erläuterungen von quantitativen Planungsgrößen zur sachgerechten Einschätzung erforderlich sind, jedoch wird gleichzeitig vor erläuternden Interpretationen gewarnt, weil „mit dem Umfang solcher Erläuterungen die Handhabbarkeit von Produktbeschreibungen tendenziell sinkt" (1994 a, S. 36). Die Ziele und damit die durch Planung zu erreichenden Zustände sollen nach den Vorstellungen der KGSt so gefaßt sein, daß sie mit Hilfe von Kennziffern ausgedrückt und die Zielerreichung möglichst auf einem quantitativen Niveau überprüft werden kann.

Dieses Bestreben einer Reduktion von Planungskomplexität durch eine möglichst weitgehende Quantifizierung ist in der Diskussion zur Jugend–hilfeplanung als ein der Planung im Sozialbereich unangemessenes technologisches Planungsverständnis kritisiert worden (z.B. Ortmann 1976; vgl. auch Merchel 1994 b, S. 11-31). Der Versuch, Objektivität und Handhabbarkeit von Planungen durch die Festlegung quantitativer Richtwerte als Größen, die den Bedarf markieren, zu erhöhen, hat sich als ein Weg erwiesen,

— der vorgenommene Normsetzungen verschwimmen läßt, daher eine Intransparenz des Planungsprozesses schafft und damit das Entstehen und das Pflegen einer partizipativen Planungspraxis behindert,
— der zur Überbetonung quantitativer und zur Vernachlässigung qualitativer Aspekte des Bedarfsproblems führt,
— der die Gefahr von Unflexibilität und Konservierung des Bestehenden in sich trägt (zur Kritik an Richtwerten s. Kühn 1975 und Deutscher Verein 1986, S. 443 ff. und S. 610 ff.; Merchel 1994 b, S. 135 f.).

Die Befürchtung, daß unter dem Deckmantel der „neuen Steuerung" die Anwendung technologischer Planungskonzepte gefördert wird, wird auch gestützt durch den Hinweis der KGSt (1994 a, S. 26), daß der interkommunale Vergleich für die Einschätzung der eigenen Leistungsfähigkeit ein äußerst hilfreiches Instrument sei und daß daher „der Aufbau von interkommunalen Vergleichen mit gemeinsamen Bezugspunkten ... ein wichtiges Ziel" sei. Zwar können interkommunale Vergleiche auf Fragestellungen hinweisen, die zu weiteren und genaueren Analysen und Diskussion in der örtlichen Jugendhilfeplanung motivieren. Das Problem bei interkommunalen Vergleichen besteht jedoch darin, daß sie als generalisierender quantitativer Maßstab gehandhabt werden, ohne daß die ihnen zugrunde liegenden Normen auf die eigenen regionalen Jugendhilfe-Anforderungen kritisch bezogen werden. Ferner besteht die Gefahr, daß angesichts des fachlichen Gebots, den sozialen Nahraum als Planungsgröße zur Wirkung zu bringen („Lebensweltorientierung"), inter-kommunale Vergleiche bei unreflektierter Anwendung sogar kontraproduktiv wirken können, weil sie von den Spezifika des Sozialraums ablenken und so wirken, daß überregionale abstrahierte Größen sich als Normen festsetzen. Wenn die KGSt (a.a.O.) anregt, auf interkommunaler Ebene ein Kennzahlensystem zu vereinbaren, so liegt der Verdacht nahe, daß hier ein technologisches, primär auf administrativ handhabbare Steuerungsbedürfnisse ausgerichtetes Planungsverständnis genährt wird.

Zwischen den Quantifizierungsbestrebungen der „neuen Steuerung" und der Planungsdiskussion in der Jugendhilfe sind also bedeutsame Spannungen zu konstatieren. Dies bedeutet nicht, daß man von Versuchen, die darauf ausgerichtet sind, zur Bestimmung eines Bedarfs sowie zur Definition und Überprüfung von Qualitäten neben anderen Kriterien auch quantitative Größen zu suchen, generell Abstand nehmen muß. Es kann am Ende der Diskussion in einem Planungsprozeß durchaus sinnvoll sein, daß sich die Beteiligten auf eine quantitative Aussage einigen, die die ausgehandelte Zielstellung auf die Angabe eines quantitativen Wertes („Kennziffer") verkürzt. Eine solche „Kennziffer" verdeutlicht in plakativer Weise das Arbeitsziel, das sich die Beteiligten gesetzt haben, und fordert zu einer nachfolgenden Debatte über die Zielerreichung auf. Hier wären „Kennziffern" allerdings Bestandteile eines Gesamtprozesses, und sie erhalten ihre Bedeutung lediglich in der Eingebundenheit in diesen Prozeß. Sie sind für alle Beteiligten als Ergebnis einer Normsetzung erkennbar, und der nachfolgende Vorgang der Bewertung und Überprüfung hält diese Normsetzung präsent und macht sie somit auch der Veränderung zugänglich. Problematisch wird es, wenn solche „Kennziffern" aus dem Entstehungstext herausgelöst werden und als verselbständigte Größen zum Maßstab einer außengesteuerten Kontrolle gemacht werden. Losgelöst vom Entstehungsprozeß und nicht mehr eingebunden in den kollegialen Prozeß der Selbstevaluation folgen sie der negativen Wirkung von Richtwerten und dienen zur Perfektionierung einer Form von Kontrolle, die eher administrative Züge trägt und dabei tendenziell professionelle Maßstäbe in den Hintergrund drängt.

Wenn man überhaupt in der Jugendhilfeplanung und in der kollegial organisierten Selbstevaluation mit „Kennziffern" arbeitet, so ist es erforderlich, die begrenzten Aussagemöglichkeiten und die Notwendigkeit der Einbindung solcher quantifizierter Zielgrößen in einen umfassenden Aushandlungsprozeß über zu erreichende inhaltliche Zielsetzungen im Bewußtsein zu verankern. Dies zieht die Anforderung nach sich,

- eine sorgfältige, transparente und umfassende Diskussion der fachlichen und normativen Gehalte zu führen, die in die Konstruktion von quantitativen Größen eingeht, und bei der Anwendung dieser Quantifizierungen (im Zusammenhang mit Evaluation, mit Qualitätsbestimmung etc.) diesen normativen Gehalt kontinuierlich bewußt zu halten,
- nicht alle im Rahmen von Planung auszuhandelnden Zielsetzungen in quantitative Größen fassen zu wollen und
- die in Quantitäten liegende Gefahr einer die Ziele des KJHG verfehlenden, weil die Besonderheiten des Einzelfalles nicht beachtenden und damit unreflektierten Kosten-Nutzen-Rechnung im Prozeß bewußt zu halten.

Gegenüber einer allzu vordergründigen Behauptung der Kongruenz von „neuer Steuerung" und Jugendhilfeplanung ist vor dem Hintergrund der Planungsdiskussion in der Jugendhilfe zunächst der Quantifizierungsaspekt als bedeutsames Spannungselement festzuhalten. Erste Beispiele, z.B. das von der Stadt Duisburg (1992) entworfene „Konzept zur Verminderung von Fremdplazierung", lassen erkennen, zu welchen fachlichen und fachpolitischen Probleme ein allzu naiver Umgang mit quantitativen Zielgrößen gerade unter dem aktuellen Kostendruck führen kann und mit welchen immanenten Widersprüchen ein solches technologisches Planungsverständnis verbunden ist (Näheres zum Duisburger Konzept s. Merchel 1994 c, S. 10-13).

3.2 Zum Begriff des Bedarfs

In § 80, Abs. 1 KJHG wird der Träger der öffentlichen Jugendhilfe aufgefordert, „Bedarf unter Berücksichtigung der Wünsche, Bedürfnisse und Interessen der jungen Menschen und der Personensorgeberechtigten für einen mittelfristigen Zeitraum zu ermitteln". Jugendhilfeplanung hat also einen Prozeß der Aushandlung von fachlichen und gesellschaftlichen Erfordernissen in der Jugendhilfe zu organisieren. In diese Aushandlung gehen rechtspolitische, fachpolitische und interessenpolitische Kriterien sowie, wie im KJHG gefordert, die Bedürfnisartikulationen der Jugendhilfe-Adressaten ein. Die im KJHG vorgenommene Differenzierung zwischen den Bedürfnissen und dem Bedarf macht den politischen Charakter der Bedarfsermittlung deutlich: Bedarf wird erkennbar als ein durch Aushandlung erzeugtes politisches Konstrukt, als die politische Verarbeitung von Bedürfnissen, als Ergebnis der Eingrenzung von Bedürfnissen auf das aufgrund politischer und fachlicher Entscheidungen für erforderlich und gleichzeitig für machbar Gehaltene. Damit der politische Aushandlungscharakter nachvollziehbar und einer öffentlichen Diskussion zugänglich wird, ergibt sich als Anforderung, im Planungsprozeß und in der Dokumentation dieses Prozesses (also im Planungsbericht) die Kriterien für vorgenommene Bedarfsdefinitionen offenzulegen sowie Differenzen zwischen getroffener Bedarfsdefinition und Bedürfnisäußerungen sichtbar zu machen. Der Bedarfsbegriff mit seinem politischen und kommunikationsbezogenen Bedeutungsgehalt ist also in der Jugendhilfeplanung von zentraler Bedeutung.

Hält man die Vorstellungen zur „neuen Steuerung" und die von ihnen transportierten Denkmuster zur Planung dagegen, so fällt zunächst auf, daß der Bedarfsbegriff kaum mehr sichtbar ist. Die Größe des Bedarfs taucht explizit im KGSt-Bericht „Outputorientierte Steuerung in der Jugendhilfe" (1994 a) nicht auf. Stattdessen wird aufgefordert, für einzelne Produktgruppen und Produkte Ziele zu definieren und diese Ziele als Sollwerte im Produktplan zu quantifizieren. Hinweise, auf welche Weise und unter Berücksichtigung welcher Größen oder Kriterien die Zieldefinitionen zustande kommen sollen, fehlen. In der Diktion des KGSt-Berichts entsteht der Eindruck, als handele es sich bei der Bestimmung von Zielwerten lediglich um das Ergebnis einer internen Zielvereinbarung zwischen der Amtsleitung und der für das jeweilige „Produkt" verantwortlichen Mitarbeitergruppe. Dadurch, daß der Bedarfsbegriff als eine der Grundlagen für eine Zieldefinition keinerlei Erwähnung findet, bekommt dieser Vorgang den Charakter einer vorwiegend amtsinternen Steuerung.

Die Spannung zwischen Jugendhilfeplanung und „neuer Steuerung" resultiert in diesem Punkt daraus, daß der Bedarfsbegriff in der bisherigen Diktion der „neuen Steuerung" aus dem Steuerungsvorgang herausgedrängt wird und damit der politische Charakter von Planung überdeckt wird durch das Verständnis von Steuerung als einem gleichsam technischen Vorgang der internen Arbeitsabsprache im Jugendamt. Der komplexe Aushandlungscharakter der Bedarfsdefinition wird reduziert auf Zielvereinbarungen einiger Akteure und auf kontinuierliche, vorwiegend intern vorgenommene Auswertungen bezüglich des Umgangs mit diesen Zielvereinbarungen. Dies ermöglicht auch Leistungskürzungen, ohne daß die Differenz zum bestehenden Bedarf transparent und einer öffentlichen politischen Diskussion zugänglich wird.

Sicherlich ist es möglich, planerische Vorgänge der Bedarfsdefinition als Grundlage für Zielvereinbarungen in den Prozeß der „neuen Steuerung" einzubinden. Die Notwendigkeit, jugendhilfeplanerische Vorgänge der Bedarfsdefinition in die Vorgänge der „neuen Steuerung" einzukoppeln, entspricht der Anforderung, fachliche Perspektiven der Jugendhilfe aufrechtzuerhalten und diese nicht allzu schnell von ökonomischen Regelungsmechanismen verdrängen zu lassen. Die Einkoppelung jugendhilfeplanerischer Bedarfsdefinitionen würde auch den bisher entworfenen Konzepten der „neuen Steuerung" nicht grundsätzlich entgegenstehen. Es bleibt jedoch festzuhalten, daß bei dem augenblicklichen Stand der Diskussion die inhaltliche Dimension des Bedarfs an Einrichtungen und Angeboten der Jugendhilfe keine Rolle spielt. Angesichts dieser Tatsache besteht die Befürchtung, daß in der Praxis der „neuen Steuerung" ein wichtiger jugendhilfepolitischer Impuls der Jugendhilfeplanung zurückgedrängt und durch weniger transparente Formen der internen Steuerung ersetzt wird. Dies könnte in der Auseinandersetzung zwischen fachlichen Ansprüchen der Jugendhilfe und administrativen Steuerungsbestrebungen den politischen Status der Jugendhilfe schwächen.

3.3 Beteiligung von Trägern

Sowohl in den Regelungen des KJHG als auch in den neueren Konzepten zur Jugendhilfeplanung wird der Beteiligung der örtlich tätigen freien Träger ein bedeutender Stellenwert zugesprochen. Sowohl unter fachlichen und jugendhilfepolitischen Gesichtspunkten als auch unter dem Aspekt der Umsetzung von Planungsergebnissen wird die Qualität der Beteiligung zu einem Qualitätskriterium der Planung selbst. Die Bedeutung der Trägerbeteiligung in der Jugendhilfeplanung kann an dieser Stelle nur mit einigen Stichworten angedeutet werden: umfassende Beteiligungsrechte der Träger im KJHG, politischer Stellenwert freier Träger im kommunalen Gefüge, Erfahrungen und Wissen freier Träger hinsichtlich planungsrelevanter Sachverhalte (Lebenssituation von Adressaten, in alltäglichen Bezügen deutlich werdender Hilfebedarf, Wirkungsweise sozialpädagogischer Handlungskonzepte), Möglichkeit frühzeitiger Bearbeitung von Umsetzungsproblemen der Planung (s. Merchel 1994 b, S. 99 ff.).

Hält man die bisherigen Konzeptformulierungen zur „neuen Steuerung" dagegen, so muß man feststellen, daß die freien Träger kaum erwähnt werden. Die Tatsache, daß die Realität der Jugendhilfe wesentlich geprägt ist durch ein vielfältiges Mit- und Nebeneinander von Trägern mit unterschiedlichen Weltanschauungen, fachlichen Konzepten und organisatorischen Strukturen, wird bisher noch weitgehend übergangen. Die KGSt begnügt sich an zwei Stellen (1994 a, S. 27 f. und S. 90) mit einem allgemeinen Hinweis auf die Notwendigkeit, freie Träger frühzeitig einzubeziehen, ohne jedoch der Trägerpluralität in der Jugendhilfe durch einen systematischen Einbezug in die Empfehlungen angemessen Rechnung zu tragen. Bei den bisherigen Konzeptformulierungen zur „neuen Steuerung" erhält man den Eindruck, als handele es sich um ein vorwiegend innerhalb der Verwaltung zu vollziehendes Steuerungsverfahren, und dementsprechend wird auch fast ausschließlich diese Implementationsebene angesprochen. Die Steuerung innerhalb der Verwaltung schafft die Grundlagen für die Gestaltung der Jugendhilfe, in die dann die freien Träger einbezogen sind. Man kann den bisherigen Konzeptformulierungen sicherlich nicht vorwerfen, daß sie freie Träger auf den Status eines Erfüllungsgehilfen amtsintern vorgenommener Steuerung reduzieren, aber es ist doch auffällig, daß die für die Jugendhilfe charakteristische Pluralität der Trägerstruktur bis auf marginale Hinweise weitgehend ausgespart bleibt, obwohl doch die freien Träger von Leistungsbeschreibungen, Produktdefinitionen und Zielfestlegungen, also von den beabsichtigten Steuerungswirkungen nachdrücklich betroffen sind.

Gerade wenn man eine Nähe von Teilen der „neuen Steuerung" zu Vorgängen der Jugendhilfeplanung konstatiert, so dürfen die Beteiligung freier Träger und deren prozeßprägende Bedeutung nicht marginalisiert werden. Vergleicht man unter dem Aspekt der Bedeutung freier Träger die Konzepte zur Jugendhilfeplanung mit dem der „neuen Steuerung", so sind auch hier beim augenblicklichen Stand der Überlegungen Spannungen zu konstatieren: Während bei der Jugendhilfeplanung mit der Betonung des prozeßhaften und kommunikationsorientierten Charakters die Beteiligung freier Träger als eines der wesentlichen Qualitätskriterien angesehen wird, findet dieser Aspekt in den Überlegungen zur „neuen Steuerung" bisher noch kaum Beachtung. Es hat den Anschein, als würde man unter dem Motiv der möglichst schnellen Umsetzung neuer Steuerungsverfahren den eher technischen Aspekten mehr Aufmerksamkeit widmen als der Notwendigkeit, diesen Prozeß in das Feld einer pluralen Trägerstruktur hineinzutragen. Eine solche Praxis würde in Widerspruch geraten zu den mittlerweile weitgehend akzeptierten, wenn auch nicht immer ohne Brüche und Konflikte umzusetzenden Beteiligungsverfahren in der Jugendhilfeplanung.

3.4 Jugendhilfeplanung und „neue Steuerung": Gegensätze oder produktive Ergänzung?

Versucht man eine erste Antwort auf die Frage, ob „neue Steuerung" die fachlichen Impulse der Jugendhilfeplanung eher fördert oder behindert, so sind nicht zu übergehende Ambivalenzen in der bisherigen Konzeptdiskussion zur Kenntnis zu nehmen. Den Ähnlichkeiten zu Zielen und Methoden auf der einen Seite stehen nicht unerhebliche Spannungsmomente gegenüber. Durch die Impulse der „neuen Steuerung" wird die Position der Jugendhilfeplanung mit ihren Aufgaben der Datensammlung, Datenaufbereitung, der Koordination etc. einerseits gestärkt; andererseits gerät Jugendhilfeplanung in Gefahr, daß sie sich, wenn sie ihren fachlichen Eigensinn nicht präsent hält, als fachlich offensiver Handlungsansatz verabschiedet und zum Erfüllungsgehilfen ökonomischer Steuerungsvorgaben degradiert wird. Als positiv zu werten im Sinne einer umsetzungsbezogenen Jugendhilfeplanung ist die Anreicherung der Jugendhilfelanung mit dem Aspekt der finanziellen Steuerungsaufgabe, die in der „neuen Steuerung" enthalten ist. Die Verkoppelung der fachlichen und der finanziellen Steuerung, was auch eine Integration fachlichen und finanzbezogenen „Controllings" einschließt, entspricht dem Selbstverständnis einer professionellen Jugendhilfeplanung, die sich nicht nur auf die Konzeptentwicklung beschränkt, sondern auch die Konzeptumsetzung zu ihren Aufgaben zählt.

Problematisch für die fachliche Weiterentwicklung von Jugendhilfe wäre es, wollte man mit dem Hinweis auf „neue Steuerung" und ihre Planungswirkungen die Jugendhilfeplanung als eigenes Aufgabengebiet für überflüssig erklären oder Jugendhilfeplanung auf die Funktion der Hilfestellung für Produktbeschreibung, für technische Abläufe des Controlling und für die Erarbeitung von Kennziffern eingrenzen. Jugendhilfeplanung als eigenes fachliches Moderationselement in der örtlichen Jugendhilfe ist dringend erforderlich als institutionalisierte Regulationsfunktion zur Vorbeugung gegenüber „Deregulierungstendenzen sozialpolitischer Angebote und Leistungen" (Flösser 1994, S. 24) und zur Herbeiführung von Trägerbeteiligung. Eine verstärkte Nachfrageorientierung, wie sie in den Konzepten zur „neuen Steuerung" gefordert wird, bringt insbesondere dann, wenn sie in Zeiten finanzieller Restriktionen umgesetzt werden soll, die Gefahr einer nachhaltigen Reduktion von Qualitätsstandards mit sich. Hier bedarf es einer Instanz, deren Aufgabe es ist, Aushandlungsprozesse in Gang zu setzen und zu steuern, in denen geeignete Qualitätskriterien und Verfahrensregeln der Qualitätssicherung festgesetzt werden. Jugendhilfeplanung ist dafür der geeignete institutionelle Kontext. Jugendhilfeplanung hat auch dafür Sorge zu tragen, daß sich solche Aushandlungsprozesse unter Beteiligung der betroffenen Akteure (Träger, Zusammenschlüsse von Adressaten, weitere Organisationseinheiten in der Verwaltung) vollziehen.

Durch „neue Steuerung" wird eine Jugendhilfeplanung mit einem eigenen fachlichen Profil nicht überflüssig, sondern im Gegenteil dringend benötigt, auch wenn sich im Einzelfall beim Aufeinanderprallen von Vorstellungen zur „neuen" Steuerung und fachlichen Ansatzpunkten der Jugendhilfeplanung Spannungen ergeben. Ohne ein eigenes fachliches Profil würde Jugendhilfeplanung allzu leicht funktionalisiert für ein technologisches Steuerungsmodell, wie es z.B. Schumann (1995) als Folge der aktuellen Diskussion um Verwaltungsmodernisierung befürchtet. Andererseits muß Jugendhilfeplanung den Impuls der „neuen" Steuerung" aufgreifen und stärker Elemente der finanziellen Steuerung in die fachlichen und politischen Steuerungsaktivitäten integrieren sowie in den Fortschreibungs- und Evaluationskonzepten eine Verkoppelung von fachlichen und finanzbezogenen Bewertungsgesichtspunkten vornehmen und im Alltag der Jugendhilfe umsetzen helfen.

4. Qualität und Effizienz von Leistungen

Qualität und Wirksamkeit werden im KJHG selbstverständlich als wesentliche Kategorien zu Beurteilung von Leistungen der Jugendhilfe hervorgehoben. In fast jedem Gesetzesparagraphen, in dem eine Leistung beschrieben wird, werden Qualitätskategorien benannt. Generelle Qualitätskriterien sind in §§ 8/9 KJHG enthalten. Die Bindung der Leistungserstellung an entsprechend qualifizierte Fachkräfte (§ 72) verdeutlicht die Betonung von Qualität ebenso wie die Regelung eines spezifischen Verfahrens zur Qualitätskontrolle in der Erziehungshilfe (§ 36 KJHG). Bei der Nennung spezifischer Ziele der Jugendhilfeplanung wird mit dem Hinweis auf die herzustellende Wirksamkeit der Jugendhilfeleistungen (§ 80, Abs. 2 Nr. 2 KJHG) die Bearbeitung der Effizienzfrage als eine Aufgabe der Jugendhilfeplanung kenntlich gemacht. Es mangelt also nicht an Belegen für die Aussage, daß im KJHG die Orientierung am Maßstab der Qualität und der Effektivität unmittelbar als Anforderung an die Fachkräfte und Institutionen der Jugendhilfe zum Ausdruck kommt.

Auch in den Konzeptionen zur „neuen Steuerung" werden Qualität der Leistungserstellung (Kundenorientierung) bei gleichzeitiger Effizienz (günstiges Kosten-Leistungs-Verhältnis) in den Mittelpunkt gerückt. Man könnte auch hier fast von einem konzeptionellen Gleichklang zwischen „neuer Steuerung" und fachlichen Anforderungen der Jugendhilfe sprechen, wüßte man nicht aus vielen Beispielen, daß in der Praxis bei der Balancierung von Qualität und Kosten, also beim Herausarbeiten eines angemessenen Kosten-Leistungs-Verhältnisses, bisweilen der Kostenaspekt zu überwiegen droht.

Die Jugendhilfe steht vor der dringlich zu bearbeitenden Aufgabe, eigene Vorstellungen zu Qualitätsmerkmalen in den verschiedenen Bereichen ihrer Arbeit zu entwickeln. Ohne die Entwicklung eines tragfähigen Qualitätsmanagements wird die Jugendhilfe erhebliche Legitimationseinbußen erleiden, die sich mittelfristig auch in reduzierten Ressourcenzuweisungen ausdrücken werden, und es droht die Gefahr der Dequalifizierung durch von außen herangetragene, die professionellen Standards der Jugendhilfe mißachtende Vorgaben. Neben der Formulierung von jeweils arbeitsfeldspezifischen Qualitätsstandards müssen Verfahrensweisen einer umfassenden Qualitätssicherung, die in einer Institution praktizierbar sind, entwickelt und kontinuierlich realisiert werden. Die Debatte über qualitative Standards in der Jugendhilfe befindet sich erst in den Anfängen. Welche Ziele mit welchen Hilfeangeboten konkret verfolgt werden, welche Gütekriterien zur Beurteilung einer konkreten Hilfeleistung in Anwendung zu bringen sind und mit welchen Verfahrensweisen eine Qualitätsüberprüfung stattfinden kann - zu solchen Fragen bestehen nur relativ diffuse Vorstellungen bei einzelnen Akteuren, und es findet dazu kaum eine Diskussion in den Instutionen statt, durch die ein institutionenspezifischer Umgang mit solchen Fragen konstituiert werden könnte.

Sicherlich sind bei der Erarbeitung von Qualitätsstandards der Jugendhilfe viele Probleme zu bewältigen. Die Definition des „Output" in der Jugendhilfe bereitet erhebliche Schwierigkeiten, wenn man als „Output" nicht das reine Vorhandensein einer Leistung, sondern die problemlösende Wirkung einer Leistung versteht. Schließlich geht es bei komplexen sozialpädagogischen Interventionsformen weniger um die Handlungen selbst, sondern meist um die Wirkungen, die die Handlungen bei Adressaten auslösen. Bei einer Reihe von Leistungen wird „Output" in Form von Rechenbarkeit darzustellen sein, bzw. quantifizierte Werte vermögen einen Teilbereich von Qualität einer Leistung zu indizieren. Ein anderer Teil von Qualität sozialpädagogischen Handelns wird nicht ohne unangemessene Einbußen an Komplexität auf Rechenbarkeit auszurichten sein. Gerade wegen des strukturellen Technologiedefizits der Sozialpädagogik ist die Angabe von Effektivitätskriterien in der Jugendhilfe weitaus schwieriger als in anderen Bereichen des Verwaltungshandelns (s. Olk 1994, S. 26 f.). Ferner ist die Diskussion über Kosten-Nutzen-Bezüge von einer Spannung zwischen ökonomische Effienz-Zielen einerseits und gesellschaftspolitischen Gerechtigkeitszielen andererseits durchzogen. Es geht also auch um eine ethische Debatte über Wertbezüge, wodurch sich die Qualitätsdiskussion in der sozialen Arbeit fundamental von Kalkülen in der Betriebswirtschaft unterscheidet.

Der Hinweis auf die mannigfachen Schwierigkeiten, die die Qualitätsdiskussion in der Jugendhilfe begleiten, sollte jedoch nicht als willkommene Begründung für das Aussteigen aus dieser Aufgabe genommen werden. Ohne ein entwickeltes Qualitätsmanagement wird die Jugendhilfe zum einen ihren im KJHG dokumentierten gesetzlichen Aufträgen nicht gerecht, und zum anderen wird sie auf Dauer eine Dequalifizierung erleiden, weil sie nicht in der Lage sein wird, flexibel und produktiv auf veränderte Anforderungen der Umwelt (Adressaten, Politik, machtvolle Akteure in der Verwaltung etc.) zu reagieren und dabei eigene fachliche Standards wirkungsvoll zu behaupten. Die Intensivierung der begonnenen Qualitätsdiskussion (vgl. Meinhold 1994; Heiner in diesem Band) ist dringend erforderlich.

Das Konzept der „neuen Steuerung" wirkt insofern förderlich, als es den Impuls zur Reflexion der fachlichen Qualitätsmaßstäbe in der Jugendhilfe intensiviert hat. „Neue Steuerung" stellt Jugendhilfe vor die Notwendigkeit, in eine umfassendere Qualitätsdebatte einzutreten und sich in der Diskussion auf inhaltliche Qualitätskriterien für die unterschiedlichen Arbeitsfelder zu verständigen. Ein Handlungsverständnis, bei dem alle Handlungsformen irgendwie gleich gültig (oder eben auch gleichgültig) sind, muß überwunden werden. Allerdings ist mit den bisherigen Vorschlägen der KGSt für die Lösung des Problems der Qualitätsdefinition noch nicht viel gewonnen:

– Der von der KGSt verwendete Produktbegriff wird erstens dem komplexen Interaktionsgeschehen in der sozialen Arbeit nicht gerecht und zeigt zum zweiten auch deswegen keine Lösung des Problems an, weil er rein deskriptiv ist. Er benennt lediglich das Problem, ohne Lösungsperspektiven zu eröffnen. Die von KGSt beispielhaft gelieferten „Produktbeschreibungen" enthalten vor allem rein deskriptive Übernahmen aus dem KJHG, ohne jedoch auch nur ansatzweise qualitative Aspekte zu benennen.

– Die von der KGSt favorisierten „Kennziffern", mit deren Hilfe die Aktivitäten der Jugendhilfe-Institutionen gesteuert werden sollen, orientieren das Qualitätsproblem einseitig auf quantitative Meßbarkeit. Die Anregung der KGSt, mit Hilfe von Kennziffern z.B. das Organisieren einer bestimmten Zahl von Veranstaltungen zum Ziel zu erheben, führt in der Qualitätsfrage nicht weiter, weil damit noch nichts über die pädagogische Sinnhaftigkeit und den pädagogischen Zweck solcher Veranstaltungen ausgesagt wird.

Es kommt also darauf an, den im Kontext der „neuen Steuerung" entfalteten Impuls zur Intensivierung der Qualitätsdiskussion in der Jugendhilfe aufzunehmen und dabei nicht bei den von der KGSt empfohlenen Methoden (Produktbeschreibung, Angabe von Kennziffern) stehen zu bleiben, sondern nach Kriterien und Verfahrensweisen zu suchen, die den Handlungsvollzügen in der Jugendhilfe angemessener sind. Dabei bieten die unter dem Begriff „Selbstevaluation" entwickelten Methoden (Heiner 1994 a und 1994 b; v.Spiegel 1993) sicherlich produktive Orientierungen für die weitere Suche.

5. Fazit

Versucht man eine erste zusammenfassende Antwort auf die eingangs gestellt Frage, ob durch das Konzept der „neuen Steuerung" der durch das KJHG entfaltente fachliche Qualifizierungsimpuls der Jugendhilfe gestärkt oder konterkariert wird, so ergibt sich bereits auf der konzeptionellen Ebene ein ambivalentes Bild. Auf der einen Seite ist festzustellen, daß mit der Diskussion um „neue Steuerung" Themen mit einem dynamisierenden Schub versehen worden sind, die bereits im KJHG als fachliches Anliegen der Jugendhilfe formuliert worden sind: z.B. „Kundenorientierung", Qualität/Effektivität, Verkoppelung von fachlicher und finanzpolitischer Steuerung, Jugendhilfeplanung als fachliches und infrastrukturbezogenes Steuerungsverfahren. Insofern kann mit Recht davon gesprochen werden, daß das Anliegen der „neuen Steuerung" geeignet ist, einen Zugewinn an Fachlichkeit zu erzeugen und damit eine Erweiterung von Professionalität nicht zuletzt im Sinne einer erweiterten Handlungsfähigkeit, die auch die finanzbezogenen Steuerung umfaßt, herzustellen. Auf der anderen Seite sind auch die Risiken der bisherigen Konzeptdiskussion für den fachlichen Handlungsspielraum der Jugendhilfe nicht zu übersehen: Reduktion professioneller Komplexität auf Rechenbares, Etikettenschwindel durch einseitige und unkritische Überhöhung des Dienstleistungsbegriffs, Individualisierung von Handlungsansätzen und mögliche Vernachlässigung infrastrukturbezogener Arbeitsweisen infolge eines zu sehr individualisierten Dienstleistungsverständnisses, Nähe zu technologischen Konzepten der Jugendhilfeplanung, Probleme der Realisierung von sachlichen Gehalten der „neuen Steuerung" wegen ihrer Verbindung zu aktuellem Spardruck.

Die Perspektive kann nur in einer kritischen Verkoppelung der Qualifizierungsimpulse des KJHG mit dem in der „neuen Steuerung" enthaltenen Innovationpotential liegen. Die stärkere Ausrichtung von Leistungen an den Erfordernissen der Adressaten („Kundenorientierung"), die Verkoppelung von Entscheidung und Verantwortung im Rahmen einer dezentralen Ressourcensteuerung, die Verbesserung der Flexibilität von Handlungsmöglichkeiten durch eine Budgetierung, die ihre Grundlage in Zielvereinbarungen hat - in solchen und weiteren Orientierungen der Konzepte zur „neuen Steuerung" sind Überschneidungen zu fachlichen Impulsen der Jugendhilfediskussion enthalten, die es von der Jugendhilfe offensiv zu nutzen gilt.

Eine grundlegende Voraussetzung für die Realisierung der produktiven Potentiale, die in der „neuen Steuerung" neben ihren Risiken enthalten sind, liegt darin, daß bei der Implementation der „neuen Steuerung" nicht einzelne Bestandteile aus dem Gesamtzusammenhang herausgebrochen werden, sondern eine reflektierte Umsetzung des Gesamtkonzepts erfolgt. Ansonsten werden Produktbeschreibungen oder Kennziffern in der Praxis zum Ansatzpunkt einer perfekteren formalisierten Kontrolle, oder Budgetierung wird nicht anderes als eine zynische Deckelung des Haushalts nach dem Motto „ihr müßt die Probleme mit X Prozent weniger Geld lösen, aber dafür habt ihr als Belohnung auch weniger Verwaltungsaufwand". Wichtig ist, daß auch die in der „neuen Steuerung" enthaltenen Impulse zur Organisationsentwicklung realisiert werden. So ist z.B. eine wirkungsvolle Steuerung von Qualität gebunden an eine Zusammenführung von Entscheidung und Verantwortung und an eine Koppelung von Fachentscheidung und Ressourcenentscheidung; ohne die damit einhergehenden Organisationsveränderungen, die auch eine Veränderung von institutionellen Machtstrukturen nach sich ziehen, werden die produktiven Impulse der „neuen Steuerung" nicht zur Geltung gebracht werden können.

Ein weiteres Erfordernis zur Stützung fachlicher Anliegen bei der Umsetzung der „neuen Steuerung" ist in der Beteiligung der freien Träger und auf diesem Wege in der öffentlichen Diskussion von Verfahrensweisen zu sehen. Eine Beteiligung der freien Träger ist zum einen deswegen angebracht, weil auch sie von den Umstrukturierungen der Verwaltungen betroffen sind (z.B. bei der Definition von Produkten, beim Umgang mit Kennziffern, bei der Einigung auf Qualitätsdefinitionen etc.). Zum anderen entsteht durch die Beteiligung der freien Träger ein kritisches Beobachtungspotential, das für das Aufrechterhalten einer Balance zwischen fachlichen und ökonomische Kriterien bedeutsam ist und durch das ein Abgleiten in eine einseitige Ökonomisierung eher öffentlich problematisiert und möglicherweise verhindert werden kann.

Literatur

AGJ (Arbeitsgemeinschaft für Jugendhilfe) (Hrsg.): Jugendhilfe 2000 - Visionen oder Illusionen ? Bonn 1994

Banner G.: Von der Behörde zum Dienstleistungsunternehmen. In: VOP 1/1991, S. 6-11

Banner, G.: Neue Trends im kommunalen Management. In: VOP 1/1994, S. 5-12

BMFSFJ (Bundesministerium für Familie, Senioren, Frauen und Jugend): Neunter Jugendbericht. Bonn 1994

Deutscher Verein für öffentliche und private Fürsorge (Hrsg.): Handbuch der örtlichen Sozialplanung. Frankfurt 1986

Flösser, G.: Kontraktmanagement als neues Steuerungsmodell. In: SOCIALmanagement 3/1994, S. 20-24

Grunow, D.: „Dezentrale Steuerungsmodelle" - Folgen für Qualität und Bürgernähe der Sozialverwaltung. In: Wohlfahrt, N./Kulbach, R. (Hrsg.), Auf dem Wege zum Unternehmen Stadt ? Konsequenzen und Anforderungen kommunaler Neuorientierung für die Gestaltung sozialer Dienste. Tagungsdokumentation. Bochum 1995, S. 30-50

Heiner, M. (Hrsg.): Selbstevaluation als Qualifizierung in der Sozialen Arbeit. Fallstudien aus der Praxis. Freiburg 1994 (1994 a)

Heiner, M.: Reflexion und Evaluation methodischen Handelns in der Sozialen Arbeit. Basisregeln, Arbeitshilfen und Fallbeispiele. In: Heiner, M. u.a., Methodisches Handeln in der Sozialen Arbeit. Freiburg 1994, S. 102-183 (1994 b)

Hirschauer, P.: Von der Privatisierung des Alltags und der Entkommunalisierung der Jugendhilfe. In: Neue Praxis 3/1995, S. 293-300

Institut für soziale Arbeit (Hrsg.): Hilfeplanung und Betroffenenbeteiligung. Münster 1994

Jordan, E./Schone, R.: Jugendhilfeplanung - aber wie ? Eine Arbeitshilfe für die Praxis. Münster 1992

KGSt (Kommunale Gemeinschaftsstelle für Verwaltungsvereinfachung): Das Neue Steuerungsmodell. Begründung - Konturen - Umsetzung. Bericht 5/1993. Köln 1993

KGSt: Outputorientierte Steuerung in der Jugendhilfe. Bericht 9/1994. Köln 1994 (a)

KGSt: Das Neue Steuerungsmodell: Definition und Beschreibung von Produkten. Bericht 8/1994. Köln 1994 (b)

Kühn, D.: Richtwerte in der kommunalen Sozialplanung. In: Archiv für Wissenschaft und Praxis der sozialen Arbeit 2/1975, S. 73-92

May, M.: „The times, they are a-changing". Von der Kommunalen Sozialarbeitspolitik zur sozialen Dienstleistungsproduktion: Ein Kommentar zum 9. Jugendbericht der Bundesregierung. In: Widersprüche, Heft 53, 1994, S. 73-77

Meinhold, M.: Was heißt „Qualitätssicherung" bei sozialen Dienstleistungen ? In: Widersprüche, Heft 53, 1994, S. 41-49

Merchel, J.: Drei Jahre Kinder- und Jugendhilfegesetz (KJHG) - Probleme der Umsetzung in Politik und Praxis der Jugendhilfe. In: Zentralblatt für Jugendrecht 1/1994, S. 1-8 (1994 a)

Merchel, J.: Kooperative Jugendhilfeplanung. Eine praxisbezogene Einführung. Opladen 1994 (1994 b)

Merchel, J.: Das KJHG bleibt eine fachliche Herausforderung an die Erziehungshilfe. Pädagogische und jugendhilfepolitische Perspektiven drei Jahren nach Inkrafttreten des KJHG. In: Soziale Arbeit 1/1994, S. 9-18 (1994 c)

Merchel, J.: Sozialverwaltung oer Wohlfahrtsverband als „kundenorientiertes Unternehmen": ein tragfähiges, zukunftsorientiertes Leitbild ? In: Neue Praxis 4/1995

Merchel, J./Schrapper, Ch.: Hilfeplanung gem. § 36 KJHG als fachliche und organisatorische Herausforderung an das Jugendamt. In: Nachrichtendienst des Deutschen Vereins für öffentliche und private Fürsorge 4/1995, S. 151-156

Olk, Th.: Jugendhilfe als Dienstleistung - Vom öffentlichen Gewährleistungsauftrag zur Marktorientierung ? In: Widersprüche, Heft 53, 1994, S. 11-33

Ortmann, F. (Hrsg.): Sozialplanung für wen ? Neuwied/Darmstadt 1976

Pitschas, R.: Jugendhilfe im „Unternehmen Stadt". In: VOP 1/1994, S. 13-15

Schumann, M.: Modellplanung Offene Kinder- und Jugendarbeit. In: Soziale Arbeit 8/1995, S. 264-268

v. Spiegel, H.: Aus Erfahrung lernen. Qualifizierung durch Selbstevaluation. Münster 1993

Stadt Duisburg: Hilfen für Kinder und Jugendliche in Notlagen. Konzepte zur Verminderung von Fremdplazierung. Duisburg o.J. (1992)

Thiersch, H.: Wohlfahrtsstaat im Umbruch - Perspektiven der Sozialen Arbeit. In: Neue Praxis 3/1995, S. 311-321

Wolf, M.: Betriebswirtschaftliche Steuerungsinstrumente in der sozialen Arbeit. In Nachrichtendienst des Deutschen Vereins für öffentliche und private Fürsorge 3/1995, S. 106/107

167

Kapitel 3

Ottilie Scholz

Neue Steuerungsmodelle in der Jugendhilfe

Die Empfehlungen der KGSt und Ansätze einer Umsetzung in die kommunale Praxis

1. Die KGSt-Empfehlungen zum neuen Steuerungsmodell

1.1 Skizzierung der Grundsätze

Nicht zufällig stehen die Arbeiten der KGSt zur Neustrukturierung der Jugendhilfe in direktem und exemplarischem Zusammenhang mit den grundsätzlichen Empfehlungen zur Entwicklung neuer Steuerungsmodelle und Organisationsstrukturen in der Kommunalverwaltung.

Die anhaltende Finanzknappheit kommunaler Haushalte, die Tendenz zunehmender Kommunalisierung von Verwaltungsaufgaben und dieses vor dem Hintergrund der Ausgestaltung des KJHG als Leistungsgesetz zwingen dazu, Leistungs- und Finanzziele explizit zu formulieren und beides in Übereinstimmung zu bringen. Wo jede Mark zählt, ist klar zu entscheiden, wofür das Geld bereitzustellen ist.

Doch sei gleich an dieser Stelle ausdrücklich betont: Auch wenn die finanzielle Notsituation der Gemeinden die Diskussion um neue Steuerungsmodelle mit veranlaßt und vorwärtsgetrieben hat, hieße es, die Perspektiven vorzeitig zu verkürzen und zu begrenzen, wenn in allen weiteren Überlegungen nur noch das Geld die ausschlaggebende Rolle für den Umstrukturierungsprozeß spielen würde. Der Ansatz muß vielmehr auf das Ziel gerichtet sein: Mit der Änderung von (i.d. Regel unhinterfragtem) Input zu strategischem Output zu kommen, d.h. hin zu einem gezielten und transparenten Einsatz von Finanzmitteln zur Erreichung genau definierter und vereinbarter Ziele im Rahmen kommunalpolitisch wichtiger Handlungsfelder.[1]

Hier liegen Auftrag und Ansatz der KGSt, diesen Prozeß zu begleiten, zu strukturieren und mit gutachtlichen Empfehlungen zu unterstützen. Rückblickend kann man sagen, daß fast alle Arbeiten der KGSt der letzten Jahre diesem grundlegenden Thema gewidmet waren und für die Zukunft wohl auch gewidmet sein werden.

Wichtigste Merkmale der sich im Rahmen des neuen Steuerungsmodells als notwendig abzeichnenden Veränderungen der Verwaltungs- und Organisationsstruktur sind:

– die Einheit von Fach- und Finanzverantwortung
– der Abbau von Hierarchie-Ebenen
– eine produktorientierte Steuerung: d.h. Formulierung (strategischer) Ziele sowie Angabe von Produkten und Leistungen, um diese Ziele zu erreichen
– die Vereinbarung von Finanzzielen, im Rahmen derer diese Produkte und Leistungen zu erstellen sind

Damit muß sich auch das Leitbild von Kommunalverwaltung ändern, nämlich: weg von einer bürokratisch strukturierten Organisation hin zu einem Dienstleistungsunternehmen, das sich orientiert an Bürgernähe und politisch gewollten strategischen Zielen und Handlungsfeldern.[2]

1.2 Produktorientierte Steuerung in der Jugendhilfe

In diese grundsätzlichen Arbeiten zum neuen Steuerungsmodell eingebunden sind die KGSt-Berichte zur output- bzw. produktorientierten Steuerung in der Jugendhilfe. Diese Empfehlungen spielen insofern eine wichtige Rolle, da hier der Einstieg gemacht worden ist,die allgemeinen, die Gesamtverwaltung betreffenden Aussagen auf einen konkreten Fachbereich zu beziehen und praktisch werden zu lassen.

Für den Bereich der Jugendhilfe liegen folgende neuere Arbeiten der KGSt vor:

– Bericht Nr. 3/1993 „Ziele, Aufgaben und Tätigkeiten des Jugendamtes"
– Bericht Nr. 9/1994 „Outputorientierte Steuerung der Jugendhilfe"
– Bericht Nr. 3/1995 „Aufbauorganisation in der Jugendhilfe"

Und in 1996 wird erscheinen:

– der Bericht „Fach- und Ressourcenplanung in der Jugendhilfe"

Grundlegend für das neue Steuerungsmodell in der Jugendhilfe ist die Aufhebung des Systems geteilter Verantwortlichkeit. Bisher war es so, daß das vorhandene Geld und die vorhandenen Stellen (input) - in der Regel entsprechend den Ansätzen der Vorjahre fortgeschrieben - das Verwaltungshandeln bestimmten, der Haushaltsplan als das zentrale Steuerungsinstrument wirkte. Die Ressourcenverantwortung selbst lag in der Hand der Querschnittsämter Organisation, Personal, Finanzen, während die Fachverantwortung in den Fachämtern angesiedelt war.

Das neue Steuerungsmodell dagegen geht von der Einheit von Fach- und Finanzverantwortung aus: Der Fachbereich Jugend ist somit - wie andere Fachbereiche in der Verwaltung auch - verantwortlich sowohl für die *Bereitstellung* der richtigen Produkte als auch für ihre *Kosten*. Die notwendige Beschreibung der Produkte, ihre Auswahl und die Ermittlung der Kosten stellen die Verantwortlichen in den Fachbereichen somit vor ganz neue Anforderungen.

So ist es erforderlich,

- die jeweils gültigen Ziele und Leitvorstellungen in der Jugendhilfe zu formulieren und Prioritäten zu setzen
- die Produkte, mit deren Hilfe die vereinbarten Ziele zu erreichen sind, zu beschreiben nach Kriterien wie
  Art/Inhalt,
  Quantität,
  Qualität/Standard,
  Zielgruppen,
  Träger,
  Wirksamkeit
- zu vereinbaren, was die Produkte und die zu ihrer Erstellung notwendigen Leistungen kosten und wie sie finanziert werden (Budgetierung),
- den Prozeß: Zielvorgaben - Zielerreichung auf einen Erfolg hin zu kontrollieren; hierzu gehört auch die Entwicklung eines Kennzahlensystems, anhand dessen man den Zielerreichungsgrad operationalisieren kann. Wirksamkeit und Wirtschaftlichkeit des Mitteleinsatzes (Geld/Personal) sind dementsprechend zu dokumentieren (Berichtswesen/Controlling).[3]

Obwohl die Logik der so aufeinanderfolgenden Schritte besticht, wird es noch Zeit brauchen, sie in die Praxis umzusetzen, da veränderte Zuständigkeiten und Verantwortlichkeiten (= Organisationsstrukturen) die Voraussetzungen hierfür sind und erst entwickelt werden müssen.

Für örtliche Lösungen gibt es keine Patentrezepte. Vieles wird nur aufgrund von Erfahrungen auf seine Zweckmäßigkeit hin überprüft und verbessert werden können. So ist es nur verständlich, daß derzeit interessierte Verwaltungen in Anbetracht ihrer örtlichen Besonderheiten versuchen, ein eigenes Konzept zu entwickeln und nach eigenen Wegen suchen, diese neuen Steuerungsmodelle in die Verwaltung einzuführen. Die Ansätze sind sehr unterschiedlich, angefangen über Pilotprojekte bis hin zu Änderungen der gesamten Verwaltungsstruktur.

Im folgenden soll beispielhaft beschrieben werden, wie Ansätze des neuen Steuerungsmodells in Entscheidungsprozesse der Jugendhilfe Eingang finden können.

2. Ansätze neuer Steuerung in der Jugendhilfe – zwei Beispiele

Die Stadt Castrop-Rauxel (80.000 Einwohner) betreibt den Prozeß einer Änderung bestehender Verwaltungsstrukturen und die Einführung neuer Steuerungsinstrumente seit ca. 4 Jahren. Neben der Beteiligung am Bertelsmann-Projekt sowie eines die Gesamtverwaltung umfassenden Ansatzes zum Strukturwandel („Stadtverwaltung im Wandel" - Steuerungsmodell 2001") gibt es gezielte Ansätze in mehreren Fachbereichen zur Einführung dezentraler Ressourcenverantwortung (z.B. auch im Bereich Schulen, Bäder).

Ansätze einer produktorientierten Steuerung in der Jugendhilfe wurden im Jugendamt der Stadt Castrop-Rauxel in zwei Bereichen entwickelt: im Bereich der Jugendförderung (hier: die Jugendzentren) und im Bereich Hilfen zur Erziehung. Sie sollen im folgenden exemplarisch beschrieben werden.[4]

2.1 Jugendförderung

Anlaß war die Begründung der hohen Kosten in diesem Bereich, die nicht selten mit der Frage endeten „Was wird da eigentlich gemacht? Lohnen sich die hohen Kosten? Was kommt dabei raus?"

Es wurde mit den Mitarbeitern der Jugendzentren vereinbart:

– ein Konzept für die inhaltlich pädagogische Arbeit zu erstellen,
– Verantwortlichkeiten der einzelnen Mitarbeiter festzulegen,
– eine Zielplanung und ein Controlling angebotsbezogen vorzunehmen,
– eine Produktbeschreibung und Bewertung zu erarbeiten als Grundlage für die
– Dokumentation über die geleistete Arbeit (Berichtswesen/Controlling), die alle 6 Monate vorzulegen ist.

Das Ergebnis war die Verabschiedung neuer Richtlinien sowie eine Festlegung der Qualitätsstandards für die zu fördernden Einrichtungen (Leistungen/ Kosten).

In diesem Zusammenhang wurde auch eine dezentrale Ressourcenverantwortung in den städtischen Jugendzentren vereinbart, die es den Mitarbeitern/innen ermöglichen sollte, die Einrichtung eigenverantwortlich nach wirtschaftlichen Prinzipien zu führen. Eine in diesem Sinne weitestgehende Ausgestaltung haushaltsrechtlicher Grundsätze war die Voraussetzung für ein eigenverantwortliches Haushalten in den Jugendzentren. Dazu gehörten:

– Die Mitarbeiter der Jugendzentren erhielten genaue Informationen, was ihre Einrichtung derzeit kostete (Personalkosten, Honorarkosten, Sach- und Betriebskosten).

173

- Über zugewiesene Honorarstunden konnte eigenverantwortlich entschieden werden, auch im Sinne einer gegenseitigen Deckungsfähigkeit von Honorar- und Sachkosten und anderer auf die Jugendzentren jeweils bezogener Haushaltssätze des Haushaltsplanes.
- Einnahmepositionen mit Zweckbindungsvermerk wurden geschaffen; dadurch konnten Mehreinnahmen für noch zu bestimmende Ausgabepositionen verwandt werden.

Bei allen anfänglichen Widerständen hat sich nach mittlerweile dreijähriger Erprobungszeit folgendes herauskristallisiert:

- Alle Träger offener Jugendarbeit (die städtischen ebenso wie die freien Träger) beteiligen sich an diesem Verfahren.
- Die Finanzverantwortung wird Schritt für Schritt gefestigt und durch haushaltsrechtliche Vorgaben fixiert.
- Das Einfordern eines betriebswirtschaftlichen Denkens auch bei einer pädagogisch begründeten Jugendarbeit hat dazu geführt, daß innerhalb der Einrichtungen strukturierte, ergebnisorientierte Diskussionen bei den Mitarbeitern/innen erfolgen über Ziele, Erfolg und Kosten ihrer Arbeit (vgl. hierzu einen Auszug aus dem Betriebskostenbogen - s. Anlage 1; halbjährlich erfolgt ein Sachstandsbericht über die Akzeptanz der Arbeit der Jugendzentren anhand festgelegter Indikatoren).

2.2   Hilfen zur Erziehung

Zur Ausgangssituation: Die beständig und ins Immense steigenden Kosten für Heimunterbringung waren Anlaß, das Gesamtangebot Hilfen zur Erziehung leistungsbezogen neu zu strukturieren. Der Aufbau eines Netzwerkes vor Ort sollte dabei die höchste Priorität haben, geleitet von folgenden Grundsätzen:

- Ausweitung der stationären und teilstationären Hilfen vor Ort,
- Wirtschaftliche Nutzung aller vorhandenen und zu aktivierenden Ressourcen (Allgemeiner Sozialer Dienst - ASD - und freie Träger),
- Vernetzung der bestehenden Hilfsangebote.

Demzufolge wurden sämtliche Fälle Heimunterbringung im Hinblick auf die geeignetste Hilfeleistung geprüft; ein Fragebogen zur Bestandsanalyse wurde hierzu entwickelt. Das Ergebnis der Untersuchung war die Aufstellung eines durch die Analyse der Hilfefälle begründeten differenzierten Angebots von Hilfeleistungen.

Dieser Produktplan legt - am gewünschten Output (= Bedarf) orientiert - Art und Umfang der einzelnen Produkte fest: Erweiterung bzw. Reduzierung vorhandener und Entwicklung/Aufbau neuer Betreuungsangebote (s. Anlage 2).

sind ein erster Schritt, Aufgabenbereiche des Jugendamtes produktorientiert umzugestalten. Die KGSt definiert Produkte als „zu Steuerungszwecken zusammengefaßte Leistungen eines Fachbereiches bzw. Amtes". Die Steuerung des Verwaltungshandelns über bzw. durch Produkte gibt somit auch der kommunalpolitischen und verwaltungsinternen Zieldiskussion eine andere Dimension und Qualität: Nicht von innen nach außen, sondern nachfrageorientiert, also von außen nach innen sind Dienstleistungen der Verwaltung zu bestimmen und zu organisieren.

Das gilt dann folgerichtig auch für die Planung der Jugendhilfeaufgaben: Erst der Steuerungszweck entscheidet darüber, wie Aufgaben/Leistungen der Jugendhilfeverwaltung zu Produkten zusammengefaßt werden können. Wichtigste Gliederungskriterien dabei sind die politisch strategischen Zielvorgaben, ihre fachspezifische Begründung und die (Abnehmer-)Erwartungen der Bürger (Kundensicht).

Die Beschreibung von Produkten der Jugendhilfe (Ziele, Leistungsumfang, Kosten) sind somit die Grundlage einer qualifizierten Jugendhilfeplanung. Von daher stehen output-/produktorientierte Steuerung und Jugendhilfeplanung nicht nur: *nicht* im Widerspruch zueinander (wie man häufig hören und lesen kann), sondern sie bedingen einander, ja - sie sind geradezu aufeinander angewiesen: Nur wer fundierte Aussagen machen kann zu

— Welche Ziele habe ich?
— Was kostet das (Ressourcenverbrauch)?
— In welchem Umfang kann ich mir was leisten (Prioritäten, Standards)?

liefert entscheidungsrelevante Kriterien für eine realistische, umsetzungsorientierte Planung.

Produktbeschreibungen der Jugendhilfe liefern Daten und Informationen dieser Qualität.

Die KGSt erarbeitet z.Z. für die einzelnen Aufgabenbereiche der Verwaltung Produktpläne und exemplarische Beschreibungen einzelner Produkte; sie sollen Grundlage für örtliche Ausarbeitungen sein. Die Verwaltungen stehen erst am Anfang dieses Umstrukturierungsprozesses. Praktische Erfahrungen in der Anwendung neuer Steuerungsformen und -instrumente werden nötig sein, um sie weiterzuentwickeln und zu verbessern.

Über Produkte steuern heißt: Leistungen und Kosten bestimmen, die dann wiederum Grundlage für Planung und Ressourcenverbrauch sind. Erst auf dieser Basis lassen sich Forderungen nach Effektivität und Effizienz sozialer Dienstleistungen operationalisieren.

Produktentwicklung in der Jugendhilfe ist inte- grativer Bestandteil von Jugendhilfeplanung und wird - wie diese - ein ständiger und fortzuschreibender Prozeß sein der Auseinandersetzung über kommunalpolitisch gewollte, fachlich begründete Ziele und vorhandene Ressourcen. Nur wenn es gelingt, die Diskussion über neue Steuerung in der Jugendhilfe in diesem Sinne zu nutzen und weiterzutreiben, kann sich der Anspruch erfüllen Leistungen, Prozesse und Strukturen der Jugendhilfe weiter zu optimieren.

Anmerkungen

1   Ziel muß es sein, die Diskussion zwischen Politik und Verwaltung im Rahmen neuer Steuerungsmodelle auf kommunalpolitisch wichtige Handlungsfelder hin zu strukturieren.
2   Man mag sich trefflich darüber streiten, ob der Begriff *Dienstleistungsunternehmen* auf die Kommunalverwaltung übertragbar ist. Die Diskussion auf dieser begrifflichen Ebene zu führen, geht m. E. aber an der Sache vorbei, denn verdeutlich werden soll auf diese Art und Weise vor allem das von außen, nämlich durch die Bedarfsstruktur der Politik und der Bevölkerung Bevölkerung herangetragene Bestimmungskriterium organisatorischer Gestaltungsprozesse: nicht von innen nach außen, sondern von außen nach innen hat sich die Verwaltung zu organisieren.
3   vgl. hierzu die einschlägigen KGSt-Berichte, bes. KGSt-B 9/1994, Outputorientierte Steuerung der Jugendhilfe
4   Siehe hierzu auch meine Ausführungen im KGSt-Bericht Nr. 8/1994 „Das Neue Steuerungsmodell: Definition und Beschreibung von Produkten".

Auszug aus dem Betriebskostenbogen

2. Erträge

Art:	Einahmen	DM	gesamt DM
A.	Zuschüsse	XXXXXX	XXXXXX
1.	Träger		XXXXXX
2.	Land / Bund / EG		XXXXXX
3.	Stadt		XXXXXX
4.	sonstige		
B.	Servicebereich	XXXXXX	XXXXXX
1.	Vermitung von Räumen an Gruppen		XXXXXX
2.	Verkaufserlöse durch Getränke etc.		XXXXXX
3.	Eintrittserlöse bei Veranstaltungen		XXXXXX
4.	Teilnahmebeiträge (Kurse, Projekte, Fahrten)		
C.	Aktionen und Spenden	XXXXXX	XXXXXX
1.	Besondere Veranstaltungen (Basar etc.)		XXXXXX
2.	Spenden		
D.	sonstige Einnahmen		

3. Bilanz

GESAMTERTRAG	

GESAMTAUFWENDUNGEN	

RÜCKSTELLUNG	

VERLUST	

Für die Richtigkeit

_____ , den _____

_____

(Unterschrift, Stempel)

179

Jugendamt der Stadt Castrop-Rauxe

hier: Produktplan Hilfen zur Erziehung

Leistungs- und Finanzziele			
Leistungsziel:			
Nr. 1 Ausweitung Vollzeitpflege			
Nr. 2 Aufbau qualifizierter sozialpädaogischer Pflegestelle			
Nr. 3 Örtl. Einrichtung einer Tagesheimgruppe			
Nr. 4 Reduzierung des örtl. Angebotes in der Sozialpädagogischen Familienhilfe			
Nr. 5 Örtl. Einrichtung „Sozial betreutes Wohnen"			
Nr. 6 Örtl. Einrichtung „Betreutes Wohnen"			
Nr. 7 Örtl. Einrichtung (=Umwandlung) des pädagogischen Angebotes Schulsozialarbeit; jetzt: „Pädagogisches Zentrum"			
derzeitige Kosten, weil bisher	**1993**	**1994**	**1995**
Nr. 1 Heimunterbringung	720.000,--	720.000,--	748.000,--
Nr. 2 Heimunterbringung	288.000,--	288.000,--	299.520,--
Nr. 3 anderer Träger	260.000,--	260.000,--	270.400,--
Nr. 4 Überangebot	900.000,--	900.000,--	936.000,--
Nr. 5 Heimunterbringung	648.000,--	648.000,--	674.000,--
Nr. 6 Heimunterbringung	1.080.000,--	1.080.000,--	1.123.200,--
Nr. 7 Unterangebot (und bisher nur Zuschuß)	8.000,--	8.000,--	8.320,--
insgesamt	3.904.000,--	3.904.000,--	4.059.440,--
Finanzziele: (= zukünftige Kosten)			
Nr. 1		489.600,--	149.760,--
Nr. 2	25.000,--	217.200,--	89.856,--
Nr. 3		131.000,--	136.240,--
Nr. 4 entspr. d.o.g.		700.000,--	500.000,--
Nr. 5 Leistungsziele		240.000,--	250.000,--
Nr. 6		711.000,--	247.000,--
Nr. 7	60.000,--*	180.000,--*	187.200,--
insgesamt	85.000,--	2.668.800,--	1.560.056,--
Investitionskosten:			
Nr. 3	200.000,--		5.000,--
Nr. 5	150.000,--	200.000,--	10.000,--
Nr. 6	40.000,--	60.000,--	10.000,--
insgesamt	390.000,--	260.000,--	25.000,--
Einsparung/Nutzen:		975.200,--	2.474.384,--
Kostensteigerung:	475.000,--		

* Sept. bis Dez. 1993, ab 1994 das gesamte Jahr

Dieter Selige

Ziele und Probleme der Budgetierung

1. Vorbemerkung

Bevor ich mich den Zielen und Problemen der Budgetierung zuwende, möchte ich auf das veränderte finanzpolitische Umfeld der kommunalpolitischen Landschaft eingehen, ohne die die flächenbrandartig sich verbreitenden Reformbestrebungen kommunaler Verwaltungen nicht erklärbar sind.

Die massiven Finanzprobleme, mit denen es die Kommunen gegenwärtig zu tun haben, stellen alles in den Schatten, was sie in der Finanzkrise Anfang der achtziger Jahre erlebten. Finanzlöcher in zweistelliger Millionenhöhe bei mittelgroßen Städten sowie exorbitant wachsende Verschuldungsraten, solche Meldungen sind inzwischen Alltag geworden. Die Ursachen der gegenwärtigen Finanzkrise ergeben sich vor allem aus

- den Folgen der wirtschaftlichen Rezession,
- den hohen Sozial- u. Jugendhilfeausgaben,
- den Kosten für Abfall- und Abwassersysteme,
- den Kosten der deutschen Einheit und
- der hohen Verschuldung.

Die längerfristigen strukturellen Ursachen reichen zurück in die siebziger und achtziger Jahre, als man aufgabenkritische Reformansätze nicht durchführte, Subventionen nicht abbaute und die Gesetzes- und Verordnungsflut nicht bremste.

Gut, die deutsche Einheit war nicht vorhersehbar und die Kumulation der genannten Ursachen macht es ungleich schwieriger, die Finanzprobleme bei Bund, Ländern und Gemeinden in den Griff zu bekommen.

Auch wenn die Konjunktur, wie es scheint, wieder anzieht, müssen die weltwirtschaftlichen Entwicklungen mehr beachtet werden, als dies noch vor einem Jahrzehnt der Fall war. Das mag vielleicht für den kommunalen Bereich übertrieben klingen, jedoch zeigt das Beispiel der Stadt Wolfsburg die finanzielle Abhängigkeit von international tätigen Firmen mit ihren welt-wirtschaftlichen Verflechtungen. Dort ging die Gewerbesteuer in einem Jahr von 187 Mio. DM auf 75 Mio. DM zurück. Die internationale Wettbewerbsfähigkeit unserer Wirtschaft ist deshalb als eine entscheidende Restriktion der Finanz- und Sozialpolitik zu betrachten. In Zukunft wird die Abhängigkeit vom Weltmarkt durch den Abbau von Grenzen und den internationalen Verflechtungen der Wirtschaft insgesamt dazu führen, daß weltweite Entwicklungen eine stärker sichtbar werdende Resonanz auslösen als bisher. Das bedeutet neben mehr globaler Abhängigkeit aber auch mehr Chancen weiterer Entwicklungen.

Die früher vorhersehbaren Konjunkturverläufe - Aufschwung gefolgt von einer Rezession und erneutem Aufschwung - sind nicht mehr so konstant wie früher. Wettbewerb, Wandel und Kundenservice werden intensiver das Bild der Wirtschaft bestimmen. Die zunehmende Vernetzung führt dazu, daß technische, ökonomische, gesellschaftliche und politische Prozesse sich gegenseitig beeinflussen und eine Eigendynamik entwickeln. Es kann zu Kippeffekten und zu rasantem strukturellen Wandel kommen. (Doppler/Lauterburg 1994: Change Management S. 25)

Den Veränderungen in der Wirtschaft kann sich die öffentliche Hand nicht entziehen, wenn sie erfolgreich den Herausforderungen der Zukunft begegnen will. Eine umfassende Reform des öffentlichen Dienstes und des Haushaltsrechtes sind daher überfällig.

Die Kommunen haben sehr frühzeitig - eher als Bund und Länder - die Notwendigkeit von Verwaltungsreformen erkannt. Um wieder Handlungsspielraum zu erlangen, reichen die bisherigen Instrumente, wie Aufgabenkritik, Vollzugskritik und Organisationsuntersuchungen zur Bewältigung der Finanzkrise nicht aus. Internationale Beispiele, insbesondere das sogenannte Tilburger Modell, standen deshalb Pate für ein von der KGSt vorgeschlagenes neues Steuerungsmodell mit Budgetierung von Finanzen im Rahmen einer dezentralen Ressourcenverantwortung (Das Neue Steuerungsmodell, KGSt - Bericht Nr. 5/93).

Die flächendeckende Einführung der Budgetierung als ein Element dieses Steuerungssystems findet inzwischen in sehr vielen Kommunen Anwendung (vgl. Reichard 1995: Umdenken im Rathaus S. 32). Sie wird jedoch, bedingt durch die Finanznot, nicht ganz systemgerecht, überwiegend als ein Instrument zur Deckelung der Ausgabenflut eingesetzt.

Die teilweise durch die Medien verbreiteten hohen Erwartungen, die mit der Einführung von betriebswirtschaftlichen Instrumenten zur kurzfristigen Lösung kommunaler Finanzprobleme verknüpft werden, erhöhen den Erfolgsdruck und verstärken die Tendenz zur Plafondierung.

2. Ziele der Budgetierung

Mit der Einführung einer Budgetierung im Bereich des öffentlichen Haushaltswesens erhofft man sich verbesserte Steuerungsmöglichkeiten kommunaler Leistungen, mehr Transparenz, Flexibilität, Effizienz , Kreativität, Wettbewerb und letztlich durch eine Dezentralisierung von Ergebnis- und Ressourcenverantwortung eine größere Wirtschaftlichkeit beim Einsatz der knapp gewordenen Haushaltsmittel. Daß diese Ziele sich von bisherigen gesetzlichen Zielvorgaben des geltenden Haushaltsrechtes nicht wesentlich unterscheiden, läßt zunächst vermuten, daß es sich lediglich um eine Verbesserung von Methoden und Verfahren der Haushaltswirtschaft handelt. Das trifft allerdings nicht zu. Das von der KGSt vorgeschlagene Budgetierungsverfahren ist Teil eines neuen Führungskonzeptes, das moderne Managementmethoden mit betriebswirtschaftlichen Erkenntnissen zu vereinen sucht.

In Anlehnung an das niederländische Beispiel der Stadt Tilburg präferiert die KGSt ein sog. „outputorientiertes Budgetierungsmodell", das nicht auf Einnahmen und Ausgaben, sondern auf Kosten und Leistungen von „Produkten" und Erträgen aufbaut und das den Fachbereichen mehr Autonomie und Kompetenzen bei der Aufstellung und dem Vollzug des Budgets einräumen soll.

Die Schwächen des bisherigen öffentlichen Haushaltswesens, z.B.mangelnde Kompetenz der Fachbereiche, Ungeeignetheit des Haushaltsplanes als Steuerungsinstrument, fehlende Transparenz der Kosten und Leistungen, sollen damit möglichst ausgeräumt werden. Ob dieses Modell sich so oder in angepaßter Form übertragen läßt, muß sich noch erweisen. Für die notwendige Experimentierphase werden den Gemeinden inzwischen weitgehende Befreiungen von den haushaltsrechtlichen Bestimmungen eingeräumt, so daß sich die Frage der Vereinbarkeit mit derzeit noch gültigen Rechtsvorschriften nicht mehr als Problem darstellt. Die zentralen Instrumente und Mittel, mit denen die Ziele im Budgettierungsverfahren auch für den öffentlichen Bereich erreicht werden sollen, sind:

1. dezentrale Ressourcenverantwortung
2. Vorgabe von globalen Zielen und zentrale Steuerung „auf Abstand"
3. flächendeckende Einführung von Produkten
4. outputorientierte Steuerung
5. Wettbewerb
6. Berichtswesen, Kennzahlen
7. Budgetkontrolle
8. Motivation und Leistungsanreize
9. neues Rollenverständnis zwischen Politik und Verwaltung

Bevor ich auf diese Elemente näher eingehe, sollte zunächst der Budgetbegriff erläutert werden.

3. Was ist unter dem Begriff „Budget" zu verstehen?

Nach der Enzyklopädie von Brockhaus leitet sich das Wort vom gallisch-lateinischen *bulga* ab, was Ledersack bedeutet. Altfranzösisch *bougette* (Geldbeutel), auch Etat, der staatliche Haushaltsplan.

Der im Zusammenhang mit dem „Neuen Steuerungsmodell" gebrauchte Begriff ist mehr betriebswirtschaftlich gemeint. In der betriebswirtschaftlichen Literatur findet sich allerdings keine einheitliche Definition.

Nach Horváth ist ein Budget ein in wertmäßigen Größen formulierter Plan, der einer Entscheidungseinheit für eine bestimmte Zeitperiode mit einem bestimmten Verbindlichkeitsgrad vorgegeben wird (Horváth 1991: Das Controllingkonzept S. 110). Budgetierung wird danach als ein innerbetrieblicher Prozeß verstanden, in dem alle unternehmerischen Aktivitäten auf die *wertmäßigen* Unternehmensziele ausgerichtet sind. Der Prozeß umfaßt die Aufstellung, Verabschiedung, Kontrolle und die Abweichungsanalyse. Radke definiert den Begriff Budget als „das maßgebliche *finale* Ergebnis *aller* betrieblichen Planungsprozesse. Es ist ein konkreter Auftrag, die im Budget festgelegten Ziele des Unternehmens und die Geschäftsfeldziele zu erreichen und die dafür bereitgestellten und budgetierten Ressourcen und Potentiale so zu nutzen, daß die budgetierten Einnahmen und Ausgaben, die budgetierten Erträge und die Aufwendungen, Leistungen und Kosten zur budgetierten Wertschöpfung, zu den budgetierten Deckungsbeiträgen und Betriebsergebnissen und zum budgetierten Umsatzergebnis vor Zinsen, Ertragssteuern und Abschreibungen und schließlich zum budgetierten Ergebnis aus der gewöhnlichen Geschäftätigkeit und zum budgetierten Jahresüberschuß führen" (Radke 1991: Handbuch der Budgetierung S.76).

In der betrieblichen Praxis werden nach Horváth verschiedene Budgetformen unterschieden:

- Budgets nach Funktionen, Produkten, Regionen oder Projekten (horizontale Gliederung),
- Budgets nach Ebenen der Unternehmenshierarchie (vertikale Gliederung),
- Budgets nach zeitlichen Dimensionen (Monats-, Quartals-, Jahres-, Mehrjahresbudgets),
- Budgets nach Werten (Einnahmen-, Ausgaben-, Deckungsbeitragsbudgets),
- Budgets nach Sachbereichen (Personal-, Raum-, Produktions-, Projekt-, Werbebudgets) (vgl. Horváth, S. 111 a.a.O.)

Der Budgetbegriff des „Neuen Steuerungsmodells" nach Tilburger Muster unterscheidet sich von dem betriebswirtschaftlichen Begriff vor allem in den Zielen. Während das oberste betriebswirtschaftliche Ziel einer Budgetierung der Gewinn oder die Gewinnmaximierung ist, versteht sich das Tilburger Muster als eine Budgetierung mit dem Ziel einer optimierten Kostenminimierung. Das heißt, es ist Ziel, mit modernen betriebswirtschaftlichen Steuerungsinstrumenten den Aufwand zur Erfüllung vorgegebener öffentlicher Aufgaben (Produkte,Leistungen) möglichst gering zu halten. Diese mehr auf die Aufwandsseite focussierte Betrachtungsweise berücksichtigt stärker den Charakter öffentlich- rechtlicher Aufgabenstellung und Verantwortung, die „freies unternehmerisches Handeln" der öffentlichen Hand grundsätzlich verbietet.

4. Einzelne Elemente des neuen Steuerungsmodells und ihre Problembereiche

4.1. Dezentrale Ressourcenverantwortung

Grundgedanke der Reformvorschläge ist eine Stärkung der Verantwortlichkeit der Ämter/ Dezernate über die bisherige Fachverantwortung hinaus. Ziel ist es, den „bürokratischen Zentralismus", der in eine „organisierte Unverantwortlichkeit" mündete (Banner in VOP 1991, S. 6-11) zu beseitigen und die ausgeuferte zentrale Verwaltung (Querschnittsämter und Stäbe) auf eine „leanere" (schlankere) Struktur zu reduzieren. Nach Banner darf es in der öffentlichen Ressourcenwirtschaft, wie auch bei den Fachverantwortungen, keine „Verantwortungslücke" zwischen zentraler und dezentraler Aufgabenwahrnehmung geben.

Probleme in der Verantwortung werden sich aber in der Praxis zwischen zentraler und dezentraler Zuständigkeit nie ganz vermeiden lassen, weil sich naturgemäß die Fachbereichssicht nicht immer mit der Gesamtsicht einer Unternehmens- oder einer Verwaltungsführung deckt. Die Summe einzelfachlicher Verantwortungen macht nicht die Gesamtverantwortung aus, macht nicht eine zentrale Aufgabenkompetenz überflüssig. Ein komplexes organisches Gebilde, wie eine Großstadtverwaltung, kommt auch in Zukunft ohne zentrale Funktions- und Koordinationsbereiche nicht aus. Deshalb ist m.E. Banners Bild einer „organisierten Unverantwortlichkeit" eine Überzeichnung.

Allein das derzeit in Japan diskutierte Konzept „Bionic Manufacturing" mit seiner radikalen dezentralen Verantwortungsstruktur *aller* Unternehmensfunktionen (Unternehmensführung nur noch als Mantel) könnte in der Lage sein, dieses Problem zu lösen und „Reibungsverluste" zwischen zentralen und dezentralen Einheiten zu beseitigen. Daß dieses Modell für unsere kommunalen Verwaltungen ungeeignet sein dürfte, bedarf m.E. keiner weiteren Erörterung. Zu verändern sind aber die in der Praxis vorherrschenden zu engen zentralen Steuerungsregelungen einer machmal aufgeblähten Querschnittsbürokratie, die Eigenverantwortung und kreatives Handeln der Fachbereiche ersticken und demotivierend wirken. Um Querschnittsämter und Stäbe möglichst klein zu halten, muß stets die Tendenz zur Dezentralisierung Vorrang haben, soweit dies wirtschaftlich vertretbar ist. Übertriebene Vermeidung jeglicher Redundanz kann aber falsch sein und auch zum Verlust von Kreativität und Wettbewerb führen.

4.2. Vorgabe von globalen Zielen und Steuerung „auf Abstand"

Voraussetzung für eine zielorientierte Budgetierung und der Bildung der Fachbereichshaushalte ist zunächst eine strategische Planung. Hierzu sollte die politische Vertretung auf Vorschlag der Verwaltungsleitung die erforderlichen Eckwerte strategischer Planungsziele festlegen. Die strategischen Ziele beschreiben z.B. Haushaltswachstum, Konsolidierungsquoten bei freiwilligen Ausgaben, Deckungsbeiträge, Zuführungen an den Vermögenshaushalt, Steuererhöhungen, Neuverschuldungsgrenze, Schuldenabbau, Rücklagenzuführung, Defizitabdeckung usw. Die Eckwerte können aber auch die Intensität einer Aufgabenwahrnehmung (Aufgabenerfüllungstiefe), Schließung von Einrichtungen oder Kürzungen von Öffnungszeiten zum Ziel haben.

Oberstes Ziel sollte ein ausgeglichener Haushalt sein, soweit nicht ein gesetzliches „Muß" besteht.

Im Sinne einer globalen Steuerung sollte aber keine zu weitgehende Detaillierung der Vorgaben erfolgen. Wichtig, und wohl bisher nicht so üblich, ist die Einbeziehung der Fachplanung in die Finanz- und Budgetplanung. So ist z. B. auch die städtische Bebauungsplanung - soweit mit finanziellen Folgelasten für die Stadt verbunden - in die Finanzplanung miteinzubeziehen.

Die Vorgabe *globaler* Budgetziele und die eingeräumte „Freiheit der Wege", um diese Ziele zu erreichen, ist für die Fachbereiche in der Tat ein großer Schritt in Richtung einer selbstverantwortlichen Ressourcenbewirtschaftung und bedeutet eine generelle Abkehr von dem bisherigen Haushaltsverfahren.

Die Verlagerung von Kompetenzen der Kämmerei auf die Fachämter und entsprechend dazu im politischen Raum vom Finanzausschuß auf die Fachausschüsse wird in der Regel sehr positiv aufgenommen. Voraussetzung bei den Fachämtern ist jedoch, daß dort die notwendige finanzielle Fachkompetenz vorhanden ist. In Städten von der Größe der Stadt Osnabrück (160.000 Einwohner) gibt es bei fast allen Fachämtern Haushaltssachbearbeiter, die über das notwendige „Know how" verfügen. Dies ist allerdings nicht allein ausreichend, um im Fachamt einen wirtschaftlichen Umgang mit den verfügbaren Finanzmitteln zu gewährleisten. Es genügt ferner nicht, daß durch Rundschreiben die finanziellen Zuständigkeiten auf die Fachämter übertragen werden, sondern es muß parallel dazu für eine ausreichende Fortbildung aller Mitarbeiter gesorgt werden.

Die Steuerung an der „langen Leine" erfordert neben dem Controlling weitere Kontroll- und Informationsmechanismen, die es erlauben, Fehlentwicklungen innerhalb einer Budgetierungsperiode so frühzeitig zu erkennen, daß ggf. Korrekturen oder Alternativen ergriffen werden können (Frühwarnsystem). Dabei sollte beachtet werden, daß für die jeweilige Steuerungsebene nur die notwendigen Informationen aufbereitet werden. Der Entwicklung eines EDV-gestützten zentralen und dezentralen Finanzkontrollsystems kommt dabei hohe Bedeutung zu.

Der Rückzug auf eine „globale" strategische Planung der Verwaltungsführung (keine Einzeleingriffe mehr bis hinunter in die Sachbearbeiterebene) erfordert neben einer höheren Verantwortung auch ein stärkeres Engagement der Fachbereiche zur Erarbeitung von Fachbereichszielen. Sie müssen im Budgetierungsverfahren mit der strategischen Planung in einem integrativen Prozeß (Gegenstromverfahren) abgestimmt werden.

Der Abgrenzung der Ressourcenkompetenzen zwischen Verwaltungsleitung und Fachbereichsleitung kommt eine entscheidende Bedeutung zu. Wenn gegenüber der gegenwärtigen Praxis erhebliche Verbesserungen eintreten sollen, müssen Kompetenzen im Bereich der Stellenbewertung, der personellen Besetzung, der Organisation und der Mittelverwendung auf die Fachbereiche delegiert werden. Entsprechend müssen zwischen Politik und Verwaltungsführung neue Schnittstellen gezogen werden. Dieses theoretische Modell kann mangels vorhandener Kompetenzen bei den jetzigen Ämterstrukturen nicht umgesetzt werden und verlangt daher nach größeren Fachbereichen. Des weiteren stellt sich die Frage, ob eine so weitreichende dezentrale Kompetenzenregelung praktikabel ist. Hier muß jede Organisation versuchen, unter Berücksichtigung örtlicher Gegebenheiten einen „eigenen" Weg zu finden.

In diesem Zusammenhang muß jedoch auch die Frage des tatsächlichen Umfangs des noch bestehenden finanziellen Steuerungsspielraumes kritisch gesehen werden. Letzlich sind bei fast allen Aufgaben der Verwaltung die zur Verfügung stehenden Finanzen der entscheidene Steuerungsfaktor. Die ständige Lastenumverteilung von Bund und Ländern auf die kommunale Ebene hat die eigenverantwortliche Ressourcenverantwortung so stark ausgehöhlt, daß viele Kommunen sich nicht mehr selbst steuern, sondern in Wahrheit von der staatlichen Ebene gesteuert werden.

4.3 Flächendeckende Einführung von Produkten

Die KGSt. definiert den Begriff „Produkt" als eine Leistung oder eine Gruppe von Leistungen, die von Stellen außerhalb des jeweils betrachteten Fachbereichs (innerhalb oder außerhalb der Verwaltung) benötigt werden (KGSt-Bericht 8/94 S. 11). Pro Produkt müssen also Personalkosten, Sachkosten, kalkulatorische Kosten, interne Verwaltungsverrechnungskosten sowie die Erlöse ermittelt werden.

Eine genaue Kostenermittlung der kalkulatorischen Kosten erfordert ferner die Erfassung und Bewertung des Vermögens und weiterer Grundlagendaten wie z.B. Grünflächenkataster, Kanalkataster, Gebäudedatei, die überwiegend in den Gemeinden noch ermittelt werden müßten. Der Aufwand und die Pflege für diese

Daten für die korrekte Ermittlung der Produktkosten ist sehr hoch und übersteigt für viele Fachämter die ohnehin knapp bemessenen personellen Kapazitäten. Es stellt sich ferner die Frage nach der wirtschaftlichen Verhältnismäßigkeit von Aufwand und Nutzen. Da für eine Steuerung der begrenzten Ressourcen Informationen über die Leistungen (Produkte) entscheidend sind, ist der Modellansatz prinzipiell richtig.

Allerdings bringt vermutlich eine zu perfektionistisch angelegte Produkterfassung gegenüber einer groberen Instrumentalisierung nur marginale Verbesserungen. Um die Wirksamkeit und Zielerreichung der eingesetzten Ressourcen besser bemessen und steuern zu können, wird versucht, durch flächendeckende „Produkterstellung" (Leistungen) ein wirksames Steuerungsinstrument aufzubauen, mit dem von der Inputsteuerung zur Outputsteuerung übergegangen werden soll.

Die bisherigen Ergebnisse zeigen allerdings an Beispielen wie Erstellung von Widerspruchsbescheiden, Erstellung von Sozialhilfebescheiden, Mitwirkung an Bebauungsplänen, daß das Problem der Produktdefinitionen noch nicht zufriedenstellend gelöst wurde, da diese sich oft mit Stellenbeschreibungen zu decken scheinen. Produkte mit mangelnder Meßbarkeit und Planbarkeit sind für eine Steuerung ungeeignet.

Für eine Budgetierung ist eine Ermittlung von Produkten zunächst nicht erforderlich, wohl für eine Produktsteuerung. Ein Budget umfaßt auch mehr als die Summe aller Produkte. Voraussetzung für eine Budgetierung sind vielmehr in Fachbereichsplänen, Aktionsplänen oder in Pflichtenheften festgelegte Jahres- oder Monatsziele der jeweiligen Fachämter, die mit dem Budget verknüpft sein müssen.

In der Wirtschaft werden detaillierte Produktsteuerungen weniger im Verwaltungs- als vielmehr im Produktionsbereich gemacht. Von flächendeckend angelegten, an Stellenbeschreibungen orientierten Produkten, sollte deshalb Abstand genommen werden. Wie schwierig und aufwendig die Ermittlung von „Produkten" in komplexen Dienstleistungsunternehmen ist, zeigen die bisherigen Erfahrungen aus der Wirtschaft. Wenn in einer Stadtverwaltung jede Dienstleistung als Produkt verstanden würde, würde ihre Anzahl die Zahl der Haushaltsstellen bei weitem übersteigen.

Allgemeine Verwaltungstätigkeiten der Unternehmensleitungen und der Verwaltungsabteilungen werden in der Wirtschaft für die Budgetierung nach verhältnismäßig wenigen Kennzahlen gesteuert, z.B.

- Bürofläche je Standard-Beschäftigten,
- Investitionen (einschließlich des Barwertes von Miete, Pacht oder Leasing) in Prozent des Umsatzes),
- Mittelwert der Investitionen je Standard-Beschäftigten,

- Anzahl der Standard-Beschäftigten je 1 Mio. DM Monatsumsatz je Verwaltungsbereich und gemittelt für die Verwaltung insgesamt. (Radke a.a.O., S. 181)

Mit diesen Kennzahlen werden in einfacher Form Angemessenheit und Verhältnismäßigkeit des Ressourcenverbrauchs beobachtet. Die Kosten der Verwaltung, getrennt nach Unternehmenskosten, Personalkosten, Kapitalkosten, sonstige direkte Kostenstellenkosten, Kosten innerbetrieblicher Leistungen und Umlagekosten werden in Prozent des Umsatzes ausgedrückt.

4.4 Outputorientierte Steuerung

Mit Outputsteuerung nach dem Tilburger Modell ist eine Steuerung von der Leistungsseite her gemeint. Die bisherige Steuerung der Kommunalverwaltung erfolgt hauptsächlich über den Input, d.h. über die zentrale Zuteilung von Ressourcen. Es fehlt an Aussagen darüber, welche Leistungen mit den Ressourcen erzielt werden sollen (KGSt-Bericht 5/93 S. 20).

Der sog. Output bezieht sich also auf die Leistungs- oder Ausbringungsmenge, dem die Einbringungsmenge (Input) gegenübersteht. Um die Leistungsmenge in einem Produktions-betrieb bestimmen zu können, muß man sie in Stück, Liter oder anderen Maßeinheiten messen. Auf die Kommunalverwaltung übertragen sind Daten über die Anzahl z.B. von Sozialhilfebescheiden, Heimunterbringungsfälle, Baugenehmigungen, Führerscheinen, Personalausweisen usw. geeignete Informationen für eine Outputsteuerung, wenn dazu zuverlässige Prognose-werte vorliegen. In diesen Fällen könnte outputgerecht und ressourcenverbrauchsscharf gesteuert werden.. In der Regel liegen jedoch keine verläßlichen Prognosen vor, die eine Outputsteuerung ermöglichen. Eine Vielzahl von Leistungen der Verwaltung entziehen sich nämlich einer Messung und Planbarkeit. In diesen Fällen ist eine Steuerung nur durch Erfahrungen und Fachkenntnisse der Fachbereiche möglich, z.B. bei Beratungs- und Betreuungsleistungen, Hilfen, Gefahrenabwehr, Beseitigung von Altlasten, Abstimmungen mit freien Trägern u.a. Ähnliche Produktbereiche gibt es auch in der Wirtschaft. Wie sich nach einem von Camillus 1984 entwickelten Modell zeigt, kann in Fällen, wo die Meßbarkeit des Outputs und die Prozeßabläufe der nachgefragten Produkte nicht bekannt sind, nur über den Input ge-steuert werden (Camillus 1984 bei Horváth a.a.O., S. 118). Das gleiche dürfte für neue Aufgaben (Produkte) gelten, über die noch keine Erfahrungen vorliegen.

Sofern eine Planbarkeit von Produktwerten gegeben ist, lassen sich Steuerungseffekte dadurch erzielen, daß nicht nur die Planwerte mit den Ist-Werten verglichen werden, sondern auch der Forecast (Zukunftswert) bestimmbar ist. Die Abweichungen ermöglichen gezielte Schritte.

189

4.5 Wettbewerb

Durch die Einführung von Wettbewerb soll eine gesteigerte Leistungserbringung der Verwaltung erreicht werden. Die Verwaltung soll damit unternehmensähnliche Funktionen wahrnehmen und nach dem Grundsatz „make or buy" handeln.
Die Instrumente dazu sind

– interkommunaler Leistungsvergleich (vor allem dort, wo keine Ausgliederung von Aufgaben möglich ist, z.B. hoheitliche Aufgaben),
– Vergleich mit privaten Preisen,
– Vergleich mit Gebührenordnungen selbständiger Berufsgruppen.

Der Fremdbezug von Dienstleistungen kann unter Umständen günstiger sein, als die eigene Erstellung. Vergleiche mit privaten Anbietern müssen jedoch nicht unbedingt zu deren Gunsten ausgehen. Vor allem muß darauf geachtet werden, daß die Seriösität und die gleichmäßige Leistungserfüllung für den Bürger gesichert ist. Um der Gefahr von Dumpingpreisen vorzubeugen, sind ggf. die Kalkulationen offenzulegen.
Für die Teilnahme von Teilen der Verwaltung an öffentlichen Ausschreibungen gibt es noch keine verbindlichen Regelungen.
Auch interne Leistungsverrechnungen sollen den Wettbewerbsgedanken fördern. Problema-tisch sind aber die Fälle, in denen interne Leistungsangebote von Servicebereichen (z.B. Hochbauamt) teurer als private Angebote sind und daher vom selbständigen Fachbereich extern vergeben werden, wenn dadurch freie Auslastungskapazitäten entstehen und die Belastungen durch die Personalkosten des Hochbauamtes für die Gesamtverwaltung bestehen bleiben.

4.6 Berichtswesen /Kennzahlen

Die Übermittlung von Informationen an die Steuerungsinstanzen geschieht durch Berichte. Dem Berichtswesen kommt daher eine wichtige Schlüsselfunktion für die Steuerung zu. Je stärker die Kompetenzen der Fachverwaltungen beim Haushaltsvollzug ausgeweitet werden, um so wichtiger ist es, daß die Kämmerei regelmäßig im Rahmen eines standardisierten, alle Fachbereiche erfassenden Finanzberichtswesens über Abweichungen beim Haushaltsvollzug informiert wird (KGSt-Bericht 6/93).
Die Qualität des internen Berichtswesens ist deshalb entscheidend. Es dürfen keine „Datenfriedhöfe" entstehen, die keiner liest. Es sollten deshalb nur Informationen übermittelt werden, die steuerungsrelevant sind und die zu Reaktioen und Aktionen führen. Es sollte deutlich werden, in welchem Umfang in den einzelnen Fachbereichen die angestrebten Ziele erreicht und wo sie nicht erreicht wurden. Berichte sollen ferner möglichst knapp gehalten werden und können auch aus

Grafiken bestehen. Standardisierte Berichtsformen bieten sich für monatliche Auswertungen (z.B. Personalkosten) an.

In den Berichten sollten zusätzlich zu Ist- und Planwerten grundsätzlich Forecast (Wird)-Werte vorgesehen sein, denn der Soll-/Ist-Vergleich ist zwar sehr gut geeignet, Abweichungen zwischen Plan und Ist und deren Ursachen aufzuzeigen, für Steuerungseingriffe sind diese Informationen aber nur bedingt geeignet, denn der Soll-/Ist-Vergleich ist vergangenheitsorientiert, die Geschäftsvorfälle haben bereits stattgefunden. Ein Forecast „prognostiziert" dagegen zum Berichtszeitpunkt das voraussichtliche Ist zum Periodenende entsprechend dem aktuellen Kenntnisstand. Dadurch liegen bereits zu einem sehr frühen Zeitpunkt Informationen vor, wie sich die einzelnen Berichtspositionen ohne zusätzliche Eingriffe zum Periodenende voraussichtlich darstellen werden. Für Reaktionen bleibt durch den Forecast mehr Zeit und die Erfolgswahrscheinlichkeit der Maßnahmen wird erhöht (Horváth S.173 ff. a.a.O.)

Um den Abfluß von Ressourcen und den Grad der Wirksamkeit ihres Einsatzes erkennen bzw. messen zu können, sind zur Objektierbarkeit Kennzahlen erforderlich. Sie können in komprimierter Form die nötigen Informationen für eine wirksame Steuerung liefern. Eine Komprimierung kann aber auch zu fehlerhaften Ergebnissen führen, wenn durch sie wichtige Informationen komplexer Sachverhalte verdeckt werden. Dadurch kann es dann sehr leicht zu Steuerungs- und Planungsfehlern kommen.

Kennzahlen sind daher nur dort sinnvoll, wo quantitative Größen zweifelsfrei in Geld- oder Mengeneinheiten meßbar sind. Wie auch schon oben ausgeführt, gilt dabei ferner, daß zwischen Aufwand und Nutzen der Informationsbeschaffung eine wirtschaftliche Relation gegeben sein muß. Der Aufbau eines Kennzahlensystems muß die Vergleichbarkeit der Ergebnisse über einen langen Zeitraum gewährleisten können.

Anstelle von allgemeinen Leistungsbeschreibungen kann eine unter diesen Prämissen ermittelte Kennzahl das Budgetieren erleichtern. In den Bereichen der Verwaltung, wo klare Mengen- oder Geldbezüge nicht planbar sind, können Kennzahlen nur eingeschränkt verwandt werden. Mit zunehmender Komplexität und Vielfalt der Sachverhalte, wie sie gerade für den Sozial- und Jugendhilfebereich typisch sind, sinkt die Planbarkeit und die Möglichkeit, geeignete Kennzahlen zu entwickeln, vor allem deshalb, weil eine Sozialplanung nur dort gelingen kann, wo eine offene Zusammenarbeit zwischen freien Trägern und öffentlichen Trägern existiert. Kennzahlensysteme ersetzen keine genauen Analysen, sondern können allenfalls Hilfsgrößen sein. Sie sagen z.B. nichts aus über die wichtigen Faktoren Kreativität, Innovation und Flexibilität. Auch können Ergebnisse, wie z.B. „die personellen Kapazitäten lassen sich in jeder Abteilung um den Faktor 0,22 senken", aus personalrechtlichen Gründen nicht umsetzbar sein.

4.7 Budgetkontrolle

Die Budgetkontrolle ist von den jeweiligen Budgetverantwortlichen und den von der Verwaltungsführung betrauten Stellen (Kämmerei und Controlling) durchzuführen. Die Budgetkontrolle ist als Führungsaufgabe zu sehen. Deshalb sollte kein Budget existieren, das nicht eindeutig in die Verantwortung einer bestimmten Person fällt (vgl. Horváth, S.111 a.a.O.) Durch die Budgetkontrolle wird die direkte und indirekte Steuerung sowohl auf Gesamtebene als auch auf der Fachebene bewirkt. Die Budgetkontrolle muß unterjährig durchgeführt werden, damit Steuerungsaktivitäten noch greifen können, d.h. es müssen laufend zeitgesteuerte (z.B.monatliche) Kontrollen durchgeführt werden. In der Verwaltung gibt es keine so regelmäßig und konsequent durchgeführten Produkt- und Leistungskontrollen. Sie müssen auch auf die wenigen steuerungsrelevanten Leistungen beschränkt bleiben, sonst wird der Verwaltungsaufwand unvertretbar hoch. Wo kaum Steuerungsspielräume bestehen, lohnt sich der Aufwand sicherlich nicht.

Für die nicht meßbaren und damit nicht steuerbaren Produkte sollten zwischen Verantwortlichen und Ausführenden konkrete Ziele und Maßnahmen vereinbart und in Pflichtenheften mit Zeithorizonten festgelegt werden. Grundsätzlich ist wichtig, daß der Zeitaufwand für alle Tätigkeiten im Zusammenhang mit der Budgetierung nicht die Wahrnehmung von Fachaufgaben unvertretbar einschränken darf.

Für kleinere Kommunalverwaltungen, die oftmals sehr effizient und bürgerfreundlich organisiert sind, stellt sich diese mehr die Großstädte berührende Problematik weniger.

4.8 Motivation und Leistungsanreize

Beim Vollzug des Haushaltsplanes in der Form der Budgetierung zeigen die Erfahrungen, daß die Akzeptanz der handelnden Personen dann am besten gelingt, wenn eine entsprechende Motivation gegeben ist und wirtschaftliches Handeln auch belohnt wird. Diese eher psychologische Erkenntnis kann man sich auch bei der Budgetierung im öffentlichen Bereich nutzbar machen. Dennoch soll nicht verkannt werden, daß die Möglichkeiten, finanzielle Anreize zu geben, in der Privatwirtschaft ungleich besser gegeben sind als im öffentlichen Bereich. Das geltende öffentliche Dienst- und Tarifrecht setzt da noch enge Grenzen. Beim Pilotprojekt des Sportamtes der Stadt Osnabrück beging man diesen Weg insoweit, als der erwirtschaftete Erfolg dem Fachbereich ganz überlassen wurde und davon u. a. Personalcomputer für die Mitarbeiter angeschafft werden konnten.

Die Mitarbeiter sollten auch in Zukunft an dem Erfolg ihrer Arbeit partizipieren, denn es gibt keinen besseren Motivationsschub. Allerdings müssen Leistungsprämien bei schlechten Ergebnissen auch sinken können. Das kann aber nur für Ursachen gelten, die in der Verantwortlichkeit der Mitarbeiter liegen. Kritisch sei dazu angemerkt, daß die Erkenntnisse aus der Verhaltenspsychologie Gewöhnungseffekte zeigen, die eine Motivation wieder sinken lassen. Davon abgesehen, stellt sich für viele Ämter die Frage, an welchen wertmäßigen Erfolgsleistungen Prämien gemessen werden sollen.

4.9 Neues Rollenverständnis zwischen Politik, Verwaltungsführung und Fachbereichen erforderlich

Das „Neue Steuerungsmodell" geht von einer homogenen Unternehmensleitung aus, die sowohl die politische Führung wie auch die Verwaltungsspitze umfaßt. Die gegenwärtige Situation in der kommunalen Praxis zeigt, daß zwischen Politik und Verwaltung oftmals ein „Grundverständnis" im Sinne einer gemeinsamen Unternehmensausrichtung fehlt und daß die Politik durch Einzeleingriffe die Verwaltung zu steuern sucht. Diese Praxis führt zu Reibungsverlusten und schränkt u.U. eine effiziente Aufgabenerfüllung ein.

Die von der KGSt übernommenen angelsächsischen Beispiele, wonach sich der Rat auf eine mehr aufsichtsratsähnliche Rolle zurückziehen soll, werden wohl in der Bundesrepublik keine Lösung sein.

Ein „Steuern auf Abstand" nach Leitlinien und globalen Zielvorgaben und ein Zurückziehen auf die Fragestellung „Was gemacht werden soll" und nicht mehr das „Wie" zu bestimmen, läßt sich, wenn überhaupt, gegenwärtig nicht umsetzen. Zum einen liegt es daran, daß ein Führen auf Abstand nach Zielvorgaben wesentlich höhere Anforderungen an den Kommunalpolitiker stellt, die von einem ehrenamtlich tätigem Ratsmitglied nicht erwartet werden können, zum anderen fühlt sich der ehrenamtliche Politiker als Anwalt und Vertreter der ihn wählenden Bürger gegenüber einem mächtigen und anonymen Verwaltungsapparat. Hinzu kommt, daß die Wahrnehmung dieses Ehrenamtes auf kommunaler Ebene für weite Bevölkerungskreise nicht gerade attraktiv ist, wie die geringe Anzahl von Kandidaten aus bestimmten Bevölkerungsschichten zeigen. Der falsche Weg wäre aber eine Professionalisierung und ein kommunales Berufspolitikertum. Politisch kaum durchsetzbar ist daher der Weg, größere politische Felder einer Verwaltung zu überlassen, die ohnehin gegenüber dem Rat über einen erheblichen Informationsvorsprung verfügt. So gibt es beispielsweise über die Frage, was gemacht werden soll, oftmals überhaupt keinen politischen Streit, die Frage aber „Wie es gemacht wird" und „Wer es macht" kann dagegen hoch politisch sein.

Die Frage der Abgrenzung zwischen Politik und Verwaltung muß zwar neu durchdacht und klar entschieden werden, doch dürfte der holländische Modellansatz, wo andere verfassungsrechtliche Grundlagen und Sebstverständnisse gelten, für bundesrepublikanische Verhältnisse, wie sie nach dem Kriege gewachsen sind, nicht direkt übertragbar sein.

193

Ein entscheidender Punkt des neuen Modells zur Verbesserung der Steuerung ist daher, ob politische Führung und Verwaltungsführung bereit sind, ein neues Rollenverständnis zu finden und durch persönliche Zurücknahme einen Teil ihrer Macht und Kompetenzen abzugeben. Das Steuern „auf Abstand" tangiert die kommunalverfassungsrechtliche Organstellung des Rates als Teil der kommunalen Selbstverwaltung. Ein selbstbewußter Rat wird Verantwortung und Steuerung im stärkeren Maße für sich in Anspruch nehmen wollen, als es Verwaltungsleuten recht sein kann. Im Ergebnis muß das allerdings nicht dazu führen, daß die politischen Entscheidungen nicht akzeptabel sind. In einer offenen demokratischen Informationsgesellschaft gibt es genügend Korrektivmittel, um falsche Weichenstellungen demokratisch zu verändern.

Ein wirtschaftlich handelnder Fachbereichsleiter mit hoher autonomer Stellung wird sich von den Aufgabenfeldern trennen wollen, die für seinen Fachbereich den geringsten wirtschaftlichen Nutzen bringen und seinen wirtschaftlichen „Erfolg" beeinträchtigen. Oft sind das die Aufgaben, auf die die Politik besonderen Wert legt und daher deren Einstellung nicht akzeptieren kann.

5. Schlußbemerkung

Neue Modelle zur Reform der Verwaltung, deren Implementierung sehr aufwendig ist, kann man nur rechtfertigen, wenn sie das bringen, was man sich von ihnen verspricht. Entscheidungen anderer staatlicher Organe zu Lasten der Kommunen entsprechen ganz und gar nicht dem KGSt-Modell einer eigenverantwortlichen Ressourcenverantwortung. Zum anderen sind Zweifel angebracht, ob manche Vorschläge oder Ideen zur Neuorganisation nicht nur marginale, sondern um Größenordnung entscheidende Verbesserungen wirklich bringen. So zeigt ein Blick in die Wirtschaft, daß keine Modeerscheinung der letzten 20 Jahre - ob es sich nun um MbO, Theorie Z, Null-Basis-Budgetierung, Wertkettenanalyse, Dezentralisierung oder TQM handelt- gelungen ist, der Verschlechterung der Wettbewerbsposition vieler Unternehmen Einhalt zu gebieten. Sie haben lediglich viele Unternehmen von den eigentlich anstehenden Aufgaben abgelenkt (Hammer/Champy 1994: Business Reengineering S. 40). Auch die Budgetierung hat in der Industrie *nicht* die erhofften Ergebnisse gebracht. Ein ganzheitliches Vorgehen und eine umfassende Mitarbeiterbeteiligung ist deshalb nötig, um die produktive und menschliche Intelligenz, eine der wichtigsten Ressourcen, zu aktivieren. Aber auch die Rahmenbedingungen für eine Verwaltungsreform auf kommunaler Ebene müssen bestimmt werden.

Stichwörter sind dabei: Änderung

– des Dienst- u. Tarifrechtes,
– des Haushaltsrechtes,

- des Gemeindeverfassungsrechtes,
- eine Finanzneuordnung zwischen Bund, Ländern u. Gemeinden,
- die Begrenzung der staatl. Eingriffsrechte,
- die Änderung der Struktur und Organisation der Behörden.

Benchmarking oder „Abschauen bei anderen, vergleichen" ist dabei keine ehrenrührige Methode, doch ist es m.E. wenig sinnvoll, andere Beispiele, seien sie noch so erfolgversprechend, ohne Rücksicht auf die örtlichen Rahmenbedingungen zu übertragen. Entscheidungskompetenzen müssen mehr auf die „shop floor-Ebene" (vor Ort) verlagert werden, dort gehören sie hin. Allerdings schafft eine zu starke Dezentralisierung neue Probleme in der Gesamtsteuerung und der Wahrnehmung der Gesamtinteressen einer Kommune.

Bei den Aufgabenstellungen einer Kommune muß unterschieden werden zwischen Auftrags-verwaltung und den Aufgaben des eigenen Wirkungskreises. Große Teile des Haushaltes (z.B. Sozial-und Jugendhilfe, Abfall-und Abwasser, Kindergärten, Ordnungswesen, Ausgleichswesen,Veterinärwesen u.a.) sind fremdbestimmt und durch EU-Richtlinien, Gesetze und sonstigen verbindliche Standards umfassend, zum Teil bis ins kleinste Detail geregelt. Die Steuerung dieser Bereiche ist nur eingeschränkt möglich und wird oft überschätzt.

Das neue Steuerungsmodell beschert uns bei extensiver Handhabung ein umfangreiches Berichts- und Kontrollwesen, das später auf Kennzahlen vereinfacht werden soll. Haben wir damit wirklich ein wirksames und handhabbares Beobachtungssystem für Veränderungen? Die Erfahrungen der Wirtschaft damit sind nicht berauschend. Diese Beobachtungssyteme entdecken größtenteils nur die Veränderungen, die die verantwortlichen Produktionsmanager erwarteten (Hammer/Champy a.a.O.).

Bei der Einführung des neuen Steuerungsmodells plädiere ich für eine vorsichtige, schrittweise Vorgehensweise mit jeweiligen Rückkopplungen der Ergebnisse sowie für eine vernünftige Mischung von Querschnitts- und Fachkompetenzen, um die Vorteile der Zentralisierung und Dezentralisierung in einem Prozeß miteinander zu verküpfen. Die moderne Informationstechnologie, in der öffentlichen Verwaltung noch vielfach völlig unzureichend eingesetzt, übernimmt dabei eine tragende Funktion.

Um eine schlankere, innovativere, effizientere, und kundenorientiertere Verwaltung zu bekommen, müssen bisherige Strukturen und Arbeitstechniken zur Disposition gestellt werden. Neue Entwicklungsstrategien in der Wirtschaft verlangen heute eine Abkehr vom Taylorismus, der in der öffentlichen Verwaltung in der Tat auf die Spitze getrieben worden ist. (Einige sprechen sogar von Atomisierung der Aufgabenerfüllung). Gefragt sind heute integrative, ganzheitliche Systeme, die kunden-/bürgerorientiert mit weniger Spezialisten und Stäben auskommen und dennoch qualitativ hochwertige Dienstleistungen erbringen. Die Arbeit sollte dort verrichtet werden, wo es vor Ort bürgernah am sinnvollsten ist. Ansätze für Reformen, die im öffentlichen Bereich überfällig sind, sehen bei flachen Hierarchien eine stärkere Verknüpfung von zentralen und dezentralen Aufgaben vor. Überwindung der Bürgerferne durch Abbau von Spezialisierung und Stäben, Stärkung der Produktions- und Dienstleistungsebene sind die Ziele. Rechtlichkeit, Soziales, Kultur, Ökologie und Wirtschaftlichkeit sollten dabei nicht additiv, sondern integrativ betrachtet werden. Es ist m.E. falsch, alles nur einer Methode oder einem System unterwerfen zu wollen. Das führt im Einzelfall zu unnötigen Zwängen und keiner optimalen Lösung. Um den enormen Herausforderungen künftiger Aufgaben gewachsen zu sein, sind ganzheitliche Konzepte nötig, die in einem gesellschaftlichen und kulturellem Umfeld eingebettet sind.

Intelligente Lösungen sind gefragt. Die Verwaltung des Jahres 2010 darf nicht die des Jahres 1995 sein, nicht einmal die des Jahres 2000. Die ständige Anpassung an die sich verändernde Außenwelt ist eine Daueraufgabe, ein ständiger Prozeß.

Literatur

Banner: Von der Behörde zum Dienstleistungsunternehmen. Die Kommunen brauchen ein neues Steuerungsmodell. in VOP 1991, S. 6 - 11.

Doppler/Lauterburg: Change Management, 2.Auflage, Campusverlag Frankfurt/M., 1994

Hammer/Champy: Business Reengeneering, 4.Auflage, Campusverlag, Frankfurt/M., 1994

Horváth: Das Controllingkonzept, Deutscher Taschenbuch Verlag ,1991

KGSt -Berichte Nr.5/93, 6/93, 8/94

Radke: Handbuch der Budgetierung, Landsberg/Lech, Moderne Industrie Verlag, 2.Auflage 1991

Reichard: Umdenken im Rathaus, 4. Auflage, Ed. Sigma Rainer Bohn Verlag, Berlin, 1995

Andreas Strunk

Wider die eindimensionale Ökonomisierung der Jugendhilfe

Überlegungen zu Problemen der Zieldefinition und der Produktbeschreibung im KGSt-Bericht 9 (1994) „Outputorientierte Steuerung der Jugendhilfe"

1 Ausgangslage

Mit dem KGSt-Bericht 9/1994 wird der offensichtliche Versuch unternommen, Kostendämpfung in der Jugendhilfe zu organisieren. Dazu wird ein Planungs- und Kontrollsystem entwickelt, ohne daß aus meiner Sicht in angemessener Weise Funktion und Aufbau der kontrollierenden Organisation (Jugendamt) modelliert wird.

Es ist sicher notwendig, über Kostendämpfung in der Jugendhilfe nachzudenken. Offen bleibt allerdings, ob Kostendämpfung überhaupt organisiert werden kann oder, anders ausgedrückt: ob ein Planungs- und Kontrollsystem - so wie es von der KGST beschrieben wird - in der Lage ist, die vermutlich zentralen Gründe zur Kostenentwicklung dämpfend zu beeinflussen.

Zentrale Gründe können sein - zumindest stellt sich das mir aufgrund meiner Beratungstätigkeit in Maßnahmen der Jugendhilfe so dar:

– hohe personelle Redundanzen beim Fachpersonal in den Angeboten aufgrund der Tatsache, daß die Selbstorganisationsmöglichkeiten der Jugendlichen nicht ausreichend beachtet werden;

– hohe bürokratische Vorlaufkosten in den bewilligenden Ämtern aufgrund der Tatsache, daß das Kontrollbedürfnis und die Kontrollpraxis dort unter Gesichtspunkten von Effektivität und Effizienz häufig in ihrem ausgeprägten Detaillierungsgrad sinnlos sind;

– mangelhafte inhaltliche Auseinandersetzung mit dem Befürwortungsverhalten der fallführenden Sozialarbeiterinnen und Sozialarbeiter, die immerhin jährlich über je bis zu 750.000 DM verfügen (Jordan, S. 17).

Die KGSt hat sich also viel vorgenommen. An dem Erfolg des vorgeschlagenen Planungs- und Kontrollsystems glaubt sie möglicherweise nur schwach. Es finden sich nämlich Sätze im Bericht, die so klingen, als ob der kleine Junge durch den Wald spaziert und pfeift, weil er Angst hat.

Also eine Aktivität, die das nicht zulassen will, was schon längst und unwiderruflich eingetreten ist.

Ein solch naiver Satz ist: Der von der KGSt vorgeschlagene „pyramidenförmige Aufbau von Produktplänen" gewährleistet, „daß grundsätzlich keine Informationen verlorengehen." (KGSt, S. 25).

Bei jedem Planungs- und Kontrollsystem müssen Informationen verlorengehen, weil kein solches System so zu modellieren ist, daß die abzubildende Realität vollständig im Modell simuliert werden kann. Informationsverlust ist also eine Voraussetzung zur Konstruktion solcher Systeme. Die entscheidende Frage ist, ob garantiert werden kann, daß die verlorenen Informationen in keinem Fall steuerungsrelevant sind.Diese Frage zielt auf die Bestimmung von Erfolgskriterien für die Jugendhilfe.

2. Was ist Erfolg in der Jugendhilfe?

„Erfolg ist relativ und vor allem individuell ganz verschieden. Wir können Erfolge nur an der individuellen Entwicklungsge-schichte jedes einzelnen Jugendlichen messen. Für die eine ist das Erfolg, was für die andere ein Rückschritt ist. Wir können schauen, wie sich der Lebenswille des einzelnen Jugendlichen entwickelt, ob er in der Lage ist, selbst- und fremdzerstörerische Tendenzen abzubauen, ob er sich eine realistische Lebensperspektive aufzubauen vermag." (Sengling, S. 15). Dieser Satz ist richtig,

– weil er dem Individualisierungsgebot des KJHG folgt, mithin das zentrale Gebot der Rechtswirklichkeit achtet;
– weil er die pädagogische Erfahrung auf einen Punkt bringt: der Bezugsrahmen ist die Person als Subjekt, für die Jugendhilfe erfolgreich sein sollte;
– weil er eine angemessene Planungsmethodologie reflektiert.

3. Jugendhilfe versucht, bösartige Probleme zu lösen

Angebote der Jugendhilfe sind geplante Angebote. Insofern ist es wichtig, eine angemessene Methodologie ihrer Planung auszuweisen.

In den letzten 25 Jahren hat sich im Bereich der Planungsmethodologie eine kritische Position durchgesetzt, die vor einem schrankenlosen Optimismus warnt, der da behauptet, daß man viele Probleme über Planung lösen könne.

198

In dieser Planungsmethodologie (Rittel 1992) unterscheidet man zwischen „zahmen Problemen" und „bösartigen Problemen". Ein „zahmes Problem" läßt sich vollständig mathematisch abbilden, seine Lösung läßt sich eindeutig berechnen. Ein entsprechender Plan führt zu einem guten Ende. Ein „bösartiges Problem" läßt sich nicht vollständig mathematisieren, seine Lösung läßt sich nicht fehlerfrei berechnen. Entsprechende Planungsversuche führen nur selten zu einem guten Ende.

Die Probleme, die im Jugendhilfebereich gelöst werden sollen, sind in der Regel bösartige Probleme. Merkmale von bösartigen Problemen sind:

1. Ein bösartiges Problem läßt sich nicht im voraus vollständig und definitiv formulieren.
2. Man weiß nie genau, wann ein bösartiges Problem gelöst ist. Es gibt immer nur Lösungen vom Typ einer Zwischenlösung.
3. Jedes bösartige Problem kann als ein Symptom eines höheren bösartigen Problems verstanden werden.
4. Ein bösartiges Problem wird als Soll-Ist-Diskrepanz beschrieben. Die Definition sowohl von „Soll" als auch von „Ist" ist abhängig von der Werthaltung des Problemlösers.
5. Die Lösung für ein bösartiges Problem ist nie eindeutig richtig oder falsch.
6. Jedes bösartige Problem ist wesentlich einzig. Die Lösung für das eine bösartige Problem läßt sich kaum übertragen auf die Lösung eines anderen bösartigen Problems.
7. Die Folgen der Problemlösung eines bösartigen Problems sind irreversibel.
8. Der Löser von bösartigen Problemen hat kein Recht, Fehler zu machen. Jede Lösung ist ein Ernstfall.

Für jedes Merkmal lassen sich viele Beispiele aus dem Jugendhilfebereich finden.

4. Auswege aus dem Planungsdilemma

Aus der skizzierten Herrschaft bösartiger Probleme und dem damit zusammenhängenden Dilemma der Planung sind aus meiner Sicht vier Konsequenzen zu ziehen.

Erstens: Probleme sind vor allem deshalb bösartig, weil ihre Definition, ihre Lösung, die Konsequenzen ihrer Lösung in der Regel in Wertkonflikte zwischen Betroffenen und Beteiligten führen. Mithin ist Planung vor allem als die Organisation von Wertkonflikten zu begreifen. Im Prinzip geht es um die Entwicklung einer Kultur des Streitens zwischen Betroffenen und Beteiligten.

Zweitens: Häufig werden Wertkonflikte über Machtanwendung gelöst. Macht verteilt sich in unserer Gesellschaft als Aspekt von Reichtum. Insofern werden Individuen und Gruppen je stärker benachteiligt, desto geringer ihre Möglichkeiten der Teilhabe am gesellschaftlichen Reichtum sind. Diese Gefahr des Ausschließens kann reduziert werden durch Betroffenenbeteiligung. Für Betroffenenbeteiligung bei der Planung gibt es also gute Gründe, die aus der Planungsmethodologie abgeleitet werden.

Drittens: Betroffenenbeteiligung bedarf der Unterstützung im Planungsverfahren. Sie gelingt dann besser, wenn die Experten der Planung (Sozialarbeiter, Jugendhilfeplanerinnen etc.) sich als „Komplize" der Betroffenen verstehen und entsprechend verhalten. Das bedeutet, daß das doppelte Mandat in Sozialarbeit und Jugendhilfe stärker von unten her gedacht und praktiziert werden muß.

Viertens: Die mangelhafte Generalisierbarkeit von Problemlösung grenzt auch ihre lokale Übertragbarkeit erheblich ein. Was im Stadtteil A richtig war, muß in der Nachbarschaft B nicht unbedingt funktionieren. Die Lösung eines bösartigen Problems wird stark von lokalen Bedingungen mitdefiniert. Konstruktiv gewendet bedeutet das: Die Bedeutung lokaler Richtigkeit, lokaler Theorien über Verursachung und Lösung von Problemen wird größer. In der modernen Theorie der Organisationsentwicklung wird dieser Erkenntnis zunehmend Rechnung getragen (Baitsch 1993).

Angebote der Jugendhilfe sollten in einem Planungsverfahren produziert werden, das gekennzeichnet ist durch entwickelte Streitkultur, durch Betroffenenbeteiligung, Komplizenschaft und die Betonung lokaler Richtigkeit. Die Strategen der KGSt sind - so scheint es mir - weit von diesem Planungsverständnis entfernt.

5. Intelligente Kostendämpfung

Streitkultur, Betroffenenbeteiligung, Komplizenschaft und lokale Richtigkeit sind Ausdruck einer Redemokratisierungsperspektive innerhalb der Jugendhilfe. Sie setzt auf Selbstorganisationskräfte der Betroffenen und auf die der Professionellen.

Selbstorganisation heißt nicht Selbstbestimmung und Ressourcenbewirtschaftung im unstrukturierten und grenzenlosen Raum. Es geht vielmehr um die Freisetzung von Selbstorganisation in einer vorgegebenen Struktur. Die Struktur ist rechtlich, fachlich und politisch zu verantworten. Im Fall der Jugendhilfe wird die Struktur vom Jugendamt gesetzt. Insofern ist Strukturierung hier das Ergebnis der Führung eines Amtes, damit Ergebnis einer Managementleistung.

Für die Steuerungsproblematik des Amtes bedeutet dies, eine Doppelstrategie von Redemokratisierung einerseits und Qualifizierung des Topmanagement andererseits zu wählen. Das Ergebnis der praktizierten Doppelstrategie wird eine intelligente Kostendämpfung sein, weil Budgetvorgaben - sofern diese rechtlich überhaupt möglich sind - Bestandteil der Struktur sind. Die konkrete Ausformung der Kostendämpfung wird im Zuge der Redemokratisierung von unten erarbeitet werden müssen. Daß dies funktioniert, wird uns zur Zeit vor allem im Profitbereich vorexerziert (Biehal 1994).

Es ist nicht Aufgabe meines knappen Textes, entsprechende Vorhaben in der Jugendhilfe zu beschreiben. Die Richtung unserer Bemühungen wird durch Projekte gekennzeichnet wie „Dezentrale Ressourcenverwaltung" (Jordan) und „Aufbau flexibler Angebotsstrukturen" (Rilling).

In diesem Zusammenhang lohnt sich auch ein Blick nach England. So wird aus der Grafschaft Devon von erfolgreichen Projekten dezentraler Ressourcenverwaltung berichtet (Williams).

6. Das Jugendamt: eine öffentliche Veranstaltung

Bevor man die Produkte beschreiben kann, die ein Jugendamt zu realisieren hat, wird man zunächst die Funktion dieses Amtes in der sozialstaatlichen Logik modellieren müssen.

Das Jugendamt ist keine Fabrik, sondern eine öffentliche Veranstaltung. Im industriellen Bereich mag es möglich sein, die Produktionsstätte um das Produkt „herumzubauen". Die sozialstaatliche Logik gebietet zunächst, das Amt in seinen rechtlichen und politischen Normierungen und Intentionen zu beschreiben.Das Jugendamt ist eine Organisation der Sozialleistungsgewährung (Strunk 1995a). Dies soll anhand der Abbildung 1 „Das Jugendamt in seinen Regelkreisen" deutlich werden.

Die sozialstaatliche Logik läßt sich sehr verkürzt wie folgt skizzieren.

Im KJHG sind Lebenslagen von Kindern, Jugendlichen, Heranwachsenden und ihren Familien beschrieben, die im Kontext sozialstaatlicher Normen nicht akzeptabel sind. Für die öffentlichen Jugendhilfeträger entstehen Interventionspflichten und Interventionsmöglichkeiten, entsprechend unterstützend auf die Lebenslagen einzuwirken, damit diese sich in die Richtung entwickeln, die vom Gesetzgeber vorgesehen ist.Es handelt sich um das Recht auf Förderung der Entwicklung, das Recht auf Erziehung zur Eigenverantwortlichkeit, das Recht auf Vermeidung und den Abbau von Benachteiligung usf.

Das Jugendamt realisiert entsprechende Unterstützungsangebote entweder direkt gegenüber den Nutzern oder indirekt über die Förderung entsprechender öffentlicher oder privater Träger, die dann wiederum ihre Angebote den Nutzern zur Verfügung stellen.Zur Steuerung des entsprechenden Angebot-Nutzer-Verhältnisses arbeitet das Jugendamt in vier Regelkreisen. Diese sind:

6.1 Hilfeplanung
6.2 Erfolgskontrolle
6.3 Jugendhilfeplanung
6.4 Politikberatung

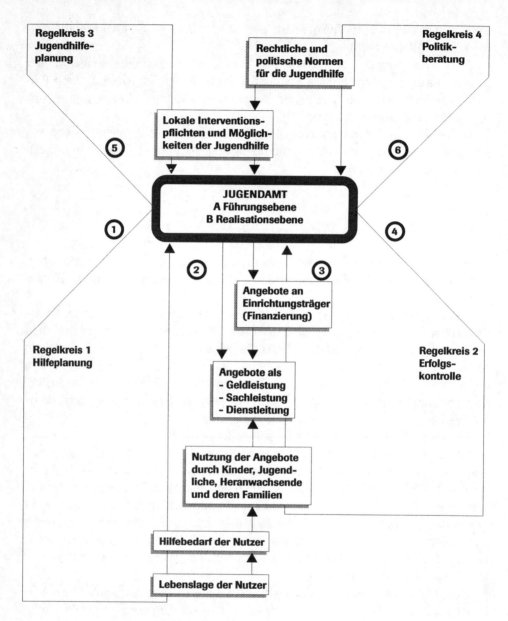

Abb. 1
Das Jugendamt in seinen Regelkreisen

6.1 Hilfeplanung

Hier geht es um die Beurteilung der individuellen Lebenslagen im Kontext der KJHG-Normen, um die Beschreibung entsprechender Hilfebedarfe zur Voraussetzung der jeweiligen Angebotsplanung.

6.2 Erfolgskontrolle

Es sind zwei Aspekte bei der Erfolgskontrolle zu unterscheiden. Erfolgskontrolle im Einzelfall (Ist die beabsichtigte Wirkung eingetreten?) und die Überlagerung der individuellen Erfolgskontrollen mit dem Ziel der Gesamtsteuerung des Unterstützungssystems (diese Informationen werden für den Regelkreis Jugendhilfeplanung benötigt).

6.3 Jugendhilfeplanung

Hier geht um die Festlegung von qualitativen und quantitativen Standards zur Steuerung der Angebote im kommunalen Jugendhilfesystem.

6.4 Politikberatung

Das Jugendamt wertet seine Gesamterfahrung im System aus im Hinblick auf die Notwendigkeit der Weiterentwicklung rechtlicher und politischer Normen, die vom jeweiligen Parlament zu verantworten sind.

Erst jetzt - vor dem Hintergrund der Modellierung der Aufgabe eines Jugendamtes in der Sozialleistungslogik - ist die Bestimmung von Produkten möglich, die ein Jugendamt zu erbringen hat.

7. Produkte des Jugendamtes

Als Produkt wird hier die Leistung des Jugendamtes verstanden, die jeweils realisiert wird in einer der sechs Output-Konstellationen (vgl. Abb. 1). Als Adressaten der Produkte lassen sich benennen: Nutzer, Jugendhilfeträger (öffentliche und private), Ämter und andere Träger öffentlicher Belange und das Parlament.
    Entsprechend der Abb. 1 sind den Adressaten folgende Output-Konstellationen zugeordnet:

Nutzer (1), (2), (4)
Träger der Jugendhilfe (3), (4), (5)
Ämter und andere Träger öffentlicher Belange (5)
Parlament (6)

Als Produktbeispiele können bezeichnet werden:

Fallführung (1)

Lebenslageanalyse (1)

Befürwortung des Hilfebedarfes (1)

Beratung bei Erziehungsproblemen (2)

Leistung zum Lebensunterhalt (2)

Krankenhilfe (2)

Kostenübernahme für Jugendberufshilfe (2)

Bereitstellung einer Wohnung (2)

Finanzierungszusage für eine Einrichtung (3)

Beratung zur Einrichtungsplanung (3)

Zuweisung für eine Einrichtung (3)

Kostencontrolling (3)

Dienstleistungstest (4)

Nutzerbefragung (4)

Kosten-Nutzen-Vergleich zwischen unterschiedlichen Trägern (4)

Standardvorgabe für Träger (5)

Empfehlungen für Trägerentwicklungen (5)

Erörterung von Plänen mit Ämtern und Trägern öffentlicher Belange (5)

Sozialraumanalysen (5)

Indikatorenentwicklung (5)

Analyse des Befürwortungsverhaltens (5)

Zukunftswerkstatt (5)

Überprüfung regionaler Budgets (5)

Ausschußvorlagen (6)

Kommunale Jugendhilfepläne (6)

Diese Beispielsammlung ist nicht vollständig. Sie bedarf einer Komplettierung innerhalb einer konkreten Beratungssituation mit einem Jugendamt.

8. Konsequenzen für die Steuerung des Jugendamtes

Der KGSt-Bericht „Outputorientierte Steuerung der Jugendhilfe" hat aus meiner Sicht die Organisation des Jugendamtes weder ausreichend in ihrer sozialstaatlichen Funktion noch in ihrer Binnenstruktur modelliert. Die Modellierung der Binnenstruktur ist aber notwendig, um genauere Aussagen über die Steuerung des Jugendamtes machen zu können.

Die Binnenstruktur des Jugendamtes soll anhand der Abbildung 2 (Führungs- und Realisierungsebene des Jugendamtes) deutlicher werden.

Es ist ebenfalls wichtig, die Grundbegriffe Leitung, Führung und Management etwas präziser zu definieren. Folgende Differenzierung hat sich bewährt (Hoefert, S. 179):

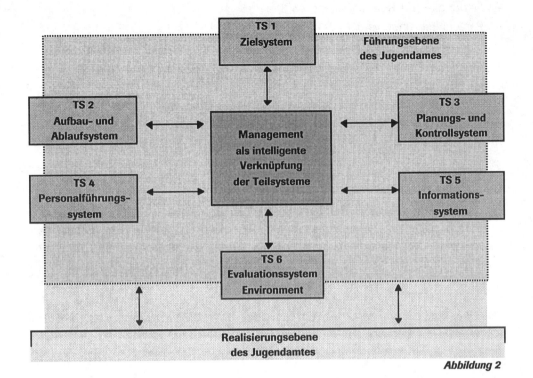

Abbildung 2

„*Management* kann verstanden werden als zielbezogene Koordination von informationellen, personellen und sachlichen Ressourcen. Ein guter 'Manager' muß nach diesem Verständnis nicht zwangsläufig eine 'Führungspersönlichkeit' sein, die zum Beispiel das persönliche Vertrauen von Mitarbeitern/innen genießt oder als persönliches Leitbild angesehen wird.

Führung betont die interpersonelle Komponente im Prozeß der Zusammenarbeit. Je nach Wertorientierung und vorherrschendem Menschenbild kann die Qualität sozialer Einflußnahme auf andere Menschen in Form von 'Führung' unterschiedlich beurteilt werden.

Leitung bezeichnet eher die formale Berechtigung zur Wahrnehmung bestimmter zugestandener Kompetenzen (z.B. Zeichnungsrechte, fachliche und dienstrechtliche Anweisungen). Leitung kann sich im wesentlichen auf das 'Administrieren' reduzieren. Wer 'leitet' muß nicht unbedingt führen oder managen."

Wir verstehen zunächst als Management des Jugendamtes die intelligente Verknüpfung der sechs Führungsteilsysteme des Amtes, die entsprechend in der Abbildung 2 dargestellt werden als:

– Zielsystem (TS 1)
– Aufbau- und Ablaufsystem (TS 2)

205

- Planungs- und Kontrollsystem (TS 3)
- Personalführungssystem (TS 4)
- Informationssystem (TS 5)
- Evaluationssystem Environment (TS 6)

Bei den Teilsystemen 1 bis 5 bedarf es wohl keiner weiteren Er-läuterung. Bei dem Teilsystem 6 handelt es sich um ein Evaluationssystem, das die Tauglichkeit der Organisationsumwelt und der Umwelt der entsprechenden Angebote für die Mitarbeiterinnen und Mitarbeiter und für die Nutzer bewertet. Dieses Evaluations-system überprüft die Lebensqualität im Bereich der Arbeits- und Entwicklungs-plätze. genannte KGSt-Bericht hat sich lediglich auf die Beschreibung des Pla-nungs- und Kontrollsystems beschränkt. Das Ergebnis des intelligenten Manage-ments im Führungssystem des Jugendamtes ist die zielgenauere und kostengün-stigere Herstellung der entsprechenden Produkte durch eine entsprechende Steuerung des Gesamtsystems (auf der Ebene Führung und Realisierung) und der entsprechenden Teilsysteme. Die Steuerung wird in der Regel unterstützt durch Methoden des strategischen und des operativen Controlling (Strunk 1992).Der KGSt-Bericht beschreibt im Prinzip eine Controllingstrategie, ohne daß er sich allerdings explizit mit den methodischen Grenzen und Möglichkeiten dieses pro-fessionellen Paradigmas auseinandersetzt. Deshalb soll an dieser Stelle eine skiz-zenhafte Begriffsbestimmung von Controlling angeboten werden.

9. Controlling im Jugendamt

Controlling im Jugendamt leistet eine Servicefunktion für die Mitarbeiterinnen und Mitarbeiter der Führungsebene, indem es

- hilft, Schwächen in den Teilsystemen zu identifizieren und die eventuell not-wendige Rekonstruktion der Teilsysteme begleitet;
- Daten beschafft und vorläufig bewertet, die notwendig sind, um das gesamte Organisationsgefüge unter dem Gesichtspunkt von Effizienz und Effektivität des Organisationshandelns abbilden zu können;
- die intelligente Systemverknüpfung vorbereitet und kritisch begleitet.

Controlling trifft keine Entscheidungen anstelle der Führungsmannschaft, son-dern bereitet sie für die Führungsmannschaft lediglich vor. Die Jugendamtsfüh-rung muß sich selbst auf Planungs- und Kontrolldetermination des eigenen Han-delns verpflichtet haben, sonst macht Controlling keinen Sinn. Methoden und Techniken des Controlling in Dienstleistungsorganisationen werden vorgestellt bei Strunk (1995 b); Reiss (1993) bietet eine gründliche Analyse des Gesamtzusam-menhanges von Controlling und sozialer Arbeit.

10. Zukunftsthemen für das Jugendamt.

10.1 Die Rolle des Jugendamtsleiters bzw. der Jugendamtsleiterin wird sich verändern. In den Vordergrund werden die Produkte treten, die die Voraussetzung für angemessene und kostengünstige Nutzerangebote betreffen.Die Rolle als Leiter eigener Einrichtungen wird unwichtiger werden. Die strategische Funktion des Jugendamtes wird zunehmen: Koordinieren, Finanzieren, Strukturieren, Entwickeln, Beraten, Entscheidungsvorbereitung für die Parlamente.

10.2 Das Jugendamt wird neue Planungstechniken entwickeln im Sinne der Handlungseinheit von Hilfe und Planung (Strunk 1991): Aus der qualitativen und quantitativen Überlagerung von individuellen Unterstützungsverläufen wird es eindeutige Anforderungen an die Produktion nutzerorientierter Produkte geben. Die Produktion dieser Angebote wird auf einem sich zunehmend ausdifferenzierenden Jugendhilfemarkt stattfinden, auf dem die Grenzen zwischen Profitanbietern und Nonprofitanbietern zunehmend verwischen. Auf diesem Markt werden Leistungsstandards vorgegeben und Preise verglichen. Dies wird zur Stärkung nichtöffentlicher Anbieter führen.

10.3 Das Jugendamt wird im Rahmen seiner Personalführung das Entscheidungsverhalten der Leistungsbefürworter evaluieren und durch Schulung des Befürwortungsverhaltens Entscheidungen versachlichen. Dies wird u. a. dazu führen, daß ambulante Maßnahmen noch stärker in den Vordergrund treten und Fremdplazierungen wieder seltener werden; dies nicht aus Gründen der Kostendämpfung, sondern aus Gründen der wachsenden Fachlichkeit.

10.4 Das Jugendamt wird stärker innovative Träger stützen und entwickeln, die die Kunst der feld- und lebenslageorientierten Diagnose und Angebotsplanung beherrschen. Diese Träger betreiben aufsuchende Jugendhilfe, planen und evaluieren Angebote im Sinne von Research-Vorhaben, sie lassen sich auf Experimente ein, die auf trial- und error-Strategien basieren und bieten dem Jugendamt evaluiertes Erfahrungsmaterial an zur Klärung der Notwendigkeit längerfristiger Angebote.

10.5 Das Jugendamt wird seine Organisation entwickeln in der Polarität von Selbstorganisation und Struktur. Das bedeutet, daß Redemokratisierung und Qualifizierung der Führung gleichzeitig stattfinden wird. Dies wird dazu führen, daß sowohl auf der Führungsebene als auch auf der Realisierungsebene extrafunktionale Qualifikationen bei den Mitarbeiterinnen und

Mitarbeitern bedeutungsvoller werden (Planen, Kommunizieren, Kontrollieren).

10.6 Das Jugendamt wird verstärkt die Steuerung der Angebote durch die Nutzer (Kinder, Jugendliche, Heranwachsende und ihre Familien) zulassen. Das bedeutet, daß eine Marketingorientierung in der Jugendhilfe sich durchsetzen wird. Angebote werden entsprechend flexibilisiert. Jugendliche müssen sich immer weniger an die Angebote anpassen, Angebote passen sich vielmehr eher an die Jugendlichen an.

10.7 Die Regionalisierung der Angebote wird weiter zunehmen. Es werden in Zukunft verstärkt regionale Budgets der Jugendhilfe beschrieben und durchgesetzt. An der regionalen Basis wird eine Professionalisierung in Richtung auf Risikomanagement geben. Die Verteiler der regionalen Budgets werden ihre Professionalität im Sinne des strategischen und operativen Controlling entwickeln.

Und wer pfeift nun im Walde?

Literatur

Christof Baitsch, Was bewegt Organisationen?, Frankfurt/New York 1993

Franz Biehal (Hrsg.), Lean Service, Bern 1994

Hans-Wolfgang Hoefert, Zur Qualifizierung von Fachkräften des Sozialwesens für Führungs- und Managementtätigkeiten, in: Marina Lewkovicz (Hrsg.), Neues Denken in der sozialen Arbeit. Mehr Ökologie - mehr Markt - mehr Management, Freiburg im Breisgau 1991

Erwin Jordan, Jugendhilfeplanung als Organisationsentwicklung, in: Sozialmagazin 9 (1994), S. 16-18

KGST, Outputorientierte Steuerung der Jugendhilfe, Bericht Nr. 9, Köln 1994

Hans-Christoph Reiss, Controlling und soziale Arbeit, Neuwied/Kriftel/Berlin 1993

Dieter Rilling, Möglichkeiten und Grenzen der Träger öffentlicher Jugendhilfe bei knapper gewordenen Mitteln, in: Spektrum, Themen des Landeswohlfahrtsverbandes Württemberg-Hohenzollern 1 (1994)

Horst W. J. Rittel, Planen, Entwerfen, Design, Stuttgart/ Berlin/Köln 1992

Dieter Sengling, Was ist „Erfolg" in der Sozialarbeit, Westfälische Wilhelms-Universität Münster, Manuskript (o. J.)

Andreas Strunk: Konfliktmoderation: Handlungseinheit von Hilfe und Planung, in: Socialmanagement 2 (1991), S. 37-43

Andreas Strunk: Controlling in Nonprofit-Organisationen und -unternehmen, in: Gabler Wirtschaftslexikon, Wiesbaden 1992, S. 691-697

Andreas Strunk: Innovation im Sozialleistungssystem durch Planung und Management, Bielefeld 1995a (im Druck)

Andreas Strunk (Hrsg.): Dienstleistungscontrolling, Baden-Baden 1995b (im Druck)

Stuart Williams, Social Service Reorganization in Devon - the story of two reorganizations, Fachhochschule für Sozialwesen in Eßlingen (Manuskript) 1995

209

Maja Heiner

Ziel- und kriterienbezogenes Qualitätsmanagement in der sozialen Arbeit

Vom Katalogisieren der Aktivitäten zur Reflexion von Qualitätskriterien

1. Einleitung

Im Rahmen der Debatte um neue Steuerungsmodelle der Dienstleistungsproduktion spielen neben organisatorischen Veränderungen (lean bureaucracy) und haushaltsrechtlichen Flexibilisierungsbemühungen (budgeting, contracting out) auch Überlegungen zur Überprüfung der Qualität von Leistungen eine wichtige Rolle. Bekommt der Staat als Auftraggeber für sein Geld (Zuschüsse, Pflegesätze, Gehälter) von den Produzenten sozialer Dienstleistungen (den staatlichen und privaten Trägern) die vereinbarten Leistungen? Kann er bei anderen Anbietern kostengünstigere Güter von gleicher Qualität erwerben oder zum gleichen Preis sogar bessere Leistungen einkaufen? Dies sind grundlegende Fragen einer Steuerung sozialer Dienste und Einrichtungen aus der Sicht des „Zah!meisters". Um sie beantworten zu können, müssen „Produktbeschreibungen" erstellt werden, die eine vergleichende Analyse der vielfältigen Angebote im sozialen Sektor überhaupt erst ermöglichen. Die Kommunale Gemeinschaftsstelle hat für die Jugendhilfe einen solchen Vorschlag zur Produktbeschreibung vorgelegt (KGSt 1994). Auch für die Bereiche, deren Finanzierung vorrangig über das BSHG erfolgt, besteht in hohem Maße die Notwendigkeit, die Leistungen zu systematisieren und dokumentieren. Mit der neuen Fassung der §§ 93 und 94 treten an die Stelle von Abrechnungen nach dem Selbstkostendeckungsprinzips im Pflegewesen Vereinbarungen zwischen den Trägern und den staatlichen Geldgebern über die Notwendigkeit, den Umfang und die Qualität der Hilfen. Sie werden begleitet von kontinuierlichen Überprüfungen der Qualität und Wirtschaftlichkeit der Leistungen. Auch das Pflegegesetz und der Abschluß von Versorgungsverträgen nach § 132 SGB V in Kombination mit § 80 SGB XI verlangen genaue Produktbeschreibungen und Bedarfsbeurteilungen. Das plötzliche Interesse an „Qualität" hat also auch ganz handfeste Hintergründe: ohne Bedarfserhebung, Leistungs- und Entwicklungsdokumentationen wird es künftig schwierig sein, Gelder einzuwerben bzw. Einsparungen entgegenzutreten (Ristok 1995).

Jeder marktwirtschaftlich orientierte Vergleich zwischen Waren und Dienstleistungen hinkt allerdings erheblich. Für die meisten „Kundinnen" sozialer Einrichtungen entfällt der Markt als regulierende Instanz. Sie können nicht zwischen mehreren Produkten und Anbietern wählen und sie haben kein Geld, um private Alternativen (z.B. das Altenstift) zu bezahlen. Mit der Gefahr eines Bankrotts wegen mangelnder Nachfrage entfällt für die Anbieter von Humandienstleistungen zugleich der konkurrenzbedingte Innovationsdruck. Die Bereitschaft zur Überprüfung der eigenen Leistungen muß auf andere Weise (z.B. über staatliche Qualitätskontrollen) gefördert werden. Dem Staat als regulierender Instanz kommt dabei eine doppelte, z.T. widersprüchliche Funktion zu. Einerseits muß er eine möglichst kostengünstige Lösung suchen. Er ist dabei Anwalt der Steuerzahler und Arbeitsplatzbesitzer, die weder ihr Einkommen noch den Wirtschaftsstandort Deutschland durch hohe Sozialleistungskosten gefährdet sehen wollen. Er ist aber zugleich Anwalt der Konsumentinnen dieser Dienstleistungen, da deren Qualität und Effizienz nicht über den Markt reguliert werden kann, ihr Funktionieren aber aus kompensatorischen und legitimatorischen Gründen notwendig ist. Der Ausgleich zwischen diesen beiden Anforderungen gelingt eher, wenn der Steuerzahler zugleich auch Konsument der Dienstleistungen ist, wie z.B. in weiten Bereichen des Gesundheitswesens. Überall dort, wo dies nicht der Fall ist, insbesondere bei den sogenannten „sozialen Randgruppen" sieht sich die Politik in besonderem Maße dem Druck ausgesetzt, zu sparen und „die sozialen Hängematten" abzuschaffen.

Genau betrachtet muß die Soziale Arbeit zwei sehr verschiedene Kundinnenkreise zufriedenstellen: einerseits den Staat, der als Geldgeber die meisten Leistungen der Sozialen Arbeit erwirbt, indem er sie direkt einkauft oder bezuschußt - und andererseits die Klientinnen. Die Besonderheit dieser beiden Kundinnenkreise (im Vergleich etwa zu den Kundinnen einer Autofirma) besteht darin, daß der eine Kunde, der Staat, die Leistungen zwar kauft aber nicht konsumiert. Konsumieren sollen diese Leistungen die Klientinnen. Diese Kundschaft muß für die Dienstleistung in vielen Fällen nichts zahlen, soll sie dafür aber eben brav konsumieren und sich erziehen, beraten, resozialisieren und rehabilitieren lassen. Nun wollen aber diese Konsumentinnen die Leistungen auch dann nicht unbedingt konsumieren, wenn sie ihnen kostenlos angeboten werden. Nicht nur wenn sie gegen ihren Willen in Anstalten wie Heime, psychiatrische Kliniken oder Gefängnisse verfrachtet werden, erweisen sie sich häufig als eigenwillig bis renitent. Auch bei sanfterer Einflußnahme und sogar bei der freiwilligen Nutzung von Dienstleistungen führt der Konsum des Angebots nicht immer zu den gewünschten Ergebnissen, sei es nun aufgrund fehlender Einsicht, mangelnder Willenskraft oder auch aufgrund einer schlechten Passung zwischen Angebot und Bedarf oder Angebot und Bedürfnissen. Die Klientinnen lernen nicht, reißen sich nicht am Riemen, leben noch immer ungesund, faulenzen, trinken und kümmern sich nicht um ihre Kinder, zumindest nicht in der erwünschten Weise. Ohne die Mitarbeit dieser Kundinnen aber geht gar nichts. Und der andere Kunde, der Staat weiß dies, und gewährt der Sozialen Arbeit so manche Freiheit in der Festlegung ihrer Ziele und Methoden, in der Hoffnung, die Klientel könne so zur Kooperation gewonnen werden. Das bedeutet zugleich auch, daß die Mitsprache der Klientinnen bei der Formulierung von Qualitätskriterien unverzichtbar ist. Nicht nur aus moralischen sondern sozusagen aus technologischen Gründen. Bei der Produktion von Humandienstleistungen sind die Konsumentinnen zugleich auch die Produzentinnen des Ergebnisses der Interaktion. Der Drogenabhängige muß mindestens ebenso hart daran arbeiten, wieder clean zu werden, wie seine Helferin. Die Berücksichtigung der Erwartungen und der Qualitätsvorstellungen der Klientinnen muß daher in der Sozialen Arbeit gleichberechtigt neben der Abklärung von Bedürfnissen, Bedarfen und Ressourcen aus professioneller Sicht stehen. Für die Denkfigur der „Kundenorientierung" - so begrenzt richtig sie aus den oben genannten Gründen nur sein kann - spricht die Notwendigkeit, die Klientinnen von Humandienstleistungen als aktive und autonome Partnerinnen im Prozeß der Produktion ihrer eigenen Gesundheit, Ausbildung, Persönlichkeitsentwicklung etc. zu sehen (Merchel 1995). Aus abhängigen „Klientinnen" dabei so weit wie möglich kritische „Kundinnen" oder „Nutzerinnen" zu machen, ist eine Aufgabe Sozialer Arbeit, deren Erfüllung gerade bei zunehmender Differenzierung und Unübersichtlichkeit der Dienstleistungsangebote immer wichtiger wird.

Aus der Tatsache, daß Humandienstleistungen nicht über Marktmechanismen zu steuern sind, ergibt sich ein besonderer Regulierungsbedarf, nicht nur hinsichtlich der Formulierung von Qualitätsstandards sondern auch hinsichtlich der Gestaltung des Qualitätssicherungsprozesses. Wer soll die Qualitätskriterien definieren? Wer soll sie kontrollieren? Die Geldgeber, die Träger, die Produzentinnen und die Klientinnen sozialer Dienstleistungen, sie alle sollen daran beteiligt werden - aber in welchem Umfang und in welcher Form? Sollen nur die Leitungskräfte, möglicherweise nur auf der Geschäftsführerebene die Rahmenvorgaben für die „Qualitätsentwicklung" festlegen - oder auch die Mitarbeiterinnen? Im folgenden wird ein Konzept der Qualitätsentwicklung und -sicherung vorgestellt, das davon ausgeht, daß Qualitätsmanagement nicht nur eine Leitungsaufgabe ist und sich nicht auf den Einsatz von Maßnahmedokumentationsverfahren beschränken sollte. Auf allen Ebenen der Hierarchie über die eigenen fachlichen Standards nachzudenken und darüber mit internen und externen „Kundinnen" der Organisation zu diskutieren, kann und sollte ein Mittel sein, um (1) die Kommunikation zwischen Klientin und Fachkraft so zu strukturieren, daß Partizipationsprozesse institutionalisiert werden (Maluccio 1979), und (2) innerhalb einer Einrichtung unter den Fachkräften kontinuierliche Diskussionen zur Konzeption, zu den Zielen und Ergebnissen der Arbeit angeregt und so Innovationen gefördert werden (Klicpera 1995; Heiner 1988). Das folgende Konzept von Qualitätsmanagement als permanentem, selbstorganisiertem Lernprozeß der Produzentinnen (Probst 1987) geht von der Notwendigkeit tätigkeitsfeldspezifischer Konkretisierungen empirisch überprüfbarer Qualitätskriterien aus. Zugleich soll aber mit der Formulierung von grundlegenden Qualitätsdimensionen ein tätigkeitsfeldübergreifendes Rahmenkonzept als gemeinsames Fundament für eine zielbezogene Qualitätsentwicklung und -sicherung der Sozialen Arbeit insgesamt skizziert werden.

2. Auf dem Weg zu einem zielorientierten Qualitätsmanagement

Als „Qualitätsmanagement" werden jene Aktivitäten definiert, die darauf abzielen, die Erwartungen aller Beteiligten zu erkunden und sie untereinander und im Verhältnis zu den Ressourcen aufeinander abzustimmen. Neben objektiven Indikatoren der Leistungserbringung, die sich meist noch recht einfach festlegen und quantifizieren lassen, sind subjektive Indikatoren der Lebensqualität gleichermaßen von Bedeutung (Siegrist 1990; Wacker 1994). Es geht um die „Passung" von objektiven und subjektiven Faktoren auf zwei Ebenen: (1) um die Passung von subjektiver Wahrnehmung und objektiver Ausstattung und (2) um die Passung der verschiedensten Sichtweisen und Erwartungen unter den Beteiligten (Meinhold 1994). Dabei sind mehrere Akteurinnen zu berücksichtigen:

- die Geldgeber und Träger (und ihr politisches Umfeld),
- die Mitarbeiterinnen (und ihr institutionelles Umfeld),
- die Nutzerinnen von Dienstleistungen (und ihr soziales Umfeld) und
- die (potentiellen) Kooperationspartnerinnen mit ihren Bezügen.

Ohne Diskussion der unterschiedlichen Ansprüche und Erwartungen dieser Gruppen werden Ideen und Vorschläge zur Qualitätssicherung bei der Umsetzung in den Alltag der Institution scheitern. Bestenfalls wird eine Qualitätskontrolle stattfinden, die sich auf äußerlich sichtbare, leicht faßbare und einfach standardisierbare Effekte beschränkt.

Qualitätssicherung ist nicht nur ein sozialer, sondern zugleich auch ein sozialpolitischer Prozeß (Olk 1994, Struck 1995). Dies gilt sowohl hinsichtlich der externen als auch der internen, träger- oder einrichtungspolitischen Dimensionen des Qualitätsmanagements. Oftmals wird über die verschiedenen Perspektiven der Mitarbeiterinnen nicht weiter nachgedacht, weil sich die Leitungskräfte als „Controller" der jeweiligen Institutionen unter aktuellem politischen Druck eher reaktiv verhalten und zudem meinen, eine einheitliche Sichtweise herstellen zu müssen. Von den Mitarbeiterinnen werden sie dann als „Sparkommissarinnen" erlebt, die fachlichen Argumenten kaum noch zugänglich erscheinen. Damit der Zwang der Effektivierung trotz des externen Kosten- und Rechtfertigungsdrucks auch produktive Veränderungen bewirken kann, muß neben einer verfahrensmäßigen Absicherung der Beteiligung an der Planung und Durchführung von Qualitätsuntersuchungen vor allem ein Klima der Glaubwürdigkeit entstehen und gepflegt werden. Nur dann kann das positive Potential, das jede Umstrukturierung auch in sich birgt, in dieser als bedrohlich empfundenen Situation überhaupt noch wahrgenommen und genutzt werden. Hierzu gehört von Seiten der Leitung und der Qualitätsmanagerinnen die Offenlegung der allgemeinen (sozialpolitischen) und der spezielleren (träger- und organisationspolitischen) Vorgaben und Handlungsspielräume. Und schließlich gehört dazu - quasi als „Unternehmenskultur" - etwas, das man als „Fehlerfreundlichkeit" bezeichnen kann. Die Nachsicht gegenüber Fehlern, die offen gelegt und korrigiert werden, und die offensichtlich nicht auf grober Nachlässigkeit oder grundlegender Inkompetenz beruhen. Eine solche Fehlerfreundlichkeit erleichtert das Experimentieren mit neuen Arbeitsansätzen und die Korrektur von Fehlentwicklungen. Zu dieser Grundeinstellung gehört schließlich auch die Überzeugung, daß es in einer Einrichtung und auch in einem Team mehr als einen Arbeitsstil und mehr als eine Herangehensweise geben kann und darf. Erst dann werden die Mitarbeiterinnen glauben, daß die Abklärung von Qualitätsstandards und Arbeitsprinzipien nicht zur Nivellierung persönlicher Arbeitsstile durch eine institutionelle Normierung mißbraucht werden soll - und bereit sein, sich an der Suche nach gemeinsamen Qualitätskriterien zu beteiligen. Die Akzeptanz unterschiedlicher Arbeitsansätze innerhalb einer vereinbarten Bandbreite von Möglichkeiten verlangt nicht nur wohlwollende Toleranz sondern vor allem eine recht mühselige, kontinuierliche, fallspezifische Konkretisierung akzeptabler Abweichungstoleranzen an exemplarischen Beispielen.

Dann kann Qualitätsmanagement auch mehr sein als nur Qualitätssicherung. Ein ganzheitliches Qualitätsmanagement umfaßt drei Elemente: die Entwicklung und Fortschreibung von Qualitätsstandards, die Förderung ihrer Umsetzung und schließlich die Überprüfung der Ergebnisse dieser Umsetzung. Geht man von einem umfassenderen Konzept von Qualitätsmanagement aus, so genügt es also nicht zu untersuchen, ob das getan wurde, was getan werden sollte und ob es „gut" (den Qualitätsstandards entsprechend) getan wurde. Zu fragen ist auch, ob es zu den erwünschten Resultaten geführt hat und ob das, was getan werden sollte, wirklich das war, was zu tun Sinn machte und was getan werden mußte. Es ist ja durchaus denkbar, daß man nach erfolgreichem Handeln feststellt, daß es besser gewesen wäre, man hätte das erwünschte Resultat nicht erreicht, weil man dann z.B. nicht mit den gravierenden negativen Nebeneffekten zu kämpfen hätte. Jedes Qualitätsmanagement muß also zuerst die Ziele der Intervention begründen und dabei die Kriterien der Beurteilung von Entwicklungen klären.

Umfassendes Qualitätsmanagement erfordert die Berücksichtigung der folgenden Qualitätsdimensionen:

1. Angemessenheit der Zielsetzung (Konsenssuche)
2. Umsetzung der Zielplanung (Effektivität)

3. Optimale Mittelverwendung (Effizienz)
4. Einhaltung professioneller Standards (Fachlichkeit, d.h. Qualität im engeren Sinne)
5. Passung in vorhandene Strukturen ohne unerwünschte Nebenwirkungen (Verträglichkeit).

Insbesondere die erste und fünfte Dimension werden bei einem lediglich output orientierten, auf die Sicherung fachlicher Standards zielenden Qualitätsmanagement leicht vernachlässigt.

Klassischerweise unterscheidet man heute in der Literatur zum Qualitätsmanagement zwischen Strukturqualität, Ergebnisqualität und Prozeßqualität. *„Strukturqualität"* bezieht sich auf alle Ausstattungsdimensionen einer Einrichtung oder eines Dienstes, also auf die Ausstattung mit Räumen, Personal, Sachmitteln etc. *„Ergebnisqualität"* bezieht sich auf den erzielten Zustand, also z.B. ein bestimmtes Pflegeergebnis oder einen bestimmten Lernerfolg. Dabei wird nicht immer klar zwischen „outcome" (also dem Lernerfolg) und „output" (also den Leistungen, z.B. der Zahl der gelungenen Unterrichtsstunden) unterschieden. Mit *„Prozeßqualität"* sind alle Eigenschaften der Aktivitäten gemeint, die zur Erreichung eines bestimmten Zieles beitragen (sollen). So kann das Ergebnis „sauberer Patient" mehr oder minder liebevoll und einfühlsam und mehr oder minder aktivierend und autonomiefördernd erreicht werden. In Ergänzung zu dieser Typologie von Donabedian (1982), verweist die Auflistung der fünf Qualitätsdimensionen auf die Bedeutung des Verhältnisses von Aufwand und Ertrag und auf die notwendigen Vorentscheidungen im Zielfindungsprozeß, in dem zunächst ein Konsens darüber gesucht wird, was als Struktur-, Prozess- und Ergebnisqualität definiert und gesichert werden soll. Sie erinnert insofern auch stärker an die sozialpolitischen Entscheidungen und die infrastrukturellen Voraussetzungen, die jenseits der Verantwortung einzelner Träger und Einrichtungen oder einzelner Fachkräfte für das Qualitätsmanagement von Bedeutung sind, insbesondere dann, wenn ein Konsens nicht erzielt wird. Wenn als „Qualitätsmanagement" alle jene Aktivitäten definiert werden, die darauf abzielen, „die Erwartungen aller Beteiligten zu erkunden und sie untereinander und im Verhältnis zu den Ressourcen aufeinander abzustimmen" (Meinhold 1994: 47), so sollte diese Formulierung nicht über die Interessengegensätze hinwegtäuschen, die dabei auftreten können, und bei denen die Definitionsmacht der Klientinnen gegenüber den Fachkräften ebenso strukturell begrenzt ist wie die Durchsetzungsmöglichkeiten der Fachkräfte gegenüber Trägern und Geldgebern.

Soll Qualitätsmanagement nicht nach Indikatoren betrieben werden, die nur auf den ersten Blick griffige und ausreichende Aussagen über die Qualität Sozialer Arbeit ermöglichen (z.B. die rückläufige Zahl von Heim- oder Klinikeinweisungen), so bleibt die Überprüfung der Zielsetzungen und die Ergebnisanalyse - trotz und teilweise gerade wegen der angedeuteten Schwierigkeiten - der entscheidende Ansatzpunkt für Qualitätsuntersuchungen, die nicht nur eine deskriptive, sondern zugleich eine reflexive und evaluative Funktion erfüllen sollen. Auch beim „Total Quality Management" wird zumeist nur die Qualität bereits existierender Angebote überprüft. Ebenso wichtig aber wäre es zu klären, welche Angebote fehlen oder auch welche entfallen könnten.

Die Kommunale Gemeinschaftsstelle (KGSt) hat mit ihrem Modell einer Bestandsaufnahme unter dem Stichwort „Output-orientierte Jugendhilfe" versucht, Grundlagen für die Qualitätssicherung zu schaffen, und dabei mehr als einen Stein ins Rollen gebracht. Die Methode der „Produktbeschreibung", die die KGSt vorschlägt hat allerdings zwei gravierende Nachteile. Sie trennt nicht klar zwischen Zielen und Aktivitäten und enthält unter der Rubrik „Ziele" oftmals nur eine Auflistung von Aktivitäten. So werden z.B. unter „Ziele" bei der Familienberatung und -bildung Aktivitäten aufgezählt, die die „Wahrnehmung der Erziehungsverantwortung stärken und erleichtern sollen" (KGSt 1994, S. 51), ohne daß dieses Ziel selbst konkretisiert würde. Es wird nicht erläutert, woran man denn erkennen könnte, daß das Ziel erreicht worden ist. Als Nachweis für die Zielerreichung wird lediglich eine Auflistung der Maßnahmen mit Zeitaufwand, Kosten und Teilnehmerzahlen verlangt. Eine Evaluation der Effektivität dieser Maßnahmen ist ebenfalls nicht vorgesehen. Selbst die „Qualität" im engeren Sinne, also die unverzichtbaren fachlichen Standards der Leistungserbringung müssen nicht definiert werden. Für die Ausrichtung der KGSt-Broschüre auf eine reine Maßnahmenstatistik lassen sich weitere Beispiele finden. Es fehlt insgesamt (1) an konkreten, zielbezogenen fachlichen Standards, (2) an Überlegungen zum Zusammenhang dieser Standards mit den aufzulistenden Aktivitäten und (3) an Ansätzen für eine Überprüfung, ob die Aktivitäten zur Erreichung des Zieles beigetragen haben.

Eine Aktivität ist aber kein Wert an sich. Sie kann erstens unterschiedlichen Zielen dienen, zweitens in unterschiedlichem Maße fachlichen Standards entsprechen und insofern von besserer oder minderer Qualität sein. Man kann angesichts der Auflistung des Angebots „Beratung für Ausländer", (vielleicht sogar aufgeschlüsselt nach Nationen, weiblichen und männlichen Klientinnen etc.) noch nicht sagen, was dieses Angebot leisten soll oder geleistet hat. Eine weitergehende Aufgliederung z.B. nach Beratungsthemen (Rechtsberatung, Rückkehrberatung, Rentenberatung, Wohnungshilfe) ließe zumindest ansatzweise erkennen, wozu die Beratung dienen soll. Auch wenn z.B. „Mädchenarbeit" in der offenen Jugendarbeit geleistet wird, können damit verschiedene Ziele verknüpft sein. So wäre bei der Mädchenarbeit z.B. die Frage zu beantworten, ob reine Mädchengruppen wirklich am besten und einzig und alleine geeignet sind, das Ziel „Förderung der Gleichberechtigung" einzulösen. Dazu wiederum müßten Einzelangebote wie die Mädchengruppe eines Hauses im Kontext des gesamten Leistungsspektrums der Institution oder des Stadtteils, der Stadt betrachtet werden.

Eine solche zielbezogene, vielleicht sogar institutionenübergreifende Bestandsaufnahme erfordert konzeptionelle Vorgaben vom Kostenträger in Absprache mit den Anbietern. Hieran aber fehlt es fast überall. Vor allem werden sich die verschiedenen Anbieter, sei es in der Ausländerberatung oder in der Altenhilfe, der Familienberatung oder den Suchteinrichtungen nicht von alleine an einen Tisch setzen und sich auf eine differenzierte, zielbezogene Systematik für die Bestandserhebung einigen. Schon deswegen nicht, weil ein solcher Versuch mit Sicherheit zu längeren Grundsatzdebatten über das jeweilige Selbstverständnis führen würde. Gerade solche weitergehenderen Bestandsaufnahmen aber, die zumindest ansatzweise etwas von den beabsichtigten Wirkungen erahnen lassen, würden zu einem großen Qualitätssprung in der Sozialen Arbeit führen. Derzeit ist die Situation dagegen eher durch Unübersichtlichkeit und wohlmeinenden Wildwuchs („Differenzierung") gekennzeichnet. Produktbeschreibungen bringen da nur begrenzt Licht ins Dunkel. Der aktuelle Zuschnitt des Steuerungsinstrumentes „Produktbeschreibungen" der KGSt verleitet vielmehr dazu, geplante Aktivitäten bereits als „Erfolg" zu werten, wenn sie nur durchgeführt wurden (vgl. z.B. S. 44) und andere, zusätzliche Maßnahmen nicht mehr zu entwickeln, bzw. nicht zu finanzieren, weil sie nicht in der offiziellen Produktbeschreibung enthalten sind. Damit würde das Instrument die Reflexion und die Innovation in der Sozialen Arbeit nicht fördern sondern behindern. Nun könnte man zur Verteidigung der KGSt anführen, daß sie bewußt von „out-put" (also von den produzierten Leistungen) und nicht vom „out-come" (also zielbezogen vom Ergebnis) spricht. Das stimmt zwar für den Titel der Schrift. Im Text selbst aber wird diese programmatische Unterscheidung nur am Rande erwähnt, die Grenzen dieses Vorgehens werden nicht reflektiert und Überlegungen, welche Weiterentwicklungen anschließen müßten, nicht erörtert.

Wir stoßen außerdem bei dieser Art von Tätigkeitsdokumentation auf ein Problem, das nicht nur diesen Versuch der KGSt betrifft (dem ja in vieler Hinsicht eine Pionierfunktion zukommt), sondern auch weitaus anspruchsvollere Modelle der Qualitätssicherung. Wo etwas „gesichert" werden soll, muß es nicht nur präzise beschrieben, sondern auch festgeschrieben werden. Es muß normiert, standardisiert und fixiert werden. Dies ist aber nur bei Mindeststandards vertretbar, die ganz und gar unstrittig sind (z.B. körperliche Unversehrtheit, Recht auf Unterbringung und Ernährung). Alle anderen Angaben müssen relativ allgemein gefaßt werden, um flexibel, individuell und situativ den Bedürfnissen der Klientinnen gerecht werden zu können. Fachliche Standards können daher immer nur exemplarisch, niemals komplett und erschöpfend konkretisiert werden. Exemplarische Beispiele liefern den Fachkräften aber zumindest eine Richtschnur, in welcher Weise die Rahmenziele verwirklicht werden können. Für die Qualitätsentwicklung und -sicherung ist dann der Abgleich zwischen Zielen und konkreten Aktivitäten entscheidend. Beim derzeitigen Stand der KGSt-Vorgaben ist zu befürchten, daß sich die Fachkräfte nach der Erstellung und der jeweiligen aktuellen Überarbeitung der Maßnahmenkataloge erschöpft und zufrieden zurücklehnen und glauben, damit genug für die Qualitätsentwicklung und -sicherung getan zu haben. Das wäre vor allem deswegen fatal, weil es dann gar keine Möglichkeiten mehr gäbe, einem preisgünstigeren Angebot schlechterer Qualität überhaupt noch etwas entgegenzusetzen. Die Kommunen sähen sich angesichts leerer Kassen gezwungen, das preiswerteste Angebot auch bei schlechterer Qualität zu nehmen, weil ziel- und kriterienbezogene Beschreibungen und Bewertungen, die einen aussagefähigen Vergleich ermöglichen, nicht vorliegen.

3. Qualitätssicherung statt Qualität?

Qualitätssicherung erfordert stets dreierlei: (1) konsensfähige und eindeutige Qualitätskriterien, (2) ihre verläßliche Beachtung und Umsetzung im alltäglichen Handeln und (3) Verfahren, die geeignet sind, Mängel bei der Kriterienformulierung oder/und der Realisierung der damit angestrebten Dienstleistungsqualität zu erkennen und zu beheben. Im Unterschied zur Sicherung technischer Abläufe in der Produktion von Gütern oder vollstandardisierbaren Dienstleistungen (z.B. leere Betten beziehen, Essen auf die Stationen verteilen etc.) liegen den meisten Therapie-, Beratungs- und Pflegeleistungen nur sehr allgemeine, ausdeutungsfähige Zielvorstellungen mit ebenso allgemeinen Handlungsprinzipien zugrunde. Dies verlangt andere und umfassendere Controllingverfahren (z.B. Reiss 1993) als etwa betriebswirtschaftliche Steuerungsmethoden, die von eindeutigeren Zielen wie Gewinnmaximierung oder Ausweitung der Marktanteile ausgehen und dem Typ des „buchhaltungsorientierten Controller" (Henzler in Weber 1990) entsprechen. Die Qualitätskriterien von Erziehung, Förderung, Beratung und Therapie stehen außerdem ständig zur Disposition und zwar in doppelter Hinsicht. Die neuere Controlling- und Managementliteratur weist zurecht daraufhin, daß im Falle der sogenannten „Kundinnenorientierung" von Humandienstleistungen immer zwei ganz unterschiedliche Personenkreise zufriedengestellt werden müssen. Zum einen sollen die Klientinnen so weit wie möglich zu „Kundinnen" der Einrichtungen werden, mit denen man die Ziele und Modalitäten der Kooperation aushandelt. Ganz andere Aushandlungsprozesse, mit anderen Ziel- und Wertvorstellungen finden mit den Kostenträgern statt. Beide führen zumindest partiell zu anderen Erfolgs- und Qualitätskriterien. Weitere „Kundinnenkreise" interne (verschiedene Abteilungen, Arbeitsgruppen) und externe (z.B. Angehörige, Kooperationspartnerinnen) mit divergierenden Zielvorstellungen und Qualitätserwartungen reden mit. Am ehesten kann man sich bei Widersprüchen noch auf das Qualitätskriterium „Sicherheit" und „Zuverlässigkeit" einigen (Martin 1993, Mefferth/Bruhn 1995). Darüberhinaus gibt es bisher keinen Konsens über die wichtigsten Qualitätsdimensionen. Nur das Kriterium der Sicherheit ist unumstritten und wird zugleich als oberstes und wichtigstes Qualitätsmerkmal angesehen. Eine Beratung oder Vermittlung, Betreuung oder Behandlung, die manchmal (sehr) gut ist, aber gelegentlich auch (sehr) schlecht, wäre demnach insgesamt als schlecht anzusehen. Die Kundinnen haben vor allem ein Recht auf Sicherheit: das Produkt muß von gleichbleibender Qualität sein. Wie problematisch dieses Qualitätskriterium für die Qualitätsentwicklung sein kann, soll im folgenden dargestellt werden. Qualitätssicherung, so die These, kann Qualitätsentwicklung unmöglich machen.

Diese Aussage dürfte zunächst paradox wirken. Warum sollte die Sicherung von Qualität Qualität verhindern? „Qualitätssicherung" zielt doch gerade darauf ab, Qualität zu garantieren! Selbst wenn man statt des engeren Begriffs der „Qualitätssicherung" den weiteren des „Qualitätsmanagements" und damit auch der Qualitätsplanung und -entwicklung wählt, so bleibt dennoch ein Spannungsverhältnis zwischen der (Weiter)entwicklung und der Sicherung von Qualität bestehen. Dazu ein Beispiel aus der freien Marktwirtschaft. Die Küche von Mc Donalds garantiert in Gelsenkirchen, Las Vegas und Moskau stets die gleiche Qualität ihrer Produkte, indem sie über eine Normierung bis ins Detail eine fehlerlose Replikation der Eßwaren in allen Klimaten und bei unterschiedlichstem Personal sicherstellt. Aber ohne die Produkte generell schlecht zu machen, dürfte unstrittig sein, daß diese Qualität nur durch eine drastische Reduzierung der gesamten Produktpalette und der Variationen der Elemente jedes einzelnen Produktes möglich ist. Das Bemühen, eine bestimmte Mindestqualität zu garantieren, gefährdet potentiell die Produktvielfalt und das Qualitätsniveau. Produziert wird schließlich nur noch ein normierbarer Mindeststandard. Den garantieren zu können, ist gewiß gerade bei Humandienstleistungen nicht wenig - aber eben auch nur der Anfang eines jeden Qualitätsmanagements.

In der Psychiatrie vor der Psychiatriereform hatten die Pflegerinnen gelernt, stolz und zufrieden zu sein, wenn die Patientinnen sich nicht verletzten bzw., sofern sie bettlägerig waren, keine wunden Stellen aufwiesen, einmal am Tag gebadet worden waren und nicht an Unterernährung litten, also eher zu dick als zu dünn waren. Diese geforderten Mindeststandards ließen viele andere Formen einer hochwertigeren Qualität der Betreuung nicht zu. Heute erscheinen manche Klientinnen gemeindenaher, teilstationärer und komplementärer Einrichtungen im Vergleich dazu geradezu verwahrlost. In manchen betreuten Wohngemeinschaften haben die Betreuerinnen sich inzwischen dazu durchgerungen, nicht dauernd darauf zu bestehen, daß geduscht oder die Küche geputzt wird. Und oft genug werden die Erbsen kalt aus der Dose gelöffelt. Jede Autonomie hat ihren Preis. Und im Einzelfall ist am besten zu entscheiden, wo die Grenze zur Gesundheitsgefährdung zu ziehen und ab wann wieder „sanfter" Zwang auszuüben ist, um eine Mindestqualität an Versorgung zu garantieren.

Jede Normierung, die über das absolut Unverzichtbare hinausgeht, kann weitergehendere Bemühung um eine qualitativ gute Arbeit torpedieren. Der Wunsch, Sicherheit zu garantieren, steht in einem unauflösbaren Spannungsverhältnis zur Absicht, den Fachkräften die Freiheit der individuellen Gestaltung von Interaktionsprozessen zu geben. Diese Freiheit aber ist die Grundlage für die Entwicklung und die Autonomie der Klientinnen - und die Förderung der Autonomie und Eigenverantwortung der Klientinnen eines der obersten Qualitätskriterien jeder psychosozialen Arbeit. „Sichere" Qualität erfordert immer eine (externe) Kontrolle nach möglichst eindeutigen, überprüfbaren Kriterien. In der psychosozialen Arbeit sind solche Kriterien Mangelware und außerdem für den Behandlungserfolg nicht unbedingt entscheidend. Die Kriterien, die einen „Erfolg", „Fortschritt", oder „Lebensqualität" wahrscheinlicher machen, sind nicht mit den Kriterien identisch, die Mindeststandards konstituieren, wie wir am Beispiel der sauberen, gut ernährten, gut behüteten aber hospitalismusgeschädigten, apathischen und unselbständigen Psychiatriepatientinnen früherer Zeiten exemplarisch verdeutlicht haben. Ein Qualitätsmanagement, das solche Sackgassen vermeiden will, muß auf die Eigenverantwortung der Fachkräfte bei der Konkretisierung von Qualitätsstandards pochen. Was Erfolg verspricht, beruht bei Humandienstleistungen auf sehr individuellen, zwischen den Beteiligten ständig wieder neu abzuklärenden Erwartungen und Anforderungen und ist dementsprechend schwer normierbar. Es ist eher die bedeutsame kleine Abweichung vom Muster, die dem Einzelfall gerecht wird und den Selbsthilfekräften zum Durchbruch verhilft. Qualitätsmanagement wäre daher mit der Aufgabendefinition der Verhinderung von Abweichungen, also als „controlling variations" (Martin 1993, S. 54) nur sehr unzureichend charakterisiert. Dennoch, oder gerade deswegen bedarf auch die einzelfall- und situationsspezifisch zu gestaltende und individuell zu verantwortende Variation bei der Erbringung von Humandienstleistungen der Qualitätssicherung.

Qualitätsmanagement hat immer einen doppelten Zielbezug, insofern es (1) einen erwünschten Zustand und (2) akzeptable und angemessene Wege und Methoden benennt, um diesen Zustand zu erreichen. Das Qualitätskriterium der „Sicherheit" oder „Zuverlässigkeit" steht auf beiden Zieldimensionen in Spannung zu allen anderen Kriterien einer fachlich guten und effektiven Sozialen Arbeit. Bezogen auf den erwünschten Zustand besteht die Gefahr, daß Qualitätssicherung zur Fixierung der Leistungen auf dem untersten Niveau führt. Bezogen auf die angemessenen Methoden besteht die Gefahr einer starken Eingrenzung der Handlungsspielräume der Fachkräfte. Ein hohes Qualitätsniveau ständig zu halten, ist sehr teuer. Was liegt also näher als nur Minimalstandards zu benennen? Sie können dann allerdings unversehens zu den einzig verbindlichen Standards werden. Um dieser Gefahr zu begegnen, sollten neben präzisen Minimalstandards auch weniger präzise Maximalstandards definiert werden. Während für Minimalstandards gilt, daß sie alle und „zuverlässig" einzuhalten sind, können innerhalb des breiten Spektrums der darüber hinausgehenden Leistungen je nach Problemlage, Selbstverständnis und Ausstattung der Einrichtung Schwerpunkte gesetzt werden. Detaillierte Bestandserhebungen der so realisierten, unterschiedlichen Angebotsprofile müssen nicht zu einer Reduzierung der Leistungen auf das Mindestniveau führen, wenn z.B. ein bestimmter, über die festgelegten Minimalstandards hinausgehender Leistungsanteil bei Finanzierungszusagen im Produktkatalog mit aufgenommen wird - ohne inhaltliche Vorgaben, aber mit der Auflage der Dokumentation und Evaluation.

Die Überbetonung der Sicherheit hat im Rahmen des Qualitätsmanagements in den USA schon zu unerfreulichen Konsequenzen geführt. So soll es z.B. Handbücher geben, in denen alles minutiös geregelt ist und alle notwendigen Sicherheitsvorkehrungen für einen Bootsausflug mit Jugendlichen enthalten sind - mit dem Ergebnis, daß keine Bootsausflüge mehr stattfinden. Um solche Entwicklungen zu verhindern, scheint mir eine konsequente Kundinnenorientierung wiederum hilfreich. Jenseits absoluter Minima (bei Bootsfahrten aufblasbare Schwimmwesten anziehen!) wäre alles weitere von den Kundinnen (in diesem Fall in Absprache mit den Eltern) festzulegen. Was die Klientinnen sozialer Dienste dann allerdings weiterhin benötigen, ist *Zuverlässigkeit*. Das vereinbarte Sicherheitsniveau oder auch Sicherheitsrisiko wird damit erst kalkulierbar. Zuverlässigkeit ist daher eines der Basiskriterien des Qualitätsmanagements in der Sozialen Arbeit.

4. Qualitätsdimensionen Sozialer Arbeit

Bei Überlegungen zum Qualitätsmanagement von Humandienstleistungen lassen sich drei Ebenen unterscheiden:

1. Grundwerte der Qualitätsorientierung
2. Basiskriterien des Qualitätsmanagements und
3. Qualitätsmerkmale einzelner Dienstleistungen.

zu (1)

Die *Grundwerte* des Qualitätsmanagements beziehen sich auf den gesellschaftlichen und sozialpolitischen Auftrag des Berufes und das Selbstverständnis der Profession. Bezugspunkte der Grundwerte können z.B. die Menschen- und (Sozial)Bürgerrechte sein (Staub-Bernasconi 1995) aber auch zentrale Begriffe sozialpolitischer Gesetze, wie z.B. die Sicherung einer „menschenwürdigen Existenz" als Wertvorstellung des BSHG oder das „Wohl des Kindes" als Leitidee des KJHG. In der englischen Diskussion über Heime für alte Menschen sind folgende Grundwerte formuliert worden: (1) Wahlfreiheit, (2) Rechtssicherheit, (3) Selbstverwirklichung, (4) Unabhängigkeit, (5) Privatheit, (6) Würde (Harries/Klie/Ramin 1995). Stärker als in der deutschen Übersetzung erkennbar wird hier Bezug auf die (Sozial)Bürgerrechte Bezug genommen.

Eine ausschließlich klientinnen- oder angebotsbezogene Perspektive, wie sie in vielen Diskussionen zur Qualitätssicherung zu finden ist, verstellt leicht den Blick auf infrastrukturelle und sozialpolitische Voraussetzungen, wie sie etwa z.B. im Begriff der Gerechtigkeit oder der (Wahl)Freiheit zum Ausdruck kommen. Im folgenden wird bei der Formulierung von Qualitätsmerkmalen von drei Grundwerten ausgegangen, die einander ergänzend den Rahmen für ein würdevolles Leben des einzelnen Menschen in der Gemeinschaft bilden:

GRUNDWERTE DER QUALITÄTSORIENTIERUNG
- **Selbstverwirklichung**
- **Solidarität**
- **Gerechtigkeit**

Der Katalog von zwölf Qualitätsmerkmalen, die zur Erreichung dieser Grundwerte durch die Soziale Arbeit beitragen sollen, baut auf diesen Grundwerten auf. Die zwölf Qualitätsmerkmale lauten: (1) Transparenz, (2) Partizipation, (3) Abgestimmtheit, (4) Zugänglichkeit, (5) Zügigkeit, (6) Informiertheit, (7) Vertraulichkeit, (8) Individualisierung, (9) Normalität, (10) Verständigungsorientierung, (11) Achtung und (12) Freundlichkeit. Diese Qualitätsmerkmale sind

- aus der *Sicht der Nutzerinnen* der Einrichtung und
- *verhaltens- und leistungsbezogen* formuliert.

So ist z.B. „Flexibilität" nicht enthalten, wohl aber die Wirkung, die Flexibilität haben sollte. Flexibilität müßte sich z.B. in der „Individualisierung" der Hilfen und ihrer Gestaltung nach dem Prinzip der „Normalität" ebenso niederschlagen wie in ihrer „Zugänglichkeit" und „Abgestimmtheit". Flexibilität ist also kein Wert an sich. Ebenso sind zahlreiche Kompetenzbegriffe nicht enthalten, z.B. „Reflexivität" oder „Empathie". Sie interessieren ebenfalls nur hinsichtlich ihres Beitrages, z.B. zur notwendigen „Individualisierung" der Hilfen oder zu einem achtungsvollen und freundlichen Umgangsstil. Beschrieben werden also die von den Kundinnen wahrnehmbaren Merkmale der Dienstleistungsproduktion. Ein Klient kann z.B. nicht beurteilen, ob die Sozialarbeiterin effektiv arbeitet, wohl aber, ob sie seine Anträge zügig bearbeitet, also sofort ausfüllt und weiterleitet. Er weiß auch nicht, ob sie viel über seinen Fall nachdenkt und über die professionell übliche empathische Kompetenz verfügt. Aber er kann sagen, ob er sich freundlich behandelt und geachtet fühlte und ob die Sozialarbeiterin ihm Auskunft geben oder beschaffen konnte, also *informiert* war. Dieser Katalog von Qualitätsmerkmalen deckt nur die vierte Qualitätsdimension ab („Fachlichkeit, d.h. Qualität im engeren Sinne"). Der Zielbezug wird erst durch die noch zu erläuternden Basiskriterien und die Berücksichtigung der Grundwerte hergestellt wird. Der Katalog benennt auch nicht die Aktivitäten, die zur Qualität einer Leistung beitragen sollen. So wird z.B. die Öffentlichkeits- und Lobbyarbeit nicht aufgeführt. Eine erfolgreiche Lobbyarbeit sollte sich in der personellen und sonstigen Ausstattung der Institution niederschlagen und für die Klientin dann wiederum direkt in der Qualität des Angebotes spürbar werden.

Die zwölf Qualitätsmerkmale beruhen auf einer Reihe theoretischer und empirischer Erkenntnisse, die hier nur kurz skizziert werden können. Aus dienstleistungstheoretischer Sicht ist zunächst darauf hinzuweisen, daß bei Humandienstleistungen nicht Personen auf Privatpersonen treffen, sondern auf Mitglieder von Organisationen. Klientinnen und Sozialarbeiterinnen sehen sich mit institutionellen Strukturen, Vorschriften, Ritualen und Routinen konfrontiert. Für beide ist damit (in je unterschiedlicher Weise) ein Rahmen vorgegeben, der die Interaktionssituation prägt und der einerseits Sicherheit, andererseits aber auch bestimmte Gefahren mit sich bringt. So bilden Institutionen arbeitsteilige Hierarchien und formale Regeln aus. Sie legen fest, wer unter welchen Bedingungen bestimmte Leistungen erbringen muß, bzw. Anrecht darauf hat, diese zu beziehen, wer abgewiesen werden kann und welche Probleme einer akzeptierten Klientin wie bearbeitet werden. Die daraus resultierende Selektivität der Hilfen ist vielfach beschrieben worden. Sie wirkt als Zugangsbarriere für bestimmte Personenkreise und als Parzellierung von Problemzusammenhängen (Wirth 1982, Kaufmann 1979). Die Qualität sozialer Dienstleistungen ist u.a daran zu messen, wie sie diesen Tendenzen begegnet.

Organisationen neigen außerdem dazu, sich gegenüber anderen Institutionen abzuschotten, ihr Revier zu verteidigen, ihr Angebot auszuweiten und sich ungerne zu koordinieren oder gar zu vernetzen. In der Folge muß die Klientin für ein Problem, das sie bearbeiten möchte, fast immer mehrere Institutionen aufsuchen, die nach ihrer jeweiligen, durchaus nicht immer kompatiblen Logik an einem der Teilprobleme und häufig gegeneinander arbeiten (Imber-Black 1992). Die Versuche, diese Tendenz durch die Neuorganisation sozialer Dienste, durch interinstitutionelle Planungsgremien, durch die Institutionalisierung von Behandlungsketten, regionalen Arbeitsgruppen, Fallkonferenzen, Runden Tischen, Case Management etc. aufzufangen, sind Legion (Flösser 1994). Ob sich bei zunehmender Ausdifferenzierung der Hilfen die Situation der Klientinnen dadurch in den letzten Jahren tatsächlich verbessert hat, ist schwer einzuschätzen.

Die Soziale Arbeit beansprucht, ganzheitlicher an die Probleme heranzugehen als andere Berufe. Aus den beschriebenen, potentiell negativen Folgen der Institutionalisierung von Hilfe ergeben sich drei Qualitätsanforderungen: Abgestimmtheit, Transparenz und Zugänglichkeit. *„Abgestimmtheit"* bezeichnet die Absprachen innerhalb einer Organisationseinheit und mit den verschiedensten anderen Diensten und Einrichtungen (von der Schule bis zum Arbeitsamt, von der Schuldnerberatungsstelle bis zur Wohnungsbaugesellschaft). Die Beiträge der einzelnen Beteiligten zum Problembearbeitungsprozeß werden dabei klar und verbindlich vereinbart. An den entsprechenden Absprachen sind (entsprechend dem Kriterium „Partizipation") auch die Klientinnen mit ihrem sozialen Umfeld zu beteiligen. Indem der Klientin z.B. das Spektrum der Lösungsmöglichkeiten und die Rolle einzelner Institutionen erläutert werden, indem die Angebotspalette dargestellt und Zuständigkeiten klar geregelt werden, entsteht *„Transparenz"*. Die Klientin kann sich dann entscheiden, ob sie lieber zu einer kirchlichen oder einer konfessionell ungebundenenen Beratungsstelle gehen möchte, ob ihr Kind in die Tagesgruppe aufgenommen werden, oder eine Familienhelferin zu ihr nach Hause kommen soll oder beides, ob sie zunächst nur Einzelgespräche führen möchte oder gleich in der Gruppe mitarbeiten will etc.. Das dritte Qualitätskriterium, an dem ablesbar ist, inwieweit übliche Mängel institutionalisierter Hilfen vermieden werden, ist als *„Zugänglichkeit"* definiert worden. Der erschwerte Zugang („Barrieren") zu Dienstleistungen kann auf leicht erkennbaren Mängeln beruhen. Eine lange Warteliste versperrt die Nutzung, oder lange und teure Anfahrtswege und die ungünstigen Öffnungszeiten schrecken die Klientinnen oder Angehörige und Freundinnen vom Besuch ab. Es gibt aber auch subtilere Zugangsbeschränkungen: bestimmte Einstellungen, die gefordert werden (Motivation, Leidensdruck) oder die Fähigkeit, seine Probleme zu verbalisieren und sie so darzustellen, daß sie der Sichtweise der Institution entsprechen, oder auch die Bereitschaft, seine Gefühle offenzulegen und die Problemursachen dort zu suchen, wo die Institution meint, daß sie liegen (Keupp 1984). Ein gängiger Fachbegriff aus der Drogenhilfe, die sogenannte „Niedrigschwelligkeit" meint das Gleiche. Eine Institution, die zwar gut „zugänglich" ist, in der man dann jedoch ewig warten muß und das Gefühlt hat, die Mitarbeiterinnen bummeln vor sich hin und vergessen öfters, das Versprochene zu erledigen, wird nicht als hilfreich erlebt. Es fehlt der Aufgabenerledigung hier offensichtlich das Element der „Zügigkeit".

Institutionen tendieren dazu, Sonderwelten auszubilden, in denen man sich anders geben kann und darf als „draußen". Als Schutzräume oder/und Experimentierfelder erfüllen sie damit für die Klientinnen eine wichtige Funktion. Hier kann man z.B. seine Wut rauslassen oder sich schwach zeigen, hier wird einem vieles abgenommen und erledigt, hier kann man sich fallen lassen, man ist versorgt, man wird angeleitet. Aber damit ist immer auch die Gefahr verbunden, daß die Fähigkeit, selbst zu entscheiden verkümmert und die Klientinnen abhängig werden. Allen Hilfsangeboten wohnt die Tendenz inne, nicht nur zu entlasten, sondern auch zu entfähigen, zu entmündigen, und den Klientinnen zu viel von ihrem Alltag wegzunehmen (Müller/Otto 1984). Andererseits ist die Inanspruchnahme von professionellen Hilfen durchaus noch nicht selbstverständlich und signalisiert, daß man es alleine nicht schafft, also tendenziell entweder eine Versagerin ist, oder zu den Abweichlerinnen zählt, die wieder auf den rechten Weg gebracht werden müssen. Die Nutzung von sozialen Diensten und Einrichtungen kann also nicht nur entfähigend, sondern auch stigmatisierend und etikettierend wirken. Um beides zu vermeiden, stellt neben „Transparenz" das Kriterium der *„Normalität"* eine wichtige Qualitätsdimension Sozialer Arbeit dar. Das Angebot soll sich normalen Lebensbedingungen so weit wie möglich anpassen, sowohl hinsichtlich der Anforderungen an die Klientinnen als auch in der sonstigen Ausgestaltung der Hilfen. Behinderte sollten so weit wie möglich so leben wie Nichtbehinderte (sich selbst waschen und anziehen, selbständig essen, auch wenn es länger dauert, mit dem ÖPNV zur Behindertenwerkstatt fahren, nicht mit einem gesonderten Bus). „Normalität" kann sich auch darin niederschlagen, daß einstmals ausgegliederte Angebote räumlich mit den Angeboten für „normale" Menschen verknüpft werden (Auflösung von Sondereinrichtungen und Dezentralisierung). Eine Beratungsstelle für Suchtabhängige, die den gleichen Eingang hat wie die Sparkasse, läßt den Besuch dort „normaler" erscheinen als etwa eine Angliederung an die Suchtklinik. Ein Haftvermeidungsangebot, bei dem einzelne Jugendliche an Sportvereine vermittelt werden, entspricht dem Kriterium „Normalität" eher als eine „Sondergruppe" von lauter straffälligen Jugendlichen, für die ein Spezialangebot „Diversion" konzipiert wird. „Normalität" bezieht sich außerdem auf die Sprache, den Umgangsstil und die Art der Aktivitäten. Wie „Normale" reden, wie sie miteinander umgehen, was sie tun, ist der Richtwert für die Gestaltung der Angebote.

Damit ist bereits eine Dimension Sozialer Arbeit ausgesprochen worden, die sich nicht mehr auf das Angebot als Ganzes, sein konzeptionelles Profil und seine institutionellen und sozialpolitischen Rahmenbedingungen, einschließlich der Einbettung in die Struktur des lokalen Hilfesystems bezieht. Bei dieser Gruppe von Qualitätsmerkmalen geht es vielmehr um die Gestaltung des Interaktionsprozesses zwischen Personen, vor allem um die Beziehung zwischen Sozialarbeitern und Klientin. Dabei spielen die institutionellen Rahmenbedingungen allerdings ebenfalls eine Rolle, und manche der Qualitätsdimensionen umfassen beide Ebenen. So bezieht sich „Transparenz" einerseits auf die Vermittlung eines Überblicks über die gesamte Hilfestruktur, die die einzelne Einrichtung umgibt einschließlich ihres eigenen Angebotes. Zugleich bezieht sich „Transparenz" auf den Interaktionsprozeß, z.B. die Rollenklärung zwischen Sozialarbeitern und Klientin, die Abklärung der Zielsetzung, das Arbeitsbündnis, die Offenlegung der Grenzen der *„Vertraulichkeit"*, also der Verpflichtung zur Meldung bestimmter Vorkommnisse an andere Stellen oder Personen.

Das Prinzip der *„Individualisierung"* bezieht sich ebenfalls sowohl auf die Angebotsebene als auch auf die Interaktionsebene. Wenn die Institution von den Räumen oder Zeiten (Dienstzeiten, Essenszeiten etc.) oder hinsichtlich der Regeln des Umgangs mit den Klientinnen kaum Flexibilität zuläßt, so hat es die einzelne Sozialarbeiterin schwer, die Klientin gemäß ihren spezifischen Bedürfnissen und Fähigkeiten zu beraten, zu unterstützen oder zu betreuen. Andererseits ist oftmals zu beobachten, daß Individualisierung, insbes. in stationären oder teilstationären Einrichtungen, mit Bevorzugung gleichgesetzt wird und so die Möglichkeiten individueller Betreuung und Zuwendung nicht genutzt werden. In der dyadischen Arbeitsbeziehung ist vor allem die Routine der Feind der Individualisierung.

Neben den eher organisationsbezogenen Kriterien der „Transparenz" und „Zugänglichkeit" stellen *„Achtung", „Freundlichkeit"* und *„Verständigungsorientierung"* Qualitätsmerkmale dar, die sich auf die kommunikative Haltung und Kompetenz der Sozialarbeiterin beziehen. Im professionellen Sprachgebrauch entsprechen sie der Variable „Akzeptanz" der Gesprächstherapie und einem Kommunikationsstil, der als (annäherungsweise) „symmetrisch" oder „reziprok" bezeichnet wird. In dem Bemühen, die Qualitätsmerkmale aus der Sicht der Klientinnen zu formulieren, wurden keine therapeutischen Formulierungen gewählt, sondern Begriffe, die Formen zivilisierten Umgangs unter einander respektierender Personen bezeichnen. Achtung und Freundlichkeit umfassen Verhaltensweisen wie „Aufmerksamkeit", „Respekt", „Takt", „Geduld", „Höflichkeit" oder „Wertschätzung", die ihrerseits Voraussetzungen dafür sind, daß sich jemand ernst genommen und verstanden fühlt. Freundlichkeit und Achtung können sich auch in der Gestaltung von Räumen und dem Respektieren von territorialen Grenzen der Privatheit und Intimität (z.B. in Heimen) ausdrücken. Viele der genannten Qualitätskriterien tragen ihrerseits zu einer freundlichen Atmosphäre bei. Beim Besuch sozialer Dienste und Einrichtungen entsteht jenseits der einzelnen Wahrnehmungen so etwas wie ein Gesamteindruck, wird ein Gestaltbild vermittelt, das als „Atmosphäre" spürbar wird. Beim Betreten mancher Einrichtungen hat man sofort das Gefühl, willkommen zu sein und auf Verständnis rechnen zu können, bei anderen fühlt man sich eher abgelehnt. So vage dieser Eindruck einer freundlichen und respektvollen Atmosphäre zunächst auch sein mag, er läßt sich an exemplarischen Details festmachen und intersubjektiv überprüfen.

Alle Qualitätsmerkmale sind möglichst leistungs- und verhaltensorientiert definiert. Sie sind auf beschreibbare Sachverhalte bezogen, über die die Kolleginnen untereinander und mit Klientinnen ihre Beobachtungen austauschen können. So ist z.B. „Sympathie" eine wichtige Basis helfender Beziehungen. „Sympathie" ist aber keine produzierbare Leistung. Ein Verhalten, das „Achtung" ausdrückt, darf man dagegen von jeder Mitarbeiterin jederzeit als berufliche Leistung erwarten. *„Verständigungsorientierung"* verweist auf bestimmte Herangehensweise bei der Problemlösung und auf eine Reihe beschreibbarer Kommunikationsformen, die der Klärung auf der Inhalts- und Beziehungsebene dienen und die den Aushandlungsprozeß zwischen den Beteiligten kennzeichnen. Es geht nicht darum sich (oder etwas) durchzusetzen, es geht darum, sich zunächst zu verstehen, dann zu verständigen und zu beidseitig akzeptablen Vereinbarungen zu gelangen. Die entsprechend gestalteten Kommunikationsprozesse führen dann vielleicht dazu, daß sich die Klientin verstanden fühlt. Neben „Verständnis" wäre aber auch „Einsicht" ein mögliches Ergebnis einer solchen Interaktion. Das Qualitätsmerkmal „Verständigungsorientierung" verweist auf Interaktionsleistungen, deren einzelne Merkmale sich bei der exemplarischen Konkretisierung weiter ausdifferenzieren lassen (z.B. auf der Grundlage von Schulz v. Thun 1992).

Qualitätsdimensionen sozialer Arbeit	
Qualitätsmerkmal	**Qualitätsfelder**
	Interaktionsphasen und Interaktionssituationen (z.B. Erst-/Abschlußgespräch, Aufnahme/Entlassung, Aufstehen/Frühstück, Kleider kaufen, Ausflüge, Weitervermittlung) / *Leistungen und Angebotssparten der Institutionen* (z.B. Finanzielle Unterstützung, Beratung, Krisenintervention, Gruppenarbeit, Angehörigenarbeit, Street Work, Hausaufgabenhilfe)
Transparenz	
Partizipation	
Abgestimmtheit	
Zugänglichkeit	
Zügigkeit	
Informiertheit	
Vertraulichkeit	
Individualisierung	
Normalität	
Verständigungsorientierung	
Achtung	
Freundlichkeit	

Exemplarische Beispiele für „Qualität" können nach *Interaktionsphasen* und *Interaktionssituationen* gesammelt werden, z.B. Erstgespräch, Zwischenbilanz(en)/ Abschlußgespräch bzw. Aufnahme/Entlassung; Aufstehen/Frühstück/ Mittagessen/Abendessen, Ausflüge, (Arzt-)Besuche, Weitervermittlung etc. Sie lassen sich auch nach den *Leistungen und Angebotssparten* der Institution gliedern z.B. Beratung, Krisenintervention, Angehörigenarbeit, Gruppenarbeit, oder in einer größeren stationären Einrichtung nach Funktionseinheiten: Schule, Werkstatt, Beschäftigungstherapie, Logotherapie, Wohngruppe). Im ersten Fall werden die Leistungen von Sozialarbeiterinnen klientinnenbezogen betrachtet, im zweiten Fall wird das Angebotsprofil einer Institution nach Leistungsgruppen untersucht. (vgl. Abbildung). Damit ergeben sich auch Zusammenhänge zur Infrastruktur einer Region, ihrer Planung und Kooperation, die sich z.B. im Merkmal „Abgestimmtheit" der Angebote und des Vorgehens für die Nutzerinnen niederschlagen. Ohne solche organisations- und infrastrukturbezogenen Kategorien wäre die eingangs eingeforderte „Verträglichkeit" von Einzelleistungen nicht zu überprüfen und die Verbindung zu den eher sozialpolitischen und bürgerrechtlichen Grundwerten nur schwer herstellbar.

Neben den drei Grundwerten (Selbstverwirklichung, Solidarität, Gerechtigkeit), auf die sich jede Bemühung um Qualitätsentwicklung und Qualitätssicherung bezieht, und neben den zwölf gerade erläuterten Qualitätsmerkmalen sind weitere Begriffe unverzichtbar, um die Qualität von Humandienstleistungen angemessen zu erfassen. Es handelt sich um Querschnittskategorien, mit denen alle zwölf

Qualitätsmerkmale kombiniert werden müssen, um zu relevanten Aussagen zu gelangen. Sie werden daher als „Basiskriterien" des Qualitätsmanagements bezeichnet.

BASISKRITERIEN DES QUALITÄTSMANAGEMENTS
1. **Angemessenheit der Problembearbeitung**
2. **Zuverlässigkeit der Einhaltung der Qualitätsstandards**

Neben „Zuverlässigkeit" ist *„Angemessenheit"* das wichtigste Basiskriterium für das Qualitätsmanagement in der Sozialen Arbeit. Einerseits läßt sich bezogen auf jede Dimension fragen, ob die realisierte Ausprägung „angemessen" ist, ob zu viel oder zu wenig Transparenz, Partizipation, Individualisierung, Verfügbarkeit, etc. gegeben ist. Manchmal macht eine Warteliste Sinn, auch wenn sie die Verfügbarkeit einschränkt; manchmal ist ein strenger, vielleicht als unfreundlich erlebter Hinweis (z.B. auf gebrochene Vereinbarungen) unerläßlich, manchmal würde die Klientin nur verunsichert, wenn man ihr alles erklären und alles mit ihr zusammen entscheiden würde, und manchmal ist Normalität eine Überforderung. Es muß also festgehalten werden, unter welchen Bedingungen welches Maß z.B. an „Normalität" wann „angemessen" ist und auch wieviel „Normalität" oder „Individualisierung" man sich mit welchem Personalschlüssel leisten kann und will.

Aber auch damit ist wiederum nur das „wie", die Art der Leistung charakterisiert und noch nichts über das „warum" oder „warum so und nicht anders" ausgesagt. Selbst wenn einzelne Qualitätsmerkmale wie „Transparenz", „Partizipation" oder „Freundlichkeit" von allen Kundinnen als „angemessen" und als „zuverlässig erbracht" angesehen werden, so garantiert dies noch nicht, daß das, was da auf so qualifizierte, fachlich löbliche Weise getan wird, auch bezogen auf die Problemlage „angemessen" ist. Vielleicht ist „Freundlichkeit" nur eine Form der Konfliktvermeidung, vielleicht täte eine (freundliche!) Konfrontation als Ergänzung gut. Diese „Problemadäquanz" werden die verschiedenen Kundeninnenkreise sehr unterschiedlich beurteilen, weil sie sich oft schon nicht einig sind, was denn überhaupt das Problem ist. Dennoch ist diese Kategorie entscheidend für den Erfolg Sozialer Arbeit. Eine Klientin, die den Eindruck hat, daß die Sozialarbeiterin sich nicht mit dem auseinandersetzt, was *sie* als ihr Problem ansieht oder dies nicht auf eine Weise tut, die *sie* als „angemessen" (dem Problem und ihren Möglichkeiten) erlebt, wird nicht ausreichend motiviert sein, etwas zur Veränderung beizutragen. Die Angemessenheit der Problembearbeitung wird also einerseits an der *Akzeptanz* (auf seiten der Konsumentinnen der Leistung) und andererseits als fachlicher oder politischer *Konsens* (auf seiten der Kolleginnen, der Kooperationspartnerinnen, der Geldgeber) empirisch faßbar. Auf das Spannungsverhältnis zwischen diesen beiden Dimensionen wurde bei der Erläuterung des Zielfindungsprozesses bereits einleitend hingewiesen. Sofern Akzeptanz und Konsens nicht herstellbar und nicht deckungsgleich sind, ist begründet darzulegen, wessen Zieldefinition und wessen Qualitätskriterien warum vorrangig berücksichtigt werden.

Ausblick

Die Soziale Arbeit hat gerade erst begonnen, sich der Herausforderung einer öffentlichen Rechenschaftslegung über das eigene Tun zu stellen. Noch kommen die meisten Anstöße dazu von außen und tragen wenig dazu bei, daß die Fachkräfte angeregt werden, die Ziele und Inhalte ihrer Arbeit zu reflektieren, anstatt über noch eine formalistische Dokumentation zu stöhnen, noch eine öde Statistik anzufertigen oder noch einen lästigen Bericht irgendwie zu erledigen. Der vorgeschlagene Katalog von Grundwerten, Basiskriterien und Qualitätsmerkmalen versteht sich als Anregung für eine ziel- und kriterienorientierte Dokumentation und Reflexion der Sozialen Arbeit. Über die Formulierungen und die Vollständigkeit der Merkmale und Dimensionen mag man streiten. Angesichts der noch sehr zaghaften Anfänge eigenständiger Methoden des Qualitätsmanagements in der Sozialen Arbeit kommt es vor allem darauf an, mit solchen Begriffen und Konzepten in der Praxis zu experimentieren, dabei die einzelnen Qualitätsmerkmale durch arbeitsfeldspezifische Konkretisierungen zu präzisieren und lediglich deskriptive Tätigkeitsdokumentationen mit normativen, fachlich begründeten Standards in Beziehung zu setzen, um die Qualität Sozialer Arbeit zielbezogen zu erfassen und zu fördern.

Literatur

Donabedian, A. (1982): An Exploration of Structure, Process and Outcome as Approaches to Quality Assessment, in: Selbmann, H.-K./Überla, K.K. (eds), Quality Assessment of Medical Care, Gerlingen: Bleicher

Flösser, G. (1994): Soziale Arbeit jenseits der Bürokratie, Neuwied

Harris, R./Klie, Th./Ramin, E. (1995): Heime zum Leben, Hannover

Heiner, M. (1988, 1994a): Selbstevaluation in der Sozialen Arbeit, Freiburg (2 Bde)

Heiner, M. (1994b): Reflexion und Evaluation methodischen Handelns in der Sozialen Arbeit, in: Heiner, M./Meinhold, M./v.Spiegel, H./Staub-Bernasconi, S., Methodisches Handeln in der Sozialen Arbeit, Freiburg

Imber-Black, E. (1992): Familien und größere Systeme. Im Gestrüpp der Institutionen, Freiburg

Kauffmann, F.-X. (1979): Bürgernahe Sozialpolitik. Planung, Organisation und Vermittlung sozialer Leistungen auf kommunaler Ebene. Frankfurt/M.

Keupp, H. (1984): Psychosoziale Versorgung, in: Eyferth, H./Otto, H.-U./Thiersch, H. (Hg.), Handbuch der Sozialarbeit/Sozialpädagogik, Neuwied/Darmstadt, S. 823-842

Klicpera, Chr./Garsteiger-Klicpera, B. (1995): Qualitätssicherung für Menschen mit Behinderungen, in: Geistige Behinderung, Heft 1/1995, S. 48-61

Kommunale Gemeinschaftsstelle (KGSt) (1994): Outputorientierte Steuerung der Jugendhilfe, Bericht Nr. 9/1994, Köln

Maluccio, A. (1979): Learning from Clients, Free Press: New York

Martin, L.L. (1993): Total Quality Management in Human Service Organizations, Newbury Park: Sage Publ.

Mefferth, H./Bruhn, M. (1995): Dienstleistungsmarketing, Wiesbaden

Meinhold, M. (1994): Was heißt „Qualitätssicherung" bei sozialen Dienstleistungen?, in: Dienstleistung in der Jugendhilfe. Jenseits von Hilfe und Herrschaft?, Widersprüche, Heft 53, S. 41-51

Merchel, J. (1995): Sozialverwaltung oder Wohlfahrtsverband als „Kundenorientiertes Unternehmen": ein tragfähiges, zukunftsorientiertes Konzept?, in: Neue Praxis, S. 325-340

Müller, S./Otto, H.-U. (1984): Verstehen oder Kolonialisieren? Grundprobleme sozialpädagogischen Handelns und Forschens. Bielefeld

Olk, Th. (1994): Jugendhilfe als Dienstleistung - Vom öffentlichen Gewährleistungsauftrag zur Machtorientierung, in: Widersprüche, H. 53, S. 11-35

Probst, G.J.B. (1987): Selbstorganisation, Berlin/Hamburg

Reiss, H.-Chr. (1993): Controlling und Soziale Arbeit, Neuwied

Ristok, B. (1995): Leistungsgerechte Entgelte, Freiburg

Schulz v. Thun, F. (1992): Miteinander reden, 2. Bde., Reinbek

Siegrist, J. (1990): Grundannahmen und gegenwärtige Entwicklungsperspektiven einer gesundheitsbezogenen Lebensqualitätsforschung, in: Schölmerich, P./Thews, G. (Hg.): „Lebensqualität als Bewertungskriterium in der Medizin, Symposium der Akademie der Wissenschaften und Literatur, Mainz/Stuttgart/New York, S. 59-66

Staub-Bernasconi, S. (1995): Das fachliche Selbstverständnis Sozialer Arbeit - Wege aus der Bescheidenheit. Soziale Arbeit als „Human Rights Profession", in: Wendt, W.R. (Hg.), Soziale Arbeit im Wandel ihres Selbstverständnisses, Freiburg

Struck, N. (1995), Jugendhilfe als Dienstleistung?, in: Jugendhilfe, Sonderheft, Stellungnahmen zum 9. Jugendbericht, S. 59-62.

Wacker, E. (1994): Qualitätssicherung in der sozialwissenschaftlichen Diskussion, in: Geistige Behinderung, S. 267-281

Weber, J. (1990), Ursprünge, Begriffe und Ausprägungen des Controllings, in: Mayer, E./Weber, J. (Hg.), Handbuch Controlling, Stuttgart

Wirth, W. (1982): Inanspruchnahme sozialer Dienste. Bedingungen und Barrieren, Frankfurt/M.

Ilona Heuchel/Christian Schrapper

Kein Inhalt ohne Form ....

Überlegungen zum Verhältnis von Fachplanung und Organisationsveränderung im Jugendamt

Das Institut für soziale Arbeit begleitet und berät seit mehreren Jahren Jugendämter bei der Jugendhilfeplanung. In Wahrnehmung ihrer Planungsverantwortung gem. § 80 KJHG haben Jugendämter die Aufgabe, Prozesse der Willensbildung über Art, Umfang und Qualität örtlicher Jugendhilfeangebote zu gestalten. Sie müssen dies in Kooperation mit den freien Trägern und unter Beteiligung der Adressaten von Jugendhilfe tun. Ziel dieser Willensbildung ist eine fach- und kommunalpolitische Verständigung darüber, welche Angebote und Veranstaltungen der Kinder- und Jugendhilfe vor Ort gebraucht werden, wie und vom wem sie gestaltet werden und wieviel Geld dafür bezahlt werden soll. Ergebnisse der Jugendhilfeplanung sind Vereinbarungen über Handlungsschwerpunkte, über Prioritäten beim Aus- oder Umbau, bei der Konsoldierung und auch für den Abbau vorhandener Leistungen und Programme. Immer geht es dabei um gewünschte Ziele und die gewollten Wege zu diesen Zielen sowie um die hierfür erforderlichen Mittel. Zu diesen Mitteln gehören nicht allein aber doch wesentlich die Ausstattung, das Personal, die Organisation und Arbeitsweise des örtlichen Jugendamtes. Organisation und Konzeption des örtlichen Jugendamtes entscheiden, trotz aller Bedeutung der freien Träger wesentlich über Qualität und Umfang bedarfsgerechter Kinder- und Jugendhilfe vor Ort, denn nur mit einem leistungsfähigen, kaum gegen ein leistungsunfähiges oder -unwilliges Jugendamt lassen sich dauerhaft positive Lebensbedingungen für Kinder und Familien schaffen und sichern.

Verfolgt man diese Verbindungslinien zwischen Jugendhilfeplanung und Organisationsentwicklung, so wird einleuchtend, daß die Wahrnehmung der Pflichtaufgabe „Jugendhilfeplanung" sich nicht auf eine sozialpädagogische Fachplanung beschränken darf. Gesetzlicher Auftrag sind der Aufbau und die Weiterentwicklung eines örtlich bedarfsgerechten, ausreichenden und wirksamen Angebotes. Jede Fachplanung ist daher nur so gut, wie sie auch umgesetzt werden kann, fachlich, organisatorisch und politisch Wirklichkeit gestaltet. Hier sehen wir die Verbindung zur aktuellen Diskussion um „Neue Steuerungsformen" in der Kommunalverwaltung. Das Jugendamt ist Teil der kommunalen Strukturen von Politik und Verwaltung, die sich um bessere, d.h. auch bedarfsgerechte und qualifizierte Leistungen für Bürgerinnen und Bürger bemühen sollen. Jugendhilfeplanung und die Modelle „Neuer Steuerung" arbeiten somit am gleichen Gegenstand mit möglicherweise vergleichbaren Zielsetzungen: zielgerichtete und effektive, kostengünstige und qualifizierte Leistungen für Kinder, Jugendliche und Familie in der Kommune.

Unsere Arbeitshypothese lautet gegenwärtig, daß eine Einführung „Neuer Steuerungsformen" in der Jugendhilfe ohne fundierte und mit breitem Konsens ausgehandelte Fachplanungen eher Schaden anrichten als von fachlichem oder finanziellen Nutzen sein wird. Diese Behauptung zu belegen, wird im folgenden unser Anliegen sein. Auf der anderen Seite sehen wir gerade aus der Beratung der Jugendämter bei ihrer Fachplanung dringenden Handlungsbedarf, diese mit den erforderlichen organisatrischen, personellen und finanziellen Ressourcen so auszustatten, daß sie in der Lage sind, vereinbarte Ziele sachgerecht und effizient umzusetzen. Hierzu gehört auch eine selbstkritische Revision der Arbeitsweisen und der Verbindlichkeit, mit der das Erreichen für richtig erkannter Ziele überprüft und kontrolliert wird; aber ebenso gehört hierzu ein fachliche und finanzielle Aspekte integrierendes Verständnis einer rationalen Verwendung immer knapper Ressourcen.

Aus diesem Grund plädieren wir für eine sinnvolle Verbindung von Jugendhilfeplanung mit der Einführung „Neuer Steuerungsformen". Allerdings drängt die Zeit, denn es gibt einen erheblichen „Modernisierungsbedarf" in der Jugendhilfe oder, anders ausgedrückt, einen gefährlichen Rückstand bei der Gestaltung bedarfsgerechter Jugendhilfe zwischen den Polen:

- Weiterentwicklung qualitativ guter Jugendhilfeangebote auf der einen und
- begrenzt zu Verfügung stehenden öffentlichen Mitteln auf der anderen Seite.

Unser Beitrag reflektiert drei konkrete Praxisprojekte der Einführung „Neuer Steuerungsformen" in Jugendämtern, die wir seit ca. eineinhalb Jahren begleiten. Alle Projekte sind zum Zeitpunkt der Veröffentlichung dieses Beitrags nicht abgeschlossen, daher sind unsere konzeptionellen Positionen und die prozeßbezogenen Umsetzungserfahrungen vorläufig und unsicher - ein Einblick in die Werkstatt der Verwaltungsmodernisierung vor Ort.

1. Warum reicht die „Alte Steuerung" nicht mehr aus?
Aktuelle Herausforderungen der kommunalen Selbstverwaltung

Die Frage, wie eine kommunale Verwaltung leistungsfähig, qualifiziert und kostengünstig arbeiten kann, beschäftigt Politik und Verwaltung, Öffentlichkeit und Wissenschaft nicht erst seit der Diskussion um die „Neuen Steuerungsformen". Im Spannungsfeld zwischen staatlicher Hoheitsverwaltung und örtlicher Daseinsvorsorge ist gerade die Kommunalverwaltung besonders sensibel für kritische Auseinandersetzungen um ihre Funktionsweisen und ihr öffentliches Erscheinungsbild. Themen dieser Entwicklung waren z.B.

— eine verständliche Amtssprache und lesbare Formulare,
— eine größere Bürgernähe der Organisationsweisen und der Umgangsformen,
— mehr Wirtschaftlichkeit der Eigenbetriebe, wie Schwimmbäder, Museen oder Müllabfuhr.

Seit Anfang der 90er Jahre allerdings ist die Diskussion um Qualität und Erscheinungsbild der kommunalen Verwaltung in eine neue Phase eingetreten. Vor dem Hintergrund gewachsener sozialstaatlicher Aufgaben und begrenzter finanzieller Ressourcen gerade der Kreise, Städte und Gemeinden werden nicht mehr so sehr einzelne Aspekte thematisiert, sondern wird die grundsätzliche Funktionsweise öffentlicher Aufgabenerledigung im kommunalen Raum problematisiert.

Insbesondere aus der Kommunalen Gemeinschaftsstelle für Verwaltungsvereinfachung (KGSt) in Köln werden kritische Analysen und alternative Vorschläge vorgetragen[1]:

Die kommunalen Verwaltungsorganisationen seien zu öffentlichen *Dienstleistungsunternehmen* geworden und damit vorrangig an der Qualität ihrer Leistungen und der Wirtschaftlichkeit ihrer Arbeit zu messen. Betrachte man unter diesem Blickwinkel die Art der Leistungserbringung in der öffentlichen Verwaltung, so fallen insbesondere zwei zentrale Probleme auf:

(1) *mangelnde „Kunden-Orientierung"*, d.h. die zu erledigenden Aufgaben sind zu wenig an den Adressaten dieser Leistungen, den Bürgerinnen und Bürgern als „Kunden" ausgerichtet;

(2) *unzureichende fachliche und wirtschaftliche Verantwortung*, d.h. Art und Umfang der erbrachten Leistungen sind mehr an den zur Verfügung gestellten Haushaltsmitteln ausgerichtet als an der für erforderlich gehaltenen und vereinbarten Qualität der Leistungen. Fiskalische Sparsamkeit und ergebnisbezogene Wirtschaftlichkeit sind daher zu häufig nicht identisch, ja es gibt sogar ein „System organisierter Unverantwortlichkeit" in den Verwaltungen, wenn die Verwendung der von der Politik zur Verfügung gestellten

Haushaltsansätze mit der qualifizierten Erledigung der gestellten Aufgaben gleichgesetzt wird.

In einem „normalen" Unternehmen sei die Bewährung der Produkte am Markt das zentrale Korrektiv für Qualität und Wirtschaftlichkeit; Vergleichbares gelte es für die kommunale Verwaltung zu entwickeln. Insbesondere sei die Steuerung der kommunalen Behörde einem qualitätsorientierten Dienstleistungsunternehmen anzupassen. Unter Steuerung wird hierbei ein Prozeß verstanden, in dem vereinbarte Ziele und verfügbare Mittel zueinander passend gestaltet sowie die erreichten Wirkungen als meßbare Leistungen mit den Zielvorgaben verglichen werden. Erkennbare Abweichungen seien dann die gegebenen Anlässe innerhalb der Verwaltung, zwischen Verwaltung und Politik und damit auch zwischen Kommune und Bürger über das Notwendige, Wünschenswerte und Machbare der öffentlichen Aufgaben zu verhandeln.

Gerade im Bereich der sozialen Aufgaben und Leistungen für Kinder und Familien - vom Kindergarten bis zur Erziehungsberatung und von der Jugendarbeit bis zur Hilfe in akuten Familienkrisen - wird das Auseinanderklaffen von Anspruch und Wirklichkeit kommunaler Leistungsfähigkeit in den letzten Jahren immer deutlicher spürbar, z.B. durch:

- Eine veränderte Lebenswelt vieler Familien, die auf öffentliche Leistungen angewiesen sind und mehr und mehr auch Anspruch darauf erheben. Am deutlichsten wird dies im Bereich der Kindertagesbetreuung sichtbar, wo ein Kindergartenplatz für drei- bis sechsjährige inzwischen weitgehend zur Selbstverständlichkeit geworden ist. Aber auch in Not- und Krisensituationen, materiellen wie sozialen und psychischen, sind die Erwartungen an eine kompetente und hilfreiche öffentliche Unterstützung deutlich gewachsen.

- Ein neues Gesetz, das Kinder- und Jugendhilfegesetz (KJHG), das als VIII. Buch des Sozialgesetzbuches nicht nur formal, sondern auch materiell eine Reihe von neuen Leistungen und Aufgaben den Kommunen als den nahezu allein zuständigen öffentlichen Trägern aufgibt.

- Eine z.T. dramatisch spürbar gewordene Begrenzung der finanziellen Leistungsfähigkeit der Kommunen, bedingt durch eine sozial- und wirtschaftspolitisch vorrangig durch den Bund zu verantwortende hohe Sokelarbeitslosigkeit, vor allem hierdurch steigende Sozialhilfeempfängerzahlen und der erheblichen Umschichtungen öffentlicher Mittel zur Finanzierung der deutschen Einheit.

Alle drei Entwicklungen fordern also eine Revision bisheriger Arbeitsweisen, Konzepte und Organisationsformen öffentlicher Verwaltung in besonderer Weise heraus, soll die Handlungs- und Gestaltungsfähigkeit kommunaler Politik, hier vor allem kommunaler Jugend- und Familienpolitik, nicht völlig finanziellen Restriktionen zum Opfer fallen. Deutlich wird aber auch, daß es wieder einmal um den

Nachweis der Funktionstüchtigkeit kommunaler Selbstverwaltung geht, einem für unseren Staatsaufbau zentralen Element einer lebendigen, bürgernahen und leistungsfähigen Demokratie.

Wenn die Kernfragen für die praktische, inhaltliche und strukturelle Neuorientierung kommunaler Verwaltung also lauten sollen:

(1) Wie kommen wir zu mehr „Kunden-" oder Adressatenorientierung und
(2) wie erreichen wir mehr Wirtschaftlichkeit,

was bedeuteten dann diese Fragen für die Aufgaben und Leistungen der Kinder- und Jugendhilfe?

1.1   Wie kommt man zu mehr Kundenorientierung?

Es ist ungewohnt und befremdlich, von Kindern, Jugendlichen und Familien als „Kunden" des örtlichen Jugendamtes zu sprechen. Zum einen werden die Leistungen öffentlicher Jugendhilfe, ob vom Jugendamt selbst oder von freien Trägern erbracht, in der Regel nicht wie ein bestelltes Produkt bezahlt. Zum anderen sind zahlreiche Menschen auf Leistungen der Beratung, Unterstützung und Hilfe angewiesen, die sie so nicht bestellen und bezahlen würden oder könnten.

Trotz dieser ungewohnten Begriffswahl ist es aber für die anstehende Neuorientierung der öffentlichen Verwaltung ausgesprochen hilfreich, sich vorzustellen, die Menschen seien „Kunden", deren Wünsche und Erwartungen Maßstab für das eigene Handeln sein sollten, wenn die örtliche Jugendhilfe mit ihren Angeboten erfolgreich sein will:

—   Einerseits werden so die Anforderungen an eine bürgernahe und leistungsfähige Verwaltung konkreter vorstellbar, die mit „freundlichem Gesicht" und qualitätsbewußten Leistungen um die Zufriedenheit der Menschen bemüht ist, die sie in Anspruch nehmen wollen oder müssen.
—   Andererseits spricht auch das Kinder- und Jugendhilfegesetz ausdrücklich von den „Wunsch- und Wahlrechten" (§ 5), von der Beteiligung von Eltern, Kindern und Jugendlichen (§§ 8 und 36) sowie von den besonderen Datenschutzrechten (§§ 61 ff). All das fordert eine stärkere Stellung der Leistungsberechtigten heraus - an keiner Stelle im Gesetz ist noch von „Hilfeempfängern" die Rede.

Beide Aussagen treffen sich in dem Interesse an einem Jugendamt als einem „kundenorientierten Dienstleistungszentrum", in dem man zuverlässig, kompetent und freundlich Beratung, Unterstützung und Förderung erfragen und bekommen kann. So verstanden setzt Kundenorientierung voraus,

—   sowohl die eigenen Leistungen an den tatsächlichen Erfordernissen, Nachfragen und Bedürfnissen seiner möglichen Kunden zu orientieren - oder, um es

235

mit betriebswirtschaftlichem Vokabular zu sagen, Marktforschung und Marketing für seine Produkte zu betreiben,

– als auch die eigene Arbeit übersichtlich, ansprechend und in Kosten und Leistung nachvollziehbar darzustellen, damit überhaupt ein Kunde erkennen und verstehen kann, was zu welchem Preis zu bekommen ist.

Das Kinder- und Jugendhilfegesetz hat den für die Planung und Gewährleistung eines bedarfsgerechten örtlichen Angebotes zuständigen Kommunen ein Instrument an die Hand gegeben, das beide Aufgaben - Marktforschung und Marketing - in hervorragender Weise miteinander verbindet: die Jugendhilfeplanung gem. § 80 KJHG.

1.2 Wie kommt man zu mehr Wirtschaftlichkeit?

Zu einer sparsamen und wirtschaftlichen Verwendung öffentlicher Steuergelder ist jede Verwaltung schon durch Haushaltsordungen und -gesetze verpflichtet. Aber was heißt „sparsam und wirtschaftlich" angesichts einer Vielzahl von Aufgaben und Zielen, die um immer begrenztere Finanzmittel konkurrieren?

Sparsam und wirtschaftlich sind die Leistungen zuerst, wenn sie *effektiv* sind, d.h. den gestellten gesetzlichen Auftrag oder die vereinbarten kommunalpolitischen Ziele möglichst genau erreichen. Nicht erforderliche Arbeit muß dabei ebenso erkannt werden, wie zu geringe und damit unwirksame Leistungen. Ohne fachliche und politische Zielvereinbarungen, deren Erreichen auch nachvollziehbar kontrolliert werden kann, ist also keine sparsame und wirtschaftliche Arbeitsweise darzustellen. Die Leitfrage hierfür heißt demnach:

➔   Haben wir *das Richtige* getan, um die vereinbarten Ziele zu erreichen?

Es gehört aber auch zu einer sparsamen und wirtschaftlichen Verwendung öffentlicher Mittel, daß der gestellte Auftrag mit dem geringsten erforderlichen Aufwand erreicht wird, also *effizient* gearbeitet wird. Im übrigen fordert auch das Gebot der Verhältnismäßigkeit aller öffentlichen Eingriffe und Tätigkeiten diese Effizienz der Leistungen. Die zweite Leitfrage heißt demnach:

➔   Haben wir das Richtige auch richtig, d.h. *mit nicht mehr als dem erforderlichen Aufwand* getan?

Nur wenn beide Fragen befriedigend beantwortet werden können, wenn also vereinbarte oder gestellte Ziele zufriedenstellend erreicht wurden, und wenn dies mit dem zwar erforderlichen, aber auch geringsten möglichen Aufwand erfolgte, sind Sparsamkeit und Wirtschaftlichkeit gegeben.

Wie sollen aber diese doppelten Zielsetzungen für den Bereich der Kinder- und Jugendhilfe erreicht werden?

236

1.3 Fazit: Nur besser ist billiger

Nur bessere, weil wirksame und zielgenaue Leistungen, die mit den Adressaten abgestimmt und vereinbart wurden und deren Effizienz vor allem in einer reibungslosen und ergebnisorientierten Organisation der zuständigen öffentlichen Stellen selber liegt, bieten eine Lösung. So lautet kurz gefaßt das Konzept „Neuer Steuerung" im Arbeitsbereich der Kinder- und Jugendhilfe.

Die *erste Leitfrage* richtet sich an die inhaltliche Fachplanung (Jugendhilfeplanung) und lautet:

➡ Was sind die richtigen, d.h. bedarfsgerechten, gewollten und hilfreichen Angebote und Leistungen für Kinder, Jugendliche und Familien?

Richtig sind die Angebote vor allem dann, wenn sie sowohl den gesetzlichen Aufgaben und Zielen entsprechen als auch der Lebenssituaiton der Kinder und Familien.

Die *zweite Leitfrage* richtet sich an die strukturelle Weiterentwicklung der Verwaltungsorganisation und ihrer Verbindungsstellen zur Politik und zu den Bürgern und lautet:

➡ Welche Organisation der Arbeit unterstützt eine wirksame und damit kostengünstige Erstellung der erforderlichen Leistungen und Angebote?

Wirksam unterstützt eine Organisation dann, wenn insbesondere die Fragen der Zielvereinbarung, der Zuständigkeit und Kompetenz sowie der Kooperation und Kontrolle zuverlässig und nachvollziehbar geklärt sind.

2. Wie soll die „Neue Steuerung" im Jugendamt aussehen?

Leitgedanken der Qualifizierung von Inhalt und Struktur der Jugendhilfe im Jugendamt

Welche Grundorientierungen die alltägliche Arbeitsebene in unseren Praxisprojekten bestimmen und welche Erfordernisse wir für die inhaltliche (=konzeptionelle) und formale (=organisatorische) Qualifizierung der Jugendhilfe sehen, soll anhand von sechs Leitgedanken näher gekennzeichnet werden:

➔   *(1) Die Leistungen des Jugendamtes werden auf die Lebenssituation von Kindern, Jugendlichen und Familien im Jugendamt abgestimmt.*

Im Prozeß der Jugendhilfeplanung werden über eine Sozialraumanalyse[2] für den Zuständigkeitsbereich des Jugendamtes und durch direkte und indirekte Verfahren der Beteiligung der Adressaten der Jugendhilfe Erkenntnisse über die Lebenssituation von Kindern, Jugendlichen und Familien gesammelt, die eine Grundlage für die Ausrichtung und Gewichtung von Leistungsangeboten bilden können. Desweiteren können junge Menschen und Eltern durch vielfältige Formen der Beteiligung und Mitwirkung aufgefordert und angeregt werden, ihre Beurteilungen und Erfahrungen und ihre Anforderungen an die Jugendhilfe zu formulieren und in die Jugendhilfeplanung einzubringen.

Für die Steuerung der Jugendhilfe sind dabei vor allem zwei Fragen relevant:

– Wie ortsnah müssen Beratungsdienste organisiert werden, um die Hürde für Bürger, Hilfen in Anspruch zu nehmen, möglichst niedrig zu gestalten?
– Wie fließend müssen die Übergänge zwischen Angeboten einer allgemeinen Förderung von Kindern, Jugendlichen und individuellen Beratungs- und Unterstützungsangeboten gestaltet werden, um die präventiven Wirkungen der ersten zu nutzen?

➔   *(2) Die Leistungen des Jugendamtes werden systematisch erfaßt, in ihrer Wirkungsweise reflektiert und auf der Ergebnisebene, so wie sie für den Bürger erkennbar ist, zusammengefaßt.*

Für alle Leistungsbereiche der Jugendhilfe werden gegenwärtig im Rahmen der Jugendhilfeplanung Instrumente der Bestandserhebung und Überprüfung entwickelt und in ersten Schritten ausgewertet. An diesem Verfahren werden sowohl die Mitarbeiterinnen und Mitarbeiter des Jugendamtes als auch die Vertreter der freien Träger beteiligt.

Der Erfolg solcher Verfahrensweisen läßt sich daran messen, ob es auf den verschiedenen Hierarchieebenen gelingt, ein Infragestellen eingeschliffener Handlungsroutinen zu erreichen. In der Regel treffen wir auf eine eher widersprüchliche Haltung bei den beteiligten Mitarbeiterinnen und Mitarbeiter, die als Hoffnung auf Veränderung und zugleich Angst vor neuen, unbekannten Verfahrensweisen zu charakterisieren ist. Zudem gibt es viel aufgestaute Enttäuschung in der Geschichte dieser Organisationen, in denen sich sinnvolle Veränderungsvorschläge kaum durchsetzten konnten. Unsere Aufgabe als externe Berater hat daher zuerst die Funktion, den Veränderungswillen zu stabilisieren und auf die Einhaltung der vereinbarten Verfahrenswege im Prozeß der Willensbildung zu achten, damit die vorgeschlagenen Maßnahmen auch wirklich in den politischen Gremien beraten werden können.

238

Die einzelne Fachkraft ist als Teil einer Organisation gefordert, ihre Handlungspraxis auf der Basis von Ergebnissen der Sozialraumanalysen und der Evaluation bisheriger Angebote neu zu beleuchten, gemeinsam mit KollegInnen zu bewerten und Vorschläge für Veränderungen zu erarbeiten. Dabei ist die Angst vor Bewertungen zunächst groß. Häufig wurde die Praxis sozialer Arbeit eher im informellen Rahmen reflektiert und Evaluation im Sinne einer selbstkritsichen Überprüfung ist eher ein Fremdwort.

Erst diese Verfahren eröffnen den Weg, operative Ziele im Sinne einer „Neuen Steuerung" der Jugendhilfe entwickeln zu können. Auch ist es in Jugendämtern und mit freien Trägern häufig zuerst erforderlich, eine partnerschaftliche Kommunikations- und Leitungskultur zu entwickeln, um Zielvereinbarungen treffen zu können und qualitative Verfahren des Controllings in das Alltagshandeln der Jugendämter zu integrieren.

Bezugsrahmen aller Überlegungen muß dabei die Lebenswirklichkeit von Kindern, Jugendlichen und Familien sein, für ihre Entwicklung, Förderung und Hilfe sind effektive und effiziente Maßnahmen und Angebote weiterzuentwickeln oder neu zu schaffen.

Verknüpft mit der Jugendhilfeplanung werden dann z.B. in der Projektgruppe „Neue Steuerung im Jugendamt" die Leistungen des Jugendamtes nach verschiedenen Produktbereichen und -gruppen systematisiert und Gliederungspunkte für einzelne Produkte entwickelt. Die Zwischenergebnisse werden jeweils an die Fachplanungsgruppen rückgekoppelt und bei Bedarf überarbeitet.

Ziel ist es, in abgestuften Teilschritten Leistungsbeschreibungen des Jugendamtes vorliegen zu haben, die Aufschluß über Art, Ziele, Zielgruppen, Quantität und Qualität, Kosten und Wirkungen geben. Hierbei ist natürlich die Einbeziehung freier Träger unerläßlich.

Solche Produktbeschreibungen befinden sich gegenwärtig in folgender Reihenfolge in einem etappenweisem Entstehungsprozeß:

1. Erarbeitung eines Produktplanes (Gliederung der Leistungen des Jugendamtes nach dem Kriterium: Wie sind die Ergebnisse unserer Arbeit für den Bürger erkennbar?)
2. Zusammenfassung ähnlicher Leistungen in Produktbereiche (z.B. Produktbereich „familienunterstützende Maßnahmen")
3. Definition einzelner Produkte (Kurzbeschreibung, Zielgruppe, Ziele, Zielvereinbarung, Tätigkeiten des Jugendamtes, Tätigkeiten freier Träger, Umfang der Leistungen, Finanzen, Budget)

Kernstück einer „Neuen Steuerung" ist es, rationale, auf der Grundlage fachlicher Reflexion und Meinungsbildung vereinbarte Kriterien für die Einschätzung von Erfolg und Wirksamkeit in das Feld sozialer Arbeit einzuführen. Dabei besteht der Erfolgsmaßstab darin, die MitarbeiterInnen im Jugendamt und bei den freien Träger für sinnvolle Zielvereinbarungen zu gewinnen. Eingebettet in das gesamte

Maßnahmenbündel der „Neuen Steuerung" kann die Entwicklung von Kennziffernsystemen als Bezugspunkte für verbindliche fachliche Reflexion gerade im Feld sozialer Arbeit sinnvoll sein.

Für die Politik, Bürgerinnen und Bürger sollen somit nachvollziehbare Zielsetzungen die Grundlage des Handelns im Jugendamt bilden. Diese sollen zwischen den verschiedenen Hierarchieebenen im Amt und in der Verwaltung, mit den freien Trägern und mit den verschiedenen politischen Gremien diskutiert und vereinbart werden.

➡ *(3) Bei der Planung und Erbringung von Leistungen der Jugendhilfe werden Wirkungszusammenhänge berücksichtigt.*

Die Berücksichtigung von Wirkungszusammenhängen betrifft sowohl das Binnenverhältnis innerhalb der Jugendhilfe zwischen den Feldern allgemeiner Förderung von Kindern, Familien und den Angeboten der Beratung, Entlastung und Unterstützung in Krisen- und Notsituationen als auch den Zusammenhang mit anderen kommunalen Politikfeldern (Arbeit, Wohnen, materielle Daseinsfürsorge, Gesundheit).

In den verschiedenen Feldern der Jugendhilfe stehen im Rahmen der Planung folgende Fragestellungen im Mittelpunkt: Welche Rolle spielen z.B. fehlende Betreuungsangebote für unter dreijährige Kinder und Schulkinder bei der Entscheidungsfindung im Allgemeinen sozialen Dienst, wenn die Fremdunterbringung eines Kindes in einer Pflegefamilie oder eine Heimeinrichtung erörtert wird? Welchen Beitrag kann die Familienbildung zur Aktivierung familialer Selbsthilfepotentiale leisten? Wie sollten die personellen Ressourcen innerhalb des Amtes zwischen Einzelfallhilfe und gemeinwesenorientierten Arbeitsansätzen gewichtet werden?

Im Prozeß der Jugendhilfeplanung geht es darum, eine Angebotsstruktur zu hinterfragen, die durch weit verzweigte Spezialisierungen sowie überwiegend durch abteilungs-, träger- und einrichtungsspezifisch geprägte Denk- und Handlungsweisen gekennzeichnet ist. Basis der Planungsprozesse ist es daher, alle Beteiligten neu für die Entwicklungsbedarfe von Sozialräumen zu sensibilisieren; in vielen Regionen gibt es dabei kaum Traditionen, auf die zurückgegriffen werden kann.

➡ *(4) Das Jugendamt arbeitet konstruktiv und partnerschaftlich mit anderen Organisationen und Institutionen zusammen.*

Erfahrungen zu diesem Leitsatz werden in Arbeitsgemeinschaften nach § 78 KJHG und in gemeinsamen Workshops mit Mitarbeitern des Jugendamtes und Mitarbeitern freier Träger gesammelt. Diese Arbeitsgemeinschaften werden im Rahmen der Jugendhilfeplanung als offene Diskussions- und Aushandlungsforen eingeführt, um eine verbindliche und transparente Struktur für die fachliche Willensbildung zwischen freien Trägern und dem Jugendamt zu ermöglichen. Diese Foren stehen für alle in der Region arbeitenden freien Träger, auch für kleinere Initiativen offen; auch arbeiten hier PraktikerInnen sozialer Arbeit unmittelbar mit GeschäftsführerInnen von Verbänden zusammen.

Für die freien Träger ist die Mitarbeit durch die Schwierigkeit gekennzeichnet, ihre Mitarbeiterinnen und Mitarbeiter so mit der Befugnis ihrer der Organisation auszustatten, daß diese verbindlich Erkenntnisse über die Lebenswirklichkeit junger Menschen austauschen und bestehende Angebote im Beisein anderer Träger hinterfragen können. Dieses erfordert eine gut funktionierende fachliche Willensbildung in den jeweiligen Trägerorganisationen.

Jede Mitarbeiterin und jeder Mitarbeiter repräsentiert in ihrem jeweiligen Arbeitsfeld für die Besucher und Nutzer das Jugendamt oder den Träger; ihre Arbeitsweise wird durch die Adressaten bewertet und so enstehen Urteile über das Image einer Organisation. Solche externen Bewertungen der Arbeit und des Image in die interne Reflexion des Jugendamtes aufnehmen zu können und eigene Bewertungen der inhaltlichen Arbeit und Organisationsformen dagegenzusetzen sowie die hierbei deutlich werdenden Übereinstimmungen und Differenzen bilden ein wichtiges Lernfeld für alle Beteiligten in der Jugendhilfeplanung.

Ausgangssituation ist häufig, daß der Kenntnisstand über die verschiedenen Aufgaben des Jugendamtes in den einzelnen Einrichtungen und Diensten freier Träger sehr unterschiedlich ist und daß entscheidende Informationslücken bestehen. Umgekehrt ist die Kenntnis im Jugendamt über die Vielzahl der Leistungen und Neuentwicklungen bei den freien Trägern häufig ebenfalls nicht ausreichend, um gemeinsam die Aufgaben effektiv und effizient lösen zu können.

Im Rahmen der Jugendhilfeplanung werden somit Voraussetzungen dafür geschaffen, in Kooperation mit den Anbietern von Jugendhilfeleistungen den Bestand an sozialer Infrastruktur differenziert zu erfassen und Standards für eine ortsnahe Versorgung zu erörtern.

➔   *(5) Das Jugendamt nutzt und fördert die Motivation und die Qualifikation der Mitarbeiterinnen und Mitarbeiter*

Eine Qualifizierung der Jugendhilfe ist ohne eine Einbeziehung der MitarbeiterInnen nicht denkbar. Jugendhilfeleistungen sind in der Regel personenbezogene Leistungen. So zeigen Kostenanalysen in diesem Bereich, daß die Personalkosten ca. 70% bis 80 % aller Kosten ausmachen. Über eine umfassende Beteiligung aller MitarbeiterInnen in den Planungsgruppen, Arbeitsgemeinschaften und bei der Entwicklung „Neuer Steuerungsformen" konnte bisher die Motivation für Veränderungsprozesse und die Bereitschaft zur Aufgabenkritik gefördert werden.

So werden Art und Weise der jugendamtsinternen Entscheidungsfindung bei der Feststellung erzieherischer Bedarfe und der Bewilligung verschiedener Leistungen einer sachbezogenen Qualitätskontrolle unterzogen, die Kooperationsbeziehungen zwischen verschiedenen Diensten und Abteilungen werden reflektiert und Leitfragen für die künftige Gestaltung der Jugendhilfe mit den Mitarbeitern formuliert.

➔ *(6) Die Ergebnisse der Fachplanungen geben Anstöße für die Veränderung der Aufbau- und Ablauforganisation im Jugendamt und für eine aufgabenbezogene Kooperation mit freien Trägern*

Im Rahmen der Fachplanung wird auch eine Ort für die Analyse und Kritik der bestehenden Organisationsform im Jugendamt geschaffen werden müssen, da sich in einem alten, häufig starren Korsett keine flexible und dynamische Jugendhilfe bewegen kann. So werden in den Jugendämter oft erhebliche Störungen in der Ablauforganisation z.B. zwischen dem ASD und der wirtschaftlichen Jugendhilfe, zwischen den Querschnittsämtern und dem Jugendamt festgestellt. Häufig haben wir voneinander getrennte Regelkreisläufe zwischen der sachbezogenen sozialarbeiterischen Tätigkeit und den verwaltungsbezogenen vor- oder nachbereitenden Tätigkeiten gefunden. Die Jugendämter sind mit der Verarbeitung solcher interner Gegensätze und Brüche häufig so stark belastet, daß der Bezug zu den sozialräumlichen Anforderungen der Region demgegenüber vernachlässigt wurde.

Auch in der Aufbauorganisation der Jugendämtern sind z.T. erhebliche Funktionsstörungen festzustellen: Amtsleiter sind mit operativen Aufgaben überladen, z.B. mit der Kontrolle des Posteingangs oder der Kalkulation von Haushaltsansätzen ohne eine Einbindung der zuständigen Fachkräfte, Hilfeplanungsentscheidungen werden zum Teil von den Dezernenten nachgeprüft. Informationswege sind häufig lang, durch informelle „Kanäle" bestimmt und undurchlässig. Auch gibt es kaum verhandelte Schwerpunkte, so sind Personalstellen im ASD ebenso von Wiederbesetzungssperren betroffen wie im Straßenverkehrsamt oder es ist leichter eine Fremdunterbringung durchzusetzen, als eine neue Schulung für Tagesmütter.

Wen wundert es da, daß die Kosten steigen und eher hilflose Versuche unternommen werden, das „ganze irgendwie im Griff zu behalten". Auch können Jugendämter ist dieser Verfassung kein fachliches Gegenüber für freie Träger sein.

3. Jugendhilfeplanung ist Willensbildung, komplex, kompliziert und auf den Konsens angewiesen

Im Kern basieren das Konzept „Neuer Steuerung" ebenso wie die Vorschriften des KJHG zur Jugendhilfeplanung auf der Idee einer zielgerichteten Vereinbarung aller Beteiligten über das Erforderliche, Notwendige und Gewollte. Eine solche Vereinbarung und zuverlässige Abstimmung über die *gewollten Ziele* von Jugendhilfe erfordert einen für alle Beteiligten transparenten Prozeß der *Willensbildung*.[3]

Die Fachdiskussion über qualitative Standards der Jugendhilfe ist also ein Prozeß der Willensbildung und Aushandlung auf unterschiedlichen Ebenen:

— Zwischen Adressaten - also Kindern, Jugendlichen und Familien - und Fachkräften der Jugendhilfe geht es zunächst um die Frage „Welche Qualität der Jugendhilfe ist aus der Sicht der NutzerInnen der Jugendhilfe erforderlich? Ist diese innerhalb der Institution erreichbar, und mit welchen Mitteln?" Diese Form der Betroffenbeteiligung sollte in allen Einrichtungen der Jugendhilfe Bestandteil des pädagogischen Konzeptes sein, ohne dieses Element der „Kundennähe" wird eine Diskussion um die Bedarfsgerechtigkeit der Jugendhilfe eine rein theoretische sein.

— Zwischen den Fachkräften der freien und öffentlichen Jugendhilfe ist ein Konsens über qualitative Standards zeitgemäßer Jugendhilfe herzustellen. Maßgeblich für ihre Umsetzung ist hier die trägerübergreifende Akzeptanz und Veränderungsbereitschaft.

— Zwischen Fachkräften der Jugendhilfe und fachpolitischer Ebene ist die Frage der Strukturen und Organisationsformen sowie der fachlichen Prioritätensetzung auszuhandeln.

— Abschließend hat sich die kommunalpolitische Ebene mit der kommunalpolitischen Schwerpunktsetzung auseinanderzusetzen sowie die Entscheidungen über die hierfür erforderlichen Finanzmittel zu treffen.

Verfolgt man den Weg einer solchen Jugendhilfeplanung, so wird deutlich, daß Jugendhilfeplanung nur beteiligungsorientiert umzusetzen ist. Die in § 80 KJHG normierte Verpflichtung zur kommunalen Jugendhilfeplanung geht auf die Erkenntnis zurück, daß eine leistungsfähige und bedarfsgerechte soziale Infrastruktur ohne kontinuierliche und vorausschauende Planung als Instrument fachlicher und fachpolitischer Willensbildung und Entscheidungsfindung auf Dauer nicht zu gewährleisten ist. Dabei sollen die Träger der öffentlichen Jugendhilfe, also die Städte und Kreise, im Rahmen ihrer fachlichen und fachpolitischen Gesamtverantwortung für die Erfüllung der gesetzlichen Aufgaben sicherstellen, daß die „erforderlichen und geeigneten Einrichtungen, Dienste und Veranstaltungen den jeweiligen Grundrichtungen der Erziehung entsprechend rechtzeitig und ausreichend zur Verfügung stehen" (§ 79 KJHG).

Die Begriffe „erforderlich", „geeignet", „rechtzeitig" und „ausreichend" werden im Gesetz nicht näher definiert. Es liegt also in der Verantwortung der öffentlichen Träger der Jugendhilfe, diese Vorgaben für ihren jeweiligen Zuständigkeitsbereich anhand der dort vorfindbaren - und sich oft rasch ändernden - Problemlagen von Menschen und anhand von fachlichen Begründungen zu füllen und zu interpretieren.

Vor diesem Hintergrund ist Jugendhilfeplanung nicht als einmaliger Akt vorstellbar, der mit der Formulierung eines „fertigen" Planes endet, Jugendhilfeplanung bedeutet vielmehr, einen an den Bedingungen der Kommune orientierten fachlichen und fachpolitischen Entwicklungsprozesses in Gang zu setzen und dauerhaft aufrecht zu erhalten.

Jugendhilfeplanung hat die Aufgabe, die hier geforderte stete Weiterentwicklung kommunaler Jugendhilfe im Rahmen eines Willensbildungsprozesses über das, was notwendig und geeignet, rechtzeitig und ausreichend bedeuten soll, inhaltlich und organisatorisch zu gestalten und voranzutreiben. Dabei ist es hilfreich, diesen Willensbildungsprozeß auf verschiedenen Ebenen zu differenzieren, auf denen jeweils unterschiedliche Maßstäbe und Interessen einfließen:

– *fachliche Willensbildung*

Fachliche Willensbildung bedeutet zunächst die kritische Aufgabenbeschreibung und Aufgabenkritik durch die Fachkräfte der Jugendhilfe selber. Sie bedeutet, daß die Fachkräfte die von ihnen im Alltag zu lösenden Probleme und Aufgaben zum Gegenstand von Planung (Bestandserhebung, Bedarfsermittlung, Maßnahmenplanung) machen und auf dieser Grundlage fachlich begründete Entwicklungsperspektiven für die Jugendhilfe insgesamt aufzeigen.

– *fachpolitische Willensbildung*

Im Rahmen der fachpolitischen Willensbildung – insbesondere zwischen den öffentlichen und den freien Trägern – geht es darum, öffentliche Aufmerksamkeit auf die komplexe fachliche Aufgabe der Jugendhilfe zu lenken und den besonderen Stellenwert der Jugendhilfe für die Sicherung der Lebensbedingungen von jungen Menschen und ihren Familien herauszustreichen.

– *kommunalpolitische Willensbildung*

Im Zuge der kommunalpolitischen Willensbildung schließlich gilt es, die erarbeiteten Lösungen und Entwicklungsvorstellungen in die kommunale Politik einzuspeisen, sie hier verständlich und durchsetzungsfähig zu machen. Erst im Kreistag wird der kommunale Stellenwert der Jugendhilfe gegenüber anderen Politikbereichen (Wirtschaftsförderung, Verkehrspolitik, Baupolitik etc.) maßgeblich definiert.

Jugendhilfeplanung muß dabei die Spannung zwischen unterschiedlichen Interessen aufnehmen und in diesem Prozeß der Willensbildung die inhaltlichen Schwerpunkte und organisatorischen Bedingungen für die konkrete örtliche Leistungserfüllung entwikeln, diskutieren und entscheiden.

Eine praxisorientiert angelegte Jugendhilfeplanung ist ein fachpolitisches Steuerungsinstrument, um leistungsfähige Angebote der Jugendhilfe zu schaffen bzw. dort, wo es sinnvoll ist, zu erhalten. Die Hauptzielsetzung besteht darin, notwendige und gewollte Entwicklungen in der örtlichen Jugendhilfepolitik zu erkennen und zu fördern. Dazu ist es erforderlich, bestehende Angebotsformen einer zukunftsgerichteten Aufgabenkritik zu unterziehen. Organisatorisch notwendige Veränderungen müssen erkannt und Angebotslücken geschlossen werden.

244

Damit ist die Jugendhilfeplanung nicht nur eine Aufgabe der kommunalen Fachverwaltung (Jugendamt), der Anbieter von Jugendhilfeleistungen (Jugendverbände, Wohlfahrtsverbände, Selbsthilfegruppen etc.), sondern auch ein Forum kommunalpolitischer Willensbildung (Jugendhilfeausschuß, Stadtrat/ Kreistag) sowie ein Instrument zur Beteiligung von jungen Menschen und Familien an der Gestaltung der Angebote der Jugendhilfe. Auf der Basis dieser Willensbildungs- und Aushandlungsprozesse können Prioritätensetzungen in zeitlicher und fachlicher Hinsicht vorgenommen werden.

4. Jugendhilfeplanung ist die Voraussetzung für die Einführung einer „Neuen Steuerung" im Jugendamt

Eine zuerst greifbare Erwartung von Politik und Verwaltungsspitze an die Planung vor allem aber an die Verwaltungsmodernisierung unter dem Stichwort „Neue Steuerung" ist häufig, daß die Kosten gesenkt werden. Im Bereich der Jugendhilfe gilt diese vor allem für die in den letzten Jahren wieder deutlich teurer gewordenen Heimunterbringungen.

> *„Der seit einigen Jahren nicht nur in unserem Kreis zu beobachtende Trend zu mehr Heimpflege ist nach Einschätzung von Fachleuten nur durch eine verstärkte präventive Jugendhilfe zu brechen."*

Dies sagte der Kämmerer einer von uns beratenen Kommune in seiner Haushaltsrede angesichts der gestiegenen Ausgaben für die Hilfen zur Erziehung, vor allem in der Position „Heimerziehung". Die Erwartungen an eine fachliche und finanzielle Umsteuerung sind formuliert: Durch präventive Jugendhilfe soll erreicht werden, daß für weniger Kinder oder für kürzere Zeit „Heimpflege" erforderlich wird.

Aber die Steuerung der Finanzen im Bereich der Jugendhilfeaufgaben ist erfolgversprechend nur unter Berücksichtigung komplexer, in hohem Maße durch Wechselwirkungen gekennzeichneter Systeme zu verwirklichen, dies soll an einem Beispiel aus dem entsprechenden Jugendamt verdeutlicht werden:

Dort stellen sich Situationen, Anlässe und mögliche Hintergründe für die Notwendigkeit, Kinder und Jugendliche außerhalb der Familie in einem Heim unterzubringen bei näherem Nachfragen so dar:

> 1993 wurden 49 Kinder neu außerhalb der eigenen Familie untergebracht, davon 40 in Heimen, 8 in einer Pflegefamilie und ein Kind in einem Internat. Von diesen 49 Kindern lebten vor der Fremdunterbringung
> – 18 bei einem alleinerziehenden Elternteil/Mutter, davon 8 als nichteheliches Kind;

- 14 in einer vollständigen Familie in 1. Ehe;
- 9 bei einem Elternteil nach Scheidung alleine;
- 7 mit einem Elternteil nach Scheidung in einer neuen Familie sowie
- ein Kind wurde Vollwaise durch Tod der Eltern.

Akute Familienkrisen durch Vorgänge oder Folgen von Trennung und Scheidung sind also bei mindesten 34 Kindern (= 70%) ein wesentlicher Auslöser für die für erforderlich gehaltenen Fremdunterbringungen.

Soll angesicht dieser Situation durch verstärkte Anstrengungen „präventiver Jugendhilfe" erreicht werden, daß mehr Kinder trotz Krise in ihrer Herkunftsfamilie leben können, so sind folgende Überlegungen anzustellen:

Leistungen der Entlastung, Unterstützung, Beratung und Hilfe in Familienkrisen können nach dem KJHG insbesondere sein:

- eine qualifizierte Beratung in Fragen der Partnerschaft, Trennung und Scheidung (§ 17)
- die Entwicklung von lebensweltnahen gemeinsamen Wohnformen für Mütter/Väter und Kinder (§ 19)
- ein zuverlässiger Bereitschaftsdienst für die Betreuung und Versorgung von Kindern in Notsituationen in ihrer Familie, (§ 20)

Diese Aufgaben sind mit dem KJHG neu in den Leistungskatalog der Jugendämter eingeführt worden, so daß vielerorts die notwendigen Angebote und Einrichtungen sowie die erforderlichen Qualifikationen der MitarbeiterInnen noch nicht hinreichend entwickelt werden konnten.

- Über die speziellen Hilfeangebote hinaus, tragen ausreichend verfügbare allgemeine Angebote vor allem der Tagesbetreuung für Kinder in Einrichtungen (§ 22) und im Rahmen von Tagespflege (§23) oder einer gezielten Jugendarbeit (§ 11) und Jugendsozialarbeit (§ 13) i.d.R. spürbar zur Entlastung von Familien in Krisen bei. Bei den Tagesbetreuungsangeboten kommt es vor allem darauf an, diese Angebote für Familien in Belastungssituationen in stärkerem Maße als bisher zu nutzen und an die Entlastungsbedürfnisse der Mütter anzupassen (Flexibilisierung von Öffnungszeiten, Übermittagbetreuung). Zu wenig sind die Verbindungslinien dieses kostenintensiven Jugendhilfebereiches bisher mit den Angeboten von Familienbildung, der Beratung durch den ASD oder mit Erziehungsberatungsstellen verknüpft.
- Nicht zuletzt werden psychosoziale Familienkrisen häufig durch äußere Faktoren verschärft; hierzu zählen vor allem die Wohnraumversorgung, insbesondere bei Familien mit mehreren Kindern, in Ablösungskrisen Jugendlicher sowie in Situationen akuter Gewaltbedrohung in Familien. Arbeitslosigkeit und damit zusammenhängende psychische Belastung und/oder mangelnde materielle Versorgung wirken ebenfalls häufig verschärfend.

246

- Erst jetzt rücken die Hilfen zur Erziehung (§ 27 ff.) in den Mittelpunkt. Auch hier hat das KJHG eine deutliche Ausweitung der möglichen Hilfeangebote *vor* einer erforderlichen Fremdunterbringung gebracht. Im konkreten Fall, aber damit durchaus typisch, ist von dieser Angebotspalette z.Zt. nur die sozial-pädagogische Familienhilfe in bemerkenswertem Umfang vorhanden.

- Die Entscheidung über die im Einzelfall angezeigte „geeignete und notwendi-ge Hilfe" sollen die sozialpädagogischen Fachkräfte des Jugendamtes in enger Kooperation mit den späteren Hilfeanbietern sowie unter weitgehender Be-rücksichtigung der Wünsche der Betroffenen in einem komplizierten Verfahren vorbereiten, beraten und treffen (§§ 36/37 KJHG, Hilfeplanung).

Durch Überlastung mit einer Vielzahl von z.T. jugendhilfefremden Aufgaben, durch z.T. noch nicht entwickelte verbindliche Strukturen, durch häufigen Perso-nalwechsel sowie einen nicht befriedigten Fortbildungs- und Qualifizierungsbe-darf der MitarbeiterInnen insbesondere im ASD können die Entscheidungen - ebenfalls nicht untypisch - häufiger fachlich und organisatorisch nicht so vorbe-reitet werden, wie dies erforderlich wäre.

Eine Steuerung mit dem Ziel einer Reduzierung der hohen Kosten für Frem-dunterbringungen muß also an den angedeuteten Problem ansetzen, z.B. durch:

- Qualifizierung der Trennungs- und Scheidungsberatung;
- Entwicklung und Ausbau niederschwelliger Angebote der Entlastung für Fami-lien und Kinder/Jugendliche in akuten Krisen;
- Nutzung der allgemeinen Angebote in Kindergarten und Tagespflege für bela-stete Familien und Kinder;
- fachliche und strukturelle Qualifizierung der Beratungs- und Entscheidungs-prozesse sowie
- Entwicklung und Ausbau eines bedarfsgerechten Hilfeangebotes der gesamten Palette erzieherischen Hilfen, mit ortsnahen, differenzierten und flexiblen An-geboten vor Ort.

Diese aufgezeigten Zusammenhänge herauszuarbeiten, die örtlich passenden, bedarfsgerechten und bezahlbaren Lösungen vorzubereiten, abzustimmen, anzu-regen und zu fördern, ist Aufgabenstellung der Jugendhilfeplanung. Damit ist unsere Behauptung plausibel:

➔ *Erst eine qualifizierte, auf breite Beteiligung und Mitwirkung hin angelegte Ju-gendhilfeplanung schafft die fachlichen und konzeptionellen Voraussetzungen zur Einführung und Umsetzung „Neuer Steuerungsformen" im Jugendamt, denn:*

(1) Jugendhilfeplanung formuliert die erforderlichen fachlichen Grundlagen durch die Entwicklung bedarfsbezogener und abgestimmter Konzepte der Leistungserbringung; erst auf dieser Grundlage kann die für „Neue Steue-rung" unverzichtbare Operationalisierung von Leistungszielen aus politi-

schen und gesetzlichen Vorgaben sowie bezogen auf die konkrete Situation vor Ort gelingen.

(2) Jugendhilfeplanung entwickelt die Maßstäbe (inhaltliche Kriterien und formale Anhaltswerte/Kennziffern) für ein fachliches und betriebswirtschaftliches Controlling.

(3) Jugendhilfeplanung unterstützt, entwickelt und fördert die Strukturen zur Steuerung von Leistungs- und Finanzzielen.

(4) Jugendhilfeplanung organisiert den verbindlich und transparenten Austauch von Informationen und schafft die zuverlässige Komunikation zwischen Fachkräften und Leitung, zwischen öffentlichem und freien Trägern, zwischen Fachkräften und Adressaten.

Jugendhilfeplanung ist also das unverzichtbare Fundament aller modernen Steuerungskonzepte für den Fachbereich „Jugendamt": Ohne Jugendhilfeplanung wird keine funktionierende Umsetzung qualifizierter Steuerung im Fachamt für Kinder- Jugendliche und Familien möglich sein. Aber ohne die Entwicklung neuer Steuerungskonzepte können die wertvollen Ergebnisse von Fachplanungen häufig nicht entsprechend umgesetzt werden, vielmehr besteht die Gefahr, daß sie z.B. an den Schnittstellen zwischen dem Jugendhilfe- und dem Hauptausschuß, zwischen den Querschnittsämtern und dem Fachamt oder in den häufig disfunktionalen hierarchischen Gefügen, zwischen konkurrierenden sozialen Diensten und Abteilungen zerrieben werden.

5. Neue Steuerung kann ein Vehikel zur verbindlichen Umsetzung von Fachplanungsergebnissen sein

Sind fachliche Konzepte und Programme diskutiert, beraten und beschlossen, so geht es an die Umsetzung. Neben allen Widernissen des Alltags steht hier für die sozialpädagogischen Arbeitsbereiche der Kinder- und Jugendhilfe die traditionsreiche Auseinandersetzung mit den Eigenarten und der Beharrlichkeit öffentlicher Verwaltung auf der Tagesordnung.[4] Das, was als fachlich erforderlich und gut sowie politisch bedarfsgerecht und bezahlbar in der Jugendhilfeplanung entwickelt und beschlossen wurde, wird nicht deshalb am Tag nach dem Beschluß zur Realität. Langer Atem und viel Geduld sind erforderlich - für alle Praktiker eine Binsenweisheit.

An die eingangs dargestellte, aktuelle Diskussion um das Versagen der alten und die Notwendigkeit einer „Neuen Steuerung" kann in dieser Situation angeschlossen werden. An einem Beispiel soll dies abschließend verdeutlicht werden:

Der Entwicklung und Einführung von Kriterien zur kontinuierlichen Überprüfung vereinbarter Zielsetzungen.

Kriterien zur Qualitätssicherung in der Jugendhilfe = Kennziffern für fachliches und finanzielles Controlling?

Über „Qualitätssicherung" auch für Dienstleistungen wird zur Zeit viel nachgedacht. ISO 9000, eine internationale Norm zur Qualitätsprüfung, ist in aller Munde, auch für die Bereiche der öffentlichen Verwaltung.[5] „Kennziffern für fachliches und finanzielles Controlling" gehören zu den zentralen Instrumenten kontinuierlicher Qualitätskontrolle im Konzept der „Neuen Steuerung". Wie solche Kriterien für eine Reflexion und Bewertung entwickelt und formuliert werden können, mit deren Hilfe Prozesse der Umsetzung von fachlichen Zielsetzungen dauerhaft begleitet, ausgewertet und falls erforderlich auch korrigiert werden können, soll am Beispiel der „Heimerziehung" gezeigt werden.

Zuerst aber ist es erforderlich, grundsätzlicher die Beschaffenheit und Probleme solcher Qualitätskriterien oder Kennziffern zu erläutern:

Kennziffern sind Indikatoren, mit deren Hilfe der Grad der Zielerreichung von Verwaltungsleistungen (z.B. als Produkte formuliert) auf den Ebenen

– Umfang der Leistungen
– Preise und Kosten der Leistungen
– Qualität und Wirkung der Leistungen

so rechtzeitig und zuverlässig gemessen und bewertet werden soll, daß Maßnahmen der Steuerung auf allen drei Ebenen (Menge, Kosten/Preis, Qualität) zur Verbesserung der Zielerreichung erfolgversprechend möglich sind.

Die zu messenden und zu beurteilenden Verwaltungleistungen sind in hohem Umfang *vereinbarungsabhängig*, d.h. zwischen Politik, Bürger/innen und Verwaltung wird mit unterschiedlicher Verbindlichkeit (= Art der Rechtsansprüche) ausgehandelt, wem welche Leistungen in welchem Umfang und welcher Qualität zustehen, beansprucht werden können, gewährt werden müssen.

Die Entwicklung von Kennziffern für diese Leistungsbereiche der Kommunalverwaltung muß daher komplexe inhaltlich-konzeptionelle, meßtheoretische und erhebungspraktische Probleme beachten:

a) *inhaltliche-konzeptionelle Fragen:*
   Wie werden die komplexen Sachziele der Kinder- und Jugendhilfe (z.B. geeignete und notwendige Hilfen zur Erziehung; für die Entwicklung förderlich sein; positive Lebensbedingungen gestalten) in beobachtbare und damit meßbare Phänomene zerlegt, ohne die Komplexität der Wirkungszusammenhänge zu verfälschen?

249

b) *meßtheoretische Fragen:*

Wie können die erforderlichen Beobachtungen und Messungen zuverlässig und nachprüfbar erfolgen, obwohl die Mehrzahl der Beobachtungen/Messungen subjektive Bewertungen sind?

c) *erhebungspraktische Fragen:*

Wie können die vielfältigen und zahlreichen Daten mit einem vertretbaren Aufwand zusammengetragen, gepflegt und aufbereitet werden?

Zwei Anforderungen sind für Kennziffernentwicklung im Bereich der kommunalen Sozialleistungsverwaltung daher wesentlich:

– Kennziffernsysteme bestehen aus einer angemessenen Anzahl einzelner Kennwerte/Indikatoren, die unterschiedliche Einzelaspekte der zu messenden Zielerreichung in Umfang, Kosten und Qualität abbilden, aber nur im Zusammenhang bewertet und für Steuerungsentscheidungen ausgewertet werden können;

d.h. *keine Indexwerte*, die auf eine Zentralkennziffer verkürzt die wichtigste Information hoch verdichtet bereit halten sollen.

– Vereinbarte Kennziffernsysteme, die in einem beteiligungsoffenen Prozeß entwickelt und abgestimmt wurden, insbes. unter Beteiligung der für die Leistungserbringung und Kontrolle zuständigen Mitarbeiter/innen.

Am Beispiel der Aufgabe, eine Hilfe zur Erziehung als Leistung der „Heimerziehung und sonstige betreute Wohnformen" erbringen zu müssen, soll die Entwicklung von Kennziffern zur Qualitätsprüfung vorgestellt werden.

Die gesetzliche Zielsetzung ist in § 34 KJHG ausführlich formuliert:

Heimerziehung soll entsprechend dem Alter und Entwicklungsstand des Kindes oder des Jugendlichen sowie den Möglichkeiten der Verbesserung der Erziehungsbedingungen in der Herkunftsfamilie

1. eine Rückkehr in die Familie zu erreichen versuchen oder

2 die Erziehung in einer anderen Familie vorbereiten oder

3. eine auf längere Zeit angelegte Lebensform bieten und auf ein selbständiges Leben vorbereiten.

Jugendliche sollen in Fragen der Ausbildung und Beschäftigung sowie der allgemeinen Lebensführung beraten und unterstützt werden.

Ob im Einzelfall diese Zielsetzungen in der erforderlichen Qualität erreicht wurden, läßt sich anhand der konkreten Vereinbarungen im Hilfeplan und seiner regelmäßigen Fortschreibung unter Mitwirkung von Eltern, Kindern und beteiligten Fachkräften überprüfen.[6]

Aber über die Überprüfung im Einzelfall hinaus, sind Träger und Anbieter örtlicher Jugendhilfe verpflichtet, durch regelmäßige Prüfung und Planung sicherzustellen, daß vor Ort die „notwendigen und geeigneten" Angebote auch rechtzeitig, im erforderlichen Umfang und in der notwendigen Qualität zur Verfügung stehen. Es geht also um die Frage, wie einzelfallübergreifend mit planerischer Weitsicht überprüft werden kann, ob Arbeitsweise, Ausstattung und Angebot der Jugendhilfe vor Ort ausreichend sind und ob sie die vereinbarte Qualität haben, um im Einzelfall zuverlässig die geeignete und notwendige Hilfe bereitstellen zu können.

Wie solche Vereinbarungen über die gewünschte Qualität zustande kommen können, zeigt die folgende Übersicht:

	Ebenen/Dimensionen	Zielsetzungen und Vorgaben Beispiele für Ergebnisse von Vereinbarungen
1.	sozial- und familienpolitische Ziele	- Elternrechte und Elternverantwortung stärken - Kinder vor Gefahren für ihr Wohl schützen - soziale Integration fördern
2.	gesetzliche Aufgaben	- eine dem Wohl des Kindes entsprechende Erziehung vorübergehend oder dauerhaft auch außerhalb der Herkunftsfamilie sichern - Rückkehroptionen sichern und/oder - Selbständigkeit fördern
3.	kommunalpolitische Schwerpunkte	- bedarfsgerechtes Angebot vor Ort - Vorrang familienunterstützender Hilfen - Begrenzung des Kostenzuwachses für stationäre Hilfen
4.	fachliche Standards	- qualifizierte Beratungs- und Entscheidungsprozesse (Hilfeplanung) - differenzierte und flexible Angebote für individuellen Erziehungsbedarf
5.	konkrete Zielsetzungen und Handlungsprogramme	- verbindliche Vereinbarungen zur Hilfeplanung mit freien Trägern - Regelung zur Integration und Delegation von Entscheidungskompetenz und Finanzverantwortung im Jugendamt

Erst wenn auf diesen Ebenen Analyse, Verständigung und Konkretisierung erfolgt sind, wenn ausgehandelt wurde, mit welcher inhaltlichen Konzeption und mit welchen fachlichen und politischen Schwerpunkten Jugendhilfe - hier Heimerziehung - in der Kommune gestaltet werden soll, dann können konkrete Vereinbarungen getroffen werden, wie die Einlösung oder das Erreichen der vereinbarten Zielsetzungen überprüft werden kann: z.B.:

6.	meßbare Zielvereinbarungen	- max x Monate Aufenthalt im Heim bei unter 6 jährigen Kindern - mind y % Rückführungen in die eigene oder Vermittlung in eine neue Familie bei 6 bis 12 jährigen Kindern 2 Jahre nach Heimaufnahme - mind. z % der betreuten über 17 Jährigen leben in einer eigenen Wohnung - höchstens 10% der in den vorhergehenden 2 Jahren aus Heimen entlassenen jungen Menschen wurden erneut in Heimen untergebracht

Die konkreten Kennziffern für das **x, y** und **z** sind aus zwei Richtungen zu gewinnen:

– Zum einen aus den fachlichen und fachpolitischen Überlegungen zu den Standards und Zielen qualifizierter Arbeit, also z.B. der aus entwicklungspsychologischen Erkenntnissen und der fachpolitischen Diskussion der vergangenen 25 Jahre erwachsenen Einsicht, daß für Kinder unter 6 Jahren ein Zeitraum von mehr als 6 Monaten eine unübersehbare Dauer und Belastung darstellt[7]; oder aus der Einschätzung, daß eine eigene Wohnung die wesentliche materielle Basis für soziale Verselbständigungsprozesse junger Menschen ist[8].

– Zum anderen aus der Analyse und Bewertung der gegebenen Arbeitssituation, also der aktuell erreichten Kennziffern zur durchschnittlichen Verweildauer unter 6 jähriger Kinder in Heimerziehung (x) oder dem Anteil der betreuten über 17 Jährigen in eigener Wohnung (z). Werden im ersten Fall z.B. 40 % erreicht und im zweiten 50 %, so ist zu diskutieren, ob überhaupt und in welcher Größe in einer Periode, i.d.R. ein Jahr, Veränderungen angestrebt werden sollen, also z.B. den Anteil der über 17-Jährigen in eigener Wohnung von 50% auf 60% gesteigert werden soll.

Das Beispiel zeigt deutlich, daß Kennziffern für Arbeitsbereiche, in den Prozesse der Beratung und sozialen Unterstützung gestaltet werden, keine schlichten Richtwerte sein können, die ohne Ansehen der konkreten örtlichen Fachkonzepte und Arbeitssituation, der Bedarfslagen und Angebote normieren und messen wollen, was richtig und effektiv ist. Nur als Ergebnis eingehender fachlicher und politischer Diskurse kommen Kennziffern zustande, die vereinbarte Prüfkriterien dafür sein können, ob die für richtig und passend erachteten Zielsetzungen auch erreicht werden konnten. Abweichungen sind kein Anlaß zum Tadel, sondern zu produktiven Frage nach dem Warum: Lag es daran, daß die Vereinbarung doch nicht paßte? Lag es an mangelhaften Angeboten, an zu geringer Qualifikation der Mitarbeiter, an ihrer Überlastung, an unzureichender Wahrnehmung von Leitungs- und Beratungsaufgaben, an ...?

Vereinbarte Kennziffern, wie die im Beispiel vorgestellten, sollen also Prüfkriterien sein, die auf Erfolge ebenso wie auf unzureichende Arbeitssituationen oder mangelhafte Qualität aufmerksam machen und die Fragen nach dem Warum provozieren. Eine Kinder- und Jugendhilfe, die zuverlässig und verbindlich dem Anspruch qualifizierter Beratung, Unterstützung und Hilfe genügen will, braucht solche nachvollziehbaren Zielvereinbarungen und Prüfkriterien, sonst ist sie den Auseinandersetzungen mit Verwaltungsspitze und Politik um die Zuteilung von Geld und Personal auf Dauer nicht gewachsen. Denn hier treffen sich Jugendhilfeplanung und Verwaltungsmodernisierung unter dem Stichwort „Neue Steuerung" im Jugendamt: ein Arbeitsbereich, der mit viel Aufwand Analyse und Programmentwicklung betrieben hat, der auf dieser Grundlage zu Einschätzungen von Handlungs- und Finanzbedarf gekommen ist, muß sich auch an den so erzielten Ergebnissen messen lassen. Zielsetzungen und Zielvereinbarungen ohne die Möglichkeit, das Erreichen dieser Ziele auch fachlich und politisch nachvollziehbar überprüfen und darstellen zu können, sind unglaubwürdig und nähren die immer vorhandenen Zweifel oder populistischen Vorbehalte gegenüber solchen rationalen Konzepten der Aushandlung und des Ausgleichs sozialer Interessen in einem demokratischen Gemeinwesen.

6. Fazit: Es bleibt ein Weg auf schmalem Grat zwischen Instrumentalisierung und Selbstbehauptung

Die Chance, das risikoreiche und in seinen Erfolgsaussichten längst nicht ausgelotete Projekt „Verwaltungsmodernisierung durch Neue Steuerung" im Jugendamt zu realisieren, kann, so unsere praktischen Erfahrungen, zu einen Qualifizierungsschub und zu mehr Anerkennung und Selbstbewußtsein für das Jugendamt in einer Kommunalverwaltung führen. Das ansonsten der Administration eher fremde Fachamt für sozialpädagogische Angelegenheiten traut sich an die Realisierung eines rationalen Konzeptes moderner Kommunalverwaltung, das auch für die anderen Ämter noch mit vielen Unbekannten und erheblichen Umsetzungsproblemen behaftet ist.

Aber das komplexe und anspruchsvolle Vorhaben, zielgerichtet den Einsatz von personellen und finanziellen Ressourcen zu vereinbaren, ist für die Sozialpädagogik und Jugendhilfe nicht so neu, wie vielleicht für ein Straßenverkehrs- oder Einwohnermeldeamt. Sowohl in den unmittelbar fallbezogenen Aufgaben der Hilfeplanung (§ 36 KJHG) wie im verbindlichen Auftrag zur Jugendhilfeplanung als Teil der Gewährleistungsverantwortung der Kommune (§§ 79 und 80 KJHG) gehören solche rationalen Verfahren

- der Aushandlung von Zielsetzungen,
- der Vereinbarung hierfür jeweils konkret erforderlicher Ressourcen - im wesentlichen Arbeitszeit von Fachkräften und Sachmittel - und
- die Verständigung auf Kriterien und Zeitpunkte für eine laufende Überprüfung und Revision

zum Bestand der professionellen Kompetenzen und Arbeitsweisen.

Das Projekt „Neue Steuerung" verlängert diese professionell zumindest vom fachlichen und gesetzlichen Anspruch her vertrauten Planungs-, Reflexions- und Überprüfungverfahren in die Dimension einer verbindlichen Organisationsgestaltung, die weit über den internen Betrieb des Jugendamtes hinausgeht und insbesondere die Schnittstellen zu den Querschnittsämtern sowie zur Verwaltungsspitze und Politik neu bestimmt.

Aber auch hier hat das Jugendamt durch seine traditionsreiche Zweigliedrigkeit von Jugendhilfeausschuß und Verwaltung einen erheblichen Vorsprung vor anderen Ämtern: Kontraktmanagement mit der Politik und Verwaltungsspitze gehört - leider häufig nur formal - zur bereits seit Jahren erprobten Praxis örtlicher Jugendhilfe.

Allerdings gäbe es ohne die knappen Kassen der Kommunen und die Angst vor dem sozial- und kommunalpolitischen Kollaps diese Chancen zu einer nachhaltigen Organisationsveränderung mit dem Ziel einer deutlichen Stärkung der fachlichen Eigenständigkeit des Jugendamtes nicht, so unsere Behauptung und Erfahrung. Die Verbindung von knappem Geld und fachlich gewollten Veränderungen macht die Gefahr und das besondere Risiko der Verknüpfung von Fachplanung und Organisationsmodernisierung deutlich. Zu befürchten ist der Versuch, wohlmeinende Fachkräfte zu instrumentalisieren mit dem Versprechen:

„Ihr dürft jetzt über das Geld selbständiger verfügen, aber dafür ist es weniger und es müssen mehr Aufgaben und bitte auch noch nachprüfbarer als bisher damit erledigt werden."

So banal wird es kaum gesagt, aber die Botschaft ist zu häufig unverkennbar. Daher noch einmal unsere Forderung und Erfahrung:

Keine Einführung „Neuer Steuerung" im Jugendamt, ohne ein mit Fachkräften und freien Trägern abgestimmtes und beteiligungsorientiert gestaltetes Verfahren kommunikativer Jugendhilfeplanung.

Hier werden Situation und Bedarf verhandelt, hier werden fachliche und kommunalpolitische Ziele vereinbart, wird fachlich und kommunalpolitisch über Geld entschieden und hier wird vereinbart, von wem und woran überprüft wird, ob die gewollten Ziele erreicht werden können.

Aber es spricht auch viel für die Gegenrechnung: Wo möglich sollte eine verbindliche Fachplanung mit gezielten Projekten einer aufgabenorientieren Neugestaltung der Arbeitsabläufe und des Organisationsgefüges der Kommunalverwaltung verbunden werden; wenn „Neue Steuerung" der zeitgemäße Weg hierzu ist, dann muß er beschritten werden, trotz aller Risiken. Auf diesem Weg kann aktuell die Chance gewahrt werden, für die Inhalte einer qualifizierten Jugendhilfe angemessene Formen öffentlicher Verwaltung zu entwickeln und durchzusetzen.

Es gibt eben keinen Inhalt ohne Form...

Anmerkungen

1 Siehe zusammenfassend: Gerhard Banner: Von der Behörde zum Dienstleistungsunternehmen; Vortrag auf dem KGSt-Forum; in: VOP, Heft 1/1991, S. 6-11.

2 Siehe hierzu: Landschaftsverband Westfalen-Lippe (Hrsg.): Praxishilfe zur Jugendhilfeplanung unter Berücksichtigung sozialräumlicher Orientierung; erarbeitet vom Institut für soziale Arbeit e.V., Münster 1995.

3 Vgl. hierzu: Erwin Jordan/Reinhold Schone: Jugendhilfeplanung aber wie? Eine Arbeitshilfe für die Praxis; Münster 1992.

4 Siehe u.a. Beitrag von Schrapper in diesem Band.

5 Siehe u.a.: Reinhart Wolff: Strategische Provokationen zum Qualitätsmanagement in der Sozialarbeit, in: Forum für Kinder- und Jugendarbeit 9/1995, S. 15-18; Arbeitstagung des Landesjugendamtes für leitende Mitarbeiter/-innen der Jugendämter in Westfalen-Lippe zum Thema Qualitätsmanagement an 26.9.1995.

6 Siehe hierzu: Joachim Merchel/Christian Schrapper: Hilfeplanung gem. § 36 als fachliche und organisatorische Herausforderung an das Jugendamt, in: Nachrichtendienst des Deutschen Vereins für öffentliche und private Fürsorge; Heft 4/1995, S. 151-156; Marion Dedekind: Hilfeplan § 36 KJH. Ergebnisse der Umfrage des AFET-Fachausschusses, in AFET Mitglieder-Rundbrief 3/1995, S. 19/20; Friedrich-Wilhelm Rebbe: Der Hilfeplan nach § 36 KJHG als Steuerungselement einer outputorientierten Jugendhilfe, ebenda, S. 38-43; Franz Petermann/Martin Schmidt (Hrsg.): Der Hilfeplan nach § 36 KJHG. Eine empirische Studie über Vorgehen und Kriterien seiner Erstellung; Verband katholischer Einrichtungen der Heim- und Heilpädagogik, Beiträge zur Erziehungshilfe ', Band 10, Freiburg 1995.

7   Vgl. grundsätzlich: Urie Bronfenbrenner: Die Ökologie der menschlichen Entwicklung. Natürliche und geplante Experimente; Frankfurt/M. 1989; für die Heimerziehung: Peter Flosdorf: Die Bedeutung der Unterbringung außerhalb der Familie für Kinder und Jugendliche; Kleine Schriften des Deutschen Vereins für öffentliche und private Fürsorge Nr. 44, Frankfurt/M. 1972.

8   Norbert Wieland u.a.: Ein Zuhause - kein zuhause. Lebenserfahrungen und Lebensentwürfe heimentlassener junger Erwachsener, Freiburg 1992.

Kapitel 4

Norbert Struck

Neue Steuerungsmodelle in der Jugendhilfe aus der Sicht freier Träger

> „Der medial-politische öffentliche Komplex erzeugt
> also Wirklichkeit durch Fiktion und
> läßt Wirklichkeiten, die er nicht benennt,
> zu Fiktionen werden."
> *Barbara Holland-Cunz* („Die Marginalisierung
> der deutschen Frauenbewegung nach 1989",
> Frankfurter Rundschau, 6. 12. 1994)

1. Einleitung

Mit großer Wucht sind in den letzten Jahren Anforderungen, die sich aus den „neuen Steuerungsmodellen" kommunaler Verwaltungen ergeben, auf die Jugendhilfe niedergegangen. Mittlerweile haben sie vielerorts auch die freien Träger der Jugendhilfe - oft in verwirrenden Formen - erreicht. Da flattern ihnen Aufforderungen ins Haus, ihre Produktbeschreibungen für den nächsten Fördermittelantrag einzureichen, da werden sie aufgefordert, mit der Kommune neue Verträge über die zu erbringenden Leistungen und entsprechende Entgelte einzugehen und da ergehen Anforderungen, operationalisierte und quantifizierte Leistungsnachweise zu erstellen. Manche reiben sich dann verwundert die Augen und wissen nicht, welche praktischen Folgen das jeweilige Tun oder Lassen hat, andere knüpfen nahtlos an den letzten Managementkurs an und erhoffen sich Startvorteile durch ein schnelles Aufspringen auf den rasant an Fahrt gewinnenden Zug. Aber auch sie wissen letztlich nicht genau, ob sie auf den Zug springen oder sich vor ihn werfen.

Das m. E. zentrale methodische Problem bei der praktischen Einschätzung dieser Prozesse besteht darin, daß in den Diskussionen vernachlässigt wird, daß auf der Basis von *Konstruktionen sozialer Wirklichkeit* mit hohem Abstraktheitsgrad *Modelle der Steuerung sozialer Prozesse* entwickelt werden, die ihre eigenen Ausblendungen und Fiktionen und die herrschaftsvermittelte Implementation ihrer Modellannahmen nicht mehr zum Gegenstand empirischer Analysen machen. Insofern ist es dringend notwendig, sich die Ebenen der Problemdefinition und der entwickelten Lösungsmodelle bewußt zu machen und sie mit jugendhilfespezifischen Problemdefinitionen und Lösungsansätzen zu konfrontieren. Hierbei scheint es mir von zentraler Bedeutung zu sein, die für die Organisation der öffentlichen

Verwaltungen entwickelten Lösungsmodelle nicht unbesehen auf Bereich der freien Träger zu übertragen, die gerade im Bereich der Jugendhilfe nur in Einzelfällen nach dem Modell großer bürokratischer Organisationen operieren. Die bisher häufig anzutreffenden modellbezogenen Problembeschreibungen haben z. T. den Charakter eines generalisierten Verdachts - z.B. mangelnder Effizienz und Effektivität, zu hoher Kosten -, der erst einmal an einzelnen Gegenstandsbereichen zu überprüfen wäre, bevor er unbesehen zum Ausgangspunkt für flächendeckende Veränderungsstrategien wird.

Handlungsstrategisch stellt sich m.E. vor allem das Problem, daß der Implementationsprozeß der Reform der öffentlichen Verwaltung in einem schier unentwirrbaren Geflecht von widersprüchlichen strategischen Vorgaben, reformerischen Selbstverständnissen und Definitionsmächten vollzogen wird. Die Resultate dieser Reform werden sich hinter dem Rücken der ReformerInnen herstellen. Sie handeln aber im Bewußtsein ihrer Gestaltungsmacht und ihrer guten Absichten. Das belastet den Dialog mit ihnen nicht unerheblich. Sieht man einmal von den Handelnden ab, die bewußt anderes wollen als sie sagen, so muß mit den Handelnden, die tun wollen, was sie sagen, in einen äußerst fragilen Dialog eingetreten werden, in dem ständig in Frage steht, ob sie wirklich tun, was sie tun wollen. Hinzu kommt, daß häufig die Identifikation mit der Notwendigkeit von Einsparungen das Eintrittsticket für den Dialog ist. Dieses Ticket kann aber, wer ernsthaft an einer qualitativen Weiterentwicklung der Jugendhilfe interessiert ist, oft nicht lösen. Denn es gibt zwar sicherlich Bereiche, die kostengünstiger und effizienter organisierbar sind, aber ich bezweifle die Gültigkeit der Vorannahme, daß mit geringerem Mitteleinsatz gleiche oder bessere Effekte erreichbar sind, wenn sie diskussionslos auf alle Bereiche der Jugendhilfe angewandt wird.

Ich werde im folgenden einige Kontexte der gegenwärtigen Diskussionen um neue Steuerungsmodelle in der Jugendhilfe skizzieren, um anschließend anhand der Arbeiten, die die Kommunale Gemeinschaftsstelle (KGSt) bisher zum Konzept der neuen Steuerung vorgelegt hat, einige Implikationen dieses Konzeptes für die freien Träger der Jugendhilfe herauszuarbeiten. Schließlich werde ich versuchen, Optionen und Handlungsmöglichkeiten freier Träger zu diskutieren.

2. Kontexte

Der Ausweitung der Armutspotentiale in Deutschland (vgl. Hanesch u.a., 1994) korrespondiert eine zunehmende Erosion sozialstaatlicher Garantien: „Um so mehr Menschen auf Sozialhilfe angewiesen sind, um so mehr steht diese auch in einer reichen Gesellschaft zur Diskussion und wird darüber hinaus auch noch gerne als gesellschaftliche Disziplinierungsmaßnahme zur Begrenzung von Arbeitskosten genützt." (Allemeyer, 1995, S. 2) All dies vollzieht sich innerhalb eines „gesellschaftlichen Kältestroms" (vgl. Negt, 1994), innerhalb dessen bisher Selbstver-

259

ständliches nicht mehr gilt und Klagen über mangelnde Solidarität, nachlassende Sorgfalt im zwischenmenschlichen Umgang immer stärker das öffentliche Selbstbild dieser Gesellschaft prägen. Dabei verschieben sich auch die gesellschaftlichen Legitimationsmuster und Wahrnehmungsformen. Lothar Böhnisch spricht in diesem Zusammenhang von einer „Ökonomisierung der gesellschaftspolitischen Legitimation", durch die Wirtschaftspolitik als „Industriepolitik" sich immer weiter von der Sozialpolitik entfernt mit der Konsequenz, daß „Beschäftigungskrisen und Arbeitslosigkeit ... als 'Strukturgesetzlichkeiten' des wirtschaftlichen Erneuerungsprozesses hin zu steigender Produktivität (bei weiter stagnierender oder fallender Erwerbsquote) vor der sozialpolitischen Kritik immunisiert" werden (Böhnisch, 1994, S. 17). Im Kontext dieser Entwicklungen wird versucht, den „Standort Deutschland" in der internationalen Konkurrenz durch Lohnkostensenkungen, Produktivitätssteigerungen, die Reduzierung von Unternehmenssteuern und die Senkung der sog. Soziallasten sattelfest zu machen. Dazu bedarf es drastischer Einsparungen auf allen Ebenen der öffentlichen Verwaltungen. Und auf all diesen Ebenen sollen diese Einsparungen mit einer grundlegenden Reform des öffentlichen Dienstes Hand in Hand gehen. Auf der Bundesebene steht am Anfang der Koalitionsvereinbarung für die laufende Legislaturperiode die Forderung nach einer Reform des öffentlichen Dienstes hin zu einem „schlanken Staat". Auf Landesebene hat z.B. in Bayern im Januar 1994 die Kommission „Zukunft des öffentlichen Dienstes" ihren Abschlußbericht mit ihren Reformvorstellungen dem Parlament vorgelegt. Aus Schleswig-Holstein meldet sich Heide Simonis mit Forderungen nach einer Grundgesetzänderung zu Wort (s. DER SPIEGEL, 2/95), um der Widerspenstigkeit des Beamtenrechts gegen Strukturveränderungen des öffentlichen Dienstes den Boden zu entziehen. Und auf der kommunalen Ebene sind es vor allem die Gutachten der KGSt, die seit 1991 die Diskussionen um die Reform der Kommunalverwaltung mit einem rasch stärker werdenden frischen Wind versehen haben.

Wenngleich unübersehbar die Krise der öffentlichen Finanzen der entscheidende Auslöser für diese Reformdiskussionen ist und Einsparabsichten das zentrale Motiv aller Überlegungen bilden, so gibt es aber auch darüber hinausgehende Reformerfordernisse, die auch von der größten ArbeitnehmerInnenorganisation des öffentlichen Dienstes, der ötv, eingeklagt werden. So stellte z.B. der neugewählte ötv-Chef, Herbert Mai, fest: „Der Handlungsbedarf ist in allen öffentlichen Verwaltungen groß. Wichtig ist die Veränderung der inneren Strukturen: Es geht darum, Arbeitsabläufe anders zu gestalten, Hierarchien abzubauen und die Eigenverantwortung innerhalb der öffentlichen Verwaltung zu stärken. Schnellere Abläufe, schnellere Entscheidungen bringen Bürgernähe und damit auch eine wirtschaftlichere und qualitativ bessere Dienstleistung." (Neue Presse, 19.1.95)

Auch den Bürgern ist der Reformbedarf unmittelbar plausibel - das ergibt sich schon aus den Beamtenwitzen, dem Unmut über zu hohe Steuern und vielen Alltagsklagen über den Umgang mit Behörden. Aber auch MitarbeiterInnen in den

Ämtern können mühelos Beispiele erzählen für Dysfunktionalitäten und Irrationalitäten der Ablauf- und Aufbauorganisation öffentlicher Verwaltungen, und die Beispiele für die Posseneffekte der Kameralistik und zentraler Beschaffungsämter sind zahlreich und reichen von Verwicklungen bei der Toilettenpapierversorgung bis hin zur Antwort auf die Frage, wieviel kostet die Wiederbeschaffung eines zerstörten Stuhls in einem Kinderheim in öffentlicher Trägerschaft real, wenn die Personalkosten der verschiedenen Entscheidungsprozesse eingerechnet werden.

Im Hinblick auf die Dispute um die neuen Steuerungsmodelle in der Jugendhilfe muß aber noch ein anderer Themenstrang wahrgenommen werden, der aus der Kritik und Selbstreflexion der Sozialen Arbeit entstanden ist und eine Reihe von Affinitäten zu den Themen und Konzepten z.B. der KGSt-Gutachten aufweist: die Diskussion um die *Jugendhilfe als Dienstleistung*. Sie hat bei den Debatten um die Reform des Jugendhilferechts eine zentrale Rolle gespielt und auch in das Selbstverständnis des KJHG Eingang gefunden, das sich in Abgrenzung von der ordnungsrechtlich geprägten Struktur des Jugendwohlfahrtgesetzes als modernes Dienstleistungsgesetz versteht. Auch der 9. Jugendbericht greift in seinem fachpolitisch zentralen letzten Kapitel diesen Begriff auf und formuliert „Gesamtdeutsche Perspektiven: Jugendhilfe als Dienstleistung". Für die AutorInnen stellt sich die Perspektive so dar: „Verknüpft man die neuen Wege in der Reflexion sozialer Probleme sowohl im Erfahrungsbereich der westdeutschen als auch der ostdeutschen Jugendhilfe miteinander, so werden Ansätze einer gesamtdeutschen Perspektive sichtbar, die für die Jugendhilfe auf eine übergreifende und umfassende Orientierung als Dienstleistung hinauslaufen." (9. Jugendbericht, 1994, S. 582)

Den Kern der damit verbundenen Intentionen kann man in einer neuen Ausgestaltung des Verhältnisses von Organisationsformen der Leistungserbringung zu den AdressatInnen sehen: „Unabhängig davon, ob Hilfe und Unterstützungsleistungen freiwillig nachgefragt oder die Kompensationsleistungen durch die Jugendhilfe selbst eingeleitet werden, ist von entscheidender Bedeutung, inwieweit eine Entsprechung zwischen den Bedürfnislagen der jungen Menschen und den Angeboten bzw. Maßnahmen der Sozialen Arbeit vorliegt." (ebd., S. 583) Gefordert werden insofern „grundsätzlich veränderte Funktionsbestimmungen und Organisationsmodelle, die flexible, problemangemessene und lebenslagenbezogene Präventions- und Interventionsformen der Jugendhilfe ermöglichen" (S. 584). Nur wenn Jugendhilfe sich im Hinblick auf ihre Organisationsentwicklung durch zunehmende Rationalität flexibilisiere, sich im Hinblick auf ihre Kompetenzentwicklung durch zunehmende

Reflexivität qualifiziere und im Hinblick auf ihre Angebotsentwicklung sich durch vermehrte Responsivität und erweiterte Partizipationsperspektiven zur Dienstleistung hin entwickle, sei sie in der Lage, die sich aus veränderten Problemlagen, Individualisierungs- und Pluralisierungsprozessen ergebende problematische Identitätsfindung von jungen Menschen hinreichend zu unterstützen.

Es ist unübersehbar, daß viele Themen der beiden Diskussionslinien - „Reform der öffentlichen Verwaltung" und „Jugendhilfe als Dienstleistung" - sich überschneiden - bis hin zum in beiden Zusammenhängen zentralen Dienstleistungsbegriff, denn auch die KGSt z.B. reklamiert für ihr Projekt die Formel „Von der Behörde zum Dienstleistungsunternehmen". Auffällig ist natürlich, daß im Kontext der Reform des öffentlichen Dienstes insbesondere Einsparabsichten die Motivlage dominieren, während im Kontext der Jugendhilfe als Dienstleistung fachliche und adressatenbezogene Motive vorherrschen. Dennoch: die Einsparabsichten bedienen sich in nicht unerheblichem Umfang der Begrifflichkeiten und Themen der Dienstleistungsdiskussion und erschweren so die Wahrnehmung von Differenzen. Aber gerade von zwei ProtagonistInnen der „Jugendhilfe als Dienstleistungs"-Diskussion und MitschreiberInnen des 9. Jugendberichts, Hans-Uwe Otto und Karin Böllert kommt der erste kräftige Einwand gegen die „neue-Steuerungs"-Euphorie. In einem Kommentar konstatieren sie: „Die Soziale Arbeit in der öffentlichen Verwaltung wird unter dem allgemeinen Beifall einer bürokratisch strapazierten Öffentlichkeit einem sogenannten Modernisierungsdruck der Hauptämter, der KGSt und diverser marktökonomisch orientierter Unternehmensberatungen ausgesetzt, dem nur sehr vereinzelt Widerstand, geschweige denn konstruktive Alternativen entgegengesetzt werden können. Dabei wird ganze Arbeit geleistet durch die Verrechenbarkeit von beruflichen Handlungen in Produkte, durch die Verschlackung des als überflüssig deklarierten Personals aufgrund von betriebswirtschaftlich statt fachlich fixierten Bearbeitungsparametern sowie durch die Aufweichung von Kosten für die Pflichtaufgaben, indem Qualitätsstandards abgesenkt werden. Insgesamt führt dies zu einer - vermeintlich legalen - Aushöhlung sozialstaatlicher Leistungen, auf die die Bürger und Bürgerinnen einen Rechtsanspruch haben. Insbesondere die Jugendhilfe ist zu einem Erprobungsfeld outputorientierter Verwaltungsleistung geworden, wobei unter der hand ein aggressiver Paradigmawechsel der Sozialen Arbeit stattfindet, als die Implementation einer Dienstleistungsarbeit, die diesen Namen nicht verdient. Dieses politisch so gewollte Ergebnis wird offensichtlich weitgehend erreicht, wodurch sich für die Soziale Arbeit vielfach ein berufliches Desaster durch unzureichende Ausstattung, fehlende Finanzmittel und persönliche Pressionen abzeichnet und als Konsequenz hieraus nur noch ein Minimalprogramm gefahren werden kann." (Otto/Böllert, 1994, S. 444)

Und auch der Einspruch, den die Redaktion der Zeitschrift „Widersprüche" formuliert, gerät heftig: „Während die wissenschaftlich-politische Diskussion mit der Erörterung des Für und Wider des Dienstleistungskonzepts beginnt, bahnen sich smarte Dienst- und Amtsstellenleiter sowie alerte Jungprofessionelle mit dem Vokabular der aufs Soziale angewendeten Betriebswirtschaft ihre Karrierewege. Die Klientin wird zur 'Kundin', das Jugendamt zum modernen 'Dienstleistungsunternehmen', der Haushalt zum 'Budget', die Interaktion von Adressat und Professionellen zum 'output', organisatorische Tätigkeiten zum 'Management' usw.

Das Dilemma dieser vermutlich nur noch psychologisch zu erklärenden Adaption professionsexterner Begrifflichkeiten ist, daß die offensichtlichen Bemühungen, einen 'schlanken Sozialstaat' mithilfe eines entliehenen Jargons eine modernistische Begriffsfassade zu verpassen, eine normative Faktizität produzieren, auf die jene Kritik vollständig zutrifft, die im Dienstleistungskonzept die Vernebelung eines rationalisierten und herrschaftlichen Sozialstaates vermutet." (Redaktion Widersprüche, 1994, S. 6)

Es lohnt sich also, die Vorschläge zur output-orientierten Steuerung der Jugendhilfe genauer unter die Lupe zu nehmen, Lyrik von 'hard facts' zu trennen, sie hier insbesondere auf ihre Implikationen für die freien Träger der Jugendhilfe hin zu analysieren, um daraus praktische Erfordernisse für freie Träger abzuleiten und zu fragen, welche Kontexte von ihnen in diese Debatte eingebracht werden müssen, um die gegenwärtigen Diskussionen fachlich produktiv zu wenden und einem elegant verpackten Sozialabbau entgegenzuwirken.

3. Kritik der outputorientierten Steuerung der Jugendhilfe

3.1 Das Konzept der outputorientierten Steuerung der Jugendhilfe

Seit 1991 hat die KGSt eine Reihe von Berichten herausgebracht, die sich mit verschiedenen Aspekten und Überlegungen zu einem neuen Steuerungsmodell der öffentlichen Verwaltungen befassen. Das Gutachten zur output-orientierten Steuerung der Jugendhilfe befaßt sich dabei mit einem Segment notwendiger Vorarbeiten zur Umsetzung des neuen Steuerungsmodells im Bereich des Jugendamtes/ der Jugendhilfe. Schon bei dieser Doppelung fangen die Problempunkte des Konzepts an. So werden die Begriffe „Verwaltungssteuerung" und „Steuerung der Jugendhilfe" synonym verwandt. Und beides zusammengezogen legt auch einen Kern dieses Modells offen: die Verwaltung soll die Jugendhilfe steuern. Es scheint mir nicht unerheblich, daß das ganze Gutachten den Jugendhilfeausschuß mit keinem Wort erwähnt: er hat auch - systematisch gesehen - keinen Ort in diesem Konzept. Dieses Schicksal teilt er übrigens mit der Jugendhilfeplanung, die lediglich Erwähnung findet, um ihr zu bescheinigen, daß sie den Ansprüchen an eine ausreichende Leistungs- und Kostentransparenz zumeist nicht genügt. Die freien Träger als Leistungserbringer hingegen finden einmal Erwähnung, galt es doch, sie zwecks übersichtlicher Führung von Leistungs- und Kostenvergleichen angemessen zu erfassen. (vgl. KGSt 9/1994, S. 17)

Doch sehen wir uns zunächst das Entrée des Berichts an: „Outputorientierte Steuerung bedeutet, die Planung, Durchführung und Kontrolle des Verwaltungshandelns strikt an den beabsichtigten und tatsächlichen Ergebnissen auszurichten. Outputorientierte Steuerung ist damit eine wesentliche Voraussetzung zur Gewährleistung von Bürgernähe, Leistungsfähigkeit und Wirtschaftlichkeit der Kommunalverwaltung." (ebd., S. 7) Dieser erste Satz des Gutachtens weckt falsche Erwartungen. Erwartbar wäre ein Bericht, der diskutiert, an welchem Ort denn die „beabsichtigten Ergebnisse" definiert werden, welches Prozedere dazu entwickelt werden könnte und was denn Kriterien „tatsächlicher Ergebnisse" sind und wie, von wem darüber befunden werden soll. Erwartbar wäre auch, daß Beteiligungselemente entwickelt werden, durch die „Bürgernähe" erzeugt werden soll, Kriterien dafür, wie der Einfluß der Leistungsberechtigten auf den Prozeß der Leistungserbringung sichergestellt werden kann und was in diesem Kontext Leistungsfähigkeit und Wirtschaftlichkeit bedeuten. All diese Fragen diskutiert der Bericht aber nicht. Insofern muß dem Fazit Gaby Flössers zugestimmt werden: „Auch erste Modellprojekte organisatorischer Reform arbeiten häufig nur legitimatorisch mit den Interessen und dem Bedarf der Nachfragenden...Die Dienstleistungsorientierung als neues Prinzip der Gestaltung von Organisationsabläufen bezeichnet in diesen Ansätzen entsprechend eher einen werbewirksamen Titel für Modellprojekte als die Zielperspektive der angestrebten Entwicklung." (Flösser, 1994a, S.149)

Statt dessen wird im Bericht „Outputorientierte Steuerung der Jugendhilfe" eine Systematik der Datenerfassung entwickelt, deren zentraler Bezugspunkt „Produkte" sind. Der strategische Bezugspunkt für die Definition dieser Produkte ist der Informationsbedarf der Fachbereichs- bzw. Amtsleitung: „Die maßgebliche Frage ist: 'In welcher Differenzierung müssen Fachbereichs- oder Amtsleitung routinemäßig über Leistungen in ihrem Verantwortungsbereich informiert sein?' Für diese Ebene wird der Begriff des Produktes verwendet." (KGSt, 9/1994, S. 17) Oberhalb der Produktebene werden sodann Produktgruppen und Produktbereiche definiert. Sie „'verdichten' Produktinformationen unter dem Gesichtspunkt der Steuerungsrelevanz von Informationen oberhalb der Ebene des Fachbereiches bzw. Amtes" (ebd.).

Nun ist es ja im Grunde genommen wenig dramatisch, wenn innerhalb einer Verwaltung versucht wird, den internen Datenfluß zu systematisieren, sicherzustellen, daß wichtige Informationen fließen und daß nicht ständig irrelevante Daten zirkulieren. Für freie Träger jedoch stellen sich in diesem Kontext andere Fragen. Statt im Kontext ihrer umfassenden und frühzeitigen Beteiligung an der Jugendhilfeplanung gemeinsam mit dem öffentlichen Träger Kriterien für aussagekräftige Daten einer qualitativen Bestandserhebung, Methoden der Ermittlung von Bedürfnissen der Leistungsberechtigten in den einzelnen Handlungsfeldern oder auch der Bewertung von Leistungserbringung und der Defizitanalyse zu erarbeiten werden sie schon jetzt in der Praxis mit Fragebögen und Aufforderungen, „Produktbeschreibungen" abzuliefern, traktiert. Nach den Ergebnissen solcher Befragungen sollen sie alsdann „gesteuert" werden. Ein im Grunde unannehmbares Ansinnen, das entsprechend oft mit dem Druck garniert wird, die Förderung sei ohne den geforderten Datenfluß gefährdet. Die öffentliche Verwaltung als Inkarnation des fachlichen Weltgeistes? Immerhin hat das KJHG mit der Jugendhilfeplanung ein Steuerunginstrument normiert und verbindlich vorgeschrieben, das der komplexen Wirklichkeit mit einem komplex austarierten Instrumentarium diskursiver Entscheidungsfindung entspricht. Aber eben auf diese offenen kommunalen Aushandlungsprozesse können sich die Verwaltungssteuerer nicht einlassen.

Ich denke, daß es mehr als ein faux pas ist, wenn die öffentliche Verwaltung das Kategoriensystem der Produktbeschreibungen möglichst standardisieren möchte. Schließlich ist das Ziel, jedem Produkt und jeder Produktgruppe die Kostenrechnung zuzuordnen, um darauf einerseits Budgetierungsverfahren aufzubauen, zum anderen aber auch, um interkommunale feingliedrige Kostenvergleiche durchführen zu können. Als weitere Implikation eines „Produktplans der Jugendhilfe" muß m.E. gesehen werden, daß ein solcher Plan von seinem Anspruch her alle kostenwirksamen Leistungen umfassen muß, er muß total sein. Da die Leistungsbeschreibungen des KJHG zu seiner Grundlage gemacht wurden, verkehrt sich das KJHG leicht in etwas, was es nicht sein kann und will, nämlich in einen abschließenden Kanon denkbarer Jugendhilfeleistungen. Das KJHG formuliert den Auftrag für eine partizipativ und fachlich ausgerichtete Bearbeitung von Problemlagen junger Menschen und ihrer Familien und beauftragt die Jugendhilfe, dazu beizutragen, positive Lebensbedingungen für junge Menschen und ihre Familien sowie eine kinder- und familienfreundliche Umwelt zu schaffen (§ 1 Abs. 3 Pkt. 4 KJHG), und es setzt dazu einen Rahmen. Es ist aber nicht die Bibel der letzten Weisheiten der Jugendhilfe, keine fachliche Anleitung zur Produktion von Gemeinwesenbezügen, zur Verknüpfung und Stärkung von Selbsthilfepotentialen, zu Präventionsangeboten, zur Lobbyarbeit - ja es beansprucht nicht einmal, einen definitiven Kanon von Hilfen zur Erziehung zu definieren, sondern formuliert lediglich Leistungstypen, die dabei „insbesondere" in Betracht zu ziehen sind. Im von der KGSt vorgeschlagenen Produktplan ist aber nicht einmal eine Residualkategorie für andere/neue Hilfen zur Erziehung vorgesehen. Und schon gibt es bei Jugendämtern erste Schwierigkeiten, neue Angebote in die Produktpalette hineinzudefinieren, weil solche Entwicklungen das schöne Schema stören - und überhaupt, die Kommunen sind ja schon jetzt finanziell überfordert und die ganze Mühe gilt doch schließlich Einsparungen, da ist ein Mehr nicht drin - und sei's bei der Zahl der Kategorien. Wie dieses auf bürokratische Bedürfnisse hin zugeschnittene Datenerfassungsschema zu größerer Bürgernähe führen soll, wie Dienstleistungsbedürfnisse der Adressaten diese Basis interkommunaler Kostenvergleiche irritieren können, ist schwer vorstellbar. Ich denke, es ist strukturell verankert, daß das hier von der KGSt vorgeschlagene Verfahren dem diametral entgegengesetzt ist.

3.2 Budgetierung

Wenngleich es in der Betriebswirtschaft anspruchsvollere Definitionen von Budgetierung gibt, ist der Begriff im Rahmen der KGSt-Gutachten nur darauf bezogen, daß die Kosten- und Einnahmefaktoren verschiedener Produkte oder Produktbereiche zu einem Budget zusammengefaßt werden, innerhalb dessen dann die jeweiligen Dezernate oder Fachbereiche weitgehend selbständig ihre Einzelansätze festlegen können. Diese Budgetierung ist zentral für ein wesentliches Motiv der Einführung der neuen Steuerungsmodelle: die Zusammenführung von Fach- und Ressourcenverantwortung. Ohne Zweifel sind Dysfunktionalitäten der Trennung von Fach- und Ressourcenverantwortung strukturell plausibel. Die KGSt beschreibt sie u.a. so: „Den Fachbereichen der Verwaltung ist meist weder ein präziser Leistungsauftrag noch ein strikt definierter Ressourcenrahmen vorgegeben. In der Zeit des Wachstums hat sich daher bei ihnen der Gedanke festgesetzt, daß ihr Budget im Prinzip - auch ohne den eindeutigen Nachweis eines zusätzlichen Bedarfs - vermehrbar ist. Dies hat schwerwiegende Verhaltensfolgen. Nimmt irgendwo in einem Fachbereich die Arbeit zu, ruft die Leitung sogleich nach mehr Ressourcen (Mitarbeiter, Geld, Diensträume usw.) selbst wenn die Mehrarbeit intern durch Maßnahmen der Produktivitätsverbesserung und Ressourcenumschichtung aufgefangen werden könnte. An solchen Maßnahmen ist die Fachbereichsleitung nämlich wenig interessiert. Nach aller Erfahrung fördert nichts die eigene Karriere so zuverlässig wie eine steigende Zahl von Mitarbeitern und ein wachsender Etat. Einsparungen dagegen verfallen am Jahresende und senken im Zweifel die nächste Mittelzuteilung." (KGSt, 5/93, S. 9) So weit so klar. Unter den die KGSt motivierenden Bedingungen der Restriktion kommunaler Finanzmittel jedoch erhält die Budgetierung jedoch ihr Janusgesicht. Pragmatisch betrachtet wird die Budgetierung auf den gewachsenen Haushaltsansätzen aufliegen. Wenn das Ziel der Reformen, die sukzessive Entschuldung der kommunalen Haushalte, erreicht werden soll, wird die Realität der nächsten Jahre so aussehen, daß globale Kürzungssätze für die zur Verfügung gestellten Budgets festgelegt werden, die dann in die Einzelpositionen umzusetzen sind. Gerade hierin sieht die KGSt ja einen entscheidenden Vorteil des von ihr vorgeschlagenen Verfahrens: „Soweit die Budgets unter denen des Vorjahres liegen, müssen die Konsolidierungsvorschläge von den Fachbereichen kommen. Die Akzeptanz ist zwangsläufig stärker gegeben als bisher und das Engagement zur Durchsetzung der erforderlichen Maßnahmen größer." (KGSt, 6/93, S. 8)

Was verändert sich dadurch, wenn doch unabhängig vom zur Konsolidierung gewählten Verfahren die disponible Finanzmasse ohnehin sinken wird, es also zu Einsparungen zwangsläufig kommen wird? Zunächst einmal verschieben sich die politischen Verantwortlichkeiten für die Einzelkürzungen. Der Rat hat faktisch nur noch die zur Verfügung stehenden Deckungsmittel festzulegen und die globale Einsparungsquote vorzugeben. Er ist kein „Gegner" mehr, wenn es um die Politisierung der Gegenwehr gegen einzelne Kürzungs- oder Streichungspositionen geht. Er ist auch kein Ansprechpartner mehr, wenn es um die Deklarierung von Mehrbedarfen geht, denn diese sind innerhalb der gegebenen Budgets durch Umschichtungen zu realisieren. Seine politische Kompetenz beschränkt sich auf die Ansätze, die im Vorabdotierungsverfahren von ihm festgelegt werden. Vorabdotiert, also aus den Budgets vorab herausgezogen, werden die Einnahmen und Ausgaben, „die von den Fachbereichen im Planjahr weder dem Grunde noch der Höhe nach beeinflußt werden können oder sollen" (KGSt, 6/1993, S.7). Nun mag man einwenden, daß auch in der Vergangenheit Politisierungen von Verteilungskonflikten zumeist nur dann erfolgreich waren, wenn sie die eingespielten Filz- und Klientelstrukturen mobilisieren konnten, dennoch muß man wahrnehmen, daß hier strukturell eine neue Machtverteilung zwischen Kommunalpolitik und Kommunalverwaltung eingestielt wird, die die legale Definitionsmacht der Verwaltung erweitert. Zugegeben: gegenüber der herrschenden Praxis sind das nur Verschiebungen um Nuancen, aber angesichts dessen, daß die Verwaltungssteuerung faktisch monetär über die Budgets erfolgt und nicht oder kaum über die Macht der leistungsberechtigten BürgerInnen erfolgt, ist Skepsis angebracht.

Auch im Verhältnis zu den freien Trägern verbirgt die Budgetsteuerung in ihren Mikrostrukturen eine Reihe von Problemen. Die Zuwendungen und Leistungsentgelte für freie Träger sind im jeweiligen Fachbereichsbudget enthalten, das - perspektivisch zumindest - auch die Personalkosten der Fachbereichs-Verwaltung mit umfaßt, denn: „Die erfolgreiche Umsetzung des Budgetierungsansatzes steht und fällt mit der umfassenden Einbeziehung auch und insbesondere der Personalausgaben." (KGSt, 6/1993, S. 13) Die Einbeziehung der Personalkosten in die Budgetierung ist ein Problem, weil hier beamten- und tarifrechtliche und andere arbeitsrechtliche Gegebenheiten zu berücksichtigen sind und weil - was bei der KGSt nicht zur Sprache kommt - massive Eigeninteressen des budgetverteilenden Subsystems der Verwaltung berührt sind. Solche personalpolitischen Hemmnisse bestehen nun aber gegenüber den freien Trägern in dieser Form nicht. Unter den gegebenen Bedingungen und im Hinblick auf die bisher publizierten Konzepte zur output-orientierten Steuerung der Jugendhilfe ist kein struktureller Hemmfaktor für die Verwaltung zu erkennen, der diese hindern könnte, Einsparerfordernisse nicht primär auf die freien Träger abzulenken, deren Fürsorgepflichen gegenüber deren MitarbeiterInnen zwar als moralisierendes Argument in die Verteilungskämpfe eingebracht werden können, aber die harten Pflichten zur Rücksichtnahme bestehen gegenüber den eigenen MitarbeiterInnen der Verwaltung. Nun mag eingewandt werden, daß dieses strukturelle Ungleichgewicht auch jetzt besteht oder daß man so auf keinen Fall verfahren werde, aber eine Veränderung, die sich selbst als Rationalitätserhöhung durch Strukturveränderung versteht, wird sich eine Überprüfung daraufhin gefallen lassen müssen, welche Ungleichgewichte sie schafft, verschärft oder auch nur perpetuiert. Und offensichtlich gibt es hier ein Ungleichgewicht zuungunsten freier Träger, das wahrscheinlich nur dann behebbar ist, wenn die Entscheidungskompetenzen auf einen Jugendhilfeausschuß verlagert werden, der auf einem fachlich kommunizierenden Geflecht von Jugendhilfeplanungsstrukturen aufliegt. (vgl. Bundesarbeitsgemeinschaft der Freien Wohlfahrtspflege, 1994)

3.3 Kontraktmanagement

Kontraktmanagement beinhaltet die Gestaltung der Dienstleistungserbringung durch Verträge zwischen der Verwaltung und den jeweiligen Dienstleistungserbringern, in denen die zu erbringenden Leistungen differenziert erfaßt sind, Mittel der Leistungskontrolle beschrieben sind und Entgelte festgesetzt sind, ebenso wie Vorstellungen von öffentlichen Ausschreibungen benötigter Dienstleistungen, bei denen dann das kostengünstigste Angebot den Zuschlag erhält. Den Hintergrund dieser Vorstellungen bilden grundlegende Verschiebungen im Verhältnis öffentlicher und freier Träger, die nicht auf den Bereich der Jugendhilfe beschränkt sind, sondern alle Bereiche der Sozialen Arbeit umfassen (vgl. Backhaus-Maul/Olk, 1994; Allemeyer, 1995). Symptome dieses Wandels sind insbesondere die Neuregelungen des BSHG wie auch die Regelungen des Pflegeversicherungsgesetzes, als dem 'modernsten' Sozialleistungsgesetz. Backhaus-Maul und Olk fassen die Grundstruktur dieses Veränderungsprozesses so zusammen: „Läßt bereits die Entkonfessionalisierung und Bürokratisierung der Wohlfahrtsverbände ihren Sonderstatus prekär werden, so sorgt heute insbesondere der europäische Binnenmarkt für eine weitere Relativierung der bedingten Vorrangstellung verbandlicher Wohlfahrtspflege. Diese Tendenz fällt zusammen mit veränderten ordnungspolitischen Strategien, die eine 'Verschlankung sozialstaatlicher Leistungen' anstreben und die Delegation öffentlicher Aufgaben auf nichtstaatliche Träger durch Deregulierung etablierter Beziehungsmuster zwischen Sozialstaat und Wohlfahrtsverbänden vorantreiben." (Backhaus-Maul/Olk, 1994, S. 131) Die konkreten Perspektiven hinsichtlich neuer Formen der Vertragsgestaltung zeichnen die beiden Autoren so: „Im Sinne eines 'contracting out' werden leistungsfähige freie Träger mit der Erbringung öffentlicher Aufgaben beauftragt, wobei sich zwischen Staat und freien Trägern als Auftragnehmern ein Vertragsverhältnis entwickelt, in dessen Mittelpunkt Wirtschaftlichkeits- und Qualitätsstandards stehen, die in pluralistisch besetzten Gremien ausgehandelt werden. Das Verhältnis zwischen den verschiedenen freien Trägern ist dadurch bestimmt, daß zwar ein bedingter Vorrang von Wohlfahrtsverbänden bei der Schaffung von Einrichtungen fortbesteht, allerdings werden im konkreten Prozeß der Leistungserbringung alle beteiligten freien Träger, insbesondere Wohlfahrtsverbände und privatgewerbliche Unternehmen in Konkurrenz miteinander um Wirtschaftlichkeits- und Qualitätsstandards gesetzt. In diesem neuen Arrangement zwischen Staat und freien Trägern wird den Wohlfahrtsverbänden die Position von Leistungsträgern zugewiesen, die sich als Vertragsnehmer in Konkurrenz mit insbesondere privatgewerblichen Anbietern behaupten müssen." (ebd., S. 130) Im Kontext der von ihnen beschriebenen „Pluralisierung des Begriffs freie Träger" führen die Autoren auch die Veränderungen an, die sich durch das KJHG im Verhältnis zum JWG ergeben haben: „Der Begriff des freien Trägers erfährt im KJHG eine deutliche Erweiterung in Richtung auf gering formalisierte Organisationen, d.h. Vereine, Initiativen und Projekte, die keinem Wohlfahrts- oder Jugendverband angehören." (ebd.)

Dabei stellt sich aber die Frage, ob diese Ausweitung des KJHGs ein Moment des gleichen Prozesses ist, innerhalb dessen z.B. im § 93 BSHG das Wunsch- und Wahlrecht eingeengt wird auf solche Einrichtungen und Dienste, mit denen Verträge abgeschlossen wurden. Mir scheint es sinnvoller, diese beiden Erscheinungen als gegenläufige Prozesse zu betrachten. Das KJHG stellt auf eine Erweiterung des Wunsch- und Wahlrechts ab sowie auf partizipatorische Momente hinsichtlich der Förderkriterien, indem es formuliert: „Bei sonst gleich geeigneten Maßnahmen soll solchen der Vorzug gegeben werden, die stärker an den Interessen der Betroffenen orientiert sind und ihre Einflußnahme auf die Ausgestaltung der Maßnahme gewährleisten." (§ 74 IV KJHG) Es scheint mir kein Zufall, daß in verwaltungsgerichtlichen Entscheidungen oder Urteilen dieser Aspekt der Ermessensbindung bei der Förderung freier Träger bisher kaum zur Sprache gebracht wird. Statt dessen finden sich hier häufiger Kriterien der Effizienz und Effektivität beim Vergleich verschiedener Einrichtungen, die stets die Tendenz aufweisen, das Größere zum Besseren zu erklären (vgl. hierzu z.B. Struck, 1995) Es steht zu befürchten, daß bei der Vergabe von Leistungsaufträgen an freie Träger, in deren „Mittelpunkt Wirtschaftlichkeit und Qualitätsstandards stehen", die gleiche betriebswirtschaftlich verkürzte Perspektive zum Tragen kommt und daß das Kontraktmanagement die normativen Vorgaben der pluralen Gestaltung der Trägerlandschaft und der Beteiligung der Betroffenen aus dem Blick verliert. Das hätte dann allerdings zur Folge, daß die vom KJHG gewollte Öffnung hin zu weniger „formalisierten Organisationen" auf diesem Weg unterlaufen würde.

Es ist nicht die Rechtsform des Vertrages im Gegensatz zum Zuwendungsbescheid, die hier Probleme aufwirft. Sie würde eher noch formal ein Moment der geforderten „partnerschaftlichen Zusammenarbeit freier und öffentlicher Träger" zum Ausdruck bringen, und erlaubt es freien Trägern zumindest dem Prinzip nach, gewisse Formen der Minderung ihres Arbeitgeberrisikos herauszuhandeln, die bei der reinen Zuwendungsfinanzierung versperrt bleiben. Auch wenn die steuerrechtlichen Konsequenzen einer solchen Neugestaltung des rechtlichen Verhältnisses zwischen freien und öffentlichen Trägern noch nicht gänzlich ausgelotet sind, so scheinen sie doch produktiv gestaltbar zu sein. (vgl. Münder, 1994) Es ist die Vorstellung von Ausschreibung und Zuschlag für den Günstigstbietenden, die hier skeptisch macht. Denn entweder werden die Qualitätsstandards so präzise bestimmt, daß kaum noch Spielräume in der Kostenkalkulation bleiben, es sei denn große Träger wollen mit Dumpingangeboten Marktanteile erweitern, oder

Qualitätsstandards werden so vage beschrieben, daß die unterschiedlichen Kosten in der Regel schlicht unterschiedliche Qualitäten ausdrücken und nur ausnahmsweise qualitativ gleichwertige Angebote in Beziehung gesetzt werden. Wenn in letzter Zeit bekannt wurde, daß in grenznahen Gebieten Kinderheime ins Ausland verlegt werden, um dann Kinder täglich per Bus zur Schule über die Grenze zu fahren, so werden hier Blüten einer Strategie der Angebotsverbilligung deutlich, die mit der fachlichen Maßgabe, soziale Beziehungen der jungen Menschen zu erhalten (§ 80 II Pkt.1 KJHG) aber auch gar nichts zu tun haben, die aber durchaus auf der Linie liegen, kostengünstigsten Angeboten den Zuschlag zu erteilen. Ich denke, daß Konkurrenz durchaus ein struktureller Mechanismus sein kann, der zu verbesserten Dienstleistungsangeboten führt, allerdings ist er das nicht flächendeckend und in jedem Fall. Es kommt also darauf an, jeweils die Rahmenbedingungen genau abzustecken, unter denen Konkurrenz sich fachlich produktiv auswirken kann, und Gestaltungsaufgaben, bei denen sich Konkurrenz dysfunktional auswirkt, nicht diesem Mechanismus zu unterwerfen.

Ich glaube nicht, daß dieses Dilemma dadurch beherrschbar wird, daß dem Jugendamt die Aufgabe der „Definition und Kontrolle der Einhaltung der fachlichen Standards" zugeschrieben wird, wie Gaby Flösser es fordert. (Flösser, 1994b, S. 23) Die Problematik hingegen ist ihr durchaus bewußt, wenn sie einerseits die Voraussetzung wünscht, „daß nicht, durch die Erfordernisse der Kostenkalkulation, ökonomische Kriterien die Fachargumente überlagern" und Gefahren der Dequalifizierung benennt: „Öffentliche Ausschreibungen der zu erbringenden Leistungen, Prüfung der Angebote und die Entscheidung über die Autragsvergabe können zwar auf der Grundlage einer detaillierten Beschreibung der einzelnen Leistungsbestandteile beruhen, die Qualität der Durchführung dürfte trotzdem nur in geringem Maße vorab zu definieren sein. Vielmehr ist erkennbar, daß - im Sinne einer konsequenten marktwirtschaftlichen Orientierung - der Preis ausschlaggebend sein müßte, wer die Auftragserteilung erhält, ein Prinzip, das bei personenbezogenen Dienstleistungen, die extrem kostenintensiv sind, zu problematischen Folgewirkungen führen könnte. Diese liegen vor allem in der nur geringen Chance von Einflußnahmen auf die Personalpolitik und die Gehaltsstrukturen des Auftragnehmers. Gerade in den Bereichen, in denen die Professionalität der Leistungserbringung das entscheidende Qualitätsmerkmal darstellt, könnte diese Entwicklung dequalifizierend wirken." (ebd.)

Es ist übrigens durchaus auch denkbar, daß eine konsequente „Marktorientierung" Angebote der Jugendhilfe erheblich verteuert. Besonders deutlich mag dies am Beispiel der Pflegeeltern werden. Ich denke, daß deren Marktmacht bei konsequenter Marktorientierung stark genug ist, um ein Vielfaches des bisher für ihre Leistungen erhaltenen Preises zu realisieren.

3.4 Controlling

„Controlling" gehört ebenfalls zu den in dieser Diskussion zentralen Begriffen, die aus der Betriebswirtschaft adaptiert wurden. Mit der zum Controlling produzierten betriebswirtschaftlichen Fachliteratur kann man Regale füllen. Die dort beschriebenen und entwickelten Verfahren einer zeitnahen Erfassung von Zielerreichungen und Zielabweichungen zum Zweck frühzeitig korrigierender Steuerungseingriffe haben dabei ihren Schwerpunkt bei monetär definierten Systemzielen. Im Rahmen von Verwaltungshandeln allgemein und der Erbringung sozialer Dienstleistungen im besonderen sind Controllingverfahren in Bezug auf die monetär definierten Ziele aber nur ein Aspekt, der verhältnismäßig unproblematisch ist. Der andere Aspekt bezieht sich auf die Erreichung von nicht monetär ausdrückbaren Zielen, ist im Prinzip hochkomplex und bedarf zu seiner Handhabbarmachung der Reduktion von Komplexität z.B. durch die Bildung von Indikatoren. Daß dieses kein problemloser und konfliktfreier Prozeß ist und daß sich die Eindeutigkeit und der breite Konsens bezüglich der Zielsetzungen in Prozessen der Operationalisierung nur allzu schnell verflüchtigt, weiß man in der Jugendhilfe spätestens seit der Kritik und Verwerfung technologischer Jugendhilfeplanungskonzepte in den 70er Jahren. (vgl. Jordan/Schone, 1992, S. 42f; Merchel, 1994, S. 18ff)

Aber gegen das Credo der neuen Steuerung erscheint die Erinnerung an eigentlich abgeschlossene Debatten ohnmächtig. Dieses Credo formulieren z.B. Brülle/Altschiller exemplarisch so: „Der wachsende Ressourcenbedarf des sozialen Sektors kann auf Dauer weder gesellschaftlich gerechtfertigt noch politisch durchgesetzt werden, ohne den Nachweis meßbarer Wirkungen und deren öffentliche Darstellung". (Brülle/Altschiller, 1992, S. 51) Diese Fetischisierung der „Meßbarkeit" enthält ein nur bedingt umsetzbares Postulat für die soziale Arbeit. Sie enthält allemal das Programm einer Wirklichkeitskonstruktion, der nur noch zugänglich ist, was meßbar und politisch verkaufbar ist, und konstituiert so Ausblendungszusammenhänge. Die Bewertung der Zielangemessenheit der Erbringung sozialer Dienstleistungen kann nur das Produkt aufwendiger kommunikativer Prozesse sein, innerhalb derer ohne Zweifel auch quantifizierend-empirische Verfahren ihren Stellenwert haben können und sollen. Entscheidend dabei ist es aber, daß dieser Prozeß nicht von vornherein mit technokratischen Wahnvorstellungen logisch deduzierbarer Zielableitungsbäume überfrachtet wird, an deren Wurzeln operationalisierte Feinziele stehen, und daß statt dessen die prinzipielle Konflikthaftigkeit und Interessenbezogenheit solcher Aushandlungsprozesse akzeptiert und toleriert wird. Im Rahmen der Diskussionen um die Jugendhilfeplanung sind hierzu ebenso Ansatzpunkte entwickelt worden wie im Rahmen der Diskussionen um Konzepte der Selbstevaluation (vgl. z.B. Heiner, 1994).

Die Gefahren der Konzepte der Leistungskontrolle, wie sie im Kontext der neuen Steuerungsmodelle bisher entwickelt wurden, liegen vor allem in deren rücksichtsloser Verallgemeinerung. Es mag Kennzahlen geben, die über das ein oder andere Produkt durchaus sinnvolle Informationen zur Qualitätskontrolle zur Verfügung stellen, aber nicht alle relevanten Aspekte von Qualität sind in Kennzahlen ausdrückbar. Solche Differenzierungen haben eine praktische Bedeutung, da falsche kategoriale Rahmen durchaus geeignet sind, richtige Praxis zu blockieren oder gar gänzlich zu verhindern.

Die Gutachten der KGSt verhalten sich im Hinblick auf die Beteiligung der MitarbeiterInnen von Verwaltungen auf die Zieldefinitionen sehr ambivalent. Einerseits heißt es: „Ziele können ferner verwaltungsintern vorgegeben oder konkretisiert werden, und zwar durch die Verwaltungsführung, Dezernenten oder Vorgesetzte in den Ämtern." (KGSt, 12/1991, S. 21) Andererseits wird erwogen: „Dies darf wegen der Motivation der Mitarbeiter nicht einseitig geschehen; die Ziele müssen mit den Mitarbeitern erörtert und nach Möglichkeit auch verabredet werden." (ebd.) Für die Jugendhilfe insgesamt jedoch reicht ein solches Vorgehen nicht aus. Hier muß der gesamte Planungs- und Entscheidungsprozeß durch pluralistisch besetzte Gremien gehen. Solange nicht die Orte der Entscheidungsfindung und der Auflösung falscher Entscheidungen in den hier zur Diskussion stehenden Fragen klar bestimmt werden, ist Skepsis angezeigt. Auch hier habe ich die Befürchtung, daß diese Problematik im Verhältnis zu den freien Trägern an Brisanz gewinnt. Innerhalb der Verwaltung stellt sich das Problem einer - gemäß den Operationalisierungen - mangelnden Zielerreichung zunächst als Problem einer erforderlichen Organisationsoptimierung dar. Gegenüber - insbesondere unbequemen - freien Trägern hingegen wird es vermutlich viel schneller zu einer Infragestellung des Angebots generell kommen und damit in einigen Fällen zur Existenzgefährdung des Trägers. Verwaltungsinterne Ressourcen werden ggf. „optimiert", trägerspezifische Ressourcen hingegen sind stärker gefährdet, vernichtet zu werden.

Aber das Thema Controlling enthält noch andere Aspekte. Dem proklamierten Programm der neuen Steuerungsmodelle gemäß müßte das Controlling zentral darauf ausgerichtet sein, die Bedarfs- und Bedürfnisgerechtigkeit der sozialen Dienstleistungen, also die Belange der Adressaten zum Thema zu machen. Die bisherigen Publikationen der KGSt dokumentieren, daß dem nicht so ist. So kommen z.B. die AdressatInnen im Controllingkapitel des KGSt-Berichts 12/1991 nur im Kontext von „Befragungen" vor, die neben anderen Methoden, ergänzend zum grundlegenden Berichtswesen, erwogen werden.

4. Ausblick: KJHG statt KGSt

Die neuen Steuerungsmodelle, wie sie in den Gutachten der KGSt entwickelt wurden, stellen sich ohne Zweifel einer Reihe von Problemen der öffentlichen Verwaltungen. Sie enthalten Elemente, die durchaus geeignet sind, die Rationalität der Erbringung öffentlicher Dienstleistungen zu erhöhen. Sie enthalten aber auch immanente Probleme, die noch ungelöst sind (z.B. die der Vorabdotierungen und der Personalbewirtschaftung) und die bisher in kommunalen Informationsdiensten zu den neuen Steuerungsmodellen zumeist beschönigt bzw. unterschlagen werden. In solchen Auslassungen der Infodienste kommen ideologische Tendenzen zum Vorschein, die skeptisch machen im Hinblick auf die Ernsthaftigkeit des selbstgesteckten Zieles, durch den Abbau bürokratischer Dysfunktionalitäten die Motivation der MitarbeiterInnen zu erhöhen und so zu effektiveren und effizienteren Formen der öffentlichen Dienstleitungserbringung zu gelangen.

Skeptisch macht weiterhin, daß die proklamierten adressatenbezogenen Komponenten der neuen Steuerungsmodelle bisher nur in den Präambeln ihr Dasein fristen und bisher nirgends systematisch entfaltet werden. Sie scheinen bisher zur Lyrik des Modells zu gehören, die im Hinblick auf die 'hard facts' entbehrlich erscheint, bzw. nur als schmückendes Beiwerk dann herangezogen wird, wenn es politisch opportun erscheint.

Zur Steuerung „der Jugendhilfe" scheinen mir die neuen Steuerungsmodelle allerdings weder entwickelt noch geeignet. Die Gestaltung der kommunalen Jugendhilfelandschaft, ihrer Angebotsstruktur, ihrer Entscheidungskultur und ihrer Handlungsfähigkeit wirft andere Probleme auf als die der Handlungsrationalität der öffentlichen Verwaltungen. Für sie sind vordringlich die Fragen der Bedarfs- und Bedürfnisgerechtigkeit ihrer Angebote und Strukturen und die darauf bezogene Entwicklung und Sicherung fachlicher Standards. Dabei sind sozialstaatliche Verpflichtungen ebenso zu berücksichtigen wie auf Pluralität zielende Gestaltungsnormen, deren Einlösung nicht durch Marktmechanismen sichergestellt werden kann.

Für die Bearbeitung und Lösung dieser Probleme hat das KJHG mit seinen Beteiligungsnormen und -strukturen im Prinzip angemessene - wenngleich verbesserungsfähige - Instrumente zur Verfügung gestellt. Diese Instrumente haben bisher noch viel zu wenig Gestaltungskraft entfaltet. Die Jugendhilfeplanung z.B. wird bisher nur selten normgemäß ausgestattet und strukturiert. Sie ist aber der angemessene Ort von Entscheidungsfindungen als Resultat von Aushandlungsprozessen, in denen fachliche Perspektiven, Verwaltungshandeln und die Perspektiven freier Träger und der Adressaten aufeinander bezogen werden können. Auch die Entwicklung der Hilfeplanungsverfahren bleibt in der Praxis z.Zt. noch hinter den KJHG-Intentionen einer erweiterten Gestaltungsmacht der jungen Menschen und ihrer Eltern zurück. Statt dessen wird immer massiver versucht, dieses auf Partizipation hin angelegte Element des KJHG in ein fiskalisch dominiertes Steuerungsinstrument zu transformieren. Aus einer fachlichen Perspektive bestehen m.E. die dringenden Aufgaben der Jugendhilfe darin, die Partizipation und Gestaltungsmacht der AdressatInnen weiterzuentwickeln - auch über den Rahmen des KJHG hinaus - und sie strukturell und rechtlich festzuschreiben. Dabei scheint mir die vorschnelle Proklamation, daß dieses durch die neuen

Steuerungsmodelle auf dem besten Wege sei, mehr als hinderlich, weil irreführend.

Die Jugendhilfe ist von ihrem Beginn an Situationen ausgesetzt gewesen, in denen fachliche Standards durch finanzielle Restriktionen unterlaufen wurden und dabei auf jeder historischen Stufe dem Verdacht ausgesetzt worden, sie sei zu teuer und zu ineffektiv. Das beginnt spätestens mit der Verabschiedung des Reichsjugendwohlfahrtsgesetzes 1922, von dem dann nur ein Torso in Kraft trat - eben weil das notwendige Geld nicht zur Verfügung gestellt wurde. Die Jugendhilfe weiß auch seit langem: „Leistungen der Jugendhilfe sind in starkem Maße von der Gestaltung der Finanzierung abhängig; insofern hat auch der Finanzpolitiker Einfluß auf den Inhalt der Jugendhilfe", wie es der 8. Jugendbericht formulierte. (8. Jugendbericht, 1990, S. 192) Jugendhilfeleistungen werden auch heute noch in vielen Bereichen auf der Basis großen - auch unentgoltenen - Engagements von ehren- und hauptamtlichen MitarbeiterInnen sowie Pflegeeltern erbracht. Auch diese Aspekte sollten von FinanzpolitikerInnen bedacht werden, wenn sie das Credo der Preisbildung am Markt zum umfassenden Steuerungsinstrument aufbauschen.

Zumindest aus der Sicht - insbesondere kleiner - freier Träger der Jugendhilfe muß darauf bestanden werden, daß nicht undifferenziert neue Finanzierungsformen und -zuteilungsmechanismen in der Jugendhilfe zur Anwendung gebracht werden, wenn diese, statt bestehende Probleme zu lösen, gewollt und ungewollt neue Probleme schaffen. Sie haben allen Grund, sich gegenüber der an sie herangetragenen neuen Steuerungseuphorie sperrig zu verhalten und auf der Weiterarbeit an den bisher ungelösten Problemen der fachlichen Weiterentwicklung und fachlich nicht intendierter Folgen von Finanzierungsformen zu beharren.

Literatur

Allemeyer,J.: Freie Wohlfahrtspflege und Markt - Bedrohung oder Chance?, in: Theorie und Praxis der sozialen Arbeit, Heft 1/1995, S. 2ff

Backhaus-Maul, H./Olk, T.: Von Subsidiarität zu 'outcontracting': Zum Wandel der Beziehungen von Staat und Wohlfahrtsverbänden in der Sozialpolitik, in: Staat und Verbände, Sonderheft 25/1994 der Politischen Vierteljahreszeitschrift, S. 100 ff

Böhnisch, L.: Gespaltene Normalität, Weinheim/München, 1994

Brülle,H./Altschiller,C.: Sozialmanagement - Dienstleistungsproduktion in der kommunalen Sozialverwaltung, in: Flösser/Otto, 1992, S. 49 ff

Bundesarbeitsgemeinschaft der Freien Wohlfahrtspflege: Jugendhilfeplanung aus der Sicht der Freien Wohlfahrtspflege - Arbeitshilfe für die verbandliche Praxis, Bonn 1994

Flösser, G.: Soziale Arbeit jenseits der Bürokratie, Neuwied u.a., 1994a

Flösser, G., Kontraktmangement als neues Steuerungsmodell, in: social management, Heft 3/1994b

Flösser, G./Otto, H.-U.: Sozialmanagement oder Management des Sozialen?, Bielefeld, 1992

Hanesch,W. u.a.,: Armut in Deutschland - Der Armutsbericht des DGB und des Paritätischen Wohlfahrtsverbandes, Reinbek, 1994

Heiner, M. (Hg.): Selbstevaluation als Qualifizierung in der Sozialen Arbeit - Falstudien aus der Praxis, Freiburg, 1994

Jordan, E./Schone R.: Jugendhilfeplanung aber wie? - Eine Arbeitshilfe für die Praxis, Münster 1992

8. Jugendbericht, Bundestagsdrucksache 11/6576, 1990

9. Jugendbericht, Bundestagsdrucksache 13/70, 1994

KGSt: Dezentrale Ressourcenverwaltung: Überlegungen zu einem neuen Steuerungsmodell, Bericht 12/1991

KGSt: Das neue Steuerungsmodell: Begründung, Konturen, Umsetzung; Bericht 5/1993

KGSt: Budgetierung: Ein neues Verfahren der Steuerung kommunaler Haushalte, Bericht 6/1993

KGSt: Outputorientierte Steuerung der Jugendhilfe, Bericht 9/1994

Merchel, J., Kooperative Jugendhilfeplanung - Eine praxisbezogene Einführung, Opladen, 1994

Münder, J.: Die Übernahme sozialstaatlicher Aufgaben durch freie Träger - Eine Falle für die freien Träger?, BBJ Consult-Info III/IV 1994

Negt,O.: Kältestrom, Göttingen, 1994

Olk, T.: Jugendhilfe als Dienstleistung - Vom öffentlichen Gewährleistungsauftrag zur Marktorientierung?, in: Widersprüche, Heft 53/1994, S. 11 ff

Otto, H.U.; Böllert, K.: Rückwärts in die Zukunft? - Die Krise der Sozialpolitik ist auch eine Krise der Sozialen Arbeit, in: neue praxis, Heft 5/1994, S. 443 ff

Redaktion Widersprüche, Vorwort zu: Widersprüche, Heft 53/1994, S. 6 ff

Senat Hamburg: NSM-Aktuell, Die Projektzeitung für das Neue Steuerungsmodell, Ausgabe Nr. 1, 1995

Struck, Norbert: Rechtsfragen, in: Forum Erziehungshilfen, Heft 2/1995, S. 93 f

275

Ronald Berthelmann / Josef Niehaus

Selber lenken

Das Neue Steuerungsmodell aus der Sicht der
Jugendverbands- und Jugendringarbeit

Vorbemerkung

Ein Boom von neuen Zauberwörtern bestimmt im Moment viele Diskussionen im
Bereich der Kinder- und Jugendhilfe. Verstärkt gilt dies für den Bereich der öffentlichen Träger sowie für den Sektor der Fachpublikationen und Fachveran-
staltungen.

Dienstleistung - output - lean management - Budgetierung - dezentrale Ressourcenverantwortung - Kontraktmanagement - controlling - Produkt - ISO Norm
9000 heißen die Schlagwörter. Eins ist allen Begriffen gemeinsam: sie stammen
aus dem Bereich der Wirtschaftswissenschaften und dem dort dominierenden
Produktionsbereich.

Das Aufgreifen dieser Begriffe ruft in vielen Fällen den Eindruck hervor, nun
endlich den entscheidenden Rettungsanker insbesondere für die notwendigen
Veränderungen im Bereich der öffentlichen Verwaltungen entdeckt zu haben. Die
„Mär von der großen Vision" oder „Tilburg-Fieber, Typ A" nennt dies Eberhard Laux
(Laux 1994, S. 169/170). Ausgehend von dem sog. „Tilburger Modell". In der nie-
derländischen Gemeinde Tilburg war vor über einem Jahrzehnt aufgrund finanzieller Schwierigkeiten mit einer Umstrukturierung der Stadtverwaltung begonnen
worden, an der sich danach viele andere Kommunen ausgerichtet haben.

Bisherige Organisationstätigkeiten werden zum (social-)Management, Haushalte zu Budgets, Klienten zu Kunden und das Jugendamt zum Dienstleistungsunternehmen - was aber hat sich oder soll sich demnächst real verändern?

Auffällig und bedenklich ist zugleich, daß diese Diskussionen nicht Ausdruck
eines Reformprojektes sind, sondern sich in Zeiten einer massiven Politik der Einschränkungen im Bereich der Kinder- und Jugendhilfe vollziehen. Viele konkrete
Entscheidungen im Bereich der Kinder- und Jugendhilfepolitik bedeuten so denn
auch eher Abbau als Umbau oder Weiterqualifizierung von Angeboten der Kinder-
und Jugendhilfe.

Und wo mag und soll diese Diskussion und Entwicklung generell hinführen?
Soll der Politiker nach der Anzahl der Wählerstimmen, der Lehrer gar nach der

Anzahl der Schüler und/oder deren Lernerfolgen, der Professor nach der Anzahl und/oder Güte der Diplomarbeiten, der Zöllner nach der Anzahl der abgefertigten Wagen oder der Polizist nach Anzahl und Schwere der Straftaten, die er aufgeklärt hat, also nach den real erbrachten Dienstleistungen bezahlt werden? Diese Fragen allein zeigen nach unserer Sicht, daß hier für den öffentlichen Bereich noch viele Fragen zu klären und Diskussionen zu führen sind. Vor voreiligen Schlüssen ist auf jeden Fall zu warnen.

1. Dienstleistung - input - output - Produkt
Mit Begriffen Politik machen -
Ökonomisierung der Kinder- und Jugendhilfe?

Die Diskussion um Kinder- und Jugendhilfe als Dienstleistung ist nicht neu, sondern sie erlebt gerade, diesmal aufgrund der finanziellen Lage der öffentlichen Hände unter stark einschränkenden Bedingungen, ihre zweite große Welle (vgl. Olk 1994). Die öffentlich verantwortete Kinder- und Jugendpolitik auf der Grundlage von Gemeindeordnungen, Landesverfassungen, dem Kinder- und Jugendhilfegesetz (früher Jugendwohlfahrtsgesetz) sowie weiterer gesetzlicher Regelungen macht deutlich, „daß das Angebot der Jugendhilfe grundsätzlich nach marktfernen Kriterien gesteuert wird. Weder ist Rentabilität ein Ziel öffentlicher Sozialverwaltungen noch gleicht sich das Angebot der Jugendhilfe an die Nachfrage über Preismechanismen an. Der Bedarf an Jugendhilfepersonal sowie Einrichtungen und Diensten wird deshalb notwendig auf politischem Wege ermittelt und entschieden... Die Einführung von marktwirtschaftlichen Überlegungen und Konzepten wie Kundenorientierung, Marktkompetenz und Wettbewerb erzeugen also keine 'echten' marktwirtschaftlichen Verhältnisse, sondern sind als graduelle Annäherungen an solche Steuerungsprinzipien unter der weiterhin wirksamen Eigenlogik des öffentlichen Sektors zu verstehen. Auch unter den Bedingungen des new puplic-management muß der Abnehmer der Jugendhilfeleistung keinen Marktpreis entrichten und entscheidet sich der weitere Bestand kommunaler Jugendämter keineswegs nach ihrem Markterfolg. Die Einführung marktwirtschaftlicher und betriebswirtschaftlicher Termini in dem Bereich öffentlicher Jugendhilfe ist also eher als ein metaphorischer Gebrauch zu verstehen" (Olk 1994, S. 24/25).

So muß denn auch festgestellt werden, daß Mitarbeiterinnen und Mitarbeiter von Jugendämtern keine „Produkte" produzieren. Erst recht gilt dies für die Tätigkeit der Mitarbeiterinnen und Mitarbeiter der Jugendverbands- und Jugendringarbeit. Der für diesen Bereich der Kinder- und Jugendhilfe konstituierende Grundsatz der Selbstorganisation z.B. läßt sich mit den aktuellen Begriffen auch nicht annähernd erfassen.

Dies macht auch der KGSt-Bericht „outputorientierte Steuerung der Jugendhilfe" selber deutlich, wenn er hinsichtlich der Produktgruppe 51.2 „Kinder- und Jugendarbeit" festhält „in einem frühen Stadium war vorgesehen, in Anlehnung an die in § 11 KJHG genannten Schwerpunkte folgende Produkte zu unterscheiden:

- außerschulische Jugendbildung
- Jugendarbeit in Sport, Spiel und Geselligkeit
- arbeitswelt-, schul- und familienbezogene Jugendarbeit
- internationale Jugendarbeit
- Kinder- und Jugenderholung - Jugendberatung

Bei dem Versuch, eines dieser Produkte exemplarisch zu beschreiben, wurde jedoch erkannt, daß eine hinreichende Abgrenzung in der Praxis nicht möglich ist. Bei genauerer Erörterung wird zudem deutlich, daß die Unterscheidungen weder für die Nachfrage durch Kinder und Jugendliche noch für politisch-strategische Fragen maßgeblich sind" (KGSt 1994, S. 24/25).

Dabei kennt der Bericht für den Bereich der Kinder- und Jugendarbeit auf der Grundlage des Kinder- und Jugendhilfegesetzes bislang nur die folgende Differenzierung im Produktplan:

Vorschlag für einen Produktplan der Jugendhilfe (Auszug)

Produktbereich	Produktgruppe	Produkt
51.2 Allgemeine Förderung von jungen Menschen und ihren Familien	**51.2.1 Kinder- und Jugendarbeit**	**51.2.1.1** Offene Kinder- und Jugendarbeit durch Einrichtungen **51.2.1.2** Offene Kinder- und Jugendarbeit außerhalb von Einrichtungen **51.2.1.3** Verbandliche Kinder- und Jugendarbeit
	51.2.2 Jugendsozialarbeit	**51.2.2.1** Berufsvorbereitende Angebote **51.2.2.2** Ausbildungs- und Beschäftigungsangebote **51.2.2.3** Leistungen des Kinder- und Jugendschutzes

Eine exemplarische Konkretisierung ist lediglich für das Produkt 51.2.1.1 „offene Kinder- und Jugendarbeit durch Einrichtungen" vorhanden (KGSt 1994, S. 94 ff). Die Ausarbeitung macht dabei den Eindruck, daß möglicherweise erst die output-Orientierung zu der Erkenntnis geführt hat, daß eine solche Einrichtung ein möglichst differenziertes Konzept für die Arbeit und eine sachgerechte Ausstattung braucht.

Wie das Produkt 51.2.1.3 „Verbandliche Kinder- und Jugendarbeit" verstanden wird, bleibt einstweilen völlig offen. Dies ist einerseits als Ausdruck der realen Situation, die für Produktbeschreibung denkbar ungeeignet ist, positiv zu bewerten, andererseits läßt dies aber befürchten, daß sich der Grad der Verbindlichkeit bei der Realisierung entsprechender Förderung z.B. gegenüber anderen Förderbereichen wie den „Hilfen zur Erziehung" noch weiter auseinanderentwickeln wird.

Eine umfassende Beschreibung der auf der Grundlage der §§ 11 und 12 des Kinder- und Jugendhilfegesetzes zu fördernden Aktivitäten der Jugendverbände und Jugendringe enthalten - zumindest für die kommunale Ebene - die „Grundsätze zur Förderung der Jugendverbände auf kommunaler Ebene" (Deutscher Bundesjugendring 1994, S. 77 ff). Ferner verweisen wir in diesem Zusammenhang auf das aktuelle Grundsatzpapier des Deutschen Bundesjugendrings zur Jugendverbands- und Jugendringarbeit mit dem Titel „Zwischen Erlebnis und Partizipation - Jugendverbände in der Bindestrich-Gesellschaft" (Deutscher Bundesjugendring, Bonn 1994).

2. Lernfähige Organisationen schaffen und Machtstrukturen abbauen

Nach der Diskussion um „lean production" im gewerblichen Bereich hat die Diskussion um „lean management" auch den sozialen Sektor erreicht, in dem nun insbesondere über „Kontrakt-Management" nachgedacht wird. „Das Kontrakt-Management sieht vor, daß Auftraggeber (Rat) und Auftragnehmer (Verwaltung) mit Hilfe von Zielvereinbarungen (management by objectives) Verträge über die Erbringung von Leistungen innerhalb eines eng definierten Ressourcen-Rahmens erbringen... Als Kontrakt-Management wird ein Prozeß bezeichnet, der, angefangen beim Rat, über die Verwaltungsspitze und Dezernenten, Amtsleiter, Abteilungsleiter, Sachgebietsleiter bis hinunter zu Gruppen- oder Einrichtungsleitern (top down) Produkte und Leistungen innerhalb eines definierten Ressourcenrahmens nachfragt und gleichzeitig in entgegengesetzte Richtung (bottom up) Leistungen und Produkte zu bestimmten Preisen anbietet" (Kienbaum 1993, S. 29/30).

„Top down" steht dabei für die bisherigen Abzeichnungsketten in öffentlichen Verwaltungen während „bottom up" den umgekehrten Prozeß meint. Entscheidend wird für die weitere Diskussion und Entwicklung sein, ob die „Verhandlungen" wirklich eine stärkere Beteiligung der Beschäftigten erlauben und die hierarchischen Wege verkürzen. Vor dem Hintergrund des Hangs zu allgemein verbindlichen Kennzahlen und vergleichbaren Produkten muß dies bezweifelt werden.

„Eine im HANDELSBLATT veröffentlichte Umfrage unter westdeutschen Führungskräften ergab, daß nur 0,8 % der Manager eine Verringerung ihrer Entscheidungsbefugnisse durch 'lean management' erwarten. Genau darauf kommt es aber an, wenn man es ernst meint mit der Steigerung von institutioneller Lernfähigkeit. Wer Kreativität erhofft und Leistungsbereitschaft fordert, der muß Vertrauen entwickeln, Autonomie gewähren und Verantwortung delegieren. Wer von Selbstorganisation nicht bloß am Sonntag reden will, muß Macht abgeben, weil Organisationsstrukturen nun einmal auch immer Machtstrukturen sind" (Klotz 1993, S.973). Die fehlende Bereitschaft, im Rahmen der Veränderungsprozesse, die im Moment im öffentlichen Bereich unter dem Oberbegriff „neue Steuerungsmodelle" laufen, wirklich Verantwortung abzugeben, befürchten wir auch für die „Manager des Öffentlichen" (und ihre Berater).

Mehr Autonomie und Eigenverantwortung z.B. für die Mitarbeiter in einer offenen, städtischen Jugendeinrichtung oder auch die Aufgabe des „Auftragscheinverfahrens" (vgl. Kienbaum 1993) sind seit langem überfällig und sollten eigentlich keiner zusätzlichen Zeitgeist-Rhetorik bedürfen.

Sollte es wirklich und ernsthaft um eine Stärkung von Autonomie und Beteiligung gehen, dann wäre es besser, von der Entwicklung lernfähiger Organisationen zu sprechen, denn „je ungehinderter sich das Wissen und die Fähigkeiten jedes einzelnen im sozialen System entfalten können, desto beweglicher wird eine Organisation insgesamt. Menschen müssen als schöpferische Subjekte tätig sein können und nicht nur als Rädchen im Getriebe" (Klotz 1993, S. 974).

3. Dem Kinder- und Jugendhilfegesetz steht ein Prozeß der Entkernung bevor

Das neue Steuerungsmodell konfrontiert die Jugendhilfe und ihre Mitarbeiterinnen und Mitarbeiter mit neuen Begrifflichkeiten, die langfristig auf eine Entkernung des Kinder- und Jugendhilfegesetzes hinauslaufen: Kunden statt Bürger, Produkte statt Hilfen, Nachfrage statt Bedarf und Anspruch, leistungsbezogene Verträge statt bedarfsgerechter Förderung, Marktkompetenz statt Fachlichkeit und professioneller Ethik, Dienstleistungsanbieter statt Jugendamt, Konzern Stadt statt demokratisches Gemeinwesen mit bürgerschaftlicher Mitwirkung. Auf den Punkt gebracht, könnte man/frau annehmen, die bisherige Dominante „Recht" sollte durch eine neue Dominante „Markt und Betriebswirtschaft" erstetzt werden. Dabei ist den Vertreterinnen und Vertretern einer vorwiegend am Markt sowie an betriebs- und privatwirtschaftlichen Prinzipien orientierten Strategie entgegenzuhalten, daß es sich bei einer Kommune um ein kompliziertes Gebilde handelt.

Sie ist unter anderem „eine Organisation, in der freiwillige Angelegenheiten der örtlichen Gemeinschaft, gesetzliche Pflichtaufgaben und sogar vom Staat übertragene Aufgaben umgesetzt und vollzogen werden" (Laux 1994, S. 170). Außerdem ist eine Kommune „ein System rechtlicher Regelungen, häufig mit Zwangscharakter" (ebd.). Im Unterschied zur Privatwirtschaft fällt der Kommune eine umfassende Verantwortung zu und ihre Organisation ist durch eine ausgeprägte bürgerschaftliche Mitwirkung gekennzeichnet (vgl. Dieckmann 1994). Im Gegensatz zu einem Privatunternehmer bleibt die öffentliche Verwaltung in ihrer Entscheidung nicht frei, ein „Produkt" zu erstellen oder nicht. Insofern ist für das Konzept outputorientierter Jugendhilfe aus dem Blickwinkel des KJHG festzustellen, „wenn Aufgaben der Daseinsvorsorge privaten Unternehmen übertragen würden, verlören auch Gemeinwohlorientierung und das politische Mandat an Einfluß" (Klein 1995, S. 16).

Von der Behörde zum Dienstleistungsunternehmen - mit diesem Leitbild wirbt die Kommunale Gemeinschaftsstelle für Verwaltungsvereinfachung/KGSt für das Neue Steuerungsmodell. Ein wirkliches Dienstleistungsunternehmen Kommunalverwaltung, so die KGSt, müßte unter anderem primär nachfrage- und kundenorientiert angelegt werden, seine Leistungen laufend der veränderten Nachfrage anpassen und auf seine Wettbewerbsfähigkeit im Vergleich mit anderen Kommunen und privaten Anbietern achten (vgl. KGSt 1993). Kritikerinnen und Kritiker dieser Vorgaben sehen darin eine forcierte Tendenz zur „Industrialisierung" sozialer Leistungen: Steigerung der Quantität bei gleichzeitiger Verringerung der Ausgaben auf Kosten der Qualität, Erhöhung der Produktivität durch Zerlegung von Tätigkeiten in immer kleinere Teileinheiten. Dementsprechend haben zur Zeit betriebswirtschaftliche Untersuchungen der Angebotsseite statt offensive Jugendhilfeplanung Hochkonjunktur. Es gilt, einem offensichtlichen Mehrbedarf vorzubeugen. Denn „hinter der Einführung neuer Steuerungsmodelle steht ein Umverteilungsinteresse" (Kromminga 1994, S. 27). Daß § 1 KJHG jedem jungen Menschen ein Recht auf Förderung seiner Entwicklung zuschreibt und die Jugendhilfe dazu verpflichtet, positive Lebensbedingungen für junge Menschen zu schaffen, droht ins Abseits zu geraten. Gleiches gilt für die Verpflichtung zur Jugendhilfeplanung nach § 80 KJHG, wo von Bedarfsermittlung unter Berücksichtigung der Wünsche, Bedürfnisse und Interessen junger Menschen die Rede ist. Gemessen daran, droht die Gefahr, „daß die Dienstleistungsorientierungsdebatte zu einer noch stärkeren Entpolitisierung der Jugendhilfe führt, weil sie Elemente wie Selbstorganistion, Interessenwahrnehmung und -vertretung, Parteilichkeit, wertorientierte Zielsetzung, Pluralität etc. nicht berücksichtigt, ja sogar aus der Betrachtungsweise von Jugendhilfe eliminiert" (Prölß 1995, S.1). So fordert z.B. der Leiter der Abteilung Jugendarbeit im Jugendamt der Stadt Salzgitter „moderne Jugendarbeit muß sich von liebgewordenen Fiktionen trennen. Dazu zählt z.B. die umfassende Beteiligung von Jugendlichen" (Wendt 1993, S.529).

Das KJHG weist dem Jugendamt, bestehend aus dem Jugendhilfeausschuß und der Verwaltung, in dem politischen und administrativen System der Kommune einen Sonderstatus zu. Die bundesrechtliche Sonderstellung des Jugendamtes beinhaltet einerseits eine weitgehende Einflußnahme der Politik auf die Wahrnehmung der Jugendhilfeaufgaben durch die Verwaltung und andererseits die volle Beteiligung von Vertreterinnen und Vertretern der Träger der freien Jugendhilfe an den politischen Beratungen und Entscheidungen des Jugendhilfeausschusses. Das Neue Steuerungsmodell bietet Wege und Möglichkeiten an, den Sonderstatus des Jugendamtes zu entkernen und das Verhältnis zwischen den Trägern der öffentlichen und freien Jugendhilfe neu zu ordnen. Angestrebt wird eine Verantwortungsaufteilung zwischen Politik und Verwaltung, nach der der Politik Aufgaben der Zielsetzung, der Bereitstellung von (Produkt)Budgets und der Kontrolle obliegen, sie sich andererseits aber fernzuhalten hat von dem Vollzug und der Erfüllung der Aufgaben (vgl. KGSt 1993). Darin kann eine mehr als fragwürdige Zurückweisung der Politik gesehen werden. Schließlich sind eine Stadtvertretung oder der Kreistag oberste Organe einer Verwaltungskörperschaft und keine gesetzgebenden Organe. Verwalten heißt: Politik verwirklichen! „Die Beteiligungsrechte der Bürger werden ständig ausgeweitet, und dann soll man Aktionsräume des Rates einengen wollen?" (Laux 1994, S. 172). Übertragen auf das Jugendamt und die Beziehung zwischen Jugendhilfeausschuß und Verwaltung wird die angestrebte Verantwortungsaufteilung den bisherigen Einfluß der Politik und die politische Mitwirkung der freien Träger begrenzen wollen.

Parallel dazu wird sich auch das Verhältnis der Verwaltung des Jugendamtes zu den freien Trägern gravierend verändern. Zwar sollen die Träger der freien Jugendhilfe möglichst von Beginn an in den Veränderungsprozeß einer outputorientierten Steuerung der Jugendhilfe einbezogen werden, da es zur Wahrnehmung der Gesamtverantwortung und zur Steuerung notwendig erscheint, für Leistungen bzw. Produkte des Jugendamtes und der freien Träger einen einheitlichen Informationsstand anzustreben (vgl. KGSt 1994). Dieses Bestreben kann nicht als Stärkung der partnerschaftlichen Zusammenarbeit und als Förderung der eigenverantwortlichen Tätigkeit freier Träger der Jugend(verbands)arbeit verstanden werden, sondern liest sich eher wie der Versuch, ihre Tätigkeit durch eindeutige Zielvorstellungen und eine effiziente Überprüfbarkeit zu reglementieren (vgl. Kienbaum 1993). Daß im Rahmen von Jugendhilfeplanung auch über Organisationsentwicklung diskutiert, verhandelt und entschieden wird, steht außer Frage (vgl. Jordan 1993). „Es herrscht allerdings der Eindruck, daß der öffentliche Jugendhilfeträger an einer fachlichen Diskussion nur sehr wenig interessiert ist, daß die Pläne für den Umbau der Kinder- und Jugendhilfe und ihre Umsetzung bereits sehr weit vorangeschritten sind, und daß die freien Träger vor vollendete Tatsachen gestellt werden" (Kromminga 1994, S. 28).

4. Förder- und Leistungsverträge -
freie Fahrt für freie Träger oder: Vorsicht Falle?

In dem Bemühen, die öffentlichen Aufgaben neu zu bestimmen oder gar zu begrenzen, ziehen die Kommunen die Grenzlinien zwischen öffentlicher und privater Leistungserbringung neu. Kommunen verfolgen die Strategie, öffentliche Aufgaben auf private Anbieter zu übertragen und die Beziehungen zwischen den Beteiligten vertraglich zu regeln (vgl. Olk 1994). Es ist damit zu rechnen, daß die Kommunen das Angebot eigener Leistungen zugunsten von Planung, Steuerung und Kontrolle zurückfahren werden. Das nachfolgende Schaubild (Kienbaum 1995, S. 85) weist in diese Richtung:

Das Neue Steuerungsmodell mit seinen markt- und betriebswirtschaftlich angelegten Prinzipien verändert über kurz oder lang auch die Förderung der Jugend(verbands)arbeit. An die Stelle jährlich zugewiesener Haushaltmittel treten

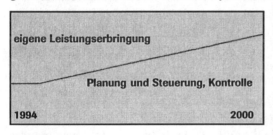

im Rahmen der Budgetierung vertragliche Regelungen zwischen Kommune und Trägern der freien Jugendhilfe. Für Jugendverbände und Jugendringe stellt sich die Frage, wie sie sich dieser abzusehenden Entwicklung gegenüber verhalten sollen. Die Antwort darauf fällt nicht leicht und auch nicht eindeutig aus, was zusammenhängt mit den vielen unbestimmten Rechtsbegriffen im KJHG, den fehlenden Handlungsalternativen der Jugendverbände und der verlockenden Aussicht auf gesicherte Fördermittel über mehrere Jahre.

§ 12 KJHG hebt Jugendverbände gegenüber anderen Trägern der Jugendarbeit dadurch hervor, daß seine Vorschrift den öffentlichen Trägern eine besondere Förderungsverpflichtung zu ihren Gunsten auferlegt. Es geht hier nicht so sehr um Maßnahmenförderung, sondern um bedarfsgerechte Förderung der „eigenverantwortlichen Tätigkeit der Jugendverbände und -gruppen", also unmittelbar um Trägerförderung. Nach dieser Vorschrift ist der Aufwand zu fördern, den Jugendverbände treiben müssen, um ihr Bestehen abzusichern. Dieser hohe Verpflichtungsgrad stellt auch im Unterschied zur sonstigen Maßnahmenförderung eine Besonderheit dar (vgl. Bernzen 1994).

Der dem öffentlichen Träger gesetzlich auferlegten Förderungsverpflichtung zugunsten der Jugendverbände steht eine mehr als mangelhafte Förderungspraxis vor Ort gegenüber. „Zu befürchten ist die Renaissance einer alten Spaltung der Jugendhilfe, die mit der Verabschiedung des KJHG als überwunden betrachtet wurde: der unterschiedliche Leistungsvollzug von Pflichtleistungen - etwa jenen nach §§ 27 ff. - und den als 'freiwillig' angesehenen Aufgaben der Jugendförderung und Jugendarbeit." (Simon 1994, S. 544). Die hier geäußerte Befürchtung enspricht schon längst der Wirklichkeit. Vielerorts führen Kämmerer die Aufteilung in unbedingte Pflichtaufgaben einerseits und sogenannte freiwillige Leistungen andererseits wieder ein und sprechen jetzt von Pflichtaufgaben 1. und 2. Ordnung; ganz zu schweigen von den massiven Kürzungen der Fördermittel seit Beginn der 90er Jahre. In dieser Situation neigen Jugendverbände und Jugendringe dazu, Angebote der öffentlichen Träger für eine vertragliche Regelung ihrer Förderung zu akzeptieren oder ihrerseits einzufordern.

Über die Förderung der Träger der freien Jugendhilfe zu beraten und zu entscheiden, obliegt in erster Linie dem Jugendhilfeausschuß. Er fungiert als Anwalt einer ausreichenden Förderung, damit die reale Nachfrage zum geförderten Angebot werden kann. Der Jugendhilfeausschuß hat alle trickreichen Versuche der Verwaltung zurückzuweisen, die Förderung der Jugend(verbands)arbeit als Pflichtaufgabe zweiter Ordnung zu deklarieren. Die Budgetierung in der Form vertraglicher Regelungen vollzieht an dieser Stelle einen Paradigmenwechsel: Die Frage nach der ausreichenden Förderung stellt sich nicht mehr als Punkt der politischen Auseinandersetzung, sondern als Gegenstand von Vertragsverhandlungen auf privat-rechtlicher Basis. Die schon immer existierenden Verteilungskonflikte verlagern sich aus dem Jugendhilfeausschuß in die Jugendringe und Jugendverbände. Angesichts stagnierender oder gekürzter Fördermittel übernehmen diese die vertragliche Verpflichtung, den Mangel auch noch zu verwalten. Politik und Verwaltung sonnen sich in dem Erfolg, die Förderung für Jahre unterhalb des realen Bedarfs geregelt zu haben. Jugendverbände und Jugendringe werden von Glück sprechen können, wenn sie eine Bestandssicherung plus jährliche Kostenanpassung erreichen, obgleich „das Angebot und die Ausstattung der Anbieter der Nachfrage nicht standhält" (Kromminga 1994, S. 27).

Bei der Ausgestaltung von Förder- und Leistungsverträgen gehen die Träger der öffentlichen und freien Jugendhilfe hinsichtlich der zu fördernden Aufgaben von unterschiedlichen Interessen aus. Während die öffentlichen Träger eine möglichst konkrete Leistungserbringung verbindlich zu vereinbaren suchen, streben die freien Träger eine offene Vereinbarung an, um in ihrem Recht auf eigenverantwortliche Tätigkeit nicht unnötig eingeschränkt zu werden. Auf jeden Fall werden die öffentlichen Träger auf mehr Einfluß bei Jugendverbänden und Jugendringen drängen, wie ein die AWO in Frankfurt betreffendes Beispiel zeigt: „Gleichzeitig zahlen die Kommunen nur noch für ausgehandelte Leistungen und erhalten damit mehr Einfluß auf das Angebot" (FR 7.2.1995). Die Gefahr, daß freie Träger so zu ausgelagerten Teilen der kommunalen Verwaltung werden, scheint nicht unbegründet zu sein. Das unternehmerische Risiko allerdings bleibt allein bei den freien Trägern (vgl. Münder 1994). Bei den Absprachen über die von Jugendverbänden und Jugendringen zu erbringenden Leistungen muß von einem anderen, ebenso zentralen Begriff output-orientierter Jugendhilfe gesprochen werden: Produkte. Als Steuerungsgrößen sollen sie nach Inhalt, Leistungsumfang,

Leistungsqualität und Zielerreichung beschrieben und in Zusammenhang mit Anforderungen an die Mitarbeiter sowie den jeweils benötigten Mitteln gesehen werden (vgl. KGSt 1994). Erste Produktbeschreibungen scheinen die Schwierigkeit zu belegen, Jugend(verbands)arbeit in marktgerechten Produkten zu definieren. Wie sollte das auch anders ein, wenn „das Arrangieren, das Herstellen von Möglichkeiten der sozialen Teilhabe und der Selbsterprobung Jugendlicher" (Müller 1994, S.59) das eigentliche Ziel der Jugendarbeit ist? Für Jugendverbände kommt es in diesem Zusammenhang darauf an, ihre Besonderheiten wie freiwillig und selbstorganisiert, solidarisch und generationsübergreifend zu kultivieren. Die vorliegenden Grundsätze zur Förderung der Jugendverbände auf kommunaler Ebene, entstanden in einer gemeinsamen Arbeitsgruppe von Vertretern des Deutschen Städttages und der Arbeitstagung der Großstadtjugendringe, geben ein dafür brauchbares Beispiel ab (vgl. Deutscher Bundesjugendring 1994).

Die beim öffentlichen Träger erkennbare Tendenz, das Verhältnis zu den freien Trägern auf der Grundlage von Leistung und Gegenleistung vertraglich zu regeln, dient der Öffnung des Marktes für neue private Anbieter. „Ziel der öffentlichen Seite ist es wohl, den Markt der Jugendhilfe auch für private und freiberufliche Anbieter zu öffnen, um so, durch eine zusätzliche Konkurrenz, zu kostengünstigeren Angeboten zu gelangen" (Roth 1994, S. 286). Auch wenn Jugend(verbands)arbeit nur in Ausschnitten für privat-kommerzielle Anbieter von Interesse ist (Ferienfahrten, Kulturveranstaltungen), läßt sich am Beispiel des Social-Sponsorings die marktorientierte Strategie der öffentlichen Jugendhilfe festmachen: „Jugendverbände sehen sich in letzter Zeit verstärkt mit der Erwartung von Politik und Verwaltung konfrontiert, die Finanzierung ihrer Tätigkeit zukünftig umzustellen. An die Stelle der öffentlichen Förderung sollen ganz oder teilweise Spenden- und Sponsorengelder, kostendeckende Beiträge, Einnahmen aus Vermietungen von Räumen etc. treten" (Deutscher Bundesjugendring 1994, S. 22).

5. Neues Steuern - altes Sparen!?

„Das neue Steuerungsmodell dient nicht ausschließlich dem Sparen. Vielmehr soll es gleichzeitig Bürgernähe, Leistungsfähigkeit und Wirtschaftlichkeit gewährleisten", (Landschaftsverband Westfalen-Lippe - Landesjugendamt 1994, S. 43).

Selten findet man es so klar und eindeutig: das neue Steuerungsmodell dient nicht ausschließlich aber, d.h. doch wohl zentral dem Sparen. Die gleiche Tendenz verdeutlicht für die kommunale Ebene ein Beschlußvorschlag der Verwaltung der Stadt Hagen, den diese Anfang 1995 dem Jugendhilfeausschuß vorgelegt hat. Das Hauptziel der Umstellung des Förderungsverfahrens ist die deutliche Reduzierung der bereitgestellten Mittel (vgl. den Kasten auf der folgenden Seite).

Betreff: Neuregelung der Zuschußstruktur - Bereich Jugend, Gesundheit und Soziales

Beschlußvorschlag:

1. Der Rat der Stadt stimmt der Neuregelung der Zuschußstruktur für die Bereiche Jugend, Soziales und Gesundheit zu.

2. Alle bisherigen städtischen Zuschußrichtlinien, Grundsatz- und Einzelbeschlüsse sowie Zuschußgewohnheiten zur Förderung der in der Vorlage genannten Aufgabenfelder werden bei Vertragsabschluß rückwirkend zum 01.01.1995 gegenstandslos. Vertraglich vereinbarte Zuschüsse sind entsprechend zu kündigen bzw. einvernehmlich aufzulösen.

3. Die Verwaltung wird beauftragt, Verträge über die von den Trägern grundsätzlich wahrzunehmenden Aufgabenfelder auf der Basis 31.12.1993 sowie über die Höhe des künftigen Gesamtzuschusses pro Verband rückwirkend zum 01.01.1995 abzuschließen. Dabei sind die in der Verwaltungsvorlage genannten Grundsätze (Budget, Aufgabenwahrnehmung dem Grunde nach, Berichtswesen) zu berücksichtigen.

4. Der Gesamtzuschuß pro Verband wird ausgehend vom Rechnungsergebnis 1993, sofern aus sachlichen Gründen im Einzelfall nicht eine andere Bezugsgröße erforderlich ist, 1995 um 10 % und in den Jahren 1996 und 1997 um jeweils weitere 5 % abgesenkt.

(Stadt Hagen 1995)

Hier geht es nicht um - z.B. auf der Grundlage eines Jugendhilfeplans - zielgerichtete, fachlich orientierte jugendpolitische Entscheidungen, sondern die „alte" Rasenmähermethode wird erneut zur Anwendung gebracht. Die einzige Neuerung soll darin bestehen, daß die freien Träger dies auch noch vertraglich bestätigen.

Diese Beispiele, von denen sich viele weitere finden ließen, machen eines deutlich: daß Maßnahmen der Jugenderholung oder der Jugendbildung nachgefragt werden, führt nicht zwangsläufig dazu, daß der öffentliche Träger bedarfsgerecht Fördermittel bereitstellt, damit freie Träger ein solches Angebot machen können. Wie stark z.B. der Bereich der Jugendverbandsarbeit in den letzten Jahren und das besonders auf der kommunalen Ebene von Mittelkürzungen betroffen war, dokumentiert u.a. das „Memorandum zur Entwicklung der Jugendverbandsförderung

Kommunen - Länder - Bund" des Deutschen Bundesjugendrings (Deutscher Bundesjugendring 1994, S. 11 ff).

6. Chancen und Risiken - Mindestanforderungen an alle alten und neuen Steuerungsmodelle

Im folgenden bündeln wir in vier zentralen Punkten die Mindestanforderungen, die sich aus unserer Sicht für den Bereich der Jugendverbands- und Jugendringarbeit an alle alten und neuen Steuerungsmodelle richten. Dabei versuchen wir die besonderen Bedingungen, wie sie sich insbesondere aus der Arbeit von überwiegend freiwilligen Mitarbeiterinnen und Mitarbeitern ergeben, zu berücksichtigen.

6.1   Beteiligen statt dirigieren

Das Kinder- und Jugendhilfegesetz (KJHG) zeichnet sich durch eine übermäßige Orientierung am Leitbild „Familie" aus, was dazugeführt hat, daß jungen Menschen selbst wenig bis keine eigenständigen Rechte und Ansprüche nach dem KJHG zugestanden werden. Deshalb ist zu fragen, wie die recht vage gehaltenen (Beteiligungs-)Rechte der Kinder und Jugendlichen nach dem KJHG (§§ 8, 9 und 80) in Zukunft ihre Erfüllung finden.

In der Diskussion um das Neue Steuerungsmodell wird hierzulande nicht mehr von Bürgerinnen und Bürgern, sondern von Kundinnen und Kunden gesprochen und versucht, darüber eine Verbraucherorientierung einzuführen, die zunächst mehr Bürgernähe zu versprechen scheint. Dabei wird vergessen, daß im öffentlichen Sektor eher der Begriff des Bedarfs als der der Nachfrage die hervorragende Rolle spielt. Während sich ein Bedarf aus persönlichen Bedürfnissen und politischen Interessen entwickelt sowie politisch verhandelt und entschieden wird, orientiert sich Nachfrage an den gängigen Marktmechanismen. Wenn es beispielsweise zutrifft, daß internationale Jugendbegegnungen zu mehr sozialen und politischen Kontakten zwischen Ländern beitragen, besteht hier weiterhin Handlungsbedarf - unabhängig vom Umfang der aktuellen Nachfrage. Der Wunsch junger Leute nach Beteiligung und die Suche nach sinnstiftender Orientierung lassen sich realisieren, wenn Jugendliche ernsthaft in die Planung einbezogen werden und eigenverantwortlich handeln können. Das setzt Träger und Mitarbeiterinnen und Mitarbeiter mit Ideen (und nicht Produkten) voraus, die mit der Lebenswelt junger Leute korrespondieren und Prozesse sozialen Lebens und Lernens in Gang setzen.

In der Anwendung Neuer Steuerungsmodelle auf die Jugendhilfe wird vielfach die Chance gesehen, „das Jugendamt in seiner Organisation und in seiner Dienstleistungserbringung flexibel auf den sozialen Wandel und das veränderte Nachfrageverhalten der Klienten einzustellen" (Schröer 1994, S. 267). Das klingt fortschrittlich und auf Beteiligung hin angelegt, birgt in sich aber etliche Fallen:

– Viele Mitarbeiterinnen und Mitarbeiter in der Jugend- und Sozialarbeit lassen sich dazu verleiten, „ihren vermeintlich defizitären gesellschaftlichen Status durch die Aneignung eines Managementjargons kompensieren zu können" (Schaarschuch 1994, S. 85). Dieser Versuch, „die eigene Professionalität durch die Übernahme fremder Prinzipien, Strukturen und Begrifflichkeiten zu stärken" (ebd. S.83), hat paradoxe Züge und beeinflußt die Beziehung zu Kindern und Jugendlichen als Adressaten der Jugendhilfe nachhaltig: Marktgerechtes Gebaren führt bis zu unversöhnlicher Konkurrenz. „Je härter und grundsätzlicher ich meine Absicht verfechte, desto marktgerechter verhalte ich mich. Je weniger Vielfalt und Freiheit ich anerkenne, desto potenter bin ich als Partner auf dem freien pädagogischen Markt" (Kupffer/Wilken 1995, S. 10). Das Denken in Kosten-Nutzen-Analysen betont den Warencharakter sozialer Beziehungen. Empathie und Solidarität, Parteilichkeit und Betroffenenbeteiligung als Bestandteile einer professionellen Ethik werden in ihrer Bedeutung für das berufliche Handeln zurückgedrängt. So gesehen stellt sich schleichender Dirigismus ein, während vordergründig noch von Beteiligung die Rede ist.

– Output-orientierte Jugendhilfe basiert auf einer Beziehung zwischen Anbieter und Nachfrager, bei der „der Nachfrager das Angebot freiwillig nach Maßgabe eigener individueller Präferenzen, Bedürfnisse und Finanzmittel auswählt" (Olk 1994, S. 29). Abgesehen davon, daß eine strikte Orientierung an diesem Nachfrage-Angebot-Modell in Fällen etwa jugendlicher Straffälligkeit oder Drogenabhängigkeit eine Beziehung vielfach erst gar nicht entstehen läßt, bevorzugt ein Kunden-Anbieter-Verhältnis diejenigen Nachfragerinnen und Nachfrager, die gut drauf sind und die im KJHG vorgesehenen Hilfen und Leistungen gezielt nachfragen und einfordern. Den nicht zum Zuge gekommenen Gruppen wird die Verantwortung dafür, daß sie die Dienstleitungen nicht nachgefragt hätten, nun auch noch selbst zugeschoben (vgl. May 1994).

– Es ist zu befürchten, daß das Neue Steuerungsmodell zu mehr offenem Dirigismus führt, auch im Verhältnis von öffentlicher und freier Jugendhilfe. Sollte sich der öffentliche Träger zukünftig verstärkt auf Planung, Steuerung und Kontrolle konzentrieren, gewinnen die quantitativ erfaßbaren Sachverhalte zunehmend an Bedeutung. Die sogenannten Kennzahlen als ein Kernstück im Neuen Steuerungsmodell sollen es ermöglichen, komplizierte Strukturen und Prozesse auf relativ einfache Weise darzustellen, wobei Mehrdeutigkeiten notwendigerweise auszuschalten sind. Dagegen lebt eine lebenswelt- und sozialräumlichorientierte Jugendhilfe geradezu von Mehrdeutigkeiten und nicht immer eindeutigen Wirkungszusammenhängen.

Jugendverbände legen traditionell den Akzent auf Beteiligung und Dialog, wohlwissend, daß die Zivilgesellschaft auf eine größtmögliche Beteiligung von Kindern, Jugendlichen und Erwachsenen angewiesen ist. In diesem Sinne sollten Möglichkeiten geschaffen werden, jungen Menschen eine stärkere Beteiligung an politischen Vorgängen und Entscheidungen zu eröffnen. Der durch die Kommunalverfassungen der Bundesländer geschaffene Rahmen für eine unmittelbare Einflußnahme der Bürgerinnen und Bürger auf die Politik vor Ort wäre offensiv auszulegen und durch Experimentierräume zu erweitern. Wenn junge Leute von ihren Mitwirkungsrechten Gebrauch machen möchten, hat die Verwaltung sie zu unterstützen. Darüber hinaus wären Formen zu entwickeln, um Kindern, Jugendlichen und jungen Erwachsenen eine direkte und folgenreiche Beteiligung mit mehr konkreter Verantwortung zu ermöglichen. Es muß zum Beispiel selbstverständlich werden, Kindergruppen in Jugendverbänden und Jugendfreizeitstätten an der Planung von Radwegenetzen zu beteiligen und zu diesem Zweck verbindliche Vereinbarungen mit der Kommune zu treffen, daß Kinder und Jugendliche gemeinsam mit Experten planen und die Planungsergebnisse der politischen Beratung und Entscheidung zugrundeliegen (vgl. Jugendring Dortmund 1995).

Ein zentrales Element für die Beteiligung junger Menschen an politischen Entscheidungen und für das Erlernen des Wertes von Beteiligung liegt in der Gestaltung partizipativer Strukturen im Alltag der Jugendarbeit. Gemeint ist hier die stärkere Beteiligung junger Menschen an der Ausrichtung und Programmgestaltung in Jugendverbänden, Jugendfreizeitstätten und anderen Einrichtungen der Jugendarbeit. Eine Grundbedingung für die Entwicklung von Beteiligungsmöglichkeiten junger Menschen in der Jugendarbeit liegt wiederum in erweiterten Gestaltungs- und Entscheidungskompetenzen für die dort freiwillig und hauptberuflich tätigen Mitarbeiterinnen und Mitarbeiter. Ohne daß die Mitarbeiterinnen und Mitarbeiter selbst über gesicherte und transparente Mitsprache- und Entscheidungsrechte verfügen, können sie mit Kindern und Jugendlichen solche Strukturen und Verhaltensweisen nicht wirklich einüben und praktizieren (vgl. ebd.). Hier könnte das Neue Steuerungsmodell durch Abbau hierarchischer Strukturen und Aufbau dezentraler Ressourcenverantwortung einen Fortschritt bringen.

6.2 Die bundesrechtliche Sonderstellung des Jugendamtes stärken

Das Kinder- und Jugendhilfegesetz/KJHG verpflichtet die öffentliche Jugendhilfe zu einer partnerschaftlichen Zusammenarbeit mit der freien Jugendhilfe (§ 4 KJHG). Ihren institutionellen Rahmen findet diese partnerschaftliche Zusammenarbeit im Jugendhilfeausschuß.

Die Bestimmungen der §§ 70 und 71 KJHG bestätigen die bundesrechtliche Sonderstellung des zweigliedrigen Jugendamtes, bestehend aus dem Jugendhilfeausschuß und der Verwaltung des Jugendamtes. Diese Zweigliedrigkeit des Jugendamtes verkörpert die einmalige fachlich orientierte und unmittelbar demokratische Form der Verwaltung, die eine bürgernahe Mitverantwortung stärkt und die freie Jugendhilfe verantwortlich in den Prozeß der kommunalen Willensbildung und Entscheidung einbezieht. Die besondere Organstellung des Jugendhilfeausschusses stützt diesen demokratischen Ansatz durch eine gewisse Überordnung des Jugendhilfeausschusses gegenüber der Verwaltung, da auch die Geschäfte der laufenden Verwaltung im Rahmen der Beschlüsse des Jugendhilfeausschusses zu führen sind (vgl. Erdmann/Niehaus 1994). Dem Jugendhilfeausschuß obliegt ein umfassendes politisches Mandat in Fragen der Jugendhilfe. Er hat insbesondere aktuelle Problemlagen junger Menschen und ihrer Familien zu erörtern, sich mit Anregungen und Vorschlägen für die Weiterentwicklung der Jugendhilfe zu befassen, den Prozeß der Jugendhilfeplanung zu gestalten und über die Förderung der freien Jugendhilfe zu beschließen (vgl. Deutscher Bundesjugendring 1994).

Die bundesrechtliche Sonderstellung des Jugendamtes wollten die kommunalen Spitzenverbände bei der Abfassung des KJHG beseitigt sehen. Trotz der eindeutigen Bestimmungen des KJHG sind die Stimmen nicht zu überhören, die lieber heute als morgen den Sonderstatus des Jugendamtes aufheben möchten. Neue Steuerungsmodelle in der Jugendhilfe scheinen ein geeigneter Hebel dafür zu sein, das Jugendamt auf Linie zu bringen:

– Die Politikerinnen und Politiker beschließen eine Aufgabenverteilung zwischen Politik und Verwaltung, nach der sie selbst nur noch Aufsichtsräte sind.
– Jugendhilfeplanung, eine der originären Aufgaben des Jugendhilfeausschusses, fällt den Neuen Steuerungsmodellen zum Opfer. Während Jugendhilfeplanung inhaltlich und personell „ausgetrocknet" wird, erfahren die Neuen Steuerungsmodelle eine rasante Entwicklung - in einem atemberaubenden Tempo und meistens an der Politik vorbei.
– Der Jugendhilfeausschuß sieht zu, wie im Rahmen von Budgetierung die Förderung von Trägern der freien Jugendhilfe immer häufiger vertraglich geregelt wird. Was bleibt da bei den jährlichen Haushaltsberatungen letztendlich noch zu beraten?
– Die Verwaltung des Jugendamtes, einbezogen in die „Konzernmutter" und eh nicht immer positiv eingestellt gegenüber dem Jugendhilfeausschuß, löst sich von der Politik.

Gegen eine klare Verantwortungsabgrenzung zwischen Politik und Verwaltung ist einzuwenden, daß die politischen Kräfte nicht auf Zielsetzung und Kontrolle der Zielerreichung beschränkt werden dürfen. Die Entlastung der Politik mit der Möglichkeit, sich auf „Wesentliches" zu konzentrieren, mag zwar fürsorglich gedacht sein, verkennt aber die Tatsache, daß richtungsweisende Entscheidungen sich von der Art und Weise ihrer Umsetzung oft nicht trennen lassen (vgl. Laux 1994).

Ferner läßt sich gegen die schleichende Aushebelung des zweigliedrigen Jugendamtes einwenden, daß die Anwendung der Neuen Steuerungsmodelle zwar auch fachlich-politische Optionen eröffnet (beispielsweise im Rahmen dezentraler Ressourcenverantwortung oder bei dem Bemühen um eine Reduzierung der Kosten für Fremdunterbringung), im wesentlichen aber eine strukturpolitische Maßnahme darstellt, die nicht zwangsläufig fachlich-politische Visionen aufschließt. Notwendiger und spannender scheint die Klärung der Frage zu sein, wie das Jugendamt (Jugendhilfeausschuß und Verwaltung) in Zukunft mehr Einfluß auf die Politikbereiche nehmen kann, von deren Entscheidungen Kinder und Jugendliche betroffen oder gar beeinträchtigt werden (Schul-, Wohnungs- und Verkehrspolitik). Also nicht weniger, sondern mehr Einfluß für die Jugendpolitikerinnen und -politiker! (vgl. Niehaus 1995)

6.3 Weder Nivellieren noch in die Pflicht nehmen, sondern die Eigenverantwortung fördern und die Nachfrage befriedigen

Die Angebote der Kinder- und Jugendhilfe sind heute vielfältiger und bunter als ein Frühlingsstrauß und damit in der Lage, ein weites Feld unterschiedlichster Interessen, Bedürfnisse und Wertorientierungen von Kindern und Jugendlichen positiv aufzugreifen, in dem entsprechende Lern- und Ausdrucksmöglichkeiten zur Verfügung gestellt werden. Die Erarbeitung von Produktplänen und die Definition von Produkten der Kinder- und Jugendhilfe darf auf keinen Fall vermittelt über - und seien es nur ungewollte - Normierungen zu einer Nivellierung in der Angebotslandschaft und damit zu einer Einschränkung der Vielfalt führen. Außerdem besteht bei den heutigen Rahmenbedingungen die Gefahr, die bisherigen Leistungsstandards abzusenken und die Grundversorgung auf niedrigerem Niveau festzuschreiben.

Im besonders starkem Maß gilt dies für die Jugendverbände, denn „Jugendverbände und -gruppen, im Sinne von § 12 Abs. 2 SGB VIII werden mit § 12 Abs. 1 SGB VIII gegenüber anderen Trägern der Jugendarbeit dadurch hervorgehoben, das die Vorschrift den öffentlichen Trägern zu ihren Gunsten eine besondere Förderungsverpflichtung auferlegt. Mit 'Förderung' ist an dieser Stelle nicht, wie z.B. in § 11 Abs. 1 SGB VIII die individuelle Unterstützung junger Menschen, sondern die allgemeine, auch finanzielle Unterstützung freier Träger gemeint. Es geht auch nicht mittelbar um die Förderung von Maßnahmen, sondern - wie es das Gesetz formuliert - um die Förderung 'eigenverantwortlicher Tätigkeit der Jugendverbände und -gruppen', also unmittelbar um Trägerförderung" (Bernzen 1995).

291

Die Förderung der eigenverantwortlichen Tätigkeit unter Wahrung des satzungsgemäßen Eigenlebens verbietet Standardisierungen. Eine allgemeine Produktbeschreibung stünde im eklatanten Widerspruch zu diesen Vorgaben des Kinder- und Jugendhilfegesetzes und könnte negativ Einfluß nehmen auf die Eigenständigkeit der freien Träger.

Gleichzeitig müßte gerade ein Steuerungsansatz, der vorgibt, für die Befriedigung der Kundenwünsche, der Angebotsnachfragen besser als früher sorgen zu wollen (und zu können), gerade auch für die Jugendverbands- und Jugendringarbeit die notwendigen Ressourcen bereitstellen, denn sonst ist er als solches unglaubwürdig.

6.4 Freiwillige nicht an- und einmachen, sondern stark machen

Gegen die Zunahme institutioneller Angebote in der Jugend- und Sozialarbeit wird seit Anfang der 80er Jahre eine Umkehr der Entwicklung in Richtung auf eine Stärkung der Betroffenen und ihrer Alltagskompetenz propagiert (vgl. Olk 1994). Die Politik mißversteht diese Tendenz, wenn sie unreflektiert nach dem „Ehrenamt" ruft, um entgeltliche Hilfesysteme durch unentgeltliche zu substituieren. Jugendverbände, zu 90 bis 95 % von freiwillig tätigen Mitarbeiterinnen und Mitarbeitern geleitet und verantwortet, wissen, daß sich die zu unentgeltlicher Tätigkeit bereiten Frauen und Männer nicht in der von der Politik erwünschten Art und Weise in die Pflicht nehmen lassen. In der Regel sind es Frauen und Männer, die den Stellenwert ihrer Tätigkeit an eigenen Bedürfnissen und Interessen und denen der Kinder und Jugendlichen ausrichten. Sie sehen sich mitverantwortlich für das soziale Leben und Lernen in den Gruppen, wobei es ihnen wichtig ist, in diese Prozesse die Wertorientierungen einzubringen, die ihnen persönlich oder dem jeweiligen Jugendverband etwas bedeuten. Orientiert am Lebensalltag der beteiligten Jungen und Mädchen, Männer und Frauen „zeigt sich hier die von den Neuen Sozialen Bewegungen in ihrer Realisierung praktisch eingeforderte Möglichkeit einer Produktivkraftentwicklung, bei der sich tendenziell die Einheit von Produktion und Konsum wieder herstellt." (May 1994, S. 70). Von daher gesehen besteht bei den freiwillig tätigen Mitarbeiterinnen und Mitarbeiter wenig Verständnis und kaum Bereitschaft, sich im Rahmen der Neuen Steuerungsmodelle durch den öffentlichen Träger (ver)planen, steuern oder gar kontrollieren zu lassen.

Statt Freiwillige für Produktbeschreibungen und Kennzahlensysteme verwerten zu wollen, sollte in Zukunft ein bewußterer Umgang mit ihnen entwickelt werden. Gerade jüngere Freiwillige sind selbst den viel zitierten Tendenzen von Individualisierung und Pluralisierung ausgesetzt und somit doppelt belastet: Sie stehen in ihrer täglichen Arbeit vor einem wachsenden Orientierungsbedarf bei Kindern und Jugendlichen und dies in einer Situation, in der ihre eigenen Berufs- und

Lebensperspektiven vielfach unzureichend geklärt sind. Sie nicht an- oder einzumachen, sondern stark zu machen, was heißen will, freiwillige Tätigkeit als eine zwischen Partnerinnen und Partner auszuhandelnde Form der Mitarbeit im Sinne von Teilhabe und Gestaltungsmöglichkeit zu begreifen, ihnen interessante Betätigungsfelder und Arbeitsbereiche zu erschließen, die sich aus ihrer konkreten Lebenssituation ergeben, auf neue Möglichkeiten der Beteiligung und des Lernens zu achten und eine kontinuierliche und fachliche Begleitung durch hauptberufliche Fachkräfte anzubieten (vgl. Jugendring Dortmund 1995).

Wer sich freiwillig in der Jugend(verbands)arbeit engagiert, knüpft daran ganz konkrete Erwartungen. Diese bestehen selten nur aus materiellen Ansprüchen für die eigene Person, wohl aber aus Wünschen nach Freiräumen, Teilhabe, Anerkennung und emotionaler Nähe sowie nach einer materiellen und ideellen Absicherung der Arbeitsbereiche, in denen freiwilliges Engagement stattfindet. In diesem Zusammenhang empfinden Freiwillige die vielerorts erfolgten Mittelkürzungen durch die Kommune als starke Mißachtung und Entwürdigung ihrer Tätigkeit. Wenn Jugendverbände ihr Angebot trotzdem aufrechterhalten, dann auf Kosten der teilnehmenden Kinder und Jugendlichen bzw. ihrer Familien und zu Lasten der freiwilligen Mitarbeiterinnen und Mitarbeiter. So werden die finanziellen Möglichkeiten der Familien wie die der beteiligten Mitarbeiterinnen und Mitarbeiter ausschlaggebend für eine (Nicht)-Teilnahme (vgl. Deutscher Bundesjugendring 1994).

7. Fazit

Der Zeitpunkt, zu dem das neue Steuerungsmodell in der öffentlichen Verwaltung diskutiert wird, ist nicht zufällig. Die Kommunen befinden sich in einer finanziellen Krise, die zugleich auch eine politische ist. Zur Debatte steht hierbei weniger die Frage nach den zukünftigen Organisationsstrukturen als vielmehr die Überlegung, wie gegenwärtig und zukünftig die kommunale Selbstverwaltung als selbständige Organisationsebene unseres demokratischen Gemeinwesens verwirklicht werden kann. Gelingen wird dies nur, wenn Politik und Bürgerschaft - jung wie alt - die Bereitschaft zum gemeinsamen politischen Engagement wiederentdecken. Dabei sind einerseits die Kompetenzen und die Verantwortung der Gemeinderäte und andererseits die Beteiligungsinteressen der Bürgerinnen und Bürger an den sie betreffenden Entscheidungen zu bedenken.

Da das KJHG den größten Teil der Aufgaben auf der kommunalen Ebene angesiedelt hat, müssen die Landes- und die Bundesebene auch aus diesem Grund für eine ausreichende Finanzausstattung der Kommunen Sorge tragen, wobei die politisch Verantwortlichen in den Kommunen und Kreisen die Verantwortung dafür tragen, daß alle Förderbereiche des KJHG gleichermaßen eine ausreichende Förderung erfahren.

Die Anwendung des neuen Steuerungsmodells in der öffentlichen Verwaltung wird nicht ohne Rückwirkungen auf die freien Träger der Jugendhilfe bleiben. Es zeichnet sich eine Gratwanderung zwischen neuen Optionen ab. So können z.B. Verträge auf der Basis von Leistung und Gegenleistung einerseits den Handlungsspielraum als neue Form des „goldenen Zügels" (Lenkung durch Förderung/s-Politik) einengen, andererseits aber auch neue Freiräume schaffen, wenn sie gleichzeitig den bisher häufig sehr aufwendigen Verwaltungsaufwand vereinfachen. Dies kann für freie Träger der Jugendhilfe bedeuten, im Einzelfall bei der Übernahme sozial-staatlicher Aufgaben begründet nein zu sagen.

Auf jeden Fall steht ein Klärungsprozeß über die zukünftige Rolle der freien Träger und ihrer eigenverantwortlichen Aufgabenwahrnehmung bevor.

Literatur

Bernzen, Christian, Erläuterungen § 12 Art. 1 KJHG, in: Jans, Happe, Saurbier, Kinder- und Jugendhilferecht, Kommentar, Stand Dezember 1994, Köln 1994

Bernzen, Christian, Der besondere Rechtsanspruch der Jugendverbände auf Förderung, Jugendpolitik 1/1995

Deutscher Bundesjugendring, Zwischen Erlebnis und Partizipation - Jugendverbände in der Bindestrich - Gesellschaft, Grundsatzpapier des Deutschen Bundesjugendrings zur Jugendverbands- und Jugendringarbeit, Schriftenreihe Nr. 24, Bonn 1994

Deutscher Bundesjugendring, Die Jugend braucht ihren Teil. Zur Förderung der Jugendverbandsarbeit, Schriftenreihe Nr. 25, Bonn 1994

Dieckmann, Jochen, Leitartikel „Ein Anfang ist gemacht", Der Städtetag 1/1994

Erdmann, Wulf, Niehaus, Josef, Die bundesrechtliche Sonderstellung des Jugendamtes. Zu den Mitwirkungsrechten der VertreterInnen der Jugendverbände im Jugendhilfeausschuß, Jugendpolitik 2-3/94

Jordan, Erwin, Jugendhilfeplanung zwischen Organisationsentwicklung und Jugendhilfepolitik, Zentralblatt für Jugendrecht 10/1993

Jugendring Dortmund, Beteiligung von Kindern und Jugendlichen an politischen Entscheidungen, Arbeitspapier zur Jugendhilfeplanung in Dortmund 1995

Jugendring Dortmund, Freiwillig und hauptberuflich tätige Mitarbeiterinnen und Mitarbeiter in der Jugendarbeit, Arbeitspapier zur Jugendhilfeplanung in Dortmund 1995

Kienbaum Unternehmensberatung GmbH, Untersuchung von Organisation und Personalbedarf in den Ämtern 50 und 51 der Stadtverwaltung Düsseldorf im Auftrag der Landeshauptstadt Düsseldorf, Juli 1993

Kienbaum Unternehmensberatung GmbH, Organisationsentwicklungsprojekt zur Optimierung von Personal und Organisation im Jugendamt des Stadtverbandes Saarbrücken, Januar 1995

Klein, Marita, anl. Experten-Anhörung zum Leitbild bei Verwaltungsstrukturreform, Landtag intern NW 14.2.1995

Kommunale Gemeinschaftsstelle für Verwaltungsvereinfachung (KGSt), Das Neue Steuerungsmodell, Bericht Nr. 5/1993

Kommunale Gemeinschaftsstelle für Verwaltungsvereinfachung (KGSt), Outputorientierte Steuerung der Jugendhilfe, Bericht Nr. 9/1994

Klotz, Ulrich, Lernfähige Organisationen statt „lean management", Die neue Gesellschaft / Frankfurter Hefte 11/1993

Kromminga, Peter, Wohin steuert die Hamburger Jugendhilfe? oder: Wer steuert die Hamburger Kinder- und Jugendarbeit wohin? Forum für Kinder- und Jugendarbeit-Verbandskurier Heft 4/94

Kupffer, Heinrich, Wilken, Walter, Jugendhilfe im Angebot, KSA 1/95

Landschaftsverband Westfalen-Lippe - Landesjugendamt, Der Bericht - das Landesjugendamt 1989 - 1994, Münster 1994

Laux, Eberhard, Die Privatisierung des Öffentlichen: Brauchen wir eine neue Kommunalverwaltung? - Visionen und Realitäten neuer Steuerungsmodelle, der gemeindehaushalt 8/1994

May, Michael, Soziale Dienstleistungsproduktion und Legitimationsprobleme des Sozialstaates, Widersprüche 52, Oktober 1994

Müller, Burkhard, Lean Management in der Jugendarbeit. Über die begrenzten Chancen pädagogischer Qualitäten in kommunalen Verteilungskämpfen, Sozialmagazin 4/1994

Münder, Johannes, Die Übernahme sozialstaatlicher Aufgaben durch freie Träger - Eine Falle für die freien Träger? BBJ CONSULT INFO III/IV 1994

Niehaus, Josef, Von einer Friedenstaube zur freilebenden Wildgans. Anmerkungen zum Selbstverständnis und zur Arbeitsweise der Arbeitsgemeinschaft für Jugendhilfe aus dem lokalen Blickwinkel, Forum Jugendhilfe 1/1995

Olk, Thomas, Jugendhilfe als Dienstleistung. Vom öffentlichen Gewährleistungsauftrag zur Marktorientierung? Widersprüche 53, Dezember 1994

Prölß, Reiner, Jugendhilfe als Dienstleistung, Vortragstext anl. einer Tagung der Evangelischen Akademie Thüringen zum 9. Jugendbericht der Bundesregierung am 21.3.1995

Roth, Klaus, Kostensenkung durch Steuerung. Zur geplanten Veränderung des § 77 KJHG, Jugendhilfe 5/1994

Schaarschuch, Andreas, Soziale Dienstleistungen im Regulationszusammenhang, Widersprüche 52, Oktober 1994

Schröer, Hubertus, Jugendamt im Wandel. Von der Eingriffsverwaltung zum modernen Dienstleistungsunternehmen, Neue Praxis 3/1994

Simon, Titus, Aktuelle Probleme bei der Umsetzung des Kinder- und Jugendhilfegesetzes (KJHG), Deutsche Jugend 12/1994

Stadt Hagen, Neuregelung der Zuschußstruktur - Bereich Jugend, Gesundheit und Soziales, Drucksachen-Nr. 100001/95 vom 12.01.1995

Wendt, Peter-Ulrich, Jugendarbeit: Professionalität = Marktkompetenz + soziales know how, Modernisierungsbedarf für Jugendarbeit im Kontext der Kommunalfinanzkrise und der aktuellen Gewaltdebatte, Zentralblatt für Jugendrecht 11/1993

Joachim Merchel

Wohlfahrtsverbände auf dem Weg zum Versorgungsbetrieb? -

Auswirkungen der Modernisierung
öffentlicher Verwaltung auf Funktionen
und Kooperationsformen der Wohlfahrtsverbände

Die bisherige Diskussion zur Modernisierung der Sozialverwaltung bezieht sich fast ausschließlich auf interne Prozesse der stärkeren Einfügung betriebswirtschaftlicher Abläufe und der entprechenden organisatorischen Veränderungen innerhalb der Verwaltung. „Neue Steuerung" wird behandelt als ein weitgehend betriebsinternes Projekt zur Organisationsentwicklung von Jugendämtern, Sozialämtern und Gesundheitsämtern, wobei entsprechend den Impulsen der Kommunalen Gemeinschaftsstelle für Verwaltungsvereinfachung (KGSt) das Jugendamt zunächst im Vordergrund steht.

Diese Behandlung von Verwaltungsmodernisierung als innerbetriebliche Organisationsentwicklung mag für einen Großteil kommunaler Handlungsbereiche, bei denen die Leistungserbringung fast ausschließlich durch die Verwaltung erfolgt, angemessen sein. Für den Sozialbereich erfolgt die Aufgabenerfüllung jedoch nicht allein durch die Verwaltung, sondern im Zusammenspiel von Verwaltung und freien Trägern, also in einer von Trägerpluralität gekennzeichneten Struktur, innerhalb derer die nicht-behördlichen Träger mit einem durch Sozialgesetze legitimierten Status („Trägerautonomie") agieren können. Dieser Struktureigenschaft, durch die sich der Sozialbereich von den anderen Aufgaben- und Handlungsbereichen der kommunalen Verwaltung elementar unterscheidet, ist in der bisherigen Debatte zur „neuen Steuerung" kaum Rechnung getragen worden. Selbst die KGSt-Empfehlungen zur „outputorientierten Steuerung in der Jugendhilfe" sprechen diesen Aspekt, der für die Implementation der „neuen Steuerung" in die Jugendhilfe von zentraler Bedeutung ist, nur am Rande an. Lediglich an zwei Stellen der Empfehlungen (KGSt 1994, S. 27 f. und S. 90) wird mit kurzen Bemerkungen auf die Notwendigkeit des Einbezugs freier Träger hingewiesen, ohne diesen Aspekt jedoch als wesentliche Größe in die Kennzeichnung des Projekts zu integrieren. Es erstaunt daher nicht, daß angesichts dieses konzeptionellen Defizits Vertreter von Wohlfahrtsverbänden die Bedeutung der

„neuen Steuerung" zunächst bei der Kommunalverwaltung verorten und die Tauglichkeit der „neuen Steuerung" zur Regulierung der Beziehungen freier und öffentlicher Träger in Zweifel ziehen (Struck 1995, S. 101).

Angesichts der trägerpolitischen Konstellationen im Sozialbereich werden freie Träger von solch tiefgehenden Umstrukturierungen, wie sie in den Konzepten zur „neuen Steuerung" deutlich werden, nicht unberührt bleiben können. Produktdefinitionen mit ihren Strukturierungswirkungen, qualitätsorientierte Beschreibungen des „output", in Kennziffern ausgedrückte Steuerungsabsichten u.a.m. werden auch auf die Handlungsweise freier Träger angewendet werden müssen. Aus der Perspektive des öffentlichen Trägers sind die freien Träger als ein wesentlicher Faktor im Prozeß der Implementation von „neuer Steuerung" anzusehen. Die Komplexität der Trägerstrukturen in der sozialen Arbeit macht die Implementation von „neuer Steuerung" im Sozialbereich zu einem weitaus komplizierteren Prozeß als in anderen Feldern der kommunalen Administration. Soll die Implementation gelingen, müssen die freien Träger konzeptionell in den Gesamtprozeß integriert werden.

In diesem Beitrag sollen die Auswirkungen der Verwaltungsmodernisierung im Sozialbereich auf die Wohlfahrtsverbände als dem wohl bedeutendsten Teil der freien Träger herausgearbeitet werden. Mit der Verdeutlichung der Konsequenzen für die Wohlfahrtsverbände werden auch die Implementationsprobleme erkennbar, mit denen eine Umsetzung von „neuer Steuerung" verbunden ist.

1. Wohlfahrtsverbände zwischen betrieblicher Orientierung und verbandlicher Profilbildung

In den letzten Jahren sind im Zuge der Debatte um notwendige Weiterentwicklungen bei den Wohlfahrtsverbänden und im Zusammenhang mit der Sozialmanagement-Diskussion (s. Merchel 1991 und 1995) insbesondere zwei Anforderungen an die Wohlfahrtsverbände formuliert worden:

– Sie sollen ihre internen Strukturen so verbessern, daß Arbeitsabläufe, Arbeitsergebnisse und Ressourceneinsatz stärker den betriebswirtschaftlichen Kriterien von Effektivität und Effizienz gerecht werden. Durch eine Intensivierung betriebswirtschaftlicher Verfahrensweisen sollen Wohlfahrtsverbände deutlicher ihrem Charakter als Unternehmen gerecht werden und vorhandene Produktivitätsreserven nutzen (Loges 1994; Oppl 1994). Damit soll dem mittlerweile zum geflügelten Wort gewordenen „Dilettantismus" der Wohlfahrtsverbände (Seibel 1992) entgegengewirkt werden.

– Angesichts der Profilerosion der Wohlfahrtsverbände und der damit einhergehenden Angleichung von Strukturen öffentlicher und verbandlicher Wohl-

297

fahrtspflege (paradigmatisch der Titel der Studie von Frank/Reis/Wolf 1994) sollen die Verbände Bemühungen zur Restrukturierung ihres verbandlichen Profils unternehmen (Maelicke/Reinbold 1990). Mit dem Herausarbeiten einer „corporate identity" soll zum einen die außengerichtete Wirkung einer besseren Plazierung innerhalb des Trägernetzes erreicht werden: Der Verband soll sich programmatisch und in seinem konkret erlebbaren Handeln von der Umwelt abheben und als besondere Institution identifizierbar werden. Zum anderen wird diese Strategie auch von einem innengerichteten Kalkül getragen: Von der Arbeit an einem „Unternehmensleitbild" erhofft man sich integrierende und motivierende Wirkungen für hauptberufliche und ehrenamtliche Mitarbeiter.

Daß die Wohlfahrtsverbände erhebliche Bemühungen zur Herausbildung eines eigenen Profils unternommen haben, ist auch für Außenstehende deutlich sichtbar geworden. Wohlfahrtsverbände haben nicht nur z.T. einschneidende Korrekturen an ihrem äußeren Erscheinungsbild vorgenommen (so z.B. der Wechsel vom „DPWV" zum „Paritätischen" und die damit einhergehende Änderung des gesamten Verbandsdesigns), sondern es wurden auch grundlegende inhaltliche Aussagen entwickelt, die ein moderneres, aber doch mit der verbandichen Tradition verbundenes verbandpolitisches Profil markieren sollen. So ist es dem DPWV erstmalig in seiner Verbandsgeschichte gelungen, den als Defizit empfundenen strukturellen Ideologiemangel durch eine plausible Proklamation verbandlicher Wertemuster zu kompensieren (DPWV 1989); im Caritas-Verband vollzieht sich eine groß angelegte Leitlinien-Diskussion, die in der Zeitschrift „Caritas" umfassend dokumentiert ist (s. das Zwischenergebnis „Entwurf Caritas-Leitbild" in Caritas 3/1995; Schilderung des Ablaufs der verbandlichen Aktivitäten bei Baldas 1994); auch in der Arbeiterwohlfahrt (1995) wurde ein Leitbild-Entwurf erarbeitet und in der Verbandsöffentlichkeit zur Diskussion gestellt.

Mit der Intensivierung betriebswirtschaftlicher Orientierungen im Rahmen der „neuen Steuerung" vollzieht sich nun eine Entwicklung, die die gerade angelaufenen verbandlichen Aktivitäten zur Profilbildung in Zweifel zieht. Mit der neuen Steuerung werden primär Fragen der Wirtschaftlichkeit und Orientierungen an Qualitätsstandards in den Mittelpunkt gestellt. Solche betriebswirtschaftlichen Aspekte sollen die Gestaltung von Vertragsbeziehungen zwischen öffentlichem und freiem Träger bestimmen. Mit dem Begriff des „contracting out" wird diese Strategie der Verlagerung des Erbringens einer sozialen Dienstleistung vom öffentlichen auf den freien Träger, bei der betriebswirtschaftliche Kriterien für die Vertragsbeziehungen entscheidend sind, gekennzeichnet (Backhaus-Maul/Olk 1994). Im Zentrum steht das Produkt, für dessen Erstellung und dessen Finanzierung die Träger hinsichtlich der Kosten und der Qualität untereinander konkurrieren. Gegenüber diesen Konkurrenzkriterien geraten solche normativen Aspekte wie das spezifische verbandliche Profil in den Hintergrund. Angesichts der Dominanz „transparenter Leistungs- und Finanzziele" (Eichmann 1995, S. 17) wirkt die Artikulation normativer Bezüge als vernachlässigenswerte Zugabe, die für die Ausgestaltung der Vertragsbeziehung keinerlei Bedeutung hat.

Die Wohlfahrtsverbände stehen also vor einer paradoxen Situation: Zu dem Zeitpunkt, an dem sie ihre Bemühungen zur produktiven Verarbeitung der an sie gerichteten Kritik zu einem ersten Ergebnis geführt und Orientierung gebende normative Leitbilder vorgelegt haben, werden sie mit einer Entwicklung konfrontiert, die auf dem Hintergrund einer intensivierten betriebswirtschaftlichen Steuerung die Aktivierung normativer Bezüge allenfalls zum schmückenden Beiwerk degradiert. Dies stellt die Verbände vor die Anforderung, sich sozialpolitisch neu zu verorten.

Die Überlegungen zur sozialpolitischen Verortung zielen auf die Verarbeitung eines Spannungsfeldes: Auf der einen Seite geht es um eine spezifische verbandliche Profilierung, die in zeitangemessener Form auch die eigene Tradition, noch vorhandene Milieubezüge und normative Orientierungen zum Ausdruck bringt, während andererseits die Erwartung besteht, betriebliche Beziehungen zum politischen und administrativen Umfeld herauszubilden und das Handeln primär nach betriebswirtschaftlichen Rationalitätskriterien auszurichten. Der Umgang mit diesem Spannungsfeld zielt auf den Versuch, den künftigen Stellenwert spezifischer Verbandsprofile herauszufiltern, also zu erkunden, welcher Stellenwert dem verbandlichen Normengefüge, das in der Vergangenheit trotz seiner Brüchigkeit als nicht unwichtiger Legitimationsmechanismus gewirkt hat, künftig im gesellschaftlichen Kontext zugesprochen wird. Die Prüfung, wieviel „Profil" im administrativen und politischen Umfeld nachgefragt wird, ist der außergerichtete Aspekt dieser Frage nach dem unternehmenspolitisch künftig bedeutsamen Ausmaß von Leitbildern. Innengerichtet lautet die Frage, wieviel eigenständiges verbandliches Profil aktiviert werden muß, um dessen integrierende und motivierende Wirkungen auf die eigenen Verbandsmitglieder zu erhalten, und wie dieses verbandliche Profil angesichts möglicher divergierender Tendenzen im Umfeld einigermaßen glaubhaft im Innenbereich aufrecht zu erhalten ist.

Das Herausarbeiten eines spezifischen verbandlichen Profils und das folgenreiche Einbringen dieses Verbandsprofils in den sozialpolitischen Kontext werden künftig schwieriger, weil - vorausgesetzt, die bisherigen Überlegungen zur „neuen Steuerung" werden realisiert - das Subsidiaritätsprinzip als traditionelle Grundlage des Handelns freier Träger und die darin eingebundene Trägerautonomie tendenziell ausgehöhlt werden. Zum einen wird die normative, ordnungspolitische Wirkung der Subsidiaritätsformel, mit der ein eigenständiges Betätigungsrecht im Rahmen der vom öffentlichen Träger wahrzunehmenden Gesamtverantwortung proklamiert wurde, ersetzt durch eine Politik der Vergabe von Trägerschaften, die sich primär der Logik betriebswirtschaftlicher Rationalität bedient. Zum anderen setzt die Vergabe von Aufträgen zur Leistungserbringung („contracting out") eine „wirksame Implementation des Konzepts der Produktbeschreibung und -bewertung bzw. produktbezogener Ressourcenallokation" auch

299

bei den leistungserbringenden freien Trägern voraus (Grunow 1995, S. 41). Ob man angesichts dieser Verkoppelung von Auftragsvergabe mit der Realisierung von Organisationsvorgaben des öffentlichen Trägers noch von „Trägerautonomie" sprechen kann, scheint sehr fraglich. Tendenziell scheint der freie Träger in den Status eines Erbringers von Leistungen in Delegation gedrängt zu werden, und das Verhältnis zwischen öffentlichen und freien Trägern tendiert in Richtung einer zunehmenden Hierarchisierung von Beziehungen. Trat bereits in der Vergangenheit die Brüchigkeit des Autonomiebegriffs zur Kennzeichnung des Status freier Träger bisweilen deutlich zutage (Dahme/Hegner 1982; Neumann 1992), so wird im Gefolge der „neuen Steuerung" die Fragwürdigkeit solcher und ähnlicher Begriffe noch offenkundiger, und legitimatorische Formeln wie „partnerschaftliche Zusammenarbeit öffentlicher und freier Träger" oder „Förderung der eigenverantwortlichen Tätigkeit freier Träger" bedürfen der Überprüfung ihres realen Gehalts.

2. Leistungsverträge als künftiger Modus der Verbandsfinanzierung

Die bisherige Finanzierung der Wohlfahrtsverbände aus öffentlichen Mitteln erfolgt über ein für Außenstehende kaum überschaubares Konglomerat verschiedener Formen der Zuwendung und der Kostenerstattung: Pauschalförderung zur Finanzierung von Verbandsaufgaben, konkrete Projektfinanzierung, Leistungsfinanzierung unter Einbezug von Eigenanteilen des Trägers, Kostenerstattung (z.B. über Pflegesätze), Beiträge von Leistungsadressaten, Zuweisung aus Glücksspielerträgen, anteilige Förderung investiver Vorhaben (über öffentliche Mittel oder Stiftungen) u.a.m. Die beiden Eckpfeiler dieses komplexen Gebildes einer „mehrdimensionalen Mischfinanzierung" (Goll 1991, S. 163) bilden die Erstattung der Kosten der Leistungserbringung durch vereinbarte Leistungsentgelte und die Förderung durch Zuwendung oder Subventionen (Neumann 1993).

In der Konzeption der „neuen Steuerung" wird die Finanzierung konkreter Leistungen in den Mittelpunkt künftiger Finanzierungsstrategien gestellt. Im Rahmen eines „transparenten Entscheidungsverfahrens zur Förderung und Delegation von Leistungen" werden „pauschale Zuwendungen ... gegen Null tendieren und durch leistungsbezogene Förderung ersetzt werden" (Eichmann 1995, S. 17). Statt Zuwendungen werden Leistungsverträge abgeschlossen, bei denen eine verbindliche Beschreibung der zu erbringenden Leistung auf der einen Seite dem für diese Leistung an den Träger zu zahlenden Geldbetrag auf der anderen Seite gegenübergestellt wird. Eine möglichst weitgehende Umstellung auf diese Finanzierungsform wird auch von einigen Verbandsvertretern unterstützt, die darin die

Vorteile einer stärkeren finanziellen Absicherung, einer flexibleren Preisgestaltung und einer verbesserten Nutzerorientierung sehen (Brauns 1994, S. 76).

Mit welchen Veränderungen eine solche Umstellung der Finanzierung auf Leistungsverträge und Leistungsentgelte verbunden ist, ist ablesbar an einer Stellungnahme der Senatsverwaltung für Finanzen an das Abgeordnetenhaus von Berlin (1995), in der eine Änderung der Finanzierungsgrundlagen für soziale Dienste und Einrichtungen vorgeschlagen wird. Die Berliner Senatsverwaltung verspricht sich von einer weitgehenden Umstellung der Finanzierung auf Leistungsverträge sowohl Einsparungen an Personal- und Sachkosten als auch verbesserte Steuerungsmöglichkeiten im Hinblick auf Art und Ergebnisse der Leistungserbringung. Während die Verbesserung der Steuerungsmöglichkeiten aus einer präziseren Beschreibung der vereinbarten Leistung und aus verbesserten Möglichkeiten zur Kontrolle der vertragsgemäßen Leistungserbringung resultiert, stehen die Hoffnungen im Hinblick auf Einsparungen im Zusammenhang mit einer stärkeren Wettbewerbsorientierung. „Mit einer Umstellung auf Leistungsverträge ist die Erwartung auf künftige Ersparnisse verbunden, die sich aus der grundsätzlichen Verpflichtung zur öffentlichen Ausschreibung (55 LHO) und dem daraus folgenden Anbieterwettbewerb mit der Möglichkeit, das günstigste Angebot auszuwählen, ergibt." (a.a.O., S. 57)

Wird die Ausschreibung zum wesentlichen Allokationsmechanismus für soziale Dienste, werden die Wohlfahrtsverbände zu Sozialunternehmen, die - ähnlich wie bei Ausschreibungsverfahren im Hoch- oder Tiefbau - im Wettbewerb zueinander stehen, ihre Angebote im Hinblick auf das notwendige Finanzierungsvolumen und unter Beachtung des Wettbewerbsdrucks durch Angebote anderer Träger kalkulieren, diese Angebote an den ausschreibenden öffentlichen Träger geben und möglicherweise dann in Aushandlungen über die konkrete Vertragsgestaltung eintreten. Die beabsichtigten Finanzierungsmodalitäten sind Ausdruck einer zunehmenden Relevanz betrieblicher Orientierungen als Anforderungen an die Wohlfahrtsverbände, und sie werden zum steuernden Instrument der politischen Verstärkung solcher Orientierungen. Damit Wohlfahrtsverbände und ihre Einrichtungen in solchen stärker marktbezogenen Strukturen existieren können, sind sie gezwungen, in ihrem Innenleben betriebliche Orientierungen und Organisationsweisen zu intensivieren.

Eine künftige Dominanz der Ausschreibung als Allokationsmechanismus für soziale Dienste ist angesichts des bisherigen Handlungsverständnisses der Wohlfahrtsverbände und in Anbetracht bisher vorherrschender Kooperationsmodi mit einigen Problemen verbunden:

(a) Es ist fraglich, ob ein bedeutender Teil wohlfahrtsverbandlicher Aktivitäten als „Produkte" zu kennzeichnen, zu quantifizieren und damit finanziell abrechenbar zu machen sind. Angerhausen u.a. (1995) machen darauf aufmerksam, daß Wohlfahrtsverbände als komplexe Gebilde anzusehen sind, deren Funktion

301

als intermediäre Organisationen mit drei unterschiedlichen Funktionsbündeln verbunden ist, die divergierende Handlungslogiken und Zielsetzungen aufweisen: Sie sind erstens Träger und Erbringer von sozialen Leistungen, sie leisten zweitens als lokale Vereine einen Beitrag zur sozialen Integration, und drittens organisieren sie als sozialpolitische Akteure Prozesse der Interessenvermittlung. Eine mit der Dominanz von Leistungsverträgen einhergehende Orientierung an „Produkten" würde die erstgenannte Funktion der Wohlfahrtsverbände in den Mittelpunkt stellen und zu einer Vernachlässigung der beiden anderen Funktionsbündel führen. Das labile Verhältnis der drei Funktionsbündel zueinander würde verändert in Richtung einer weiteren Stärkung der verbandlichen Funktion des Leistungsträgers. Es läge in der Logik einer Ausrichtung auf Leistungsverträge, würden sich die Verbände zur Sicherstellung ihrer Finanzierung veranlaßt sehen, ihre kundenorientierten Leistungen mit zusätzlicher Priorität zu versehen und demgegenüber Handlungsformen, die aus den beiden anderen Funktionsbündeln resultieren und nicht so eindeutig als „Produkte" zu definieren sind, in den Hintergrund zu drängen. Ein bedeutsamer Teil der Aktivitäten, die mit der sozialen Integrationsfunktion oder mit der Wahrnehmung der Funktionen eines sozialpolitischen Akteurs verbunden sind, läßt sich nicht auf eine „Produkt"-Logik reduzieren, so z.B. die Mitwirkung in der kommunalen Sozialpolitik, die Förderung von Selbsthilfe oder die Unterstützung von Initiativgruppen, das Einbringen sozialpolitischer Themen in die politische Debatte (z.B. Armut, soziale Integration behinderter Kinder und Jugendlicher) u.a.m.

(b) Das Auslösen von Wettbewerbsdruck durch Ausschreibungsverfahren benötigt als Grundlage die Aushandlung von Qualitätsstandards. Öffentliche Ausschreibungen ohne die Existenz von fachlich tragfähigen Qualitätsstandards beinhalten die Gefahr einer massiven Dequalifizierung der Erbringung von Dienstleistungen. Die Handhabung von Qualitätsstandards in der sozialen Arbeit bezieht sich auf zwei Aspekte: auf das Herausarbeiten von Kriterien, die für alle Beteiligten nachvollziehbar und im Rahmen der Prüfungsmodalitäten anwendbar sind, und auf das plausible Herstellen eines Verhältnisses von Kostenkriterien und inhaltlichen Leistungskriterien. Die Qualitätsstandards müssen also zum einen transparent und prüfbar sein und zum anderen Aussagen darüber erlauben, für welche Leistungsqualität und welchen Leistungsumfang welcher Preis als akzeptabel gelten kann. Sollen diese Fragen nicht innerhalb hierarchisch strukturierter Beziehung allein vom öffentlichen Träger definiert und gegenüber den freien Trägern durchgesetzt werden, bedarf es entsprechender Aushandlungen. Solche Verfahren der Qualitätsbestimmung und solche Aushandlungen sind in den einzelnen Arbeitsfeldern sozialer Arbeit unterschiedlich entwickelt. In den meisten Arbeitsbereichen stehen Aktivitäten der Aushandlung von Qualitätsstandards erst am Anfang, oder sie wurden noch gar nicht begonnen. Die Intensivierung einer Ausschreibungspraxis, ohne daß

Qualitätsstandards als Grundlage des Verfahrens erarbeitet worden sind, wäre voraussichtlich verbunden mit einer vornehmlichen Ausrichtung an reduzierten Preisen, was mit der Gefahr entsprechender Qualitätseinbußen verbunden wäre, und mit einem Herausdrängen von wirtschaftlich schwächeren Trägern aus dem Markt, die dem Wettbewerbsdruck nicht mehr standhalten können (wie es auch von der Berliner Senatsverwaltung für Finanzen einkalkuliert wird; a.a.O., S. 57).

(c) Das Abschließen von Leistungsverträgen hat zur Voraussetzung, daß die zu erbringende Leistung konkret beschrieben wird und die Zahlung des Entgelts an die Kontrolle einer ordnungsgemäßen Leistungserbringung geknüpft wird. „Verträge sollen laufende Kontrollmechanismen beinhalten, die es der den Auftrag vergebenden Behörde ermöglichen, Mängel in der Leistung oder eine unzulängliche Aufgabenerfüllung rechtzeitig zu erkennen, um z.B. eventuelle Rückforderungen des Entgelts durchzusetzen." (Senatsverwaltung für Finanzen Berlin 1995, S. 60) Es besteht die Vorstellung, über das Steuerungselement der Ausschreibung auch ein Instrument zur Qualitätssicherung zu erhalten. Bei der Leistungskontrolle ergeben sich jedoch zwei Schwierigkeiten: das Problem der Definition angemessener Leistungsmaßstäbe im Spannungsfeld von „Strukturqualität" und „Ergebnisqualität" (Groser 1994, S. 51) und das Problem der Veränderung der Bezüge zwischen öffentlichem und freiem Träger. Zunächst stellt sich die Frage der Kriterien der Leistungskontrolle: Wird lediglich das Zur-Verfügung-Stellen einer Leistung, deren Struktur (Personalschlüssel, Ausbildung der Mitarbeiter, bei Gruppenangeboten Größe der Gruppe etc.) vereinbart wurde, oder der Erfolg einer Leistung kontrolliert? Während der Träger vorwiegend den erstgenannten Aspekt der Strukturqualität in die Ausschreibung einbringt, ist für den Auftraggeber jedoch mehr der zweitgenannte Aspekt der Ergebnisqualität entscheidend. Gerade wegen der möglichen finanziellen Auswirkungen für den Träger kommt dem Umgang mit diesem Spannungsfeld in einem so komplexen Feld wie der sozialen Arbeit eine große Bedeutung zu. Neben der sachlichen Schwierigkeit, Leistungskontrolle im Spannungsfeld von Struktur- und Ergebnisqualität einer Leistung zu betreiben, unterliegen die Bezüge zwischen öffentlichem Träger als Auftraggeber und freiem Träger als Auftragnehmer möglicherweise einer Veränderungsdynamik. In Frage steht, wer welche Machtmittel zur Definition und Überprüfung vertragsadäquater Leistungen einsetzen kann. Gerade weil das im technischen Bereich erprobte Verfahren einer Begutachtung durch sachverständige Dritte bei sozialen Dienstleistungen nicht anwendbar ist, stellt sich die Machtfrage nicht nur bei der Definition der Qualitätsstandards, sondern auch bei der Anwendung dieser Kriterien im Rahmen der Leistungskontrolle.

3. Verschiebungen im innerverbandlichen Kooperationsgefüge

Betrachtet man die innerverbandlichen Strukturen von Wohlfahrtsverbänden, so kann man zwei Grundkonstellationen voneinander unterscheiden:

– Wohlfahrtsverbände, deren Basis von rechtlich eigenständigen Trägern sozialer Arbeit gebildet wird (korporative Mitglieder) und deren Funktion darin besteht, die ihnen angehörenden Träger in fachlichen und finanziellen Fragen zu beraten, sie im politisch-administrativen Umfeld zu vertreten, den Mitgliedsinstitutionen Anregungen zur fachlichen und organisatorischen Weiterentwicklung zu vermitteln;

– Wohlfahrtsverbände, deren Mitgliedschaft primär aus natürlichen Personen besteht und bei denen korporative Mitgliedschaften nur eine geringe Bedeutung haben; diese Verbände erhalten ihr Profil primär durch ihre Eigenschaft als unmittelbarer Träger eigener sozialer Dienste und Einrichtungen. Zur erstgenannten Kategorie zählt insbesondere der Paritätische Wohlfahrtsverband (DPWV), in einem gewissen Umfang aber auch der Caritas-Verband und das Diakonische Werk, wobei deren Profil als Mitgliederverband deutlicher zutage tritt, je höher bzw. überregionaler die Verbandsebene angesiedelt ist. Für die zweitgenannte Kategorie stehen die Arbeiterwohlfahrt und das Deutsche Rote Kreuz, die durch die Struktur ihrer verbandlichen Gliederung ein höheres Maß an Einheitlichkeit im verbandlichen Handeln gewährleisten können.

Für die Verbände der erstgenannten Kategorie ist eine vergleichweise gering hierarchische Form der innerverbandlichen Kooperation typisch. Verbandlicher Zusammenhalt ist das Ergebnis komplizierter innerverbandlicher Aushandlungsprozesse und daher in der Regel ein relativ labiler Zustand. Dies gilt insbesondere für den DPWV, der, anders als die beiden großen konfessionellen Wohlfahrtsverbände, nicht durch eine gemeinsame Ideologie und eine Fundierung im ähnlichen Milieu zusammengehalten wird, sondern als plural strukturierter Interessenverband lediglich eine lose Verkoppelung zwischen Verband und Mitgliedsorganisationen aufweist (Merchel 1989). Dadurch werden die innerverbandliche Steuerung und die Repräsentation des Verbandes innerhalb korporatistischer Aushandlungsmodi zu einer komplizierten Aufgabe, deren Ergebnisse sich als relativ störanfällig erweisen können. Das innerverbandliche Kooperationsgefüge folgt einer Aushandlungslogik, während hierarchisch eingesetzte Steuerungsimpulse relativ geringe Erfolgsaussichten haben. Zwar lassen sich hinsichtlich dieser Grundstruktur Parallelitäten zwischen dem DPWV und den beiden großen konfessionellen Verbänden aufzeigen, doch sorgen eine gemeinsame ideologische Grundlage, eine Verbandstradition, die auf eine intensivere Verknüpfung zwischen Verband und Mitgliedsorganisation ausgerichtet ist, und einige Organisationsregelungen (z.B. Verpflichtung zur Anwendung der Regelugen kirchlichen Arbeitsrechts) dafür, daß bei Caritas-Verband und Diakonischem Werk sich das innerverbandliche Steuerungsproblem nicht in einer solch drastischen Weise stellt wie beim DPWV.

Die Realisierung bisheriger Konzepte zur „neuen Steuerung" mit ihrem Verständnis von freien Trägern als Leitungsanbietern und mit ihrer trägerbezogenen Steuerungslogik der Ausschreibung kann nicht ohne Auswirkungen auf das innerverbandlichen Kooperationsgefüge der Wohlfahrtsverbände bleiben. Die von der „neuen Steuerung" ausgehenden Impulse für das innerverbandliche Kooperationsgefüge der Wohlfahrtsverbände, deren Struktur wesentlich durch korporative Mitglieder geprägt wird, können in verschiedenen Entwicklungsoptionen zum Tragen kommen:

(a) Durch die Ausrichtung der Auftragsvergabe an die Ergebnisse von Ausschreibungen vollzieht sich ein transparenter werdender Wettbewerb zwischen Trägern, durch den auch innerverbandliche Konkurrenzen aktiviert werden. Dort, wo bisher Träger in einem Verband nach dem Motto „Leben und Leben-Lassen" einen labilen innerverbandlichen Zusammenhalt nicht gefährdet haben und der Verband dadurch die vorhandenen Interessendivergenzen einigermaßen problemlos steuern konnte, kann künftig die Intensität der Konkurrenzkonflikte zwischen Trägern innerhalb eines Verbandes zunehmen. Dies stellt den Verband in doppelter Weise vor Steuerungsprobleme: Er muß verstärkt eigene Ressourcen zur Sicherung des verbandlichen Zusammenhalts aufwenden, und er muß innerverbandlich akzeptable Verfahrensweisen zur Konfliktregulierung installieren. Die Steuerungsanforderungen an den Verband im Hinblick auf Konfliktmanagement zur Aufrechterhaltung eines basalen verbandlichen Zusammenhalts nehmen zu.

(b) An einigen Orten wird bereits der Versuch unternommen, den Gedanken der Budgetierung auf die Förderung der Wohlfahrtsverbände zu übertragen. Einem Wohlfahrtsverband oder der Arbeitsgemeinschaft der örtlich tätigen Wohlfahrtsverbände wird auf der Grundlage einer vertraglichen Vereinbarung ein Betrag zur Verfügung gestellt, der in Regie des jeweiligen Verbandes bzw. der Arbeitsgemeinschaft der Verbände an die den Verbänden angehörenden Mitgliedsorganisationen oder Organisationsgliederungen verteilt werden soll (als Beispiel Berlin s. Stötzner 1994). Der öffentliche Träger entlastet sich von einem bedeutsamen Teil seiner Steuerungsaufgaben, indem er die politische Verantwortlichkeit über die Mittelverteilung und die Verwaltung der Zuwendungsmittel an Wohlfahrtsverbände überträgt, die diese Steuerungsverantwortung als internes Verfahren gegenüber ihren Mitgliedern bzw. Gliederungen übernehmen sollen. Die Mittelverteilung wird zum Problem innerverbandlicher Aushandlungen. Mit einer solchen Verlagerung von Steuerungsaufgaben in die Wohlfahrtsverbände verändern sich die Beziehungen zwischen dem

305

Verband und seinen korporativen Mitgliedern in zweierlei Hinsicht. Zum einen werden Verteilungskonflikte vom politischen in den innerverbandlichen Raum verlagert. Die Konfliktregelung wird zu einer Aufgabe innerverbandlichen Managements. Zum anderen verstärken sich in den Bezügen zwischen Verband und korporativem Mitglied die Elemente von Hierarchisierung und Mißtrauen. Der Wohlfahrtsverband erhält aufgrund seiner Steuerungsverantwortung eine größere Macht gegenüber dem einzelnen Träger. Die Abhängigkeit des einzelnen Trägers vom Verband steigt angesichts der Kontrollhandlungen, die der Verband in seiner Funktion als Treuhänder-Instanz und der darin einbezogenen Verpflichtung zur Mittelverwaltung vornehmen muß. Mißtrauen entsteht wegen der doppelten Rolle, in der sich die Wohlfahrtsverbände befinden: Sie fungieren gleichzeitig als Steuerungsinstanz bei der Verteilung von Finanzmitteln und, wenn sie Anbieter sozialer Dienste sind, als Träger mit eigenen Begünstigungsinteressen. Korporative Mitglieder mit geringen Einflußpotentialen (kleine Träger, neu entstehende Träger, Träger mit einer geringeren Verankerung im politisch-administrativen Umfeld) werden in ihrer Kooperation mit den Wohlfahrtsverbänden von der Befürchtung geleitet, daß sich „mit der Zeit Eigeninteressen einzelner Verbände in die Vergabe der Zuwendungen einschleichen und daß sich auf dem Weg der eingefahrenen Interessenabstimmungen die Gewichte bei der Förderung zu ihren Ungunsten verschieben" (Stötzner 1994, S. 8). Für einen Verband wie den DPWV, für den die Eigenständigkeit seiner Mitglieder und die nicht-hierarchische Beziehung zwischen dem Verband und seinen Mitgliedern konstitutive Bestandteile der Organisationsstruktur sind, würde eine umfangreichere Übernahme von finanziellen Steuerungsfunktionen mit einer nachdrücklichen und konflikthaften Überprüfung des grundlegenden verbandlichen Handlungsverständnisses einhergehen.

(c) Im Zuge einer stärkeren Ausrichtung von Finanzierungen an Leistungen und deren Qualität (kundenorientierter „Output") sehen sich auch die Wohlfahrtsverbände vor die Anforderung gestellt, die Diskussion von Qualitätsstandards zu intensivieren. Die Definition von Qualitätsstandards und die Implementation von Verfahren zur Qualitätssicherung sind, wenn sie steuernde Wirkung für die soziale Infrastruktur einer Region haben sollen, nicht allein als fachliche Anforderung an die einzelne Institution, sondern als eine trägerübergreifende sozialpolitische Herausforderung zu verstehen. Die Mitwirkung von Wohlfahrtsverbänden in regionalen sozialpolitischen Aushandlungen, die diese Fragen zum Gegenstand machen, setzt Prozesse der vorherigen innerverbandlichen Diskussion und der Einigung auf Qualitätskriterien voraus. Das in vielen Wohfahrtsverbänden vorherrschende Nebeneinander, die äußerliche Toleranz des „Leben und Leben-Lassens" kann angesichts dieser Herausforderung nicht mehr durchgehalten werden. Die Träger sehen sich gezwungen, ihre Qualitätskriterien offenzulegen und sich in eine Konfrontation mit anderen

Konzepten zu begeben. Die innerverbandlichen Konflikte, bei denen verschiedenartige fachliche Konzepte, Ideologien und trägerpolitische Interessen ineinander greifen und sich zu einem schwer durchschaubaren Gemenge verknüpfen, werden sich intensivieren und das verbandliche Management mit neuen, in dieser Intensität bisher nicht gekannten Anforderungen zur inhaltlichen Auseinandersetzung konfrontieren. Diese Herausforderung, mit der im Grundsatz alle Wohlfahrtsverbände konfrontiert sind, trifft den DPWV in besonderer Weise, weil der DPWV von seiner Entstehungsgeschichte her und aufgrund seiner sozialpolitischen Funktion der Integration neuer Träger auf den Charakter eines Unternehmensverbandes für soziale Einrichtungen mit trägerbezogenen Interessenvertretungs- und Dienstleistungsfunktionen ausgerichtet ist. Für den DPWV steht zur Debatte, ob er angesichts der Steuerungsanforderungen, denen er im Hinblick auf die Qualitätsdiskussion ausgesetzt wird, und angesichts der damit einhergehenden Verschiebungen der Bezüge zwischen Verband und korporativen Mitgliedern noch in der Lage sein wird, seine sozialpolitische Aufgabe der Integration neuer Träger zu realisieren. Schließlich basiert die Integrierung eines Trägers in den DPWV auf einer grundsätzlich freiwilligen Akzeptanz. Diese Interaktions- und Einflußbasis zwischen DPWV und Mitglied würde angegriffen, wenn der DPWV das bislang einigermaßen ausbalancierte Verhältnis zwischen seinem Charakter als Unternehmensverband für soziale Einrichtungen und den staatlichen Anforderungen im Hinblick auf Steuerung seiner Mitglieder zum letztgenannten Aspekt hin zuspitzen würde. Die Anforderung an die Wohlfahrtsverbände, eine inhaltliche Qualitätsdiskussion mit steuernden Wirkungen zunächst innerverbandlich und auf dieser Basis dann im größeren sozialpolitischen Kontext zu führen, stellt bisherige Modalitäten innerverbandlichen Umgangs nachdrücklich in Frage. Für den DPWV wird der Erfolg des Suchens nach einem innerverbandlich akzeptierbaren Umgang mit dem Dilemma zwischen Eigenständigkeit der Mitglieder einerseits und folgenreicher Qualitätsdebatte andererseits mitentscheidend sein für die praktische Beantwortung der Frage, ob er die für die bisherige Existenz des Verbandes so wichtige sozialpolitische Integrationsfunktion weiterhin aufrechterhalten kann.

4. Perspektive: Wohlfahrtsverbände auf dem Weg zum Versorgungsbetrieb?

Die anstehende Verwaltungsmodernisierung in der Sozialadministration entfaltet Wirkungen bis in die innerverbandlichen Strukturen der Wohlfahrtsverbände hinein. Durch die „neue Steuerung" stellen sich für die Wohlfahrtsverbände - die Frage nach ihrer sozialpolitischen Funktion,

- die Frage nach den Modalitäten ihrer finanziellen Existenzbedingungen und
- die Frage nach der Tragfähigkeit ihrer innerverbandlichen Organisationsstrukturen und Kooperationsformen.

Für die Wohlfahrtsverbände wird durch die Verwaltungsmodernisierung der Druck zur Entwicklung betrieblicher Strukturen intensiviert. Das Profil der Verbände als betriebswirtschaftlich orientierte Dienstleistungsanbieter gewinnt an Schärfe und läßt die beiden anderen Funktionssegmente (lokaler Verein mit sozialer Integrationswirkung und sozialpolitischer Akteur) allmählich in die zweite Reihe treten. Die Reform der öffentlichen Verwaltung ist nicht das auslösende Element für diese Entwicklung, doch sie verleiht diesem Veränderungsprozeß, der bereits seit einiger Zeit im Gange ist und durch andere Vorgänge vorgeprägt ist (s. Backkaus-Maul/Olk 1994 und 1995; Angerhausen u.a. 1995), einen dynamisierenden Schub.

Für die Wohlfahrtsverbände ergibt sich aus dieser Entwicklung die Gefahr, daß sie unter dem Kalkül ihrer kurzfristigen Existenzsicherung die Komplexität ihrer gesellschaftlichen Funktionen aus dem Auge verlieren und die an sie gerichteten Anforderungen der sozialen Integration und der sozialpolitischen Interessenvertretung vernachlässigen. Die Legitimation von Wohlfahrtsverbänden speist sich nicht allein aus ihrer Fähigkeit, soziale Dienste rational zu organisieren, sondern gleichermaßen aus ihrem sozialanwaltlichen Handeln und aus ihrer Fähigkeit, Potentiale bürgerschaftlichen Engagements zu erkennen, zu fördern und sie gleichermaßen unter quantitativem wie qualitativem Aspekt für soziale Arbeit nutzbar zu machen. Eine Vernachlässigung dieser Teile des komplexen Funktionsbündels von Wohlfahrtsverbänden könnte längerfristig Einbußen in der Legitimation der Verbände nach sich ziehen. Eine Legitimation, die sich allein aus einer im Vergleich zum öffentlichen Träger preisgünstigeren Leistungserbringung herleitet, greift in einem traditionell normativ besetzten und gesellschaftspolitisch bedeutsamen Feld, als das sich die soziale Arbeit in Deutschland entwickelt hat, auf Dauer zu kurz. Gerade die seit einiger Zeit formulierten politischen Konzepte für eine Umorientierung der Sozialpolitik (Heinze u.a. 1988; Dettling 1994) setzen auf die Installierung von Strukturen, mit deren Hilfe die „soziale Produktivität" einer Gesellschaft im Sinne einer Revitalisierung von Eigenengagement und Gemeinsinn entfaltet werden kann. In solchen Konzepten nehmen intermediäre Instanzen eine bedeutsame Stellung ein. Obwohl Wohlfahrtsverbände sichtbar an Fähigkeiten eingebüßt haben, solche Potentiale zu aktivieren, bestehen aufgrund ihrer Einbindung in noch vorhandene sozialkulturelle Milieus dennoch Möglichkeiten, gesellschaftlich vorhandene Potentiale von Eigenengagement und Gemeinsinn aufrecht zu erhalten und zu fördern. Die Wohlfahrtsverbände würden erheblich an Legitimation einbüßen, würden sie diese Teile ihrer Handlungsmöglichkeiten vernachlässigen und sich einzig auf die Herbeiführung betriebswirtschaftlicher Rationalität und somit auf ihre Profilierung als Leistungsanbieter konzentrieren.

Die intermediär vermittelnde Leistung von Wohlfahrtsverbänden besteht darin, „sowohl die partikularistischen Vorstellungen ihrer Mitgliedsbasis von einem differenzierten, qualitativ hochwertigen Leistungangebot (zu) berücksichtigen als auch dem universalistischen sozialstaatlichen Gütekriterium einer flächendeckenden, standardisierten und preiswerten Grundversorgung Rechnung (zu) tragen" (Backhaus-Maul/ Olk 1995). Die Fähigkeit zum Ausbalancieren dieser in Spannung zueinander stehenden Erwartungen wäre gefährdet, wenn sich Wohlfahrtsverbände in einer unreflektierten Übernahme der von der Verwaltungsreform ausgehenden Steuerungsimpulse vorwiegend am Bild des Versorgungsbetriebs orientieren würden. Im Zuge der „neuen Steuerung" steht in Frage, ob sich die für einen Teil der Wohlfahrtsverbände konstitutive Balance zwischen Mitgliedschaftsorientierung einerseits und Umsetzung politischer und administrativer Steuerungsimpulse andererseits aufrecht erhalten läßt.

Versucht man eine Einschätzung der strukturellen Frage, welche Auswirkungen die in der Verwaltungsmodernisierung zum Ausdruck kommenden Tendenzen auf das bisher entstandenen korporatistische Trägergefüge im Sozialbereich voraussichtlich nach sich ziehen, so können die aktuell sichtbaren Entwicklungen auf zwei unterschiedliche Weisen interpretiert werden. In der einen Interpretation werden die verstärkte Ausrichtung der Trägerfrage an Wirtschaftlichkeitsüberlegungen und die intensivere Einbeziehung auch gewerblicher Träger als Anzeichen für einen „Niedergang neokorporatistischer Formen der Verflechtung von öffentlichen und freien Trägern im Sozialbereich" (Backhaus-Maul/Olk 1994, S. 112) gewertet. Andererseits kann die Praxis, Entscheidungen zur Ressourcenvergabe auf die Wohlfahrtsverbände zu übertragen, als eine konsequente Weiterführung korporatistischer Strategien interpretiert werden: Das Zusammenwirken von Staat und Verbänden hat einen solchen Stand der Reibungslosigkeit erreicht, daß staatliche Instanzen bereits Teile ihrer Entscheidungs- und Verantwortungsfunktionen auf die Wohlfahrtsverbände delegieren können. Die Verlagerung von Steuerungsaufgaben der Ressourcenvergabe, der Qualitätssicherung etc. von staatlichen auf verbandliche Institutionen wäre somit als ein Schritt der Intensivierung korporatistischer Verflechtungsstrukturen zu werten. In der weiteren Diskussion ist zur Beurteilung eine genauere, nach Arbeitsfeldern differenzierende Analyse erforderlich. Lassen sich in den Bereichen Pflege und Altenhilfe möglicherweise am ehesten Tendenzen der partiellen Auflösung ehemals wirkender

korporatischer Strukturen ausmachen, so sind in anderen traditionellen Arbeitsfeldern der Wohlfahrtsverbände wie z.B. der Jugendhilfe oder der Arbeit mit
Randgruppen solche Tendenzen in weitaus geringerem Maße erkennbar, wenngleich auch hier allmähliche Veränderungen in den traditionellen korporatisti-
schen Aushandlungsmodi erkennbar sind (z.B. im Gefolge der Impulse des KJHG),
ohne daß jedoch die Grundlagen dieser Strukturen in Zweifel gezogen werden.

Literatur

Angerhausen, S./ Backhaus-Maul, H./ Schiebel, M.: Zwischen neuen Herausforderungen
und nachwirkenden Traditionen. Aufgaben- und Leistungsverständnis von Wohlfahrtsverbänden in den neuen Bundesländern. In: Olk, Th. u.a. (Hrsg.), 1995

Arbeiterwohlfahrt: Leitbild(er) der Arbeiterwohlfahrt. Entwurf der Grundsatzprogramm-
Kommission der Arbeiterwohlfahrt. In: Theorie und Praxis der sozialen Arbeit 6/1995, S.
201-209

Backhaus-Maul, H./Olk, Th.: Von Subsidiarität zu „outcontracting": Zum Wandel der Be-
ziehungen von Staat und Wohlfahrtsverbänden in der Sozialpolitik. In: Streeck, W.
(Hrsg.), Staat und Verbände. Sonderheft 25, 1994 der Politischen Vierteljahresschrift.
Opladen 1994, S. 100-135

Backhaus-Maul, H./Olk, Th.: Vom Korporatismus zum Pluralismus ? - Aktuelle Tendenzen
in den Staat-Verbände-Beziehungen am Beispiel des Sozialsektors. In: Clausen, L.
(Hrsg.), Gesellschaften im Umbruch, Verhandlungen des 27. Kongresses der Deutschen
Gesellschaft für Soziologie. Frankfurt/ New York 1995

Baldas, E.: Caritas-Leitbild - Zwischenbericht. In: Caritas 12/1994, S. 531-540

Brauns, H.-J.: Finanzierungsform und Organisationsstruktur. Die Grenzen der Organisationsentwicklung in Wohlfahrtsverbänden. In: Veränderungsstrategien im Non-Profit-
Bereich (Sonderheft 2 der Zeitschrift „Organisationsentwicklung"). Basel 1994, S. 72-76

Dahme, H.-J./Hegner, F.: Wie autonom ist der autonome Sektor ? Zum Verhältnis von Staat
und freigemeinnütziger Wohlfahrtspflege bei der Umstrukturierung ambulanter Pfle-
gedienste. In: Zeitschrift für Soziologie 1/1982, S. 28-48

Dettling, W.: Perspektiven für eine Umorientierung der Sozialpolitik. In: Arbeitsgemeinschaft für Jugendhilfe (Hrsg.), Jugendhilfe 2000 - Visionen oder Illusionen ? Bonn 1994,
S. 8-19

DPWV (Deutscher Paritätischer Wohlfahrtsverband): Grundsätze der Verbandspolitik. In:
Nachrichten Parität 1-2/1989

Eichmann, R.: Offensives Jugendamt. In: SOCIALmanagement 5/1995, S. 16-18

Frank, G./Reis, C./Wolf, M.: „Wenn man die Ideologie wegläßt, machen wir alle das gleiche". Eine Untersuchung zum Praxisverständnis leitender Fachkräfte unter Bedingungen des Wandels der freien Wohlfahrtspflege. Frankfurt 1994

Goll, E.: Die freie Wohlfahrtspflege als eigener Wirtschaftssektor. Theorie und Empirie ihrer
Verbände und Einrichtungen. Baden-Baden 1991

Groser, M.: Entgeltbestimmung im Verhandlungs- und Ausschreibungsverfahren. In: Knappe, E./ Burger, St. (Hrsg.), Wirtschaftlichkeit und Qualitätssicherung in sozialen Diensten. Frankfurt/ New York 1994, S. 31-55

Grunow, D.: „Dezentrale Steuerungsmodelle" - Folgen für die Qualität und Bürgernähe der Sozialverwaltung. In: Wohlfahrt, N./ Kulbach, R. (Hrsg.), Auf dem Weg zum Unternehmen Stadt ? Konsequenzen und Anforderungen kommunaler Neuorientierung für die Gestaltung sozialer Dienstleistungen. Tagungsdokumentation. Bochum 1995, S. 30-50

Heinze, R.G./Olk, Th./Hilbert, J.: Der neue Sozialstaat. Freiburg 1988

KGSt (Kommunale Verwaltungsstelle für Verwaltungsvereinfachung): Outputorientierte Steuerung in der Jugendhilfe. Bericht 9/1994. Köln 1994

Loges, F.: Wohlfahrtsverbände als Unternehmen. In: Theorie und Praxis der sozialen Arbeit 2/1992, S. 58-72

Maelicke, B./ Reinbold, B.: Ganzheitliche und Sozial-Ökologische Organisationsentwicklung in Non-Profit-Organisationen. Berlin (Bank für Sozialwirtschaft) 1990

Merchel, J.: Der Deutsche Paritätische Wohlfahrtsverband. Seine Funktion im korporatistisch gefügten System sozialer Arbeit. Weinheim 1989

Merchel, J.: Wohlfahrtsverbände in der Kritik - Entwicklungen, Thesen und Reaktionen. In: Theorie und Praxis der sozialen Arbeit 5/1991, S. 174-183

Merchel, J.: Sozialmanagement - Problembewältigung mit Placebo-Effekt oder Strategie zur Reorganisation der Wohlfahrtsverbände ? In: Olk, Th. u.a. (Hrsg.), 1995

Neumann, V.: Freiheitsgefährdung im kooperativen Sozialstaat. Rechtsbedingungen und Rechtsformen der Finanzierung der freien Wohlfahrtspflege. Köln 1992

Neumann, V.: Allgemeiner Überblick über Finanzierungsfragen der freien Wohlfahrtspflege. In: Jugendwohl 3/1993, S. 148-151

Olk, Th./Rauschenbach, Th./Sachße, Ch. (Hrsg.): Von der Wertegemeinschaft zum Dienstleistungsunternehmen. Wohlfahrts- und Jugendverbände im Umbruch. Frankfurt 1995

Oppl, H.: Mehr Markt für soziale Dienstleistungen. In: Caritas 7-8/1994, S. 292-300

Seibel, W.: Funktionaler Dilettantismus. Erfolgreich scheiternde Organisationen im „Dritten Sektor" zwischen Markt und Staat. Baden-Baden 1992

Senatsverwaltung für Finanzen Berlin: Mitteilung über Umgestaltung der bisherigen jährlichen Zuwendungspraxis auf eine Vertragsgestaltung. In: Blätter der Wohlfahrtspflege 3/1995, S. 56-61

Stötzner, K.: Verwaltungsreform gefährdet innovative Träger. In: SOCIALmanagement 4/1994, S. 7-10

Struck, N.: Ein Gespenst geht um: Outputorientierte Steuerung der Jugendhilfe. In: Forum Erziehungshilfe 3/1995, S. 101-104

Die Autorinnen und Autoren

Berthelmann, Ronald
geb. 1953; Geschäftsführer des Deutschen Bundesjugendrings.

Flösser, Gaby
geb. 1962; Dipl.-Päd., Dr. phil; wissenschaftliche Assistentin in der Arbeitsgruppe Sozialarbeit/ Sozialpädagogik der Fakultät für Pädagogik an der Universität Bielefeld; dort auch Koordinatorin der Forschungsprojekte „Präventive Jugendhilfe" und „Jugendhilfe im Umbruch" des Sonderforschungsbereichs 227 „Prävention und Intervention im Kindes- und Jugendalter".

Grunow, Dieter
geb. 1944; Dr. rer. soc.; Professor für Politik- und Verwaltungswissenschaft an der Universität Gesamthochschule Duisburg.

Heiner, Maja
geb. 1944; Dr. phil.; Professorin für Sozialpädagogik am Institut für Erziehungswissenschaft I der Universität Tübingen.

Heuchel, Ilona
geb. 1958; Dipl.-Päd.; wissenschaftliche Mitarbeiterin am Institut für soziale Arbeit (ISA) e.V. in Münster.

Laux, Eberhard
geb. 1923; Dr. jur.; Honorarprofessor an der Hochschule für Verwaltungswissenschaften Speyer; von 1961 bis 1988 Mitglied des Vorstands der WIBERA Wirtschaftsberatung AG Düsseldorf, z.Zt. tätig als freier Organisationsberater im Behördenbereich.

Merchel, Joachim
geb. 1953; Dipl.-Päd., Dr. phil.; Professor für Verwaltung und Organisation an der Fachhochschule Münster, Fachbereich Sozialwesen.

Niehaus, Josef
geb. 1946; Geschäftsführer des Jugendrings Dortmund.

Pitschas, Rainer
Prof. Dr.; Inhaber des Lehrstuhls für Verwaltungswissenschaft, Entwicklungspolitik und öffentliches Recht an der Hochschule für Verwaltungswissenschaften Speyer.

Struck, Norbert
geb. 1953; Dipl.-Päd.; Jugendhilfereferent beim Deutschen Paritätischen Wohlfahrtsverband, Gesamtverband.

Strunk, Andreas
geb. 1943; Dr. phil.; Professor an der Fachhochschule für Sozialwesen Esslingen und Geschäftführer der GISA mbH (Gesellschaft für integrative Sozialarbeit) in Wernau.

Scholz, Ottilie
geb. 1948; Soziologin und Verwaltungswissenschaftlerin; Jugend- und Sozialdezernentin der Stadt Castrop-Rauxel.

Schrapper, Christian
geb. 1952; Sozialarbeiter, Dipl.-Päd., Dr. phil., PD; Geschäftsführer des Institut für soziale Arbeit (ISA) e.V. in Münster.

Selige, Dieter
geb. 1941; Verwaltungsdiplom; Städt. Direktor, Leiter des Finanzverwaltungsamtes der Stadt Osnabrück.

Wohlfahrt, Norbert
Dipl.-Soz., Dr. rer. soc.; Professor für Verwaltung und Organisation an der Evangelischen Fachhochschule Bochum.

Neuerscheinungen

Manfred Busch

Quellen und Literatur zum SGB VIII (KJHG)

1995, 585 Seiten
60 DM/61 sFr/444 öS
ISBN 3-926549-94-7

Mit dem Kinder- und Jugendhilfegesetz (KJHG) wurde der vorläufige Abschluß einer jahrzehntelangen Reformdiskussion gefunden. Gleichzeitig sind viele der gesetzlichen Normierungen, Verfahrensvorschriften und Interpretationen nun der wissenschaftlichen und praktischen Überprüfung unterworfen. Für alle, die sich mit tiefergehenden Fragen zum KJHG beschäftigen, dokumentiert dieses Buch die wichtigen Quellen und Literaturbeiträge. Damit wird die Suche nach weiterführenden Beiträgen zu Entstehung, Interpretation und Praxisanwendung des KJHG erleichtert.
Erfaßt sind nicht nur über 5 000 Artikel und Bücher, sondern auch eine Vielzahl an Gesetzen und anderen Rechtsvorschriften des Bundes und der Länder sowie die Kernaussagen von rund 800 Gerichtsentscheidungen einschließlich des Europäischen Gerichtshofs (für Menschenrechte), Gutachten des Deutschen Instituts für Vormundschaftswesen (DIV) und des Deutschen Vereins sowie Entscheidungen der Spruchstellen vor allem zum Jugend(hilfe)recht.

Roland Proksch

Sozialdatenschutz in der Jugendhilfe

1996, 432 Seiten
36 DM, 37 sFr, 266 öS
ISBN 3-926549-72-6

Sozialdatenschutz, wie er für das Recht der Kinder- und Jugendhilfe maßgeblich ist, ist in einer Vielzahl von unterschiedlichen Gesetzen geregelt. Mit dem Kapitel über den „Schutz personenbezogener Daten" im KJHG wurden erstmals in der Jugndhilfe eigenständige, bereichsspezifische Datenschutzregeln festgeschrieben.
Der Gesetzgeber hat damit die jugendhilfespezifischen Besonderheiten geregelt und neue fachliche Anforderungen an die Praxis gestellt. Weitere Sozialdatenschutzregeln finden sich in unterschiedlichen Teilen des Sozialgesetzbuches, z.B. SGB I und X.
Hinzu kommen die allgemeinen Regelungen (z.B. Bundesdatenschutzgesetz, Landesdatenschutzgesetze, Strafgesetzbuch u.v.m.). Insgesamt ein oftsmals verwirrend erscheinendes Geflecht für die Fachkräfte.
Das hier vorliegende Buch zum Sozialdatenschutz in der Kinder- und Jugendhilfe will einen Überblick über das verschaffen, was Sozialdatenschutz insgesamt bedeutet, was seine wesentlichen Prinzipien sind, welche Inhalte die unterschiedlichen Regeln haben und wie ihr Zusammenspiel für eine wirksame, professionelle Arbeit in der Kinder- und Jugendhilfe gesehen werden kann.

VOTUM

Verlag GmbH, Grevener Straße 89-91, D-48159 Münster
Telefon 0251-279191, Telefax 0251-279188